生态建设与改革发展

2014 林业重大问题调查研究报告

Reform and Development:
Research Reports on China's Major Forestry Issues

张建龙　主编

中国林业出版社

图书在版编目（CIP）数据

生态建设与改革发展：2014 年林业重大问题调查研究报告/张建龙主编. —北京：中国林业出版社，2015. 12

ISBN 978-7-5038-8344-6

Ⅰ. ①生… Ⅱ. ①张… Ⅲ. ①林业经济-经济发展-调查报告-中国-2014 Ⅳ. ①F326. 23

中国版本图书馆 CIP 数据核字（2015）第 303433 号

策划编辑 徐小英
责任编辑 何 鹏 梁翔云
封面设计 赵 芳
版式设计 骐 骥

出版 中国林业出版社（100009 北京西城区刘海胡同 7 号）
E-mail forestbook@163. com **电话** （010）83143515
网址 http://lycb. forestry. gov. cn
发行 中国林业出版社
印刷 北京中科印刷有限公司
版次 2015 年 12 月第 1 版
印次 2015 年 12 月第 1 次
开本 889mm × 1194mm 1/16
印张 21. 75
字数 463 千字
（精装礼品本）

2014 年林业重大问题调查研究报告

编辑委员会

序

调查研究是深入基层、深入群众、深入实际了解客观真实情况，实现科学决策、民主决策的重要方法，也是践行群众路线、转变工作作风、真正做到从群众中来，到群众中去的基本要求。林业是一项贴近基层实际和事关群众切身利益的重要事业，总结经验，发现问题，完善政策，推动林业改革发展，都离不开调查研究工作。特别是近年来我国林业正在加速转型升级，改革发展稳定的任务十分繁重，面临着许多新情况、新问题，迫切需要通过开展调查研究，深入基层一线，寻找解决问题、推动发展的新思路、新方法。

国家林业局党组高度重视调查研究工作，从 2006 年开始每年组织开展林业重大问题调查研究。多年来，林业重大问题调查研究工作紧紧围绕社会主义新农村建设、生态文明建设等国家战略部署，针对林业改革发展中的重大问题，集中有关部门和单位的专家学者，深入开展调查研究，取得了一系列丰硕成果，有的调研成果得到中央领导同志的批示肯定，有的建议被相关部门采纳，成为林业政策措施，有力地推动了林业改革发展。

2014 年是贯彻落实十八届三中、四中全会精神的关键之年，国家林业局继续组织开展林业重大问题调查研究工作。在调研选题方面，紧紧围绕生态文明建设这一主题，重点设置了生态文明和林业体制改革研究、林业改革发展重大问题、生态文明和林业建设基础研究等 3 个领域 20 多项专题；在调研团队方面，邀请了北京大学、清华大学等著名高校专家学者参加，与国家林业局有关司局、直属单位联合组成调研团队；在调研成果方面，形成了一批以完善生态文明制度体系、破解林业改革发展难题为代表的调研报告。专家学者针对林业改革发展中的热点难点问题，提出了一系列有价值的政策建议，对推进林业治理体系和治理能力现代化，发挥了重要的决策咨询作用。

“十三五”时期，是我国全面建成小康社会的决胜阶段，是全面深化改革的关键时期。十八届五中全会上，党中央确定了创新、协调、绿色、开放、共享发展理念，把绿色发展摆在突出位置，并明确提出，要坚持绿色富国、绿色惠民，有度有序利用自然，划定生态空间保护红线，促进人与自然和谐共生；维护生物多样性，实施濒危野生动植物抢救性保护工程，强化野生动植物进出口管理，严厉打击象牙等野生动植物制品非法交易；开展大规模国土绿化行动，加强林业重点工程建设，全面停止天然林商业性采伐，推进荒漠化、石漠化、水土流失综合治理，筑牢生态安全屏障。这些重大举措不仅为林业改革发展指明了前进方向，更对各级林业部门提出了新的更高要求。

当前，我国经济社会发展已经进入新常态，完成中央确定的“十三五”时期各项林业改革发展任务，既迎来了许多有利机遇，也面临着许多挑战。各级林业部门要把深入开展调查研究作为巩固扩大群众路线教育实践活动成果、践行“三严三实”要求的重要举措，进一步转变工作作风，广泛开展调查研究，及时发现解决问题，推动林业改革发展不断取得新的成效。林业重大问题调查研究要继续围绕推进生态文明建设、推动绿色发展、建成全面小康社会等重大国家战略，按照深化林业改革、加强资源保护、加快国土绿化、提升质量效益、夯实基础保障等重点工作部署，坚持问题导向和目标导向，增强调研课题的针对性，保持调研团队的权威性，提升调研成果的有效性，真正为解决林业改革发展中的重大问题提供决策参考，推动提升我国林业现代化水平。

2015 年 11 月 11 日

目　录

推进林业治理体系和治理能力现代化调研报告

【摘　要】林业治理体系和治理能力现代化是推进国家治理体系和治理能力现代化的重要组成部分，对发展生态林业、民生林业，建设生态文明和美丽中国，实现中华民族永续发展具有决定性意义。报告在明确林业治理体系和治理能力的内涵和外延的基础上，通过准确认识当前林业治理体系的不足与挑战，指出推进林业治理体系和治理能力现代化应以加强林业组织机构建设，加快转变政府职能，深化林业各项改革，创新林业政策设计，加快林业制度建设为重点任务，推进林业治理体系和治理能力现代化。通过培育生态文明理念，创新林业社会治理体系，建设林业法治服务型政府，实施大工程带动大发展，转变林业发展方式，发挥市场经济在资源配置中的决定性作用，加强国际合作等战略途径，加快生态文明制度建设的总进程。

一、林业治理体系和治理能力的内涵与外延

林业治理体系现代化也是国家治理体系现代化的重要内容。林业治理体系主要体现为林业体制、机制、法律法规等各种制度安排。新中国成立以来，特别是改革开放之后，我国各项林业制度逐步建立，林业治理体系初步形成。但与建设生态文明和美丽中国的要求相比，现有林业治理体系还显得很不适应，有些方面甚至成为制约林业发展的重要因素。推进林业治理体系和治理能力现代化，势必要求对林业资源产权制度、生态资源监管制度、生态系统保护制度、生态修复制度、生态监测评价制度、森林经营制度、资源资产化市场化制度、生态补偿制度、生态金融与财税制度等进行突破性的改革。

林业现代化治理体系和治理能力是包涵多种功能的综合体系。林业治理体系和治理能力主要包括运用相关制度管理，包括：依法治理、民主治理、有效治理、协同治理、融合治理和科技治理等各方面事务的能力，是一种多元综合能力。

二、林业治理体系和治理能力的不足与挑战

随着林业建设步伐加快，各项林业制度不断完善和发展，我国在林业治理方面积累了丰富的经验，为健全林业治理体系和进一步提升治理能力创造了良好的优势条件。然而，面临新时期的历史使命，林业治理体系和能力暴露出诸多不足。例如：自然生态系

统依然缺乏制度保护、林业生态资源产权尚不明晰、生态资源监管不力、生态修复难度加大、生态监测评价科学性和准确性有待提高、生态效益补偿机制尚不健全、林业资源利用不合理现象时有发生、林业改革与机构自身建设有待进一步深入和提高。

当前，我国林业发展正处于十分难得的战略机遇期，在这些大背景下创新林业治理体系，推进林业治理能力现代化的需求强烈。然而，当前推进林业治理体系和治理能力现代化还面临诸多外部威胁与挑战。一是“中等收入陷阱”是实现中国梦的最大挑战。二是全球森林危机加剧。三是森林火灾已导致多国社会动荡。四是二氧化碳排放量剧增对我国造成巨大压力。五是物种安全形势十分严峻。六是我国进口木材遭到强烈抨击。七是我国食用植物油安全存在很大风险。

三、推进林业治理体系和治理能力现代化的基本思路和目标

围绕党的十八届三中全会赋予国家治理体系和治理能力现代化的重大使命，按照国家治理体系和治理能力现代化的总要求，分析当前林业治理体系和治理能力的优势和不足，以加强林业组织机构建设，加快转变政府职能，深化林业各项改革，创新林业政策设计，加快林业制度建设为重点任务，推进林业治理体系和治理能力现代化。通过培育生态文明理念，创新林业社会治理体系，建设林业法治服务型政府，实施大工程带动大发展，转变林业发展方式，发挥市场经济在资源配置中的决定性作用，加强国际合作等战略途径，加快生态文明制度建设的总进程，加快建立健全林业制度，力争到 2020 年形成体制先进、制度完备、机制健全、运转高效的现代林业治理体系并实现林业治理能力现代化。

四、推进林业治理体系和治理能力现代化的重点任务

习近平总书记关于生态文明建设和林业改革发展的一系列重大战略思想，集中体现了中国特色社会主义生态观。林业要服务于这一系列重大战略，必须明确现阶段林业治理体系和治理能力现代化的重点任务，创新和完善林业治理体系。

（一）加强林业组织机构建设，提升推进林业治理体系

1. 加强林业组织机构建设

优化内部结构，强化林业议事协调机构的功能，充分发挥各部门的优势和作用。加快林业事业单位分类改革，强化公益属性，探索政事分开、管办分离的有效实现形式，建立现代林业事业单位法人治理结构，全面发挥林业各类事业单位的公共服务职能。要明确基层林业站所公益性职能，完善管理体制，切实提升政策执行力。加大林业管理力度，充分发挥林业部门的职能作用，增强组织全国林业生态建设工作的权威性。定岗定

人，增加人员编制，坚持不懈地做好基层林业工作，切实加强基层干部队伍建设，努力激发干部队伍活力。

2. 积极引导林业非政府机构参与林业治理

切实加强林业企事业单位、社团组织建设，充分发挥议事协调机构职能，高度重视非政府组织作用，提高各种社会力量参与林业治理的程度和能力。建立政府机构与林业企业、社团组织合作伙伴关系，通过将自愿和捐赠等事务下放或授权给市场非政府组织，并减免其税收，扩大非政府组织的服务领域，拓展非政府组织与政府部门互补合作空间，共同利用有效和有限的资源，分享管理工作中的经验和教训，互相提供能力建设的机会，形成政府与非政府组织之间的互援合作。

3. 构建新型林业微观组织和独立的市场主体

通过立法，从根本上改善多种合作组织发展的外部环境，加强林业合作组织建设。合作组织坚持民办、民管、民受益原则，减少政府行政干预，规范运行形式；出台示范性的《合作章程》，根据章程来引导合作组织走向规范化，健全林业专业合作组织的组织机构，增强林业专业合作组织的服务功能；完善合作组织内部利益分配机制，发展多元化的利益分配方式，以充分调动林农和合作组织的积极性；积极培育家庭林场等新型林业经营主体，鼓励适度规模经营，引导社会资本流向新型经营主体。

(二)加快转变政府职能，高效推进林业治理体系

1. 加快政府职能转变，更好地发挥政府作用

厘清政府与市场的边界，把握好政府作用的分寸，进一步明确林业部门该管什么、怎么管，切实将不该由政府管的事项转移出去，真正建立起适应市场规律和林业特点的现代林业管理体制。各级林业部门要认真梳理管理中的越位、缺位、错位问题，做到心中有数，增强转变职能的主动性和针对性。对取消和下放的事项，要加强事中事后监管，确保放而不乱、管而不死。改变只注重上工程、要资金、抓项目的单一治理手段，逐步将工作重心转移到规划、政策、法规、各类标准的制定和实施上来，实现高效的林业治理体系。

2. 转变工作作风，更好地服务基层群众

公共服务是政府的重要职责，但不能把政府管理错误地理解为管理群众，更不能把群众当成对立面，将权力变成“卡群众、卡基层”的工具。各级林业部门在行政审批领域简政放权的同时，要大力强化为基层、为群众提供优质服务的职责，善于根据群众的愿望、基层的需求，创新治理理念，改进治理方式。关键要按照方便基层、服务群众的要求，转变工作作风，强化服务意识，着力为不同形式的林业经营主体提供优质高效服务。要健全服务网点，完善服务制度，构建覆盖林区的林业基本公共服务体系。要加快林业社会化服务组织建设，发挥其在服务基层群众中的特殊作用。

3. 积极回应群众关切，更好地维护林区稳定

认真梳理事关农民切身利益的政策法规、制度办法，对不符合各地实际情况和损害农民利益的，要坚决废除或修订，真正靠制度实现林区社会和谐稳定、长治久安。要加强林区基础设施建设，协助地方各有关部门解决群众就业难、子女上学难、生病就医难的问题。要及时处理社会各界和广大网民反映的乱砍滥伐、偷猎盗猎等热点问题，切实解决一批社会广泛关注、基层反映强烈的影响林业安全的突出问题。

4. 加强队伍建设，更好地提高治理能力

提升领导干部和行政机关推动林业改革的能力，完善人才评价和选拔使用机制。完善党政领导干部、专业技术人才、企业经营人才、技能人才的评价机制。

（三）深化林业各项改革，优化推进林业治理体系

1. 对已经推行的改革措施要继续深化，加快完善各项制度

一是完善集体林权制度改革。要在确保不改变林地性质的前提下，规范林权流转。允许农民以林地承包经营权入股发展林业产业化经营。鼓励林地承包经营权在公开市场上向家庭林场、林农合作社、林业企业流转，培育多种市场主体，推进林业规模化、集约化和专业化经营，使农民获得更多的林业财产性收入。二是完善林业产业市场化改革。大幅度减少政府对资源的直接配置，充分发挥市场在林业产业发展中的决定性作用，使林业产业依据市场规则，实现效益最大化和效率最优化。三是完善生态公益林管理体制改革。对大江大河源头、重要水源涵养地、国家级自然保护区等生态区位极其重要的集体公益林，由政府出资赎买、租赁或者用国有林进行置换，交由国有林业单位经营管理。四是完善林业统计制度。加快制定与《林业及相关产业分类》相适应的林产品目录，建立到基层、到企业的数据巡查制度，切实提高林业统计数据质量。四是完善对各级领导干部的林业业务考核指标体系。要继续完善森林覆盖率和森林蓄积等生态指标体系考核办法，做到科学、规范、简便、及时、有效，并力争增加权重。

2. 扎实抓好一批改革试点

一是抓好国有林场改革试点。深化国有林场管理体制改革，进一步明确国有林场生态公益功能定位和公益事业单位属性，实现管护方式创新和监管体制创新，健全职工转移就业机制和社会保障体制，分类推进改革，探索不同类型的国有林场改革模式。加强森林培育和生态保护，强化森林资源监管，妥善分离林场办社会职能，安置富余职工，化解历史债务。认真总结试点经验，尽快完善《国有林场改革方案》，报党中央、国务院审批。二是抓好林木采伐管理机制改革试点。进一步放活对集体林区商品林的采伐利用管控，尤其要放活对速生丰产用材林、短周期工业原料林和竹林的管控，减少审批环节，简化审批程序，方便林农自主经营。推行科学采伐作业方式，严格控制皆伐作业，天然林主伐要以择伐为主，逐步实现“越采越多、越采越好”。三是抓好沙化土地封禁保护制度试点。在沙区开展封禁保护是大面积防沙治沙、改善生态的有效途径。要按照财政部、国家林业局的要求，精心组织试点，加强调查研究，及时解决问题，建立相关制度，逐步在沙区推开。四是抓好湿地保护制度试点。财政部和国家林业局将开展湿地生态效益补偿、退耕还湿、湿地保护奖励试点。各试点单位要高度重视，尽快调研，制定试点方案，并认真总结试点经验，为完善补偿标准和管理制度提供科学依据。五是抓好森林认证制度试点。森林认证是国际上运用市场机制促进森林可持续经营和绿色消费的一种制度安排，也是林产品进入国际市场的绿色通行证。要通过试点，逐步建立国际上认可的指标体系和运行机制，促进森林可持续经营和林产品国际贸易。

3. 深入研究储备一批改革措施

一是研究生态文明制度体系建设问题。深入研究系统完整的生态文明制度体系，特别是适应生态文明建设的行政管理体系、目标体系、考核办法等相关制度设计。二是研究林业混合所有制经济发展问题。探索林业混合所有制经济发展模式，为做大做强林业产业、壮大绿色经济提供更广阔的空间。三是研究林业法制问题。围绕加强生态文明建设的新要求，抓紧研究提出修改林业相关法律法规的建议。研究提出《湿地保护条例》《森林公园条例》等立法草案。四是研究林业重大战略问题。抓紧研究如何在林业产业和社会公益事业上让市场发挥决定性作用和更好地发挥政府作用、如何在保护好生态的同时加快发展林业产业、如何充分发挥两个市场两种资源的作用等重大问题，提出具体的改革举措。

（四）创新林业政策设计，保障推进林业治理体系

1. 要健全和完善公共财政支持政策

提高公益林生态效益补偿标准，建立湿地生态效益补偿制度。建立补偿标准动态调整机制，逐步提高补偿标准。探索建立市场化生态补偿机制，多渠道筹集补偿资金。对生态区位极其重要、非国有的国家级公益林，探索建立由国家出资征收、赎买或置换的机制。完善林业补贴补助制度，提高林业补贴补助标准，扩大补助补贴规模，逐步实行普惠制。加大对森林抚育、木本粮油、特色经济林、林下经济、木材战略储备的扶持力度，尽快出台《关于加快木本油料产业发展的意见》。坚持谁破坏、谁治理，完善森林植被恢复费征收制度，提高征占用林地成本，大幅度提高森林植被恢复费征收标准，规范资金使用和管理。建立林业生态保护建设财政扶持资金总量与国家财政收入同步增长的长效机制，扩大现有财政专项资金投入规模，加大转移支付力度，为林业改革发展和生产生态产品提供有力支持，充分调动经营主体生产积极性，引导经营主体扩大经营规模，增强发展动力，激发发展活力。

2. 要建立林业金融扶持政策，探索建立林业融资平台和机制

放宽农村金融市场准入条件，实现农村民间金融组织和融资活动合法化。建立面向商品林建设的林业中长期低息贷款制度、面向林农和林业合作组织的小额贷款制度以及面向林业中小企业的贷款扶持制度，增加基层金融机构营业网点。协调财政部门和有关金融机构加大对林业建设的贴息贷款投入力度，对金融机构扩大林业产业类项目的信贷资金需求，按规定条件和程序，合理安排再贷款、再贴现。积极营造有利于金融支持发展的政策环境，引导银行信贷、股票债券融资、外国政府和国际组织贷款等多元化资金支持林业产业发展。加强与商业银行总行合作，健全金融支持林业建设发展的政策导向机制。积极培育有条件的林业企业上市融资，拓宽直接融资渠道。

3. 要完善税收扶持政策

落实好林业所得税免除、增值税即征即退、天保工程免征房产税和城镇土地使用税等税收扶持政策。免征集体林区育林基金等各类税费，减轻林农负担。对森林资源产品（原木、木质产品、加工剩余物等）回收利用和综合利用实行税收优惠政策。按照“谁污染，谁买单”原则，对环境不达标的生产经营主体征收高额税收，在不重复征税的前提下，将二氧化碳税、二氧化硫税、水污染税、噪声税、固体废物税等纳入高额税收的征收系列，对高耗能、高污染、资源利用率低的林业行业和企业（包括产品）实行惩罚性的税收，逐步建立有利于林业能源资源节约和生态保护的激励和约束并重的税收机制。对符合标准的林业产业创业主体给予一定年限内免税待遇，鼓励企业自主创新，服务生态经济发展。对直接用于采摘、观光、饲养的生态旅游林地，免征土地所得税。对符合免税的林业企业，及时通知、受理、审批和公示，合理给予一定年限的法定免税、特定免税和临时免税。

4. 要加快推进林权抵押贷款政策

认真落实中国银监会、国家林业局《关于林权抵押贷款的实施意见》，健全林权抵押贷款机制，畅通贷款渠道，扩大贷款规模。完善林业贷款贴息政策，推进林业贷款据实贴息。探索建立国有林业融资平台和机制。鼓励地方政府建立林权交易市场、林权收储中心和担保中心，化解金融机构对风险的担忧，加强林业资源管理信息化建设，推进银林业务信息共享，推行IC卡，简化手续，方便林农，降低成本。

5. 要完善森林保险保费补贴政策

认真总结森林保险的经验，进一步完善机制，扩大森林保险覆盖面，提高保费补贴标准，推动建立巨灾风险准备金制度，不断提高森林保险的保障程度。总结国有林保险保费补贴试点经验，逐步建立国有林保险制度。通过构建政策体系，切实优化林业改革和发展的政策环境，建立与经济发展水平相适应的投入渠道和增长机制，确保生态建设有长期、稳定、有力的政策和资金支持。

（五）加快林业制度建设，全面推进林业治理体系

1. 完善森林经营制度

一是规划制度方面，要实行森林经营规划制度，建立健全国家、省级、县级森林经营规划体系，明确全国和各地森林经营的基本原则、目标任务、战略布局、经营策略、政策措施等。落实森林经营方案制度，实现森林多功能经营。二是法律法规制度方面，健全森林经营的法律法规和监管体系，明确森林经营方案的法律地位，强化森林经营方案的执行力，激励和约束各类经营主体按照经营方案规范开展森林经营活动。三是技术制度方面，在系统调查和科学研究基础上，全面启动与森林经营相关的国家标准、行业标准和地方标准等技术规程的制修订工作，建立各级科技计划长期持续支持森林经营基础研究的制度，建立森林经营技术推广体系，推广森林经营技术。四是管理制度方面，进一步完善与森林经营相关的管理制度，开展规划目标和执行情况评估，落实监管主体、责任和程序，抽查监督森林经营主体的各项经营活动。五是组织制度方面，加强组织领导，将森林蓄积的净生长量列入各级党政领导的目标考核内容，将森林抚育经营的目标责任落实到各级林业主管部门。

2. 加强自然生态系统保护制度

一是要划定并落实生态保护红线制度。将森林、湿地、沙区植被、物种等4条生态保护红线法制化、制度化，筑牢国土生态安全底线。二是要建立林地、湿地、沙地用途管制制度。建立林地、湿地、沙地空间规划体系，科学划定各类林业用地的生态、生活、生产空间开发管制界限，完善用途管制措施。三是要完善自然保护区和森林公园、湿地公园、沙漠公园制度。强化各级政府对各级各类自然保护区和森林公园、湿地公园、沙漠公园的管理和建设事权，严禁在自然保护区和森林公园、湿地公园、沙漠公园内开展工业化和城镇化开发。四是要探索建立国家公园体制。以国家级自然保护区、国家森林公园、湿地公园和沙漠公园等自然生态系统类型和区域为主体，积极探索建立国家公园开发保护管理制度，完善国家保护体系，实现资源价值、生态价值和社会价值相统一。

3. 加快森林资源资产产权制度改革

一是根据林业自然资源产权多样化特征，分门别类建立起多样的所有权体系。对于产权界限比较清晰的林业自然资源[①]，如森林、荒漠等，在平衡公共利益及所有者与使用者利益前提下，根据其使用、经营的公共性和外部性大小，可以将林业自然资源的所有权分配或拍卖给国家、地方政府、企业和个人等不同的产权主体；对于公私产权边界模糊而难以界定、外部性很大的林业自然资源，如林地、野生动植物等，应继续以公共产权主体为所有者，由统一的自然资源资产管理部门作为单一的所有者来管理；对于行业管理部门之间管辖边界模糊而具有很强收益性和很大外部性的林业自然资源，需要改变目前政出多头的所有权结构，设立统一的自然资源资产管理部门作为单一的所有者，按主体归属确定其经营管理权与部分收益权。二是深入研究集体林、国有林、湿地、沙化土地和野生动植物产权管理制度，为理顺产权关系提供依据。抓紧研究森林资源资产化管理、核算和有偿使用问题，为建立森林资源资产化管理、有偿使用制度提供量化标准和基础条件。探索把部分自然资源的所有权私有化，形成公私产权对接的自然资源产权

① 林业自然资源是指林业行政管辖领域内的森林、林地、湿地、沙漠、野生动植物等自然资源。

混合市场。通过适当引入自然资源私有化，探索解决公共租金流失、价格机制失效、使用权过度滥用等问题。

4. 加快建立健全林业资源利用制度

一是要加快林木采伐限额制度改革。对属集体和个人所有的非国家级公益林、人工林等采伐，要取消限额管理，确实保障林农群众的用益物权。二是要减少或下放野生动植物利用审批事项。对国家一级保护野生动植物、濒危野生动植物种、国际贸易公约规定的野生动植物等利用，由国家林业局负责审批；将其他野生动植物种利用审批权限下放到省级林业主管部门或直接取消，将事前审批改为事后监督。三是要健全生态公益林保护与利用制度。四是出台鼓励生态旅游开发的利用制度。五是要抓紧制修订一批林产品标准。要以对人民健康高度负责的精神，加快制修订一批林产品质量、市场准入、环保标准。六是要实施林产品绿色采购制度。加强绿色生产和绿色消费的宣传教育，提高全社会对采购绿色产品的认知。积极推行森林认证和木材合法性体系建设，扩大绿色采购范围。

5. 建立健全森林生态效益补偿制度

一是要积极争取中央财政逐步提高补偿标准。二是要积极探索森林资源有偿使用、碳汇交易等市场化生态补偿机制，多渠道筹措补偿资金。三是要建立横向生态补偿机制，鼓励和引导大江大河上游与下游之间、生态受益地区与生态保护地区之间、生态受益企业与生态保护者之间开展生态补偿。四是要积极争取中央财政加大转移支付力度，以实现基本公共服务均等化为目标，重点增加对限制开发和禁止开发区域用于生态补偿的财政转移支付。五是积极争取继续加大对具有生态补偿性质的重点生态工程建设的支持力度。六是根据国家生态安全需要，对部分生态地位极其重要区域由非国有投资主体投资营造的国家级公益林，探索研究由国家出资征收、赎买或置换。七是建立健全湿地生态效益补偿制度。总结湿地生态效益补偿试点经验，完善相关政策，积极推进湿地生态保护与恢复。

6. 建立健全生态监测评价制度

一是要实行定期监测、评估、发布制度。继续开展全国森林资源清查、荒漠化和沙化监测、野生动植物资源调查、湿地资源调查工作，依托国家级宏观监测体系，结合地方监测、定位监测、专项监测等手段，逐步实现定期清查与年度监测相衔接、国家监测与地方调查相协调、抽样调查与区划调查相结合的一体化监测体系，全面掌握森林、林地、湿地、荒漠和野生动植物资源总体情况，科学评估资源变化、生态状况、功能效益和林业建设成效，适时发布生态监测成果。二是建立多渠道监测经费筹集制度。坚持实施项目带动战略，申报和储备一批生态监测项目，积极争取国家财政支持，保障重要生态监测项目持续开展。三是要健全林地规划管理和动态监测制度。通过开展林地年度变更调查，依据遥感影像，结合现地调查，及时将占用征收林地、森林经营活动等林地变化情况更新到全国林地“一张图”数据库中，逐步建立省市县联动的林地动态监测，把林地用途管制落到实处。健全技术人才培养和监测设备供给制度，积极探索湿地、荒漠化以及野生植物资源的数据入库和动态监测制度，逐步扩大“一张图”的应用范围，为林业生态红线保护提供基础支撑。

7. 建立健全林业生态修复制度

一是要继续实施大工程带动大发展的生态修复制度，一方面要切实实施好现有国家重大林业生态工程，推动全国自然生态系统的全面修复。正在组织实施的重大生态修复工程，要按照更高的要求，落实工程规划，提高工程质量。另一方面要谋划实施一批省级、市级和县级重点生态修复工程。通过健全和完善生态工程布局，依靠自然恢复和人工修复途径，形成国家和地方互为补充的生态修复工程体系。二是要整合国家、社会、个人的力量，积极引导社会力量参与生态修复，为个人参与生态修复提供合理渠道，形成全社会重视林业生态修复和参与林业生态修复的良性循环。

8. 加快建立健全生态资源监管制度

一是要以事权划分为基础，明确各级政府事权。全面推进国有林区改革，形成重点国有林区的森林资源归中央所有，人、财、物由中央政府负责，产权明晰、权责统一的中央垂直管理的国有森林资源管理体制。加快推进国有林场改革，明确国有林场生态公益功能定位和公益事业单位属性，由中央委托省级人民政府承担管理主体责任，中央实行监管。二是要完善监管体制，统一行使所有国土空间用途管制职责。林业部门负责管理的生态资源是我国陆地生态资源的主体，也是国家生态资源的主体。要按照一件事由一个部门管理的原则，将分散在其他部门的湿地、荒漠等生态资源和自然保护区、国家公园等管理形式的监管权集中到林业部门，建立由林业部门统一监管的生态资源监管体制。

五、推进林业治理体系和治理能力现代化的战略途径

为完成现代化林业治理体系和治理能力的重点任务，需要寻求关键的突破口、合适的实施平台和稳健的实施模式，从全局和长远的角度探索推进林业治理体系和治理能力现代化的战略途径。

（一）树立生态文明理念，加强生态文化建设

1. 培育生态文明价值体系

加强生态文明价值观培养，加强生态文明宣传教育，传承和弘扬生态文化，将生态文明建设作为精神文明的一部分，将生态文明价值观融入到社会核心价值观中，将民族文化、信仰和核心价值的重要内容融入全面教育、终生教育全过程。在全社会树立生态文明理念，合理摒弃部分传统发展模式，鼓励节约资源、降低能耗、改善环境的绿色生

产方式，加快相关绿色生产技术的发展，构建节约环保型生产体系。引导把节能理念转化成自觉行动，以绿色、节能、低碳为重点的生活方式和消费习惯融入人们的生活。

2. 完善生态文化服务体系

建设生态文化教育示范基地，加强生态文化协会职能。大力发展以林业资源为载体的生态文化服务建设，组织开展生态文化领域的理论研究，推动成果应用与示范，努力以政策为支撑，重点策划生态文化服务项目，确保生态文化服务质量，鼓励民众参与生态文化服务项目，建设生态文化服务体系。建立生态文化数据库，挖掘生态文化、绿色文化、林业文化价值，建设生态文化林，丰富林业文化内容，完善建设形式。

3. 创新生态文化服务活动

倡导居民更容易接受生态文明的理念和实际有效的方式，开展各种生态文化交流活动，组织生态文化业务培训。增强生态文化宣传活动的吸引力，把生态文化理念和生态文化价值观渗透到居民的生产方式、生活方式、社会组织之中，内化为广大人民的意识和行为。

4. 推进全民生态文化体验

通过发展生态旅游文化创意产业，推进全民生态文化体验。推进生态休闲旅游文化区，观光采摘区、民俗文化村、度假村旅游文化区等生态休闲文化区域的总体布局；对旅游景区的设施采取标准化管理，加强监督，推进生态旅游文化产业标准化。在已有遗址或生态园区的基础上，结合生态文化，采取政府引导和市场运作相结合的模式，招引大企业、争取大项目，加大投入、加快推进生态文化体验园区建设。

（二）创新林业社会治理体系，增强社会活力

1. 提升政府行政管理效率

进一步简政放权，建立权力清单，公开权力运行流程。凡是市场机制能调节的经济活动一律取消审批，凡是由地方管理效率更高的审批事项一律下放。同时要以基本公共服务为导向，创新管理和监督方法，要加强取消下放事项的事后监督，提升管理水平。推进林业部门管理与服务标准化和规范化，提高服务大局、服务基层的能力和水平。

2. 完善林业的社会治理组织

发展壮大林业社会组织，特别要鼓励发展各类专业性的林业社会组织。加快推进强化各类林业社会组织的民办性质，减少政府行政干预，规范运行形式与行政机关脱钩，充分激发社会组织的活力。凡是能交给社会组织办理的事项全部交给社会组织，充分发挥社会组织在林业治理中的特殊功能。

3. 完善基层林业治理机制

加快发展新型林业微观组织，鼓励各类林业合作组织进行工商登记，享受小微企业优惠政策。允许财政项目直接投向各类林业合作组织。积极培育家庭林场等新型林业经营主体，鼓励适度规模经营，引导社会资本流向新型经营主体。推动林业企业建立现代企业制度，不断提升林业经营管理水平。

（三）实施大工程带动大发展，加强自然生态修复体系

1. 继续制定和实施大工程建设战略

推进天然林保护、退耕还林等重大生态修复工程，加快构筑十大国土生态安全屏障建设。增加对森林经营的投入、提高经营的集约化科学化水平。建立健全森林抚育长效机制，对中幼林进行全面抚育。加强林业资源保护管理，努力巩固林业建设成果。加强野生动植物保护和管理，重视湿地保护与恢复，加快防沙治沙步伐，加大资源保护力度。全面加强森林防火、林业有害生物防治和生物安全管理，避免发生重特大森林灾害，最大限度减少林业资源损失。严守“林地保护红线”，坚决遏制林地过快过多流失的态势。

2. 完善重大生态修复工程体系

优化工程布局，形成森林、湿地、荒漠三大自然生态系统和生物多样性全覆盖，国家和地方互为补充的生态修复工程体系。特别要推进天然林保护、退耕还林、湿地保护、防沙治沙和野生动植物保护等重点工程法律化、制度化，确保长期实施。推行退化生态系统综合修复制度，整合林业、农业、水利、国土、环境等部门的相关资源，建立起以大的山体、水系、流域、景观或生态地理单元为主体的生态修复技术体系、发展模式和管理制度，促进退化生态系统的整体修复。

3. 加大生态修复投融资力度

借鉴辽宁青山工程、四川汶川地震灾后治山与植被恢复的经验，科学治山并引入市场机制，多渠道筹措资金。征收采石采矿等开发行为生态恢复保证金，确保生态破坏后得到及时恢复。大幅度提高森林、湿地植被恢复费标准，统筹用于已遭破坏的山体、流域的植被恢复。将已遭破坏的山体、湿地等治理纳入各级政府投资补助范围，加大投入力度。

（四）转变林业发展方式，提高林业产业发展水平

1. 特色产业提质增效

完善特色产业规划，提高科技含量，增强市场竞争力。推进野生动物驯养繁殖基地建设，采取积极的扶持政策，鼓励走规模化、集约化之路。推动木本粮油特色精品产业，突出特色、培育精品，重点建设一批木本粮油生产示范基地，打造高标准连锁生态超市，带动木本粮油向优质、高效、生态、安全方向发展。加强经果产业带建设，重点打造具有地域特色、市场前景广阔的名特优品种。强化技术创新意识，利用良种壮苗，科学造林，加强抚育，全面提高产品质量和效益，提高市场竞争力。加强花卉产业基地建设，逐渐形成花卉优势区域布局。

2. 绿色产业链条延伸

以现有森林公园和自然保护区为依托，进一步加大森林旅游业建设步伐，重点开发独具特色的森林景区、景点，大力开发森林生态旅游，打造森林旅游名牌产品，促进森林旅游业快速发展，带动采摘、特色民俗游等产业发展。利用森林、湿地、绿地等绿色基础设施发展野外趣味体育产业。倡导自然体验，提高人民身体素质。充分利用森林的疗养功能，构建森林疗养、度假和养老一体的森林胜地，创新生态养老产业。依靠科技，强化创新，组织科技人员加强新品种、新技术、新产品研发。强化产品加工技术和工艺创新，发展深加工，开发新产品，创建新品牌，延长产业链，提高附加值。

3. 产业资源有效整合

按照“产业发展生态化、生态发展产业化”的林业产业发展战略，规划安排经济林产业项目建设，加强区域特色主导产业发展。按照产业化经营的思路，创新经营模式，调整产业结构，壮大林业龙头企业，鼓励和支持企业间强强联合，优化资源配置，形成绿色产业带和产业集群，培育一批具有原产地特色、竞争力明显的产业和知名产品。积极支持企业开展地理标志、森林认证、地域性商标保护，对争创名牌林产品的企业实行奖励政策。

（五）发挥市场在资源配置中的决定性作用，加强市场治理体系

1. 探索自然资源价格形成机制

建立反映市场供求和资源稀缺程度、体现生态价值和代际补偿的资源有偿使用制度和生态补偿制度，用市场化办法促进资源节约和生态环境保护。按照自然资源可持续利用的原则，综合考虑各种不同自然资源价格的差比价关系，纠正原有的不完全价格体系所造成的自然资源价格扭曲，将自然资源自身的价值、自然资源开采成本与使用自然资源造成的环境代价等均纳入自然资源价格体系。

2. 建立以市场为补充的生态补偿机制

明确生态补偿的补偿主体、受益主体、补偿依据、补偿方式、监管措施，按照“谁保护、谁受益”“谁改善、谁得益”“谁贡献大、谁多得益”的原则，确定受益主体与补偿主体，明确相关利益主体间的权利义务。以生态保护者的投入、机会成本的损失、生态受益者的获利、生态破坏的恢复成本以及生态系统服务的价值为补偿依据，探索建立以公共支付、一对一交易、市场贸易、生态（环境）标记等市场补偿方式，补充政府财政补偿方式。

3. 建立以市场为导向的生态损害赔偿机制

实行生态补偿额度与自然资源环境的监测结果挂钩，生态保护效率与生态补偿费用挂钩。扩大补偿范围和标准，制定全面反映市场供求、资源稀缺程度、生态损害和修复成本的赔偿价格机制，补偿或奖励保护生态环境的行为或产品，补偿因生态环境破坏和环境保护而受到损害的群体，逐步提高自然资源补偿标准。

（六）加强国际交流合作，提升国际治理能力

1. 占领国际林业发展的战略制高点

加强经济危机与新的国际经济秩序下国际林业发展新趋势的战略研究，深入研究参

与国际分工与合作的战略对策，努力占领国际林业发展的战略制高点，全面提升林业国际核心竞争力。

2. 全面参与国际林业规则制定

以更加积极的姿态履行国际公约和双边协定，主动提出新议题、新机制、新方案，全面反映我国林业利益诉求，推动形成公正合理透明的国际林业规则体系，实现由国际规则遵守者向参与者、制定者转变。牢牢掌握打击野生动植物非法贩运、木材非法采伐与相关贸易等国际热点问题的主动权。

3. 提升全球林业资源配置能力

围绕推进丝绸之路经济带和21世纪海上丝绸之路建设等国家重大战略，加强林业经贸、科技等国际合作。推进境外林业资源开发利用合作，鼓励走出去开展林业新建投资、并购投资、联合投资，指导规范海外企业经营行为。转变林产品对外贸易发展方式，推动建立安全有效的林产品国际贸易体系。

4. 加强林业对外援助

遵循国家援外总体战略，以能力建设和技术合作为切入点，以国内林业发展的成功经验为后盾，以首脑峰会、高层对话和合作协议为平台，以援外培训和项目为抓手，研究制定林业对外援助总体战略规划和行动计划，确定援助对象、领域和重点建设任务，推广我国先进的技术和管理经验，扩大林业领域对外影响力，提升负责任的大国形象。

5. 加快培养适应林业全球化的国际型人才

制定国际型林业人才培养规划，建立林业外交官培养机制，推动林业专业背景人才在驻外机构、国际机构任职，逐步培养一支高素质的林业国际型人才队伍。

六、推进林业治理体系和治理能力现代化的保障措施

根据战略任务和目标要求，加快推进林业治理体系和治理能力现代化的保障措施应聚焦于信息化支撑、基础设施支撑、科技支撑和灾害防控支撑。

（一）稳步推进林业信息化能力建设

1. 推进林区无线网络天网系统建设

建设卫星数据采集系统、无人遥感飞机监测系统、林业视频监控系统及应急地理信息平台，为各级林业部门提供可视化、精准化的应急指挥服务。推进林区无线网络、林业互联网、林业物联网建设，实现林业信息的网络畅通与共享。推进遥感卫星、无人遥感飞机等为核心的林业天网系统建设，实现天地融合的精准林业。推进林业视频监控系统及应急地理信息平台建设，为各级林业部门提供可视化、精准化的应急指挥服务。

2. 加快中国林业云建设和一张图管理

建设全国林业办公自动化集群、林业网站群，实现数据集中存储、调用和共享，实

行集约化管理和运行。实行林业一张图管理。加快金林工程建设，对海量数据进行处理，建成全国林业一张图，智能化分析林业趋势。

3. 加强智慧林业建设

推进智慧林业云计算中心建设，实现林业领域的全覆盖、一体化和智能化。推进林业资源数据中心建设，开展大数据集成与分析管理，采用地图服务的方式，为业务管理、综合监管、信息共享、辅助决策提供任意数据综合应用服务。推进智慧林业移动应用开发和微平台建设，增强信息服务现代化能力，扩大社会参与程度。

4. 全面推进网上林业行政审批

建成网上林业行政审批系统，推行全国林权一卡通，为政府、林企、林农等提供在线办理、远程诊断等服务。

（二）全力加强基础设施支撑能力建设

1. 加大政府投资力度

将林业纳入经济社会发展总体布局，按照基本公共服务均等化原则和加强资源保护管理实际需要，加大对林区道路、森林防火、供水供电以及林业科研、基层单位设施设备的投资力度。加大政府投资，调整优化林区布局，适应天然林停伐、棚户区改造、城镇化建设要求，科学规划林业局（场）址，加大山上林场（所）撤并力度。

2. 提升改善林业装备条件的能力

设立国家级林业装备产业化发展专项基金，建立林业装备技术创新专项补贴制度，促进林业重大技术装备研发，着力开发具有自主知识产权的林业技术装备。还要创新基础设施投资方式。利用好林业资源优势，吸引和鼓励社会资本参与林区基础设施建设及运营。

（三）重点强化科技支撑能力建设

1. 广泛建立林业科技联盟

针对一批具有重大发展潜力的林业领域和面临的科技难题，全方位地集合聚集企业、科研单位的优势组建科技联盟，突破科研、生产的瓶颈，全面推动林业各领域的大发展。

2. 大力培育林业科技创新主体

在发挥林业科研机构在基础性、战略性、前沿性研究和共性技术研究主体作用的同时，强化林业企业在技术创新中的主体地位，发挥大型林业企业创新骨干作用，激发中小企业创新活力。健全林业科技成果市场化机制，促进林业科技成果资本化、产业化。改革科研经费分配机制，科研经费要向创新主体倾斜。

3. 加大林业科技投入力度

继续落实林业重大生态工程3%的科技支撑经费，促进林业科技与国家重大生态工程的紧密结合。争取国家重大科技计划向林业倾斜。建立国家林业科技平台运行经费持续稳定投入的机制。继续加大对科技成果转化、林业标准化的政策扶持和资金支持力度，建立国家科技成果转化引导资金。

4. 集中财力大力推广关键管用的实用技术

国家和地方都要选择一批科研成果和成熟管用的技术，集中财力强力推广。并加快林业科技成果转化与示范推广。实施科技组装集成工程，建设林业科技示范园，示范推广实用高效的技术成果。加快推进市、区(县)、乡(镇)、村四级林业科技服务与推广体系，提高林业科技成果转化率和贡献率。注重科技成果国际交流与合作，培育国内外两个市场，加速科技成果资本化、产业化进程。

(四)有效促进灾害防控能力建设

1. 加强源头防控

坚持预防为主，完善监测预警机制，早发现、早处置，变有灾为无灾、变大灾为小灾。更新和完善森林火险监测预报系统、火情瞭望监测系统、防火阻隔系统、林火通讯指挥系统、森林火灾扑救系统和森林综合防火体系评估系统等六大系统；健全火源管控、隐患排查和重点时段、重点部位严防严控机制。规范林业植物检疫，创新野生动物疫源疫病防控措施和手段。建立科研机构和检疫机构联合防控和资源共享与合作机制，强化重大有害生物疫区和疫木管理，防止疫情扩散。

2. 落实地方政府责任

加强政府组织领导，构建市、区(县)、乡(镇)和村四级联防体系，以防为主，联合定期开展森林灾害隐患排查，逐级落实森林防火、有害生物防治工作责任人，健全责任追究制度。

3. 加快监测防控装备现代化建设

加强森林防火队伍的预防与扑救能力建设以及现代设施与技术装备。加强森林综合防火技术体系研发，及时更新森林综合防火数据库、软件和修补漏洞，着力推广多种灭火方式、森林航空消防、无公害防治有害生物灾害，全面提高灾害监测防控装备水平和能力。

4. 推进灾害防控社会化

建构森林、气象、航空、卫星和火警等跨部门的联防平台与机制。各地区、有关部门要进一步加快职能转变，创新灾害防治体制机制，通过政策引导、部门组织、市场拉动等途径，扶持和发展多形式、多层次、跨行业的社会化防治组织，提高灾害防控的覆盖面和社会效率。

(五)全面加快人才支撑能力建设

1. 加大专业人才培养力度

通过联合培养和建立人才基层锻炼机制，培养一批资源管理、森林经营、森林保护与动植物检疫、沿海防护林建设、防沙治沙、野生动植物和湿地保护与合理利用、城市林业建设等方面的专业技术人才，特别是各类林业技能人才和基层实用技术人才；加强与经济、金融等其他行业人才相互交流，建立对口支援林业人才培养机制，培养一批熟悉市场经济规律、善经营、会管理、能创新的企业经营管理人才，以及林产品加工、生物能源开发、经济林建设、竹产业发展、森林旅游开发等专业人才、市场营销、产品研发、投融资等专门人才。加大林业行政管理人员培训强度，引导各级政府培养和引进一批社会公共管理与服务、宏观经济管理、行政执法和政策研究等方面人才。

2. 探索林业科研人才培养与引进模式

依托国家重大人才计划以及重大林业科研、工程、产业攻关、国际科技合作等项目，实行“人才＋项目”的培养模式，以多种措施鼓励在实践中集聚和培养创新人才。积极引进国外优秀林业人才。出台引进海外高层次人才专项政策，吸引海外高层次人才到省内创业，实施更加开放、更具吸引力的人才政策，对林业、生态方面的特聘专家给予优厚待遇。

3. 健全人才流动和人才激励机制

建立人才跨条块、跨领域交流机制，实现人尽其才、才尽其用。完善专业技术类、行政执法类林业干部和聘任人员管理机制，实行职务与职级并行、职级与待遇挂钩。积极研究科技成果入股、有偿使用等生产要素参与分配的机制，激励广大科技人员积极参与林业科技创新体系建设。健全林业人才向基层流动、到一线创业的激励机制。

调 研 单 位：国家林业局发展规划与资金管理司　国家林业局办公室
中国林业科学研究院林业科技信息研究所
调研组成员：陈绍志　陈嘉文　韩学文　段亮红　何友均　覃鑫浩
肖　昉　刘振中　谢和生　王雅菲　张金晓

县域生态文明评价指标体系的构建研究报告

【摘　要】为了不断推进县域生态文明建设，基于生态文明本质和特征，构建了县域生态文明指标体系。本研究聘请了18位生态文明相关领域的专家，利用德尔菲法和层次分析法对41个可获得数据指标进行了2轮打分筛选，最终确定了27个具有代表性的指标及其权重值，并根据各县生态文明各方面得分情况，划分生态文明类型。本研究以普洱市为案例，通过对评价指标数据的标准化处理和权重计算，得到了普洱市各县生态文明和生态文明进步结果及排名，并划分了普洱市各县的生态文明类型。结果显示：生态文明排名前3位的县(区)分别是思茅区、景东彝族自治县和宁洱哈尼族彝族自治县，得分分别为1.072、0.87和0.783。生态文明进步县排名前3位的县(区)分别是景东彝族自治县、景谷傣族彝族自治县和西盟佤族自治县，得分分别是0.844、0.822和0.789。

一、生态文明和生态文明评价指标体系的内涵和提出背景

从文明宏观角度来讲，生态文明是人类文明发展的一个新阶段，即农业文明和工业文明之后的文明形态。生态文明是对农业文明和工业文明的超越，代表了一种更为高级的人类文明形态，生态文明涵盖了社会和谐及人与自然和谐的全部内容，是实现人类社会可持续发展所必然要求的社会进步状态。生态文明是人类遵循人、自然、社会和谐发展这一客观规律而取得的物质与精神成果的总和；生态文明是以人与自然、人与人、人与社会和谐共生、良性循环、全面发展、持续繁荣为基本宗旨的社会形态。从文明狭隘角度来讲，生态文明是一个社会对待自然环境的基本态度、理念、认识以及实践的总和，反映了人类对待自然的一种境界与成熟程度。对应这一概念，生态文明建设就是端正人们对待自然环境的基本态度、理念、认识，并付诸开发与利用自然的实践的过程。

党的十七大报告把“建设生态文明”作为实现全面建设小康社会奋斗目标的新要求，这是首次将“生态文明”概念写入党的政治报告。在党的十八大报告中进一步提出：“加强生态文明制度建设，要把资源消耗、环境损害、生态效益纳入经济社会发展评价体系，建立体现生态文明要求的目标体系、考核办法、奖惩机制”。十八届三中全会明确指出：“建设生态文明，必须建立系统完整的生态文明制度体系，实行最严格的源头保护制度、损害赔偿制度、责任追究制度，完善环境治理和生态修复制度，用制度保护生态环境。”

生态文明作为一种崭新的发展理念，具有重大的实践意义，这与我国目前经济社会发展状况紧密相连。目前，随着我国工业化与城市化的加速推进，经济发展取得了显著的成就，但同时社会经济发展也面临着“不可承受”的资源与环境之痛。我国不可能再沿袭高消耗、高污染的传统经济增长方式，而必须走经济社会可持续发展的道路，既要金山银山，又要碧水青山。为了能够沿着可持续的轨道发展，生态文明建设的提出给了指导与方向。只有建设生态文明，全方位地端正人们对待自然的态度，同时付诸于生产方式与生活方式等实践，以全面的环境教育与环境制度设计等作为保障，并且加强社会公平，才能把社会经济纳入可持续发展的轨道上来，这是生态文明建设的实践意义之所在。

生态文明新理念的提出，显示我国已将环境保护提升至伦理高度，而目前生态文明的研究主要都是基于学理上的讨论，只有建立生态文明的评价指标体系，才能进入实际操作层面。指标体系是对事物进行准确评价的依据，是由客观现实需要而产生的一种方法和手段。生态文明评价指标体系是对生态文明建设进行准确评价、科学规划、定量考核和具体实施的依据，目的是为了客观、准确地评价人与自然的和谐程度及其文明水平，为正确决策、科学规划、定量管理和具体实施等提供科学依据。建立生态文明评价指标体系不仅可以在操作层面上帮助人们理解什么是生态文明的具体表现，而且可以使决策转向人与自然和谐的方向。构建一套科学的生态文明建设评价指标体系这一工作十分必要，具有深远战略意义和重大现实意义。生态文明指标体系要深入贯彻将生态文明建设与经济建设、政治建设、文化建设、社会建设并列，“五位一体”地建设中国特色社会主义。坚持全面性与特色性相结合、广泛性与区域性相结合、可比性与阶段性相结合的总体思路，体现具有中国特色的县域生态文明评价体系。

二、国内外生态文明评价现状

（一）国外相关评价指标体系

20世纪90年代以来，国外学者和有关组织加强了对生态文明的研究，提出了多种与可持续发展和生态文明有关的评价指标体系与框架。20世纪90年代末期，联合国可持续委员会(UNCSD)在提出社会、经济、环境和制度四大系统的概念框架和驱动力、状态、响应模型的基础上，结合《21世纪议程》设计了一个包括25个子系统、142个指标的评价体系(CSD)，该体系描述了环境压力和环境退化之间的关系，成为目前较有影响且得到广泛应用的可持续发展评价工具之一。但是该评价系统没有足够重视社会、经济领域，指标设置过于繁杂，指标权属也不容易确定。联合国统计局(UNSTAT)以《21世纪议程》的主题设计了另外一套可持续发展指标体系框架(FISD)，该体系共31个指标，其缺陷依然是选择的指标数目太多，指标分类或归属上表现得较为混乱。针对CSD和FISD存在的问题，环境问题科学委员会(SCOPE)和联合国环境规划署(UNEP)提出了融合的可持续发展指标体系，选取人口、资源、环境、经济、社会等多方面共25个指标进行系统分析，采用无量纲化和加权平均的方法求得衡量可持续发展水平的综合指数。此外，世界资源研究所（WRI）的绿色GNP体系、世界银行的“新国家财富”指标体系都赋予了可持续发展的内涵和对可持续发展能力的关注。在学术界，美国生态学家H. T. Odum的理论分别用能值产出率（EYR）、环境负载率（ELR）、能值交换率（EER）来衡量系统产出效率、系统过程的环境影响、系统的交换效益，丰富发展了可持续发展的评价方法。1997年，美国生态学家Brown和意大利生态学家Ulgiati进一步提出能值可持续指标（ESI），使系统可持续发展的能值评价方面获得新的进展。

（二）国内相关评价指标体系

关于国内在生态文明评价相关代表性评价体系有：中国可持续发展能力评估指标体系、中国资源环境综合绩效评估、生态现代化指数、省域生态文明评价指标体系和各省市域生态文明指标体系等。

中国科学院可持续发展研究组研发的《中国可持续发展能力评估指标体系》，包括生存支持系统、发展支持系统、环境支持系统、社会支持系统和智力支持系统5个子系统，从生存、发展、环境、社会和智力5个方面来评估各地区可持续发展能力。该课题组进一步提出了节约指数或资源环境综合绩效指数，对国家或地区的资源消耗和污染排放的绩效进行了监测和综合评价。

中国科学院可持续发展研究组研发的《中国资源环境综合绩效评估》，采用资源环境综合绩效评估方法——资源环境综合绩效指数，选用了能源消费总量、用水总量、建设用地规模、固定资产投资、化学需氧量排放、二氧化硫排放量、工业固体废物排放总量7大类指标对全国2000~2008年资源环境进行了评价。

生态现代化是为了实现经济与环境的双赢，探索经济有效、社会公正和环境友好的发展新模式提出来的。中国现代化战略研究课题组和中国科学院中国现代化研究中心提出的生态现代化指数包括生态进步、经济生态化和社会生态化3个指标，每个指数包括10项具体指标，通过这30项评价指标，涉及12个政策领域，来评估一个国家或地区的生态现代化水平。

由北京林业大学严耕教授编制的《中国省域生态文明建设评价报告》构建了全国省域生态文明评价指标体系，从生态活力、环境质量、社会发展、协调程度和转移贡献5个方面比较全国32个省（自治区、直辖市）生态文明建设情况。引导人们改变不合理的生产方式、发展绿色科技，在增进社会福祉的同时，实现生态健康、环境良好、资源节约，逐步化解人类文明与自然的冲突，确保社会的可持续发展。

基于公开发布的数据基础，构建生态文明评价指标体系才能进入操作阶段；我国统计部门每年发行的统计年鉴和国民经济和社会发展统计公报等官方材料是由下级向上级，逐级上报的形式汇总而成。上述指标体系评价范围均是以省（市）域为单位，不同程度面临数据缺失的困难。本研究基于县域官方可获得数据材料，避免数据不可获得的缺点，构建县域生态文明评价指标体系，并且以普洱市为例，得到普洱市县域生态文明建设情况和各县排名。

三、县域生态文明评价指标的筛选

通过集体讨论，确定了研究目标和方向，组成“县域生态文明评价指标体系的构建研究”调研组，查阅国内外相关文献和其他相关资料，统计全国县域统计年鉴和国民经济和社会发展统计公报等官方材料统计项目，论证构建县域生态文明评价指标体系可行性，提取所有与生态文明相关的评价指标并汇总，制成《县域生态文明评价指标体系的构建研究——以普洱市为例调查问卷(德尔菲法)》。通过组内成员讨论，根据项目研究所需要的知识范围，确定18位生态文明不同领域的专家，并将调查问卷以邮件的形式发给专家进行两轮打分。

本次生态文明评价指标筛选的方法采用德尔菲法(Delphi method)。德尔菲法是一种群体决策行为，具有匿名性、反馈性和统计性的特点，是建立在众多专家的专业知识、经验和主观判断能力基础之上的方法，因此，特别适用于缺少信息资料和历史数据，而又较多地受到其他因素影响的信息分析与预测。德尔菲法通过一个多次与专家交互的循环过程，使分散的意见逐次收敛在协调一致的结果上，充分发挥了信息反馈和信息控制的作用。基于德尔菲法的专家评价方法是一种定性评价方法，对于解决非线性化的问题十分有效，而专家知识的表示和集成是评价过程中极其重要的环节。运用基于德尔菲法的专家评价方法，对于难以量化问题的研究具有重要的现实意义。

(一)专家的选择

选择专家是德尔菲法成败的关键。根据构建生态文明指标体系研究的目的和特点以及考虑到专家意见表的回收率，聘请与生态文明相关行政机构、科研机构和勘察设计机构领域专家共18人。专家的来源机构、入选条件及人数见表1。

表1　德尔菲咨询专家的来源、入选条件和人数

来　源	入选条件	入选人数
行政机构	具有处级及处级以上，并从事生态文明建设相关工作5年以上	6
科研机构	具有副教授或副教授以上职称，并在生态文明领域有较高造诣	4
勘察设计机构	具有高级以上职称，并从事生态文明建设相关工作5年以上	8

(二)专家的积极系数

专家的积极系数即专家咨询表的回收率(回收率 = 参与的专家数/全部专家数 × 100%)，可以反映专家对研究的关心程度。本次问卷调查共进行了两轮德尔菲专家咨询，第一轮发出咨询表 18 份，回收 18 份，回收率 100%；第二轮发出 18 份，回收 18 份，回收率为 100%，这说明所有专家关心本研究，参与的积极程度高。

（三）专家意见的集中程度

专家意见集中程度用均数 M_j 和满分频率 K_j 来表示。

1. 均　数

$$M_j = \frac{1}{m_j}\sum_{i=1}^{m} c_{ij} \quad (1)$$

式中：m_j 表示参加第 j 个指标评价的专家数；c_{ij}表示第 i 个专家对第 j 个指标的评分值。M_j 的取值越大，则对应的 j 指标重要性越高。

2. 满分频率

$$K_j = \frac{m'_j}{m_j} \quad (2)$$

式中：m_j表示参加第 j 个指标评价的专家数；m'_j表示给满分的专家数，K_j 取值在0 ~ 1 之间，K_j 可作为 M_j 的补充指标，K_j 越大，说明对该指标给满分的专家比例越大，该指标也越重要。

（四）专家意见的协调系数

专家意见的协调程度用变异系数 V_j 和协调系数 W 来表示，变异系数说明第 m_j个专家对第 j 指标的协调程度；协调系数说明全部 m 个专家对全部 n 个指标的协调程度，协调系数值越大说明专家意见协调程度越高。通过计算变异系数和协调系数可以判断专家对每项指标的评价是否存在较大的分歧，或找出高度协调专家和持异端意见的专家，以便于得到集中的意见。具体计算方法如下：

1. 变异系数

$$V_j = \frac{\sigma_j}{\bar{x}_j} \quad (3)$$

式中：V_j 表示 j 个指标的变异系数；σ_j表示第 j 个指标的标准差；$\bar{x}_j$表示第 j 个指标的均数。变异系数说明专家对第 j 指标相对重要性的波动程度，或者说是协调程度，V_j 越小，表明专家们的协调程度越高。

2. 协调系数

协调系数反映了不同专家意见的一致性，也是咨询结果可信程度的指标。首先计算专家对第 j 个指标评价的等级和的算术平均数。

$$M_{sj} = \frac{1}{n}\sum_{j=1}^{n} S_j \quad (4)$$

$$S_j = \sum_{i=1}^{m_j} \frac{R_{ij}}{20} \quad (5)$$

$$W = \frac{\sum_{j=1}^{n} d_j^2}{\sum_{j=1}^{n} d_j^2(\max)} \tag{6}$$

$$\sum_{j=1}^{n} d_j^2 = \sum_{j=1}^{n} (S_j - M_{sj})^2 \tag{7}$$

$$\sum_{j=1}^{n} d_j^2(\max) = \frac{1}{12} m^2 (n^3 - n) \tag{8}$$

$$W = \frac{12}{m^2(n^3 - n)} \sum_{j=1}^{n} d_j^2 \tag{9}$$

$$W = \frac{12}{m^2(n^3 - n) - m\sum_{i=1}^{m} T_i} \sum_{j=1}^{n} d_j^2 \tag{10}$$

$$T_i = \sum_{i=1}^{L} (t_3 - t_i) \tag{11}$$

式中：R_{ij}表示第i专家对j个指标的评价等级；S_j表示第j个指标的等级和，S_j越大，该指标的重要性就越高。当专家对各指标没有给出相同评价时，使用公式(9)；如果有相同评价等级时，要对W进行校正，校正公式为(10)。公式(11)中T_i表示相同等级指标，L表示i个专家在评价中相同的评价组数；t_i表示在L组中的相同等级数。协调系数W取值在0~1之间，W越大，表示专家的协调程度越好，反之，意味着专家意见协调程度较低。

3. 协调系数的显著性检验——X^2检验

根据自由度和显著性水平，从X^2值表中查得临界值X_a^2，如果$X_R^2 > X_a^2$，则可认为协调系数经检验后有显著性，说明专家评价意见协调性好，结果可取。反之，X_R^2值很小，专家组的意见的非偶然协调的概率越大，在95%的置信度下，如果$P>0.05$，则认为专家意见在非偶然协调方面将是不足置信的协调，评价结论的可信度差，评价结果不可取。

表2所示的是本研究中专家意见协调系数，第一轮咨询结果：专家意见协调系数较小，仅为0.13，反映专家对评价指标的重要性认识存在分歧，意见协调程度较低。第二轮咨询的协调系数和第一轮相比有较大提高，为0.47，表明专家对指标重要性的认识渐趋向一致，可信度较高两轮协调系数的X^2检验的P值均小于0.05，表明在95%的置信度下，专家评价的协调程度可信。

表2 两轮德尔菲专家意见协调系数比较表

	第一轮咨询	第二轮咨询
指标个数	42	27
协调系数W	0.13	0.47
X^2值	0.11	0.07
P值	0.00	0.00

（五）专家意见的权威程度

专家的权威程度一般由两个因素决定，一个是专家对方案做出判断的依据，一个是专家对问题的熟悉程度。专家的权威程度以自我评价为主。

1. 判断依据

用 C_a 表示判断影响程度系数。专家一般以"实践经验""理论分析""对国内外同行的了解"及"直觉"等作为判断依据，判断系数 $C_a \leqslant 1$ 。当 $C_a = 1$ 时，判断依据对专家的影响程度很大；当 $C_a = 0.8$ 时，对专家判断的影响程度中等；当 $C_a = 0.6$ 时，影响程度较小。判断依据见表3。

表3　判断依据表

判断依据	量化值
实践经验	0.8
理论分析	0.6
国内外同行了解	0.4
直觉	0.2

2. 专家对问题的熟悉程度

用 C_s 表示专家对问题熟悉程度系数，见表4。

表4　专家对问题熟悉程度系数表

熟悉程度	量化值
非常熟悉	1
很熟悉	0.8
熟悉	0.6
一般	0.4
不太熟悉	0.2
不熟悉	0

3. 专家的权威程度

用 C_r表示专家权威程度系数，其为判断系数和熟悉程度系数的算术平均值。

$$C_r = \frac{C_a + C_s}{2} \tag{12}$$

本研究专家权威程度的判断采用了自我评价结果，见表5。两轮咨询3项二级指标的判断依据系数平均值为0.79和0.80，说明实践经验是专家主要的判断依据；熟悉程度系数平均值为0.67和0.67，表明专家对所咨询的问题较熟悉，3项二级指标的专家权威程度平均值分别为0.73和0.73，可以认为专家的权威程度较高。由于专家的权威程度与预测精度呈一定的函数关系，因此可以推论本研究的精度也较高。两轮专家咨询3个一级指标的专家权威程度均高于0.6，其中，对绿色生态文明指标打分的权威程度最高。

表5　两轮专家权威程度统计表

指　标	第一轮咨询			第二轮咨询		
	C_a	C_s	C_r	C_a	C_s	C_r
绿色生态文明	0.85	0.71	0.78	0.86	0.70	0.78
经济生态文明	0.77	0.64	0.71	0.77	0.64	0.71
社会生态文明	0.76	0.65	0.71	0.76	0.65	0.71
平均值	0.79	0.67	0.73	0.80	0.67	0.73

（六）评价指标的筛选方法

本研究进行了两轮德尔菲专家咨询，采用界值法筛选评价指标，根据每项指标的重要性得分计算满分频率、算术均数和变异系数。满分频率和算术均数的界值计算方法："界值＝均数－标准差"，得分高于界值的入选；变异系数界值计算方法："界值＝均数＋标准差"，得分低于界值的入选。为防止重要的指标被剔除，在以上三个衡量尺度中，凡三个尺度均不符合要求的指标才剔除。对于有一个或两个尺度不合要求的指标，根据全面性、科学性、可行性等原则经讨论后取舍。同时，指标筛选充分考虑了专家提出的修改意见，结果见表6。

表6　两轮专家咨询筛选指标界值表

统计值	第一轮专家咨询			第二轮专家咨询		
	均　数	标准差	界　值	均　数	标准差	界　值
满分频率	0.10	0.06	0.04	0.14	0.13	0.01
算术均数	4.10	0.27	3.83	4.21	1.85	2.36
变异系数	0.13	0.04	0.17	0.10	0.05	0.15

本研究初步拟订的指标体系有1个一级指标、3个二级指标、9个三级指标和41个四级指标。根据第一轮问卷统计结果，采用界值法筛选评价指标。指标体系调整为1个一级指标、3个二级指标、9个三级指标和27个四级指标（表7）。共删除四级指标14个。第二轮问卷统计结果和专家意见，没有指标调整。

四、县域生态文明评价指标的权重

基于德尔菲法筛选得到的27个四级指标（表7），利用层次分析法（Analytic Hierarchy Process，简称AHP）对四级指标打分加权，其他各级指标权重取下一级指标权重期望值。层次分析法是将与决策有关的元素分解成目标、准则、方案等层次，在此基础之上进行定性和定量分析的决策方法。该法的主要思想是通过将复杂问题分解为若干层次和若干因素，对两两指标之间的重要程度做出比较判断，建立判断矩阵，通过计算判断矩阵的最大特征值以及对应特征向量就可得出不同方案重要性程度的权重，为最佳方案的选择提供依据。

表 7　县域生态文明评价指标体系一览表

一级指标	二级指标	三级指标	四级指标	是否保留
生态文明指数(A)	绿色生态文明(B_1)	生产力(C_1)	森林覆盖率	是
			年末造林总面积占林地总面积	是
			年末实有封山育林面积占林地总面积	是
		低污染利用(C_2)	单位耕地面积农用化肥施用量	是
			单位耕地面积农用塑料薄膜使用量	是
			单位耕地面积农药使用量	是
			单位 GDP 工业废水排放总量	否
			单位 GDP 工业废气排放量	否
			单位 GDP 工业固体废物产生量	否
		功能性(C_3)	森林群落结构	是
			自然保护区占管辖国土面积	是
			林地面积占管辖国土面积	是
	经济生态文明(B_2)	生产总值(C_4)	第三产业占总产值比重	是
			GDP 增长率	否
			人均生产总值	是
			林业产值/农林牧副渔总产值	是
			人均旅游总收入	否
		能源利用率(C_5)	单位 GDP 能耗	是
			单位 GDP 能耗实际下降率	是
			工业固体废物综合利用率	是
		收入与支出(C_6)	城镇登记失业率	是
			农民人均纯收入	否
			全年农村居民人均生活消费支出	否
			科学技术占一般预算支出	是
			文化体育与传媒占一般预算支出	否
			社会保障和就业占一般预算支出	否
			医疗卫生占一般预算支出	否
			环境保护占一般预算支出	是
	社会生态文明(B_3)	城镇化建设(C_7)	城镇化率	是
			单位村委会通电率	是
			单位村委会通汽车率	否
			单位村委会自来水受益率	否
			单位村委会通电话率	是
		受教育程度(C_8)	人均大、高、初、小、幼学校个数	是
			教育占一般预算支出	是
			大、中专及以上占整半劳动力数	是
		生活文明程度(C_9)	人均移动电话拥有率	是
			年末实有铺装道路总长度	否
			计划生育率	否
			人均卫生机构数	是
			年末人均住房面积	是

（一）层次分析法的基本原理与步骤

运用层次分析法建模来解决实际问题，大体上可按如下 4 个步骤进行：

1. 建立递阶层次结构模型

应用层次分析法分析决策问题时，首先要把问题条理化、层次化，构造出一个有层次的结构模型。这些层次可以分为三类：最高层（目标层）、中间层（系统层和功能层）、最底层（指标层）。递阶层次结构中的层次数与问题的复杂程度及需要分析的详尽程度有关，一般地层次数不受限制。每一层次中各元素所支配的元素一般不超过 9 个。

2. 构造出各层次中的所有判断矩阵

准则层中的各准则在目标衡量中所占的比重并不一定相同，在决策者的心目中，它们各占有一定的比例。引用数字 1 ~9 及其倒数作为标度来定义判断矩阵 $A=(a_{ij})_{n\times n}$（表 8）。

表 8 判断矩阵标度定义

标 度	含 义
1	表示两个因素相比，具有相同重要性
3	表示两个因素相比，前者比后者稍重要
5	表示两个因素相比，前者比后者明显重要
7	表示两个因素相比，前者比后者强烈重要
9	表示两个因素相比，前者比后者极端重要
2，4，6，8	表示上述相邻判断的中间值
倒数	若因素 i 与因素 j 的重要性之比为 a_{ij}，那么因素 j 与因素 i 重要性之比为 $a_{ij}=1/a_{ij}$

3. 层次单排序及一致性检验

（1）计算一致性指标 CI（consistency index）：

$$\mathrm{CI}=\frac{\lambda_{\max}-n}{n-1} \tag{13}$$

式中：$\lambda_{\max}$ 为判断矩阵的最大特征值，n 为指标个数。

（2）查找平均随机一致性指标 RI（表 9）：

表 9 平均随机一致性指标

n	1	2	3	4	5	6	7	8	9	10	11	12	13	14
RI	0	0	0.52	0.89	1.12	1.24	1.36	1.41	1.46	1.49	1.52	1.54	1.56	1.58

（3）计算一致性比例 CR（consistency ratio）：

$$\mathrm{CR}=\frac{\mathrm{CI}}{\mathrm{RI}} \tag{14}$$

当 CR <0.10 时，人为判断矩阵的一致性是可以接受的，否则应对判断矩阵作适当修正。

4. 群决策

为了使决策科学化、民主化，本次研究设计有18个专家参与决策。这样在用层次分析法进行专家咨询时，对同一准则，将获得多个判断矩阵。因此有必要对多人决策即“群决策”进行研究，以求获得一个合理的综合结果(表10)。本次研究采用加权几何平均综合判断矩阵法。

表10 群决策综合判断矩阵结果

A	绿色生态文明	经济生态文明	社会生态文明
绿色生态文明	1.00	1.56	1.72
经济生态文明	0.64	1.00	0.95
社会生态文明	0.58	1.05	1.00
B_1	生产力	低污染利用	功能性
生产力	1.00	0.93	1.14
低污染利用	1.07	1.00	1.28
功能性	0.88	0.78	1.00
B_2	生产总值	能源利用率	收入与支出
生产总值	1.00	0.73	0.86
能源利用率	1.38	1.00	1.53
收入与支出	1.16	0.65	1.00
B_3	生态城镇化建设	受教育程度	生活文明程度
生态城镇化建设	1.00	0.86	0.87
受教育程度	1.17	1.00	1.32
生活文明程度	1.15	0.76	1.00
森林覆盖率	1.00	2.85	2.70
年末造林总面积占林地总面积	0.35	1.00	0.95
年末实有封山育林面积占林地总面积	0.37	1.06	1.00
C_2	单位耕地面积农用化肥使用量	单位耕地面积农用塑料薄膜使用量	单位耕地面积农药使用量
单位耕地面积农用化肥施用量	1.00	1.74	0.70
单位耕地面积农用塑料薄膜使用量	0.57	1.00	0.51
单位耕地面积农药使用量	1.43	1.97	1.00
C_3	森林群落结构	自然保护区占管辖国土面积	林地面积占管辖国土面积
森林群落结构	1.00	1.97	1.23
自然保护区占管辖国土面积	0.51	1.00	0.96
林地面积占管辖国土面积	0.81	1.04	1.00
C_4	第三产业占总产值比重	人均生产总值	林业产值/农林牧副渔总产值
第三产业占总产值比重	1.00	1.47	1.27
人均生产总值	0.68	1.00	0.98
林业产值/农林牧副渔总产值	0.79	1.02	1.00

（续）

C_5	单位 GDP 能耗	单位 GDP 能耗实际下降率	工业固体废物综合利用率
单位 GDP 能耗	1.00	1.47	1.53
单位 GDP 能耗实际下降率	0.68	1.00	0.92
工业固体废物综合利用率	0.65	1.09	1.00
C_6	城镇登记失业率	科学技术占一般预算支出	环境保护占一般预算支出
城镇登记失业率	1.00	0.86	0.63
科学技术占一般预算支出	1.17	1.00	0.87
环境保护占一般预算支出	1.59	1.14	1.00
C_7	城镇化率	单位村委会通电话率	单位村委会通电率
城镇化率	1.00	1.57	1.96
单位村委会通电话率	0.64	1.00	0.61
单位村委会通电率	0.51	1.65	1.00
C_8	人均大、高、初、小、幼学校个数	教育占一般预算支出	大、中专及以上占整半劳动力数
人均大、高、初、小、幼学校个数	1.00	1.09	0.73
教育占一般预算支出	0.92	1.00	1.07
大、中专及以上占整半劳动力数	1.36	0.93	1.00
C_9	人均移动电话拥有率	人均卫生机构数	年末人均住房面积
人均移动电话拥有率	1.00	0.39	0.63
人均卫生机构数	2.58	1.00	2.13
年末人均住房面积	1.58	0.47	1.00

将 s 个判断矩阵，用加权几何平均的方法获得一个综合判断矩阵 $A_k=(a_{ij})$，

$$其中：\begin{cases} a_{ij} = (a_{ij,1})^{\lambda_1}\cdots(a_{ij,2})^{\lambda_2}\cdots(a_{ij,s})^{\lambda s} i,j = 1,2,\cdots,s \\ \sum_{k=1}^{s}\lambda_k = 1 \end{cases} \tag{15}$$

这里 λ_1，λ_2，…，λ_s，是各个专家的权重系数，它是对专家能力水平的一个综合的数量表示。本次研究根据专家的职称设定 λ 值，其中：具有教授或教授级高级工程师职称 λ 值为0.8，具有高级工程师职称或处级行政职务 λ 值为0.6，具有工程师职称 λ 值为0.4。

上述方法保持了判断矩阵 A 的互反性，当每个 $A_k(k=1，2，\cdots，s)$ 均为一致时，A 保持了一致性，当 A_k 中有不一致矩阵时，A 的一致性不能保证。

对于一组群组判断，计算总体标准差。

$$\sigma_{ij} = \sqrt{\frac{1}{s-1}\sum_{k=1}^{S}(a_{ij,k}-a_{ij})^2},\ i = 1,2,\cdots,s \tag{16}$$

当 $\sigma_{ij}<\varepsilon$ 时，这组判断认为是可接受的。否则应将信息反馈给专家，让他们考虑作适当修改后再行计算。这里 ε 是一个给定的值，一般可取在[0.5，1]之间。

（二）层次分析法权重向量的计算

1. 几何平均法（方根法）

$$W_i = \frac{\left(\prod_{j=1}^{n} a_{ij}\right)^{\frac{1}{n}}}{\sum_{i=1}^{n}\left(\prod_{j=1}^{n} a_{ij}\right)^{\frac{1}{n}}},\ i = 1,2,\cdots,n \tag{17}$$

计算步骤：①A 的元素按行相乘得一新向量；②将新向量的每个分量开 n 次方；③将所得向量归一化即为权重向量。

2. 算术平均法（求和法）

由于判断矩阵 A 中的每一列都近似地反映了权值的分配情形，故可采用全部列向量的算术平均值来估计权向量。即：

$$W_i = \frac{1}{n}\sum_{j=1}^{n}\frac{a_{ij}}{\sum_{k=1}^{n} a_{kj}},i = 1,2,\cdots,n \tag{18}$$

计算步骤：①A 的元素按列归一化，即求 $\frac{a_{ij}}{\sum_{k=1}^{n} a_{kj}}$；②将归一化后的各列相加；③将相加后的向量除以 n 即得权重向量。

3. 特征向量法

将权重向量 W 右乘权重比矩阵 A，有：

$$AW = \lambda_{\max} W \tag{19}$$

同上，$\lambda_{\max}$ 为判断矩阵的最大特征值，存在且唯一，W 的分量均为正分量。最后，将求得的权重向量作归一化处理即为所求。

4. 权重向量

由于几何平均法、算术平均法和特征向量法求算县域生态文明评价指标体系的权重值、一致性指标和一致性比例差别不大，列出结果（表 11）。

表 11　县域生态文明评价指标体系权重

矩　阵	W_1	W_2	W_3	$\lambda_{\max}$	CI	RI	CR
A	0. 4501	0. 2747	0. 2751	3. 0025	0. 0012	0. 5200	0. 0024
B_1	0. 3383	0. 3591	0. 2926	3. 0002	0. 0001	0. 5200	0. 0002
B_2	0. 281	0. 4195	0. 2994	3. 0076	0. 0038	0. 5200	0. 0073
B_3	0. 3011	0. 3823	0. 3166	3. 0079	0. 0040	0. 5200	0. 0076
C_1	0. 581	0. 204	0. 215	3. 0000	0. 0000	0. 5200	0. 0000
C_2	0. 34	0. 2116	0. 4484	3. 0063	0. 0031	0. 5200	0. 0060
C_3	0. 4359	0. 2563	0. 3078	3. 0206	0. 0103	0. 5200	0. 0198

（续）

矩　阵	W_1	W_2	W_3	λ_{max}	CI	RI	CR
C_4	0. 4057	0. 2879	0. 3064	3. 0018	0. 0009	0. 5200	0. 0017
C_5	0. 4284	0. 2798	0. 2918	3. 0017	0. 0008	0. 5200	0. 0016
C_6	0. 2681	0. 3301	0. 4017	3. 0033	0. 0017	0. 5200	0. 0032
C_7	0. 4626	0. 235	0. 3024	3. 0573	0. 0287	0. 5200	0. 0551
C_8	0. 3493	0. 2905	0. 3603	3. 0098	0. 0049	0. 5200	0. 0094
C_9	0. 1905	0. 534	0. 2755	3. 0085	0. 0043	0. 5200	0. 0082

（三）灵敏度分析

灵敏度分析是检验一个系统（模型）的状态或输出变化对系统参数或周围条件变化敏感程度的方法。在最优化方法中经常利用灵敏度分析来研究原始数据不准确或发生变化时最优解的稳定性。通过灵敏度分析还可以决定哪些参数对系统或模型有较大的影响。下一级指标对上一级指标权重值斜率越大，说明下一级指标对上一级指标影响越大。县域生态文明指标灵敏度分析结果见图 1，其中四级指标中森林覆盖率和人均卫生机构灵敏度较大，对各自三级指标影响较大。

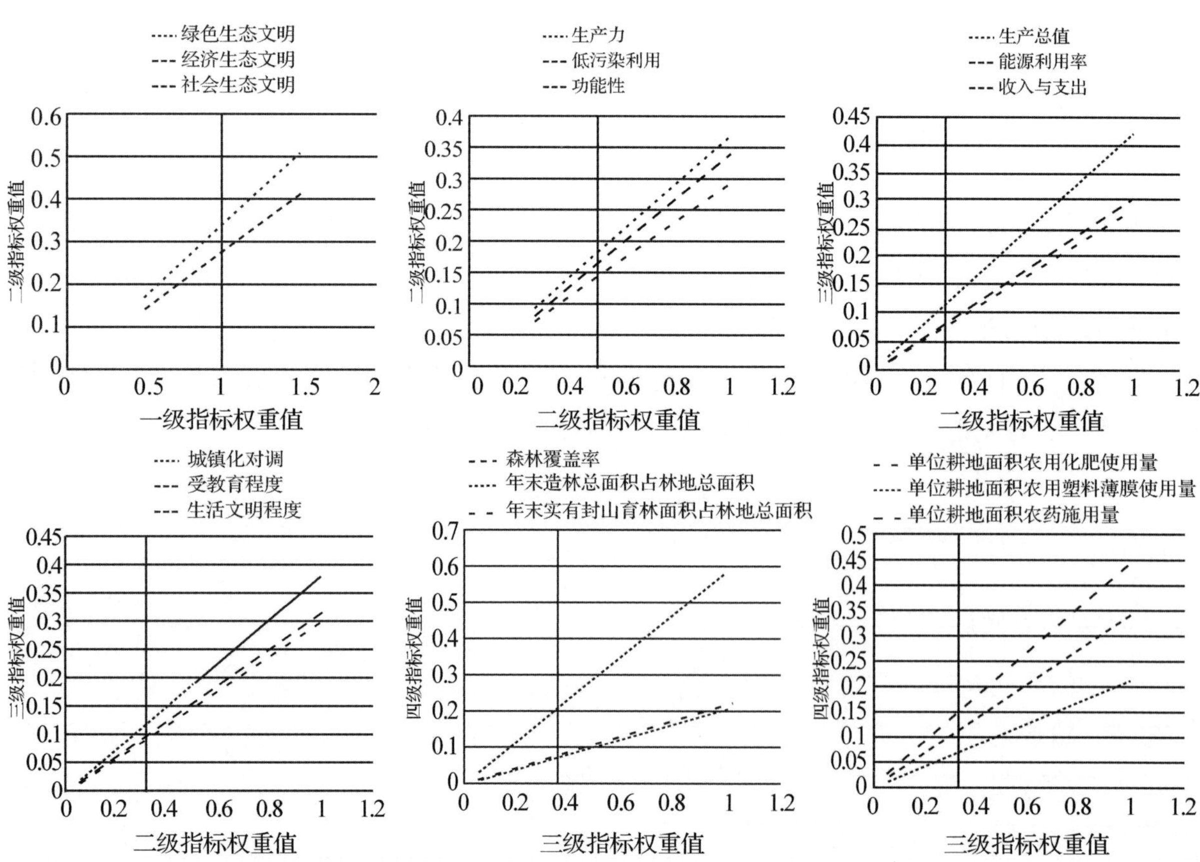

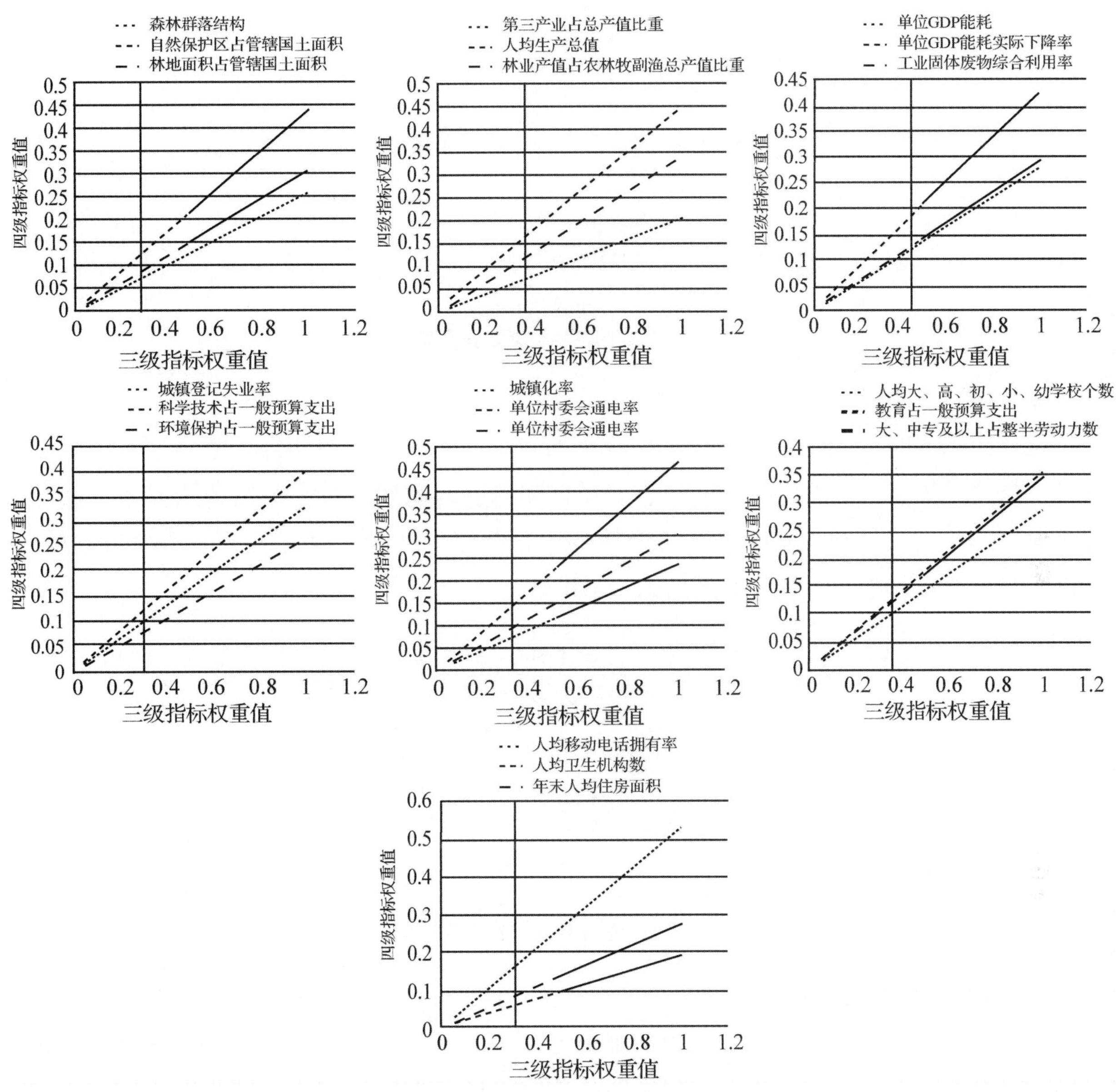

图 1 县域生态文明指标灵敏度分析

五、生态文明类型划分方法及结果

1. 生态文明综合类型划分

根据生态文明综合得分偏向，可把二级指标(系统层)分为 9 种类型：全面发展型、均衡型、快速发展型、持续发展型、和谐发展型、生态优势型、经济优势型、社会文明型和低度均衡型。按照各县各项生态文明评价指标打分，等级从高到低的顺序，类型等级分为 4 级：第一等级为全面发展型，第二等级分别为均衡型、快速发展型、持续发展型和和谐发展型，第三等级分别为生态优势型、经济优势型和社会文明型，第四等级为低度均衡型(图 2)。

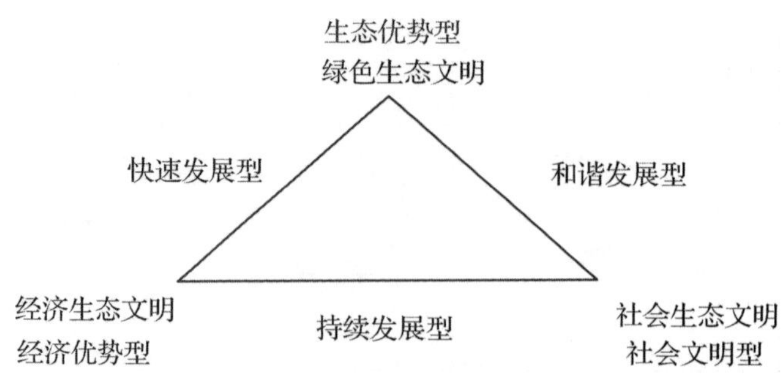

图 2　生态文明综合类型划分示意图

2. 绿色生态文明类型划分

绿色生态文明指标(系统层)分为 9 种类型：全面型、均衡型、结构复杂型、功能完备型、持续发展型、活力型、稳定型、多样型和低度均衡型。第一等级为全面型，第二等级分别为均衡型、结构复杂型、功能完备型和持续发展型，第三等级分别为活力型、稳定型和多样型，第四等级为低度均衡型(图 3)。

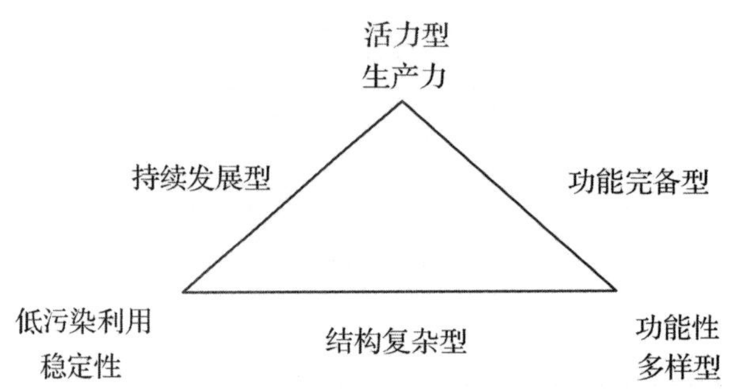

图 3　绿色生态文明类型划分示意图

3. 经济生态文明类型划分

经济生态文明指标(系统层)分为 9 种类型：全面型、均衡型、经济集约发展型、资源高效整合型、节能环保发展型、绿色生产总量优势型、绿色生产均量优势型、低碳循环利用型和低度均衡型。第一等级为全面型，第二等级分别为均衡型、经济集约发展型、资源高效整合型和节能环保发展型，第三等级分别为生产总量优势型、绿色生产均量优势型和低碳循环利用型，第四等级为低度均衡型(图 4)。

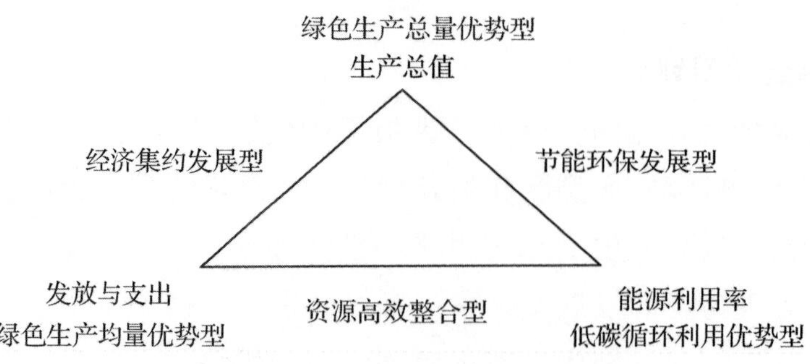

图 4　经济生态文明类型划分示意图

4. 社会生态文明类型划分

社会生态文明指标(系统层)分为9种类型：全面型、均衡型、城市文明型、城市和谐型、文明和谐型、建设密集型、意识强烈型、生活文明型和低度均衡型。第一等级为全面型，第二等级分别为均衡型、城市文明型、城市和谐型和文明和谐型，第三等级分别为建设密集型、意识强烈型和生活文明型，第四等级为低度均衡型(图5)。

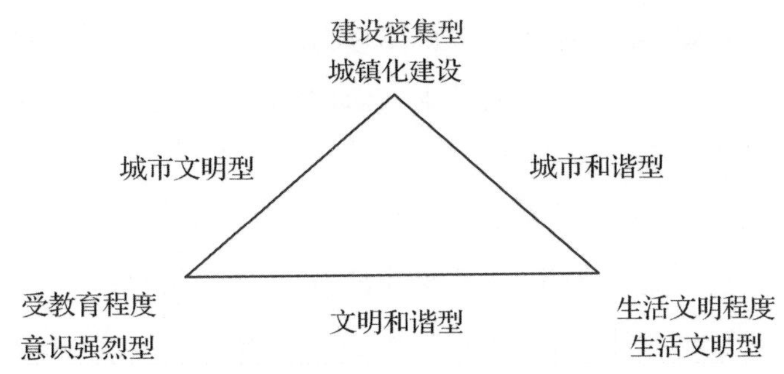

图5 社会生态文明类型划分示意图

六、以普洱市为案例，生态文明和生态文明进步结果及综合类型划分

(一)普洱市生态文明建设情况

普洱市历来享有“绿海明珠”“天然氧吧”的美誉。依靠优良的生态环境、独特的区位优势、丰富的自然资源，建设重要的特色生物产业、清洁能源、林产业和休闲度假基地。创建经济与生态相融、景观与人文相融、城市与乡村相融的国家森林城市。

同时普洱市积极开展碳排放权、排污权等交易试点，中国绿色碳汇基金会碳汇经济促进中心已在普洱市揭牌成立，把节能减排纳入政府政绩考核并实行一票否决。引导和发扬普洱市各少数民族对大自然饱含的敬重之情和朴素的生态环保意识，培养全民节约意识、环保意识和生态意识，形成节约资源和保护环境的空间格局、产业结构、生产方式和生活方式。

近期普洱市的基础设施建设、加大项目推进必然带来资源消耗和环境承载压力的加剧。作为可再生能源建筑应用示范城市，普洱应控制能源消耗总量，积极发展太阳能、水能、生物质能等可再生能源，大力发展低碳经济、循环经济、绿色经济。2012年普洱市荣获“中国最具生态竞争力城市”殊荣。构建县域生态文明评价指标体系的研究——以普洱市为例，更是对普洱市生态文明建设取得成果的验证。普洱市生态文明建设主要现状如下。

1. 综合状况良好

2012年普洱市生产总值(GDP)完成366.85亿元，其中第一产业增加值112.88亿元；第二产业增加值133.56亿元；第三产业实现增加值120.41亿元。3个产业产值结构比为

30.8∶36.4∶32.8。全市人均生产总值(GDP)达到14286元。

2012年普洱市完成地方财政预算总收入74.89亿元。完成地方公共财政一般预算收入47.90亿元；其中，增值税完成3.43亿元；营业税8.87亿元；企业所得税1.50亿元。全市完成地方公共财政预算支出170.11亿元。

2012年年末全社会劳动者就业171.35万人，其中：第一产业就业114.20万人；第二产业就业14.98万人；第三产业就业42.16万人。全年城镇新增就业人数10758人，失业人员再就业人数3398人，新增转移农村劳动力13002人。年末全市城镇实有登记失业人数11186人，城镇登记失业率4.09%。

2. 森林资源丰富

普洱市森林资源丰富，是全国生物多样性最为丰富的地区之一。据第三次森林资源二类调查结果，全市现有林业用地面积313万公顷，占土地总面积的70.6%，居云南省各州市之首。森林覆盖率达64.9%，林木绿化率67.2%，活立木总蓄积2.25亿立方米，森林覆盖率、活立木总蓄积有较大幅度增长。在林业用地面积中，有林地面积276.8万公顷，占88.4%；疏林地面积0.8万公顷，占0.3%；灌木林地面积20.3万公顷，占3.5%；未成林林地面积7.5万公顷，占2.4%；无林地面积7.6万公顷，占2.43%。全市313万公顷林业用地面积中，生态公益林76万公顷，占24.3%；商品林面积237万公顷，占75.7%。

3. 投资高速增长

“十二五”以来，普洱市固定资产投资保持高速增长，一大批交通能源、农林水利、生态环保、社会事业等重大基础设施项目已投产或将投产并产生效益，拉动经济快速增长。同时，市场容量大，建设成本相对较低，劳动力资源丰富，以及不断增强的基础设施保障能力，使普洱市的综合优势更为突出，加快发展的后劲不断增强。2012年，全年规模以上固定资产投资351.01亿元，同比增长38.1%。分三个产业看，第一产业投资10.69亿元，同比增长21.5%；第二产业投资156.81亿元，增长26.9%；第三产业投资183.51亿元，增长50.8%。全年规模以上施工项目824个，比2011年增加111个。其中新开工项目587个，增加125个。

4. 医疗条件较好

2012年，普洱市共有各类医疗卫生机构410个，其中：医院29个(政府办医院18个，企业办医院1个，民营医院10个)，乡镇卫生院和社区卫生服务中心104个，妇幼保健院11个，疾病预防控制中心11个，卫生监督检验所11个，诊所、卫生所、医务室240个。卫生机构实有病床7966张。卫生技术人员7956人，其中：执业医师2532人，执业助理医师578人，注册护士2717人，药剂师344人，检验人员405人。年末共有村卫生室989个，乡村医生1972人，卫生员127人。

5. 环境质量较高

2012 年普洱市城区环境空气污染指数（API）是 33，环境空气质量以 SO_2、NO_2、可吸入颗粒物的日平均浓度值评价，全年监测结果均符合 GB3095—1996《环境空气质量标准》中二级标准，环境空气优良率为 100%。全年共监测 363 天，环境空气优级天数 320 天，良级天数 43 天。优级天数在全年所占比例达到 88%。城区降水监测数值 pH 年平均值为 6.23，酸雨 pH 年平均值为 5.15，出现频率为 3.3%。降尘监测浓度年平均值为 1.769 吨/（平方公里·月），均未超过标准。2008 ~ 2012 年间，普洱市思茅区空气环境质量趋于稳定，保持在二级标准内。

2012 年市域内地表水环境质量及中心城区主要饮用水水源地水质保持稳定。地表水 11 个监测断面（1 个国控监测断面和 10 个省控监测断面），水质达标率为 100%。达到Ⅱ类的断面数为 7 个，达到Ⅲ类的断面数为 3 个，达到Ⅳ类的断面数为 1 个。普洱市 16 个城市主要集中式饮用水水源地，其水质均达到国家相应的饮用水源地水质标准，水质类别达到Ⅱ类标准的有 13 个，占总断面数的 81.2%；水质类别达到Ⅲ类标准的有 3 个，占总断面数的 18.8%。

2012 年思茅区道路交通噪声监测平均等效声级年平均值 62.7 分贝，超标率为 1.7%。思茅区区域声环境噪声平均等效声级年平均值昼间为 50.7 分贝，夜间为 42.9 分贝，均达到 GB3096—2008《声环境质量标准》中 1 类标准。

6. 民族文化突出

普洱市是一个典型的多民族地区，全市有汉、拉祜、佤、哈尼、彝、傣等 14 个世居民族，云南省 85% 以上的拉祜族人口、45% 的佤族人口、32% 的哈尼族人口生活在普洱市。每个民族都有自己独特、深厚的历史文化，传承至今仍然保持了较为完整的原生态性和地道性，加之历久弥香的茶文化，形成了闻名全国的“普洱文化”。“普洱文化”是以普洱茶文化为代表的普洱市文化体系的综合体，包括普洱历史文化、普洱茶文化、边地各民族融合文化、绿色生态文化、北回归线文化等多种文化。普洱又是多民族聚居地区，普洱的民族文化多元而厚重，各民族人民创造了灿烂的文化和历史，孕育了原始古朴、多姿多彩、独具魅力的民族文化、普洱茶文化和原生态文化，这些成就了普洱市深度开发旅游文化产业不可多得的宝贵资源。

（二）普洱市生态文明评价指标原始数据处理

1. 普洱市生态文明评价指标和生态文明进步评价指标数据来源

本次普洱市县域生态文明评价指标体系构建采用的是《2008 ~ 2012 年普洱统计年鉴》（国家统计局普洱调查队和普洱市统计局编制）、《2008 ~ 2012 年普洱市领导干部经济工作手册》（普洱市统计局和普洱市人民政府办公室编制）和“2008 ~ 2012 年各县（10 个县）统计年鉴”等官方数据，其中：各县生态文明评价指标数据采用 2008 ~ 2012 年相应指标和的均值，以表示各县生态文明排名情况；各县生态文明进步评价指标数据采用2008 ~

2012年相应指标差的均值，以表示各县生态文明进步排名情况。

2. 标准化

由于原始数据指标间具有较大的量纲，无法乘以权重直接求和，所以必须将原始数据进行标准化处理。数据标准化处理主要包括数据同趋化处理和无量纲化处理两个方面。数据同趋化处理主要解决不同性质数据问题，对不同性质指标直接加总不能正确反映综合结果，须先考虑改变逆指标数据性质，使所有指标同趋化，再累加才能得出正确结果。数据无量纲化处理主要解决数据的可比性，在此我们采用指数化处理方法。指数化处理以指标的最大值和最小值的差距进行数学计算，其结果介于0～1之间。经过标准化处理，原始数据均转换为无量纲化指标测评值，即各指标值都处于同一个数量级别上，可以进行综合测评分析(表12、表13)。具体计算公式如下：

$$Z_i = \frac{X_i - X_{\min}}{X_{\max} - X_{\min}} \tag{20}$$

式中：Z_i 为指标的标准分数；X_i为各县第 i 指标的指标值；$X_{\max}$为各县第 i 指标的最大值；$X_{\min}$为各县第 i 指标的最小值。

表12 普洱市各县生态文明评价指标标准化数据

指标	思茅区	宁洱哈尼族彝族自治县	墨江哈尼族自治县	景东彝族自治县	景谷傣族彝族自治县	镇沅彝族哈尼族拉祜族自治县	江城哈尼族彝族自治县	孟连傣族拉祜族佤族自治县	澜沧拉祜族自治县	西盟佤族自治县
森林覆盖率	0.63	0.92	0.11	0.59	1.00	0.69	0.47	0.26	0.00	0.32
年末造林总面积占林地总面积	0.10	0.38	1.00	0.33	0.00	0.12	0.03	0.19	0.16	0.75
年末实有封山育林面积占林地总面积	0.00	0.09	0.16	0.39	0.00	0.00	1.00	0.32	0.12	0.48
单位耕地面积农用化肥施用量	0.00	0.29	0.71	0.53	0.12	0.41	0.23	1.00	0.75	0.79
单位耕地面积农用塑料薄膜使用量	0.94	0.59	0.16	1.00	0.61	0.80	0.00	0.18	0.04	0.15
单位耕地面积农药使用量	1.00	0.07	0.00	0.38	0.45	0.23	0.15	0.45	0.14	0.22
森林群落结构	0.50	0.00	0.00	0.50	0.00	0.25	0.00	1.00	0.50	0.25
自然保护区占管辖国土面积	0.81	0.07	0.50	1.00	0.10	0.36	0.14	0.00	0.08	0.44
林地面积占管辖国土面积	1.00	0.78	0.10	0.43	0.77	0.53	0.48	0.11	0.00	0.00
第三产业占总产值比重	0.86	0.59	0.40	0.33	0.00	0.39	0.10	0.54	0.37	1.00
人均生产总值	1.00	0.49	0.12	0.23	0.64	0.26	0.42	0.22	0.05	0.00
林业产值/农林牧副渔总产值	0.01	0.26	0.11	0.36	1.00	0.42	0.60	0.68	0.00	0.66
单位GDP能耗	0.60	1.00	0.00	0.50	0.45	0.10	0.00	0.41	0.46	0.24
单位GDP能耗实际下降率	0.11	0.00	0.23	0.22	0.01	0.24	0.27	0.24	1.00	0.24
工业固体废物综合利用率	0.96	0.91	0.98	0.90	1.00	0.00	1.00	1.00	1.00	1.00
城镇登记失业率为	0.69	0.25	0.27	0.18	0.18	0.77	0.84	0.69	0.00	1.00
科学技术支出占一般预算支出	0.33	1.00	0.33	0.00	0.01	0.65	0.17	0.05	0.15	0.17
环境保护占一般预算支出	0.00	0.90	0.59	0.61	0.67	0.49	1.00	0.54	0.60	0.41

（续）

指　标	思茅区	宁洱哈尼族彝族自治县	墨江哈尼族自治县	景东彝族自治县	景谷傣族彝族自治县	镇沅彝族哈尼族拉祜族自治县	江城哈尼族彝族自治县	孟连傣族拉祜族佤族自治县	澜沧拉祜族自治县	西盟佤族自治县
城镇化率	1.00	0.27	0.45	0.22	0.34	0.12	0.23	0.50	0.00	0.03
单位村委会通电话率	1.00	0.51	0.47	0.94	1.00	0.14	1.00	0.14	0.82	0.00
单位村委会通电率	0.24	0.18	0.24	0.20	1.00	0.21	0.10	0.32	0.13	0.00
人均大、高、初、小、幼学校个数	0.58	0.63	0.52	0.87	0.87	1.00	0.66	0.65	0.83	0.00
教育支出占一般预算支出	0.79	0.55	0.67	1.00	0.57	0.86	0.00	0.14	0.76	0.36
大、中专及以上人数占整半劳动力数	0.92	0.21	1.00	0.18	0.24	0.04	0.29	0.45	0.00	0.57
人均移动电话拥有率	1.00	0.21	0.41	0.10	0.27	0.10	0.34	0.13	0.00	0.41
人均卫生机构数	1.00	0.39	0.07	0.15	0.45	0.05	0.19	0.21	0.00	0.21
年末人均住房面积	0.99	1.00	0.80	0.62	0.29	0.76	0.24	0.16	0.00	0.08

表 13　普洱市各县生态文明进步评价指标标准化数据

指　标	思茅区	宁洱哈尼族彝族自治县	墨江哈尼族自治县	景东彝族自治县	景谷傣族彝族自治县	镇沅彝族哈尼族拉祜族自治县	江城哈尼族彝族自治县	孟连傣族拉祜族佤族自治县	澜沧拉祜族自治县	西盟佤族自治县
森林覆盖率	0.00	0.32	1.00	0.41	0.47	0.30	0.38	0.30	0.24	0.94
年末造林总面积占林地总面积	0.00	0.01	0.02	0.01	0.00	0.00	0.00	0.01	0.01	0.02
年末实有封山育林面积占林地总面积	0.00	0.09	0.16	0.39	0.00	0.00	1.00	0.32	0.12	0.48
单位耕地面积农用化肥施用量	0.00	0.10	0.16	0.42	0.41	1.00	0.25	0.07	0.06	0.85
单位耕地面积农用塑料薄膜使用量	0.39	0.19	0.07	1.00	0.98	0.51	0.00	0.13	0.04	0.18
单位耕地面积农药使用量	0.67	0.05	0.00	0.05	1.00	0.10	0.02	0.37	0.01	0.26
森林群落结构	0.00	0.00	0.00	0.00	0.00	0.00	0.00	0.00	0.00	0.00
自然保护区占管辖国土面积	0.00	0.00	0.00	0.00	0.00	0.00	0.00	0.00	0.00	0.00
林地面积占管辖国土面积	0.15	0.52	1.00	0.50	0.01	0.19	0.00	0.26	0.19	0.99
第三产业占总产值比重	0.85	0.34	0.75	0.59	0.72	0.62	0.00	0.64	0.95	1.00
人均生产总值	0.77	0.58	0.16	0.32	1.00	0.58	0.56	0.27	0.07	0.00
林业产值/农林牧副渔总产值	0.45	0.21	0.47	0.34	0.00	0.45	0.51	0.54	0.61	1.00
单位 GDP 能耗	0.63	0.09	1.00	0.39	0.58	0.16	0.63	0.00	0.24	0.75
单位 GDP 能耗实际下降率	0.00	0.00	0.07	0.04	0.00	0.06	0.09	0.05	1.00	0.05
工业固体废物综合利用率	0.01	0.99	0.00	1.00	0.94	0.94	0.94	0.94	0.94	0.94
城镇登记失业率	0.01	0.89	0.90	0.78	0.93	0.00	0.98	1.00	0.87	0.98
科学技术支出占一般预算支出	0.61	0.89	1.00	0.38	0.39	0.58	0.45	0.00	0.34	0.28
环境保护支出占一般预算支出	0.69	0.35	0.19	1.00	0.00	0.23	0.17	0.56	0.36	0.26
城镇化率	1.00	0.29	0.03	0.21	0.33	0.12	0.25	0.47	0.00	0.03
单位村委会通电话率	1.00	1.00	0.00	1.00	1.00	1.00	1.00	1.00	1.00	1.00
单位村委会通电率	0.35	0.01	0.00	0.30	1.00	0.30	0.13	0.41	0.21	0.03
人均大、高、初、小、幼学校个数	0.26	0.51	0.98	1.00	0.86	0.00	0.53	0.00	0.59	0.01
教育占一般预算支出	0.71	0.44	0.85	1.00	0.48	0.27	0.46	0.47	0.00	0.51

（续）

指　标	思茅区	宁洱哈尼族彝族自治县	墨江哈尼族自治县	景东彝族自治县	景谷傣族彝族自治县	镇沅彝族哈尼族拉祜族自治县	江城哈尼族彝族自治县	孟连傣族拉祜族佤族自治县	澜沧拉祜族自治县	西盟佤族自治县
大、中专及以上人数占整半劳动力数	0.00	0.45	0.53	0.89	1.00	0.70	0.49	0.42	0.56	0.50
人均移动电话拥有率	1.00	0.52	0.67	0.44	0.46	0.46	0.00	0.00	0.75	0.61
人均卫生机构数	0.56	0.37	0.56	0.54	0.50	1.00	0.84	0.00	0.44	0.37
年末人均住房面积	0.53	1.00	0.61	0.77	0.08	0.73	0.00	0.37	0.00	0.40

（三）普洱市各县生态文明和生态文明进步综合得分及排名

根据专家打分问卷获取的权重值和 2008 ~2012 年普洱市生态文明评价指标标准化后的数据，利用层次分析法计算得到普洱市生态文明县和生态文明进步县综合得分和排名情况（表 14、表 15）。生态文明县排名前 3 位的分别是思茅区、景东彝族自治县和宁洱哈尼族彝族自治县。生态文明进步县排名前 3 位的分别是景东彝族自治县、景谷傣族彝族自治县和西盟佤族自治县。

表 14　普洱市各县生态文明综合得分及排名

评价单位		思茅区	宁洱哈尼族彝族自治县	墨江哈尼族自治县	景东彝族自治县	景谷傣族彝族自治县	镇沅彝族哈尼族拉祜族自治县	江城哈尼族彝族自治县	孟连傣族拉祜族佤族自治县	澜沧拉祜族自治县	西盟佤族自治县
生态文明	得分	1.072	0.783	0.663	0.87	0.748	0.6451	0.609	0.693	0.521	0.646
	排名	1	3	6	2	4	8	9	5	10	7
绿色生态文明	得分	0.428	0.279	0.243	0.449	0.269	0.2985	0.216	0.31	0.159	0.304
	排名	2	6	8	1	7	5	9	3	10	4
经济生态文明	得分	0.245	0.291	0.166	0.187	0.212	0.162	0.231	0.236	0.219	0.249
	排名	3	1	9	8	7	10	5	4	6	2
社会生态文明	得分	0.399	0.213	0.254	0.234	0.267	0.1847	0.161	0.148	0.143	0.093
	排名	1	5	3	4	2	6	7	8	9	10
生产力	得分	0.143	0.273	0.250	0.257	0.197	0.1585	0.295	0.151	0.055	0.306
	排名	9	3	5	4	6	7	2	8	10	1
低污染利用	得分	0.415	0.204	0.187	0.411	0.254	0.3097	0.081	0.35	0.199	0.25
	排名	1	7	9	2	5	4	10	3	8	6
功能性	得分	0.393	0.144	0.101	0.328	0.148	0.195	0.104	0.188	0.099	0.118
	排名	1	6	9	2	5	3	8	4	10	7
生产总值	得分	0.305	0.219	0.102	0.149	0.268	0.1757	0.183	0.234	0.069	0.271
	排名	1	5	9	8	3	7	6	4	10	2
能源利用率	得分	0.409	0.466	0.297	0.395	0.357	0.0819	0.31	0.401	0.6	0.36
	排名	3	2	9	5	7	10	8	4	1	6
收入与支出	得分	0.178	0.374	0.206	0.137	0.148	0.332	0.349	0.222	0.129	0.275
	排名	7	1	6	9	8	3	2	5	10	4

（续）

评价单位		思茅区	宁洱哈尼族彝族自治县	墨江哈尼族自治县	景东彝族自治县	景谷傣族彝族自治县	镇沅彝族哈尼族拉祜族自治县	江城哈尼族彝族自治县	孟连傣族拉祜族佤族自治县	澜沧拉祜族自治县	西盟佤族自治县
城镇化建设	得分	0. 393	0. 168	0. 203	0. 239	0. 409	0. 0819	0. 233	0. 167	0. 167	0. 004
	排名	2	6	5	3	1	9	4	7	8	10
受教育程度	得分	0. 508	0. 31	0. 488	0. 454	0. 374	0. 4218	0. 211	0. 277	0. 353	0. 207
	排名	1	7	2	3	5	4	9	8	6	10
生活文明程度	得分	0. 549	0. 294	0. 234	0. 158	0. 186	0. 1674	0. 141	0. 092	0	0. 128
	排名	1	2	3	6	4	5	7	9	10	8

表 15　普洱市各县生态文明进步综合得分及排名

评价单位		思茅区	宁洱哈尼族彝族自治县	墨江哈尼族自治县	景东彝族自治县	景谷傣族彝族自治县	镇沅彝族哈尼族拉祜族自治县	江城哈尼族彝族自治县	孟连傣族拉祜族佤族自治县	澜沧拉祜族自治县	西盟佤族自治县
生态文明进步	得分	0. 590	0. 579	0. 675	0. 844	0. 822	0. 626	0. 583	0. 502	0. 541	0. 789
	排名	6	8	4	1	2	5	7	10	9	3
绿色生态文明	得分	0. 114	0. 110	0. 204	0. 251	0. 272	0. 197	0. 149	0. 131	0. 058	0. 327
	排名	8	9	4	3	2	5	6	7	10	1
经济生态文明	得分	0. 199	0. 225	0. 233	0. 255	0. 242	0. 190	0. 235	0. 206	0. 294	0. 279
	排名	9	7	6	3	4	10	5	8	1	2
社会生态文明	得分	0. 278	0. 244	0. 239	0. 338	0. 308	0. 238	0. 199	0. 164	0. 189	0. 183
	排名	3	4	5	1	2	6	7	10	8	9
生产力	得分	0. 001	0. 082	0. 232	0. 159	0. 093	0. 061	0. 272	0. 124	0. 072	0. 283
	排名	10	7	3	4	6	9	2	5	8	1
低污染利用	得分	0. 227	0. 074	0. 050	0. 315	0. 511	0. 346	0. 059	0. 123	0. 025	0. 276
	排名	5	7	9	3	1	2	8	6	10	4
功能性	得分	0. 025	0. 088	0. 170	0. 085	0. 001	0. 032	0. 000	0. 044	0. 032	0. 168
	排名	8	3	1	4	9	7	10	5	6	2
生产总值	得分	0. 338	0. 186	0. 226	0. 203	0. 281	0. 270	0. 175	0. 238	0. 266	0. 327
	排名	1	9	7	8	3	4	10	6	5	2
能源利用率	得分	0. 157	0. 263	0. 260	0. 348	0. 370	0. 281	0. 404	0. 242	0. 531	0. 424
	排名	10	7	8	5	4	6	3	9	1	2
收入与支出	得分	0. 228	0. 371	0. 363	0. 377	0. 231	0. 141	0. 278	0. 272	0. 273	0. 265
	排名	9	2	3	1	8	10	4	6	5	7
城镇化建设	得分	0. 412	0. 227	0. 006	0. 265	0. 408	0. 248	0. 241	0. 330	0. 211	0. 186
	排名	1	7	10	4	2	5	6	3	8	9
受教育程度	得分	0. 214	0. 311	0. 523	0. 642	0. 520	0. 214	0. 328	0. 200	0. 257	0. 228
	排名	9	5	2	1	3	8	4	10	6	7
生活文明程度	得分	0. 384	0. 348	0. 338	0. 320	0. 191	0. 403	0. 154	0. 068	0. 219	0. 252
	排名	2	3	4	5	8	1	9	10	7	6

(四)普洱市生态文明类型划分结果

1. 思茅区

思茅区是历史上的茶马古道——南方丝绸之路的起点，为云南三大海关重镇之一，曾有“东南亚陆路码头”和“银思茅”之称。加之思茅区又是普洱市委、市政府所在地，是普洱市的政治、经济、文化中心和连接东南亚的交通枢纽。思茅区生态、经济和社会发展较其他县较好。思茅区生态文明综合类型属于和谐发展型；绿色生态文明类型属于结构复杂型；经济生态文明类型属于低碳循环利用型；社会生态文明类型属于全面型(图6)。

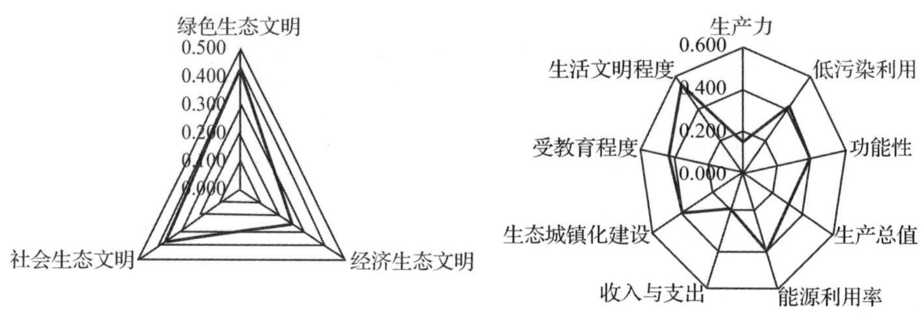

图6 思茅区生态文明类型划分结果

2. 宁洱哈尼族彝族自治县

宁洱哈尼族彝族自治县是滇南连接东南亚和南亚的交通要道，地沃物厚、资源丰富。因此，宁洱哈尼族彝族自治县具有一定的经济优势。宁洱哈尼族彝族自治县生态文明综合类型属于快速发展型；绿色生态文明类型属于低度均衡型；经济生态文明类型属于资源高效整合型；社会生态文明类型属于低度均衡型(图7)。

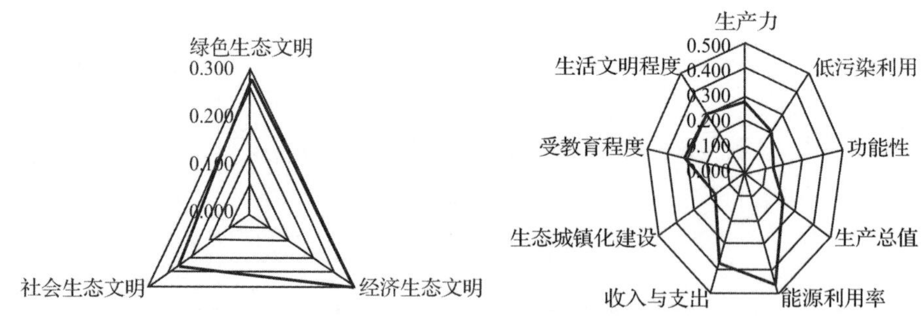

图7 宁洱哈尼族彝族自治县生态文明类型划分结果

3. 墨江哈尼族自治县

墨江哈尼族自治县盛产紫米，并被授予过“中国紫米之乡”称号。墨江哈尼族自治县生态文明综合类型属于和谐发展型；绿色生态文明类型属于低度均衡型；经济生态文明类型属于资源高效整合型；社会生态文明类型属于意识强烈型(图8)。

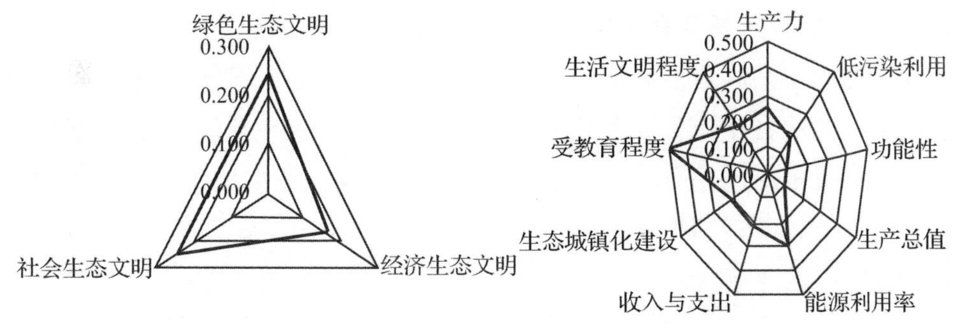

图 8　墨江哈尼族自治县生态文明类型划分结果

4. 景东彝族自治县

景东彝族自治县是云南省粮食、蔗糖、木材、核桃、杧果重点产区，是普洱市的“粮仓肉库”，是普洱茶主产区之一。景东彝族自治县相对其他各县具有绿色生态文明优势。景东彝族自治县生态文明综合类型属于生态优势型；绿色生态文明类型属于结构复杂型；经济生态文明类型属于低碳循环利用型；社会生态文明类型属于意识强烈型(图 9)。

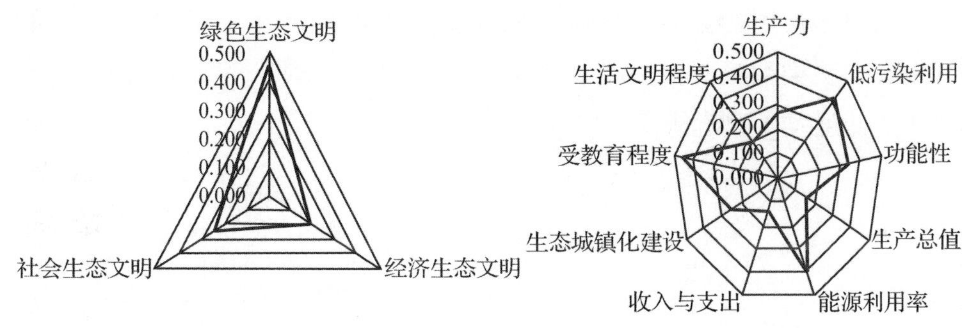

图 9　景东彝族自治县生态文明类型划分结果

5. 景谷傣族彝族自治县

景谷傣族彝族自治县是以傣族、彝族为自治民族的多种民族聚居的自治县，素有“林海明珠”“杧果之乡”“佛教圣地”的美称。同时，景谷傣族彝族自治县也是普洱市城镇化建设较好的县城。景谷傣族彝族自治县生态文明综合类型属于均衡型；绿色生态文明类型属于稳定型；经济生态文明类型属于节能环保发展型；社会生态文明类型属于建设密集型(图 10)。

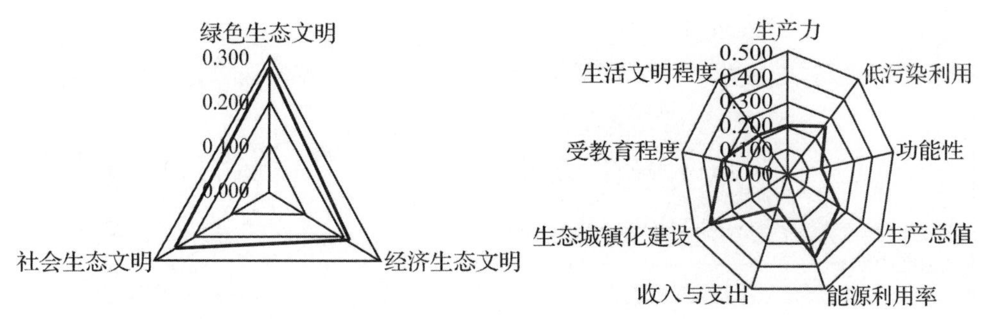

图 10　景谷傣族彝族自治县生态文明类型划分结果

6. 镇沅彝族哈尼族拉祜族自治县

镇沅彝族哈尼族拉祜族自治县境位于云南省西南部，地处哀牢山和无量山之间。镇沅彝族哈尼族拉祜族自治县生态文明综合类型属于均衡型；绿色生态文明类型属于稳定型；经济生态文明类型属于绿色生产均量优势型；社会生态文明类型属于意识强烈型(图 11)。

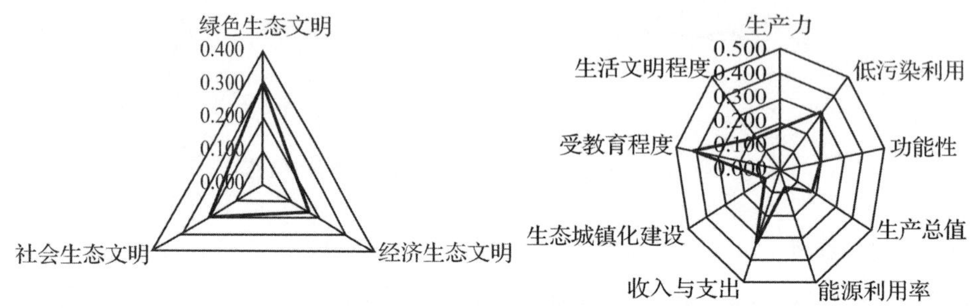

图 11 镇沅彝族哈尼族拉祜族自治县生态文明类型划分结果

7. 江城哈尼族彝族自治县

江城哈尼族彝族自治县与越南、老挝两国接壤，边境线长达 183 千米，是云南省唯一与老挝、越南两国接壤的县城。江城哈尼族彝族自治县生态文明综合类型属于低度均衡型；绿色生态文明类型属于活力型；经济生态文明类型属于资源高效整合型；社会生态文明类型属于低度均衡型(图 12)。

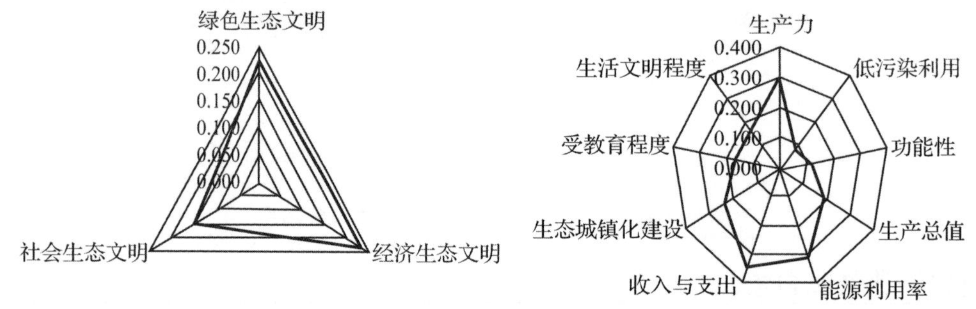

图 12 江城哈尼族彝族自治县生态文明类型划分结果

8. 孟连傣族拉祜族佤族自治县

孟连傣族拉祜族佤族自治县是通向缅甸、泰国等东南亚国家的重要门户，为省级开放口岸。孟连傣族拉祜族佤族自治县生态文明综合类型属于均衡型；绿色生态文明类型属于稳定型；经济生态文明类型属于低碳循环利用型；社会生态文明类型属于意识强烈型(图 13)。

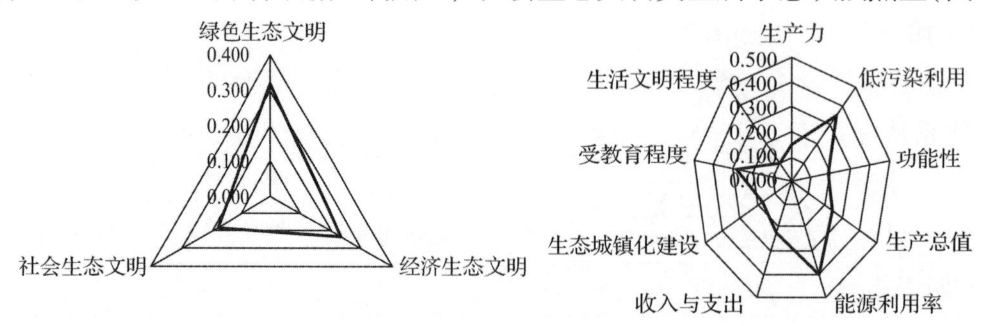

图 13 孟连傣族拉祜族佤族自治县生态文明类型划分结果

9. 澜沧拉祜族自治县

澜沧拉祜族自治县因东临澜沧江而得名，为云南省县级面积第二大县。澜沧拉祜族自治县生态文明综合类型属于低度均衡型；绿色生态文明类型属于低度均衡型；经济生态文明类型属于低碳循环利用型；社会生态文明类型属于低度均衡型(图 14)。

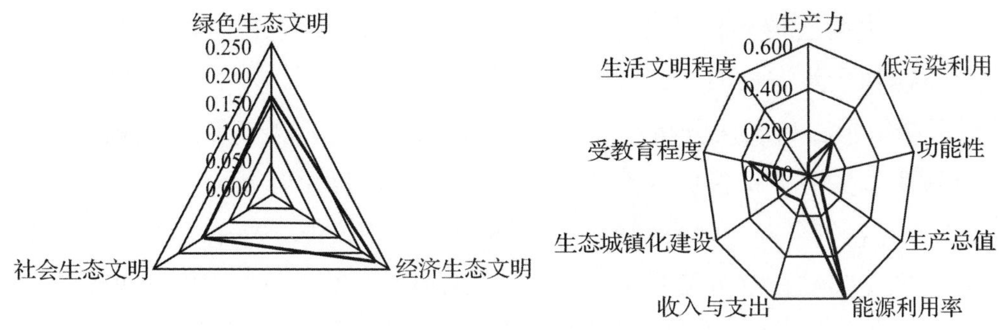

图 14 澜沧拉祜族自治县生态文明类型划分结果

10. 西盟佤族自治县

西盟佤族自治县是云南省佤族聚居边境县，近年生态文明发展较快。西盟佤族自治县生态文明综合类型属于快速发展型；绿色生态文明类型属于持续发展型；经济生态文明类型属于低碳循环利用型；社会生态文明类型属于低度均衡型(图 15)。

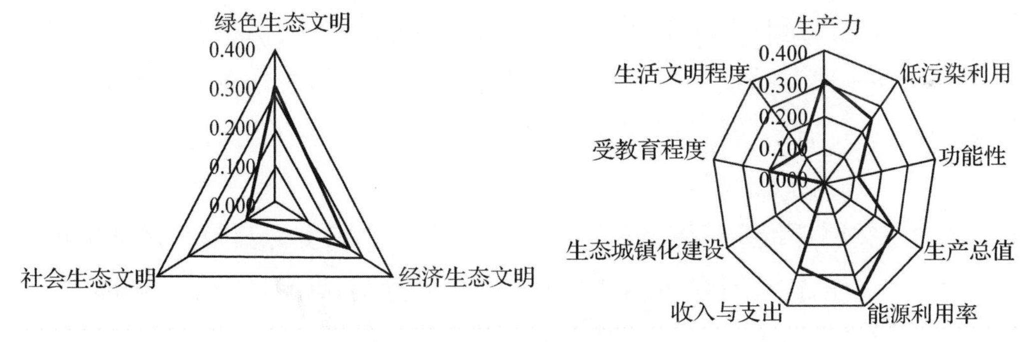

图 15 西盟佤族自治县生态文明类型划分结果

七、结论与讨论

1. 结 论

(1)构建了基于多指标综合评价方法的县域生态文明评价指标体系。县域生态文明评价指标体系从绿色生态文明、经济生态文明和社会生态文明三个主要方面综合评价了各县生态文明建设状况，有利于指导各县生态文明建设各方面工作的开展。评价体系包括 4 个层次：目标层(一级指标 1 个)、系统层(二级指标 3 个)、功能层(三级指标 9 个)和指标层(四级指标 27 个)。

(2)划分生态文明类型突出反映了县域生态文明特点。县域生态文明类型划分可以反映出各县在生态文明中更偏向哪个或者哪些方面，使决策者对各县生态文明建设情况有比较直观的了解，并针对不足给出合理的解决办法。如：普洱市西盟佤族自治县是云南省佤族聚居边境县，近年生态文明发展较快。西盟佤族自治县生态文明综合类型属于快速发展型；绿色生态文明类型属于持续发展型；经济生态文明类型属于低碳循环利用型；社会生态文明类型属于低度均匀型。所以，未来对西盟佤族自治县的生态文明建设工作更应该围绕社会生态文明来开展。

(3)利用德尔菲法和层次分析法，以普洱市为例得到了县域生态文明评价结果和排名情况。县域生态文明评价指标体系指标的筛选是利用德尔菲法，由国内生态文明研究领域18位专家问卷打分和论证得到的。将指标数据标准化后，通过层次分析法计算，直接得到各县生态文明综合得分及排名，从而客观地得到各县生态文明水平的相对评价结果。普洱市生态文明排名前3位的县(区)分别是思茅区、景东彝族自治县和宁洱哈尼族彝族自治县，得分分别为1.072、0.87和0.783。生态文明进步县排名前3位的县(区)分别是景东彝族自治县、景谷傣族彝族自治县和西盟佤族自治县，得分分别是0.844、0.822和0.789。

2. 讨　论

(1)引入相对评价方法可以更直观地反映各县生态文明建设情况的变化。生态文明建设是一个循序渐进的过程。利用县域生态文明评价指标体系衡量各县生态文明水平的排名，仅说明该县一段时间或者当年生态文明建设水平的相对位置，并非表示该县生态文明建设水平的绝对高低。县域生态文明评价指标体系引入了生态文明进步评价方法，可以更直观地反映各县生态文明建设情况的实际变化。

(2)县域生态文明评价指标体系偏重于绿色生态文明和资源高效利用。根据《县域生态文明评价指标体系的构建研究——以普洱市为例调查问卷(德尔菲法)》和《县域生态文明评价指标体系的构建研究——以普洱市为例调查问卷(层次分析法)》两份调查问卷分析，在二级指标中，“绿色生态文明”指标得分要高于“经济生态文明”和“社会生态文明”指标，权重值为0.4501；在三级指标中，“能源利用率”指标得分最高，权重值为0.4195；在四级指标中，“森林覆盖率”指标得分最高，权重值为0.581。在经过2轮问卷调查中，发现“GDP增长率”“税收收入中城市维护建设税占一般预算收入”和“计划生育率”等指标得分低于界值，并被删除。

(3)部分无法获取指标使县域生态文明评价指标体系有较大的改进空间。县域生态文明评价指标体系较好地体现了从理论内涵到评价指标体系的一致性，形成了基本完备的基本框架，理清了具体表征指标之间的相互关系，同时考虑了区域生态文明建设与区域外部生态环境的关系。但是，本研究主要侧重于从内涵阐释到指标体系构建的理论分析，虽然在具体指标选取时也兼顾了指标数据的可获得性，但是仍然有部分指标无法从现有统计资料中获得具体数据。因此，本县域生态文明评价指标体系仍有较大的改进空间。

八、建　议

1. 明确目标任务，科学编制生态文明建设规划

以县域生态文明评价指标体系为指导，对生态、经济和社会进行全面的综合规划，明确生态文明建设的总体目标、具体任务和工作重点，并将其纳入国民经济和社会发展规划，各级政府及其有关部门要切实抓好规划的细化和实施，制定落实行动计划。要充分发挥规划对产业发展的宏观调控作用、对城市空间布局的引导作用，有效和科学合理地利用各种资源条件，促进生态系统的良性循环，使经济社会能够持续稳定地发展。

2. 推行生态文明建设评价指标体系作为地方政府绩效考评机制

推行以生态文明建设评价指标体系作为地方政府绩效考评机制，破除“惟 GDP 论”。将重视生态、经济和民生等思想逐步落到地方政府的绩效和官员考核体系之中。同时突出奖优罚劣，坚决取缔对环境污染、资源利用率低甚至环境违法、产能严重过剩但是能带来 GDP、经济效益的企业，使地方各级领导干部形成科学的政绩观，廉洁高效，全面推进生态文明建设。

3. 将生态文明建设指标评价体系纳入到法律范畴

生态文明建设不仅需要道德力量的推动，也需要政府和权力机关出台必要的政策、制定相关法律法规来进行硬约束。将县域生态文明评价指标体系纳入到法律范畴，使生态文明建设具有法律化、制度化。一方面可以保证生态文明建设的战略、政策和措施能够顺利实施；另一方面，对不符合生态文明建设的行为可以依法查处。

4. 优化产业结构，加快转变经济发展方式

根据各县的区位特色和资源特色，提高资源利用效率、保护生态环境为核心，加快优化产业结构，鼓励发展先进制造业、高新技术产业和现代服务业，尤其是要支持和带动产业结构升级具有重要作用的生态型产品或企业。通过推进低碳经济发展，努力抓好一批循环经济示范工程，实现经济发展方式由主要依靠物质资源消耗向主要依靠科技进步、机制创新的转变。

5. 加强宣传教育，提高全社会生态文明意识

建立完善的生态文明宣传教育机制，把生态文明教育作为学生素质教育的一项重要内容，在学校的各教育段建立起生态意识培养的教育体系，使人们了解人与自然的关系，对生态环境的保护转化为自觉的行动。运用广播、电视、报刊等各种新闻媒体，广泛宣传绿色产业、绿色消费、生态城市、生态人居环境等有关生态文明建设的科普知识，在全县范围内大力弘扬生态文明，动员全社会力量积极参与生态文明，建设形成人与自然和谐相处的生活方式。

6. 加强指标体系的认定完善，及时解决存在问题

指标体系要依据历史进程的发展，要不断修正完善，应与时俱进。扩大各类人士参与面。扩大群众对生态文明建设的知情权、参与权、监督权。要充分发挥政府机关、科研机构、勘察机构、公益机构和群众组织等单位的作用，积极引导和组织参与指标体系的认定完善工作，营造全社会参与生态文明建设的氛围。

7. 倡导绿色消费，树立生态文明风气

绿色消费是生态文明建设的重要内容之一。它与传统消费的根本不同在于既要满足人的生存需要，又要满足环境保护的要求。有关部门要加强绿色消费宣传引导，使公众逐渐转变消费观念，提高绿色消费的自觉性。节约资源，减少污染，从源头上控制资源的消耗，提高资源利用效率。分类回收，循环再生。通过分类回收体系而使垃圾重新利用，使使用和购买再生品成为一种社会风气。

调 研 单 位：国家林业局昆明勘察设计院
调研组成员：孔　雷　刘文国　张　良　王海亮　赵建新　刘久俊
　　　　　　戴　明　刘智军　路　飞　陈　为　赫尚丽　徐博超
协 助 单 位：普洱市绿色经济办公室
协 助 成 员：徐红斌　王加红

建设生态共同体，创新绿色生态空间管护机制调研报告[①]

【摘　要】通过京津冀地区绿色生态空间现状分析，找出差距，明确目标；通过历史文献分析，找出变化，总结经验；通过3省(直辖市)实地调研，比较分析，汇总经验；进一步打造京津冀协同发展的生态共同体，需要解放思想、统一设计、追求绿色发展平衡长短期利益。

近年来，生态文明建设越来越受到党和国家的重视。党的十八大把生态文明建设纳入到中国特色社会主义事业“五位一体”总体布局中，十八届三中全会通过的《中共中央关于全面深化改革若干重大问题的决定》中提出：“要紧紧围绕建设美丽中国深化生态文明体制改革，加快建立生态文明制度，健全国土空间开发、资源节约利用、生态环境保护的体制机制，推动形成人与自然和谐发展现代化建设新格局”。基于加强生态文明建设的理论基础研究、推进全国主体功能区规划的持续深化目标，学术界提出并重新界定绿色生态空间的概念。绿色生态空间泛指森林、草地、湿地的面积总和[②]。在全面推进生态文明建设的过程中，生态安全、生态文明与生态建设的物质承载基础正是绿色生态空间。因此，研究绿色生态空间管理体制与保护机制，对于推进生态文明制度建设具有重要的理论与现实意义。通过对绿色生态空间的系统研究可以对绿色生态空间本身特性、绿色生态空间与经济社会系统的关系进行分析，可以对京津冀地区绿色生态空间存量变迁与保护状况有所了解，并在此基础上形成一套科学可行的绿色生态空间管理机制与保护机制理论。

一、京津冀地区绿色空间现状

绿色生态空间泛指森林、草地、湿地的面积总和。当前我国森林面积205559.1千公顷，草地392832.7千公顷，湿地36373.4千公顷，绿色生态空间634765.2千公顷[③]。为了研究需要，本文又将绿色生态空间(GES)分为3个二级指标，分别是绿色生态空间国土密度（GESLD)、绿色生态空间人口密度(GESPD)、绿色生态空间经济密度(GESED)，分别表示绿色生态空间与国土面积、总人口和经济总量的比值，从而进一步对绿色生态空间展开分析和研究，我国生态空间国土密度0.67，生态空间人口密度4.83千公顷/万

---

① 主要资料数据来自2014年10～12月间赴北京、河北等地的实地调研。感谢国家林业局经济发展研究中心、北京市园林局、北京延庆县委县政府、河北省林业厅、保定林业局等部门在调研过程中的大力协助。

② 刘珉，胡鞍钢．中国绿色生态空间研究[J]．中国人口·资源与环境，2012，22(7)：53－59.

③ 森林面积不含香港、台湾、澳门，湿地面积经调整后，减去与森林重复的部分。

人，生态空间经济密度1.63千公顷/亿元。

京津冀绿色生态空间、绿色生态空间国土密度、绿色生态空间人口密度、绿色生态空间经济密度排序见表1。

表1 京津冀绿色生态空间全国排序及承载力状况

省　份	生态空间排序（千公顷）	绿色生态空间国土密度排序	绿色生态空间人口密度排序（公顷/万人）	绿色生态空间经济密度排序（千公顷/亿元）
北　京	29(807.93)	28(0.45)	29(0.41)	29(0.06)
天　津	31 (435.09)	31(0.38)	30(0.34)	30(0.05)
河　北	19(9952.73)	22(0.54)	23(0.39)	23(0.49)

注：括号内为实际承载力数值。

由表1可知，京津地区各项排名都比较落后，河北各项指标也在中等偏下水平，与排名靠前的西藏、内蒙古、新疆等地有着较大的差距，无论从自然条件，还是社会需求条件，或是经济支持条件，生态承载能力现状都不容乐观。

从经济学角度来说，某种意义上生态空间人口密度表示一种客观需求，绿色生态空间国土密度和绿色生态空间经济密度是表示一种供给能力，绿色生态空间国土密度是从自然资源的维度体现供给能力，绿色生态空间经济密度是从经济社会维度体现供给能力。绿色生态空间人口密度与绿色生态空间国土密度和绿色生态空间经济密度的排序对比，表示相对于绿色生态空间需求而言的供给能力，分别用d(需求与自然供给能力位差，生态空间人口密度排序减去生态空间国土密度排序)和h(需求与经济供给能力位差，生态空间人口密度排序减去生态空间经济密度排序)代表，具体依次排序见表2、表3。

由表2可知，需求与自然供给能力位差，北京和河北位于$10 > d \geq 1$的范围，说明这相对于绿色空间需求而言，绿色生态空间自然资源供给能力相对较差；天津位于$0 > d \geq -10$的范围，说明这相对于绿色空间需求而言，绿色生态空间自然资源供给能力相对较好。

表2 绿色生态空间需求与自然供给能力比较

$d \geq 10$	$10 > d \geq 1$	$d = 0$	$0 > d \geq -10$	$d < -10$
上　海	广　东	四　川	西　藏	新　疆
浙　江	广　西		陕　西	甘　肃
福　建	湖　南		贵　州	青　海
江　西	湖　北		山　西	宁　夏
	海　南		吉　林	黑龙江
	辽　宁		陕　西	
	重　庆		山　东	
	河　南		贵　州	
	云　南		天　津	
	北　京		安　徽	
	河　北			
	内蒙古			
	江　苏			

由表3可知，需求与经济供给能力位差，北京、天津和河北都接近h=0的区间，说明相对于绿色生态空间需求而言，绿色生态空间经济供给能力比较匹配。

表3　绿色生态空间需求与经济供给能力比较

$h \geq 5$	$5 > h \geq 1$	$h = 0$	$0 > h \geq -5$
贵州	安徽	北京	吉林
	山西	天津	浙江
	河南	河北	福建
	湖北	黑龙江	宁夏
	湖南	上海	辽宁
	广西	江苏	广东
	重庆	江西	陕西
	四川	山东	内蒙古
	新疆	云南	海南
		西藏	
		甘肃	
		青海	

根据全国主体功能区规划，北京、河北、天津3省(市)大体属于优化开发区域。国家优化开发区域应率先加快转变经济发展方式，调整优化经济结构，提升参与全球分工与竞争的层次。然而经济发展不能脱离自然资源的生态承载力，否则发展是不可持续的。从绿色生态空间总面积角度来看，3省(市)的生态承载能力基础较差；从自然资源供给能力来看，相对于绿色生态空间需求，北京和河北较差，天津较好；从经济供给能力来看，相对于绿色生态空间需求，3省(市)都较为匹配。由分析可得，虽然相对于绿色生态空间需求而言，绿色生态空间经济供给能力比较匹配，但是京津冀各地区自然资源承载能力相对较差，且存在着不平衡现象。也正因为如此，根据《京津冀协同发展规划纲要》，开展3省(市)的生态一体化研究，制定公平但有差别的投资政策、产业政策、转移支付政策，才显得更为重要和迫切。

二、调研基本情况

随着全国主体功能区规划的不断推进，国家正在筹划优化生态系统格局，构建“两屏三带”为主体的生态安全战略，就是要根据不同区域的资源环境承载能力、现有开发密度和发展潜力，统筹谋划未来人口分布、经济布局、国土利用和城镇化格局，逐步形成人口、经济、资源环境相协调的空间开发格局。建设生态文明，形成节约能源资源和保护生态环境的产业结构、增长方式、消费模式、促进可持续发展，已成为时代发展和文明进步的必然要求。“十二五”时期，更是将生态建设列为新时期五大建设之一。生态安全、生态文明与生态建设的物质承载基础正是绿色生态空间，建立绿色生态空间与经济社会发展关系的评价指标体系是衡量可持续发展程度与生态文明建设的一个重要方面。当前我国经济发展、人口增长和绿色生态资本的增长与环境的改善并不同步，国家主体功能区规划是必要和及时的，规划有利于引导人口分布、经济布局与资源环境承载能力相适应，促进人口、经济、资源环境的空间均衡，有利于从源头上扭转生态环境恶化趋势，促进资源节约和环境保护，应对和减缓气候变化，实现可持续发展。

2014 年年初，习近平在北京召开会议提出"打破一亩三分地"京津冀协同发展，这不仅是对京津冀地区加速发展的又一次重申，也是将京津冀优化发展上升为国家战略的重要布局。2015 年 4 月底，中央政治局正式通过《京津冀协同发展规划纲要》，标志着京津冀一体化战略正式进入实施阶段。这一战略的提出和落地，为京津冀地区发展提供了重大的机遇。

那么，京津冀绿色生态建设的协同发展基于怎样的历史背景？进行过哪些政策实践？积累了怎样的经验？当前推进生态系统全面发展面临哪些关键问题，存在哪些对策呢？

2014 年 10 月开始，清华大学国情研究院调研组走访了北京和河北部分地区，以森林生态建设为切入点展开调研，旨在了解生态建设在京津冀协同发展中的功能定位、当前存在的问题、可能的方案建议等。

调研初步结论包括：①自古以来京津冀地区作为一个大的整体，有着密切相关的生态联系和休戚与共的发展历程。②当前京津冀在生态建设协同发展方面已经积累了一定经验：通过在顶层设计上明确生态功能区域，加强配套绩效考核和生态补偿机制，有利于解决顶层设计冲突，实现生态资本的快速积累；通过生态发展创新经济、社会发展模式，有利于解决区域发展和长短期发展两个激励不相容的问题。③京津冀协同发展应着眼于打造生态共同体。一要"合作"，在生态建设中要实现步调一致、合作共赢；二要"升级"，建立统一的协调机制、统一的行动时间表，实现京津冀地区主体功能区 2.0 版的升级，以生态建设促进绿色经济与和谐社会，实现区域平等、多样、持续、协同发展。

三、京津冀森林生态赤字不断加剧的历史教训(1421 ~ 1949)

历史上，京津冀所处的海河流域和太行山、燕山山脉一度森林十分繁茂。但经历了金中都和元大都两次毁林造城、毁林游猎[①]后，北京及周边的森林已经受到严重破坏，自金、元开始京津冀地区沙尘暴的记录逐渐频繁。明永乐时期朱棣定都北京后，京津冀在行政上统一属于北直隶，但统一的京津冀行政区划没有带来统一的生态保护，反而统一的"生态赤字恶化"正在逐渐显现。自永乐后，北京持续大兴土木工程建设和为抵抗北方少数民族侵扰的战备工事，使得明中叶时海河流域植被破坏严重，尽管当时一些官员已

① 陈子龙，等．明经世文编[M]．北京：中华书局，1962.

经有所意识，如弘治年间吏部尚书马文升就曾上《为禁伐边山林木以资保障事疏》，分析当时的森林资源分布情况，提出在区域内整体养护森林、涵养土地的政策建议，但是最终还是被当政者所忽视。从崇祯年间直隶地区 9 次沙尘暴记录来看，京津冀地区的生态赤字不降反增。至清朝顺治年间设立直隶省，京津冀依然保持了行政上的高度统一，当时统治者不再有北防压力，修建宫殿也较为节俭①，但随着直隶省人口快速增长，农耕文明的快速扩展，生态赤字则在持续加剧。

古代京津冀地区由于农耕文明扩展和统治者生态意识的薄弱，逐渐步入了生态赤字增长阶段，以太行山脉为例，隋唐森林覆盖率由 50% 降至 30%，元明进一步降至 15%，清代降到 5%②，而到民国以后，由于动荡战乱也未有好转。主观上统治当局缺乏生态保护意识和生态治理能力，大肆毁林，不断加剧了区域的生态退化。从“绿山”到荒山，仅用了一个千年，这是惨痛的历史教训，也给子孙后代留下了沉重的历史欠账。

四、京津冀森林生态建设的实践探索(1949～2013)

新中国成立伊始，当时的领导人已经有了生态建设、生态修复的意识，领导人带头发动群众大规模植树造林，如 1956 年在毛泽东发出“绿化祖国”“实现大地园林化”的号召，国家开始了第一个“12 年绿化运动”，1959 年毛泽东在视察北京密云水库时还特别关注北京及河北周边的荒山绿化情况，周恩来也曾多次参与北京市的义务植树活动。

20 世纪 50 年代中期，京津冀经济建设与发展相对联系紧密，如电网和水利建设方面，三地的统一规划建设从“一五”时期就已经开始，但在生态建设方面则缺乏共同的行动方案，基本是按照行政区划进行政治动员，发动运动式的群众造林活动。到改革开放前，京津冀地区的森林植被有所恢复，根据第一次全国森林清查(1973～1976 年)数据来看，京津冀三地的森林覆盖率分别达到 11.2%、2.7%、10.8%，较民国时期森林生态有了比较明显的恢复，其中，北京因北部燕山山脉山林残留保持了相对天津、河北更高的森林覆盖率，但和全国 12.7% 的水平依然有差距，天津则几乎接近“无林之地”，区域整体生态恢复效果不理想(表 4)。

即使是这一时期有限恢复的森林，在随后短短 5 年时间里又进一步下降，这可能是由于政策多变、产权模糊、政治运动、预期不稳定等多种因素综合作用的结果。到改革开放之初第二次森林清查(1977～1981 年)时，京津冀森林覆盖率分别下降至 8.1%、2.6%、9.0%(表 4)，达到新中国成立以后有记载的历史最低点，其中北京地区森林减少尤为明显，森林覆盖率逐渐落后于河北，这一时期京津冀地区生态赤字不降反增。到

① 张岗．河北通史：明朝卷［M］．石家庄：河北人民出版社，2000.

② 翟旺．太行山系森林与生态简史［M］．太原：山西高校联合出版社，1994.

20 世纪 80 年代，京津冀地区的生态形势已经日益严峻，生态恢复乏力，而城市扩张及工业建设又持续快速推进，京津冀地区的干旱、缺水问题在那时就已经开始成为制约地区发展的难点①。

改革开放开始后，为了尽快修复遭到严重破坏的森林资源，弥补日益扩大的生态赤字，1978 年 11 月，国务院批准了原国家林业总局上报的"关于在西北、华北、东北风沙危害和水土流失重点地区建设大型防护林的规划"(简称"三北"防护林工程)，旨在以工程造林模式恢复生态脆弱地区的森林植被。1979 年一期工程启动，京津冀作为主要参与方逐步开始成系统、成规模地开展协同生态建设。第三次森林清查时期(1984 ~ 1988 年)，京津冀森林覆盖率分别恢复到 12.1%、5.4%、10.8%，这之后保持稳定增长，到第四次森林清查时期(1989 ~ 1993 年)，京津冀又进一步分别提高到 15.0%、7.5%、13.4%，但均低于全国 16.6% 的水平(表 4)。这一时期，围绕京津冀资源环境政策方面的研究也开始起步，1982 年，以区域水资源短缺为契机召开的京津冀水资源研讨会开启了京津冀地区生态建设的政策讨论，"八五"期间(1991 ~ 1995 年)由北京市计委牵头的《首都及周边地区生产力合理布局研究》和河北省计委牵头进行的《京津冀地区经济发展研究》都不约而同地提到了区域资源环境的联合治理。1992 年，党的十四大提出环渤海区域开发战略，给京津冀的发展提供了重要的顶层设计。

20 世纪 90 年代中期，以天然林保护等林业六大重点工程实施为标志的林业新政启动，伴随京津风沙源治理工程的开展，京津冀地区的生态建设投资快速增加。京津风沙源工程与三北防护林工程不同，是综合的生态治理工程，包括退耕还林还草、荒山造林、小流域综合治理和生态移民等措施，也成为京津冀地区首次大型综合生态治理合作项目。从营林投资来看，京津冀投入森林生态建设的财政资金从 1998 年后开始快速增加，其中 2000 ~ 2006 年河北投入最大，2007 年之后北京投入始终领先。快速增长的投入，也加速了森林覆盖率的增加，到第七次森林资源清查(2004 ~ 2008 年)时，京津冀三地的森林覆盖率分别达到 31.7%、8.2%、22.3%，北京和河北已经超过全国 20.4% 的水平。2011 年发布的《全国主体功能区规划》进一步将京津冀所在的环渤海地区规划为优化开发区域，京津冀作为环渤海地区的中心，除了定位为北方的经济、文化辐射极外，还特别强调要统筹区域水源保护和风沙源治理。为了满足市民日益高涨的绿化美化需求，改善生态环境质量，2012 年北京启动了 100 万亩平原造林项目，到 2014 年连续 3 年累计造林 94 万亩，平均每年投资超过 100 亿元，到 2013 年第八次森林资源清查(2009 ~ 2013 年)时，北京森林覆盖率达到 35.8%，增长速度远远领先于天津和河北。项目实施促进了农民的绿色就业，也带动了京津冀地区的相关产业，如苗圃产业等(表 4)。

---

① 魏进平，等. 京津冀协同发展的历程回顾、现实困境与突破路径[J]. 河北工业大学学报(社会科学版)，2014，6(2)：1 – 6.

表 4　八次全国森林资源清查京津冀地区森林覆盖率情况

森林清查期次		森林覆盖率(%)			
期　次	时间段(年)	全　国	北　京	天　津	河　北
第一次	1973～1976	12.7	11.2	2.7	10.8
第二次	1977～1981	12.0	8.1	2.6	9.0
第三次	1984～1988	13.0	12.1	5.4	10.8
第四次	1989～1993	13.9	15.0	7.5	13.4
第五次	1994～1998	16.6	18.9	7.5	18.1
第六次	1999～2003	18.2	21.3	8.1	17.7
第七次	2004～2008	20.4	31.7	8.2	22.3
第八次	2009～2013	21.6	35.8	9.9	23.4

注：考虑到以区域比较研究为主，忽略森林资源清查期间技术规程变化引起的误差。

京津冀发展自古以来休戚与共，紧密相连，特别是生态建设一荣俱荣、一损俱损。生态赤字客观上会加剧经济危机和社会危机，生态改善和生态盈余对区域社会、稳定和发展能起到积极作用。综上可知：京津冀地区的森林生态变化情况与经济社会发展有着较高的一致性，然而也应看到，京津冀三地的森林生态恢复情况始终处于不平衡、不同步的困境中(图 1)。

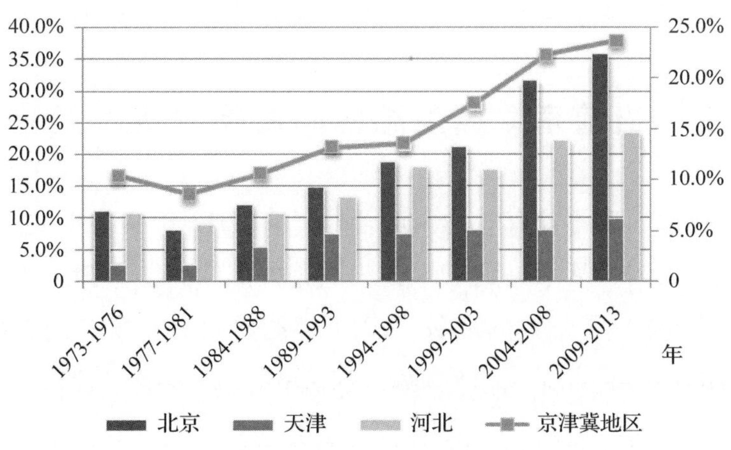

图 1　京津冀三地八次森林资源清查森林覆盖率变化趋势

森林生态恢复速度的差异，与地方经济发展水平有着一定关联。从森林生态建设投资来看，京津冀三地的投入周期并不同步，以营造林投资为例，河北省在 2000～2006 年领先于北京、天津，2007～2010 年间，河北与北京不相上下，2011 年后北京通过平原造林项目使得其造林投资远远领先于天津、河北(图 2)。缺乏同步性的投入，反映了顶层设计和协同机制的欠缺，也使京津冀地区的生态修复始终存在“首都中心”的不均衡现象，尽管北京已经拥有了 35% 的森林覆盖率，但依然饱受区域生态灾害和大气污染的影

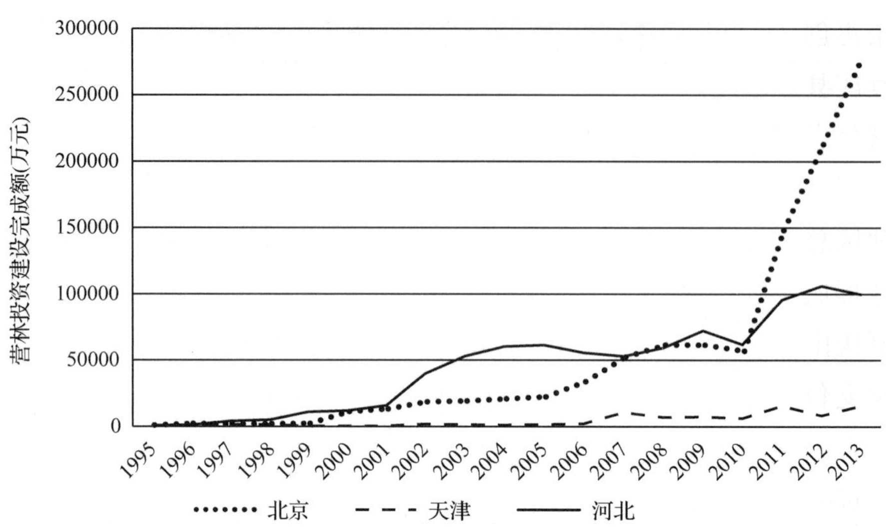

图 2　改革开放后京津冀营造林投资变化趋势(1978 年不变价)

响，无法“独善其身”。以 2014 年在北京、河北两地的调研来看，这一现象十分明显，比如河北白洋淀湿地是华北地区仅有的大面积湿地资源，是京津冀地区最大的湿地生态公共产品。而作为白洋淀所在行政辖区的保定市，“十二五”期间的林业建设总投资约为 13.6 亿元①，与之相比较，北京延庆县在百万亩平原造林期间，仅 2012 年和 2013 年两年用于造林的投资就达到 13.9 亿元。在投资上的不均衡，尽管存在着不同地区发展阶段的差异，但实际也反映出了生态建设区域不协同可能导致的生态资本积累效率的不均衡。

五、当前京津冀生态协同发展的实践经验

区域性的生态建设，离不开有效的区域合作。自 2013 年中共中央总书记习近平提出京津冀协同发展思想以来，从中央到京津冀三地相关部门高度重视，为《京津冀协同发展总规划》和相关子规划做出了细致的准备。2014 年调研组对北京和河北两地进行了调研，通过对北京市延庆县和河北省保定市两地案例的分析，总结地方创新与地方经验，得出了一些有益的启示。

(一)在顶层设计上明确生态功能区域，加强配套绩效考核和生态补偿机制，有利于生态资本的快速积累

尽管京津冀地区在《全国主体功能区规划》中属于优化开发区，但区域内部的主体功能仍有必要进一步划分，以便在资源承载力允许范围内和区域协调推进的前提下，保障其优化发展的方向。北京自 2010 年开始在区域内划分功能区，明确延庆等郊区县的生态涵养主体功能，使得地方综合治理目标更为明确、清晰，是地方结合国家主体功能区划

① 国家林业局．中国林业统计年鉴[M]．北京：中国林业出版社，2006－2013.

分进行的政策再创新，也是治理能力提升的展现，可以称之为主体功能区的2.0版本。

北京市延庆县，在新中国成立初期的森林覆盖率仅有7%。随着1951年官厅水库的兴建，延庆的生态定位较早就明确下来，政府开始大规模有规划地进行森林生态重建，到改革开放前森林覆盖率已接近20%。而同时期，由于"文化大革命"影响和经济粗放发展，京津冀地区总体森林资源水平在第二次森林资源清查时期（1977～1981年）却出现了明显下滑，这形成了鲜明的对比。在改革开放的大背景下，各地纷纷出台政策大力促进经济建设，延庆由于自身生态定位的原因对发展工业十分谨慎，北京市因此也给予了配套的财政转移支付，促使延庆持续进行生态建设。到2010年进一步确定为生态涵养区后，延庆县的发展绩效评价转为以生态指标为核心，在百万亩平原造林等工程的推动下，转移支付力度进一步加大，生态建设速度明显加快，到2013年森林覆盖率奇迹般地达到了57.8%，预计2020年森林覆盖率可以接近70%，在一个世纪内实现了从严重生态赤字到生态盈余的飞跃，用不到100年填补了近千年的生态欠账。

可见，在国家主体功能区框架下，各区域可以进行主体功能区的再创新，结合地方发展，进一步细化功能分区。优化开发区要重视生态承载力，重点开发区要兼顾生态安全，将禁止开发区变为生态涵养保护区，将限制开发区作为生态涵养发展区。将生态建设与经济建设、社会建设紧密结合，打造区域生态功能区域发展的升级版，实现生态公共产品的政策创新，只要在守住生态红线和支持生态功能区发展方面共同努力，就有希望创造更大范围内的生态奇迹。

（二）通过生态协作与发展，创新经济、社会发展模式，有利于解决区域发展和长短期发展两个激励不相容的问题

京津冀生态共同体建设，需要解决两方面的激励相容问题：一方面，目前跨区域联动的生态建设面临着生态资源、财政、行政能力不均衡的挑战，使三地在进行生态建设时可能出现激励不相容，进而导致行动不同步、目标不一致；另一方面，在短期发展利益与长期利益兼顾方面，三地都面临正确处理好生态安全与经济发展的辩证关系问题，平衡好短期经济利益和长期生态效益的关系，是对三地管理者决策智慧的考验。

从某种程度上，生态投入并不是一种"消费"行为，而是一种"投资"行为。张培刚认为现代化是一系列基要生产函数连续发生变化的过程。相应的，绿色现代化的实现也将是一系列基要生产函数连续发生绿色变化的过程，即各生产要素逐渐实现可持续、环境友好的过程。联合国环境规划署的报告也认为，投资于绿色经济，从长期利益来看，可以取得比正常情况更高的经济增长率。实际上，平衡长期利益和短期利益需要以此为出发点，将利益统一起来，走出公地悲剧，走向生态红利共享，最终通过治理创新实现生态资源和经济发展的共同增长。

在建立协同机制克服区域间激励不相容问题方面，部分地区已经通过对口合作提供了有效的经验。如延庆和赤城的合作突破了以北京为核心的"支援式"合作，建立了跨地区的优势互补机制，“北京出钱、河北出地”“北京出经验、河北出技术”，并综合利用两地的市场空间进行旅游、苗圃和花卉等生态产业的协同发展，从而实现了小区域内部的激励相容。

在创新绿色发展克服生态建设与经济、社会建设长短期激励不相容问题方面，部分地区也进行了有益的尝试。如河北省保定市在白洋淀湿地保护方面，一方面守住生态红线，对周边居民“围淀造田”等短期经济行为进行有效监督，另一方面，通过发展周边生态旅游产业、生态服务产业，解决周边居民的生存就业问题，将产业发展与生态保护整合起来，实现涵养与发展同步。又如北京市延庆县的林下经济、庭院经济、立体经济等生态产业，同样也是平衡长短期利益的尝试。延庆县尝试“农家乐”经营模式的规模化，实现了1年1800万人次的消费量，人均消费300元。可以说，保定和延庆两地在将自身的生态优势转化为经济优势方面做出了有益尝试，实现了保护生态和发展经济的激励相容。

六、打造京津冀协同发展的生态共同体

京津冀协同发展，一要合作，二要升级。生态搭台，发展唱戏。通过经济、社会、生态布局分工，共享经济发展成果，共同购买区域生态产品；以点带面促进区域激励相容，实现区域生态建设红利的共享共赢；平衡长短期利益，以生态建设促进绿色发展和和谐社会建设。

（一）解放思想，打造京津冀生态共同体

京津冀地区从经济社会发展水平，公共治理实力和实践经验等方面都存在着优势互补的潜力。生态利益是切身的共同利益，一荣俱荣，一损俱损，因而相对发达地区需要将经济优越感转化为生态危机感。从北京的角度，不再依赖首都中心论，打破一亩三分地既有观念、以服务大局意识，更主动、更积极、更全面地参与到协同发展中，充分参与后发展地区生态、社会、经济综合建设，心存同一个梦想，共享同一片蓝天，最终实现共同繁荣。

（二）统一设计，建立协同发展机制

围绕国家主体功能区规划，进行区域主体功能区规划的2.0版升级，在京津冀地区进行二次主体功能规划，区域内的生态涵养和保护地区，不再下达和考核地区生产总值等经济指标，主要考核与提供生态产品、生态服务相关的生态指标和公共服务指标，将年度考核改为3~5年考核；加大对生态保护发展区、生态涵养发展区财政转移支付比例。用公共财政购买区域性、全国性生态产品，用公共投资投入生态资本，实现“邻居种树、大家乘凉”“前人种树、后人乘凉”。在此基础上，确定共同行动方案和时间表，共同守住区域生态红线，共同购买区域内公共产品，共同创新生态补偿机制、绩效考核机

制，实现跨行政区域的，以生态建设为核心的，财政转移支付和生态公共产品交易。

（三）追求绿色发展，平衡长短期利益

相对于短期的经济利益而言，生态效益则要从一个更长期的角度考量。某种程度上，经济的可持续增长要以自然资源和生态环境的承载力为基础。过分追求经济利益而忽视生态资本，或者单纯考虑生态安全而不顾发展需求的想法都是不切实际和不全面的。通过生态建设，发展生态旅游产业、生态服务产业，将产业发展与生态保护整合起来，实现生态涵养与经济发展同步，既能满足社会需求，提供优良的生态公共产品，又能改善民生福祉，解决周边居民的就业和收入问题，从而实现保护生态和发展经济的激励相容。

总而言之，京津冀协同发展既是发展需求，也是生存需求，并且随着雾霾等生态灾害的持续发生，京津冀生态建设的协同发展正在日益变成最为紧迫的需求。因此伴随《京津冀协同发展规划纲要》的发布，京津冀三地应以生态建设为着力点，以生态共同体为发展目标，以先进的区域生态和绿色空间发展理念为全国生态文明建设做出良好的示范。

调 研 单 位：清华大学国情研究院

调研组成员：胡鞍钢　沈若萌　董丰彦　刘　珉

林业自然资源资产负债表编制研究报告

【摘　要】党的十八届三中全会提出，加快生态文明制度建设，必须实行最严格的源头保护制度、损害赔偿制度、责任追究制度，完善环境治理和生态修复制度，用制度保护生态环境。探索编制自然资源资产负债表，对领导干部实行自然资源资产离任审计。林业资源作为重要的自然资源和生态资源，与国民经济和社会发展密切相关。编制林业自然资源资产负债表是一项重要的生态文明制度，编制林业自然资源资产负债表可以科学反映林业自然资源的结构和变动，为将来林业自然资源资产核算纳入国民经济核算体系创造条件。

一、引　言

（一）研究背景

生态文明的客观物质基础是自然资源。而自然资源的定义中实际上"渗透了经济社会的因素"，因为只有那些能被人类利用、能够为人类社会提高效用水平的自然要素才被纳入到了资源的概念，才被当作原材料投入到生产过程中去。从一定程度上说，人类进行的一切经济、社会活动的基本物质都是自然资源。但是从自然资源本身来说，自然资源的总量是相对固定的，许多自然资源相对来说也是不可再生的，一旦消耗完在短时间内甚至千万年内就再也没有了，并且"资源的稀缺性随着经济增长过程逐步凸显并日益加剧"（高敏雪等，2004）。随着科技的进步，经济体制的进步，人类对自然资源的需求不断扩张，导致了与自然资源有限的供应的不相符，为了解决供需之间的矛盾，保证人类的生存和发展、生态环境的健康和稳定，十分有必要讨论对自然资源的核算问题。

对国家而言，自然资源在一定程度上是国家的战略储备，对于一国的经济发展具有重要的促进/制约作用。自然资源的生产性投入或者贸易交换都能为国家带来巨大收益，因此自然资源的多少、消耗情况以及利用效率等都会直接影响国家经济和社会发展。另一方面，从20世纪80年代末开始，一系列的环境问题引起了对资源和环境约束的关注。对于世界上大多数的国家来说，工业文明带来了生产力快速发展的同时，这种"先污染、后治理"且对自然资源造成高能耗的生产方式给生存环境造成了巨大的破坏，引起了巨大的环境灾难。各国开始反思如何更好地利用自然资源，保证经济发展的同时还要提高环境质量，使得对资源经济、资源环境经济等学科的研究成为当今的热点研究学科之一。

在中国也出现了类似的资源与环境问题。中国是一个人口大国，虽然许多资源的储量比较丰富，如矿藏、水、土地等资源，但是中国人均自然资源占有量多数低于世界平均水平；中国全面进行的工业化生产和城市化的推进更是带来了巨大的资源消耗和环境破坏。中国的经济社会发展对资源的巨大需求也引起了世界的高度关注，因此中国处理好自然资源的利用与环境问题也是对世界的重要贡献。

作为自然资源的一个重要组成部分，林业资源同样在人类生存发展历史中起着不可忽视的作用。此外，林业资源还因其独特的特性而得到广泛关注。广义的林业资源包含森林资源、湿地资源、生物多样性资源以及荒漠资源。从这些资源本身也能看出，正是因为林业资源所能展现的经济效益和生态效益，即这些资源在社会经济和生态环境中发挥着双重效应，因此对它们采取什么样的利用方式，更是对经济发展水平的高低、管理理念的先进与否的反映。只有合理的对林业资源进行利用，才能最大程度的发挥它们的经济效益和生态效益。

因此，面对资源的重要性和稀缺性，以及对其巨大需求所带来的矛盾，有必要对包括林业资源在内的所有自然资源进行资源的资产、负债的统计核算，将资源的投入、产出、消耗积累等经济流量联系起来。这样，一方面依据资源的自然特性和技术特点，建立起与资源本身相适应的核算体系，从而可以掌握资源的总量、结构、变动状况等，也能实现存量和流量的有机统一；另一方面还可以有效的合理配置资源、利用和管理资源，提高资源利用效率，更好地服务于经济、社会的发展以及生态文明的建设。

（二）研究目的和意义

本研究拟通过梳理与参考已有的研究，根据自然资源核算的原则和林业自然资源的特性研究林业自然资源负债表的编制和考评办法。通过本研究期望达到如下目标。研究目的之一是编制出林业资源的资产负债表，以此来反映林业资源资产的数量、结构、动态变化等情况。从而能够对我国林业资源（具体包括森林资源、湿地资源、生物多样性资源以及荒漠资源）进行资产存量、流量的核算。

进行林业自然资源负债表编制的研究具有重要的现实意义。从宏观上看，林业自然资源是自然资源的重要组成部分，发挥着重要的生态效益和经济效益。

编制林业自然资源资产负债表，首先，能从林业自然资源资产物量角度分析林业资源资产的数量和质量变化，科学反映林业各种资源的价值。

其次，通过分析不同时点上经济、政策、社会等因素造成的林业自然资源资产的变化，以及林业资源资产的结构分析，等等，不但有利于对林业资源的优化配置，而且还有利于相关政策的制定和实施，为未来林业资源的管理（如补偿机制、税收体系等）提供了参考依据。

第三，研究为林业自然资源资产核算纳入国民经济核算体系，构建经济—资源—环境核算体系创造条件。林业自然资源资产是社会经济发展中不可缺少的物质来源，将林业自然资源资产纳入国民经济核算体系，将林业自然资源资产的增减变化与国民经济各部门的投入、产出等衔接起来，能够反映一定时期内林业资源所能带来的各种效益和林业资源资产所带来的贡献，为构建经济—资源—环境核算系统创造条件。

总之，本研究将林业自然资源与国民经济资产负债核算相连接，不仅利于掌握林业自然资源的变化情况，更好的配置林业自然资源，为经济发展做出决策；也为完善我国林业自然资源管理，促进林业自然资源管理建设提供参考；同时也促进了构建国民经济—资源—环境核算体系，具有重要的现实意义和历史意义。

(三)研究内容

为达到研究目的，本研究有以下主要内容。

(1)确定核算范围。即要核算的对象包括哪些林业自然资源资产，如何对林业自然资源进行具体、详细的分类。

(2)确定核算方法。即对林业自然资源的资产、负债等如何进行核算，具体包括林业自然资源的时点存量核算、存量变化核算，如何建立存量和流量之间的平衡关系等。

(3)设计林业自然资源资产负债表。如何将林业自然资源纳入资产负债表，其表式结构如何表示等。

(四)研究方法与技术路线

(1)系统与分类研究结合。林业自然资源涉及面广，内容复杂，自成体系，因此需要进行系统的和有层次的分析，并根据不同的林业自然资源自身的特点，处理好整体与局部的关系，对不同的林业自然资源资产采用相应的核算方法或者计量单位分别进行，从而全面、科学的系统分析各林业自然资源的资产及负债情况，实现研究目的。

(2)定性研究与定量研究结合。考虑到林业自然资源的特殊性，如所提供的一些生态服务，在现阶段无法真实地反映其价值的情况下，可能采用定性分析；而对那些可以利用现有手段进行数量核算的各种林业自然资源的资产、负债均采用合理的核算方法来进行核算，实现定性与定量方法的合理应用。

(3)逻辑归纳法。在对林业自然资源的特性和资产内容构成的界定中，选择逻辑归纳方法统筹和归纳以前研究成果和相关规定，形成林业自然资源资产的内容和范畴界定。

(4)理论与实践结合。本研究力求具有实践可操作性，而不是仅有理论成果，为了切实编制出林业自然资源资产负债表，必须采用具有可操作性的核算方法和手段，将资产负债理论知识和研究成果应用到林业自然资源资产负债表的编制和使用中。

本研究技术路线见图 1。

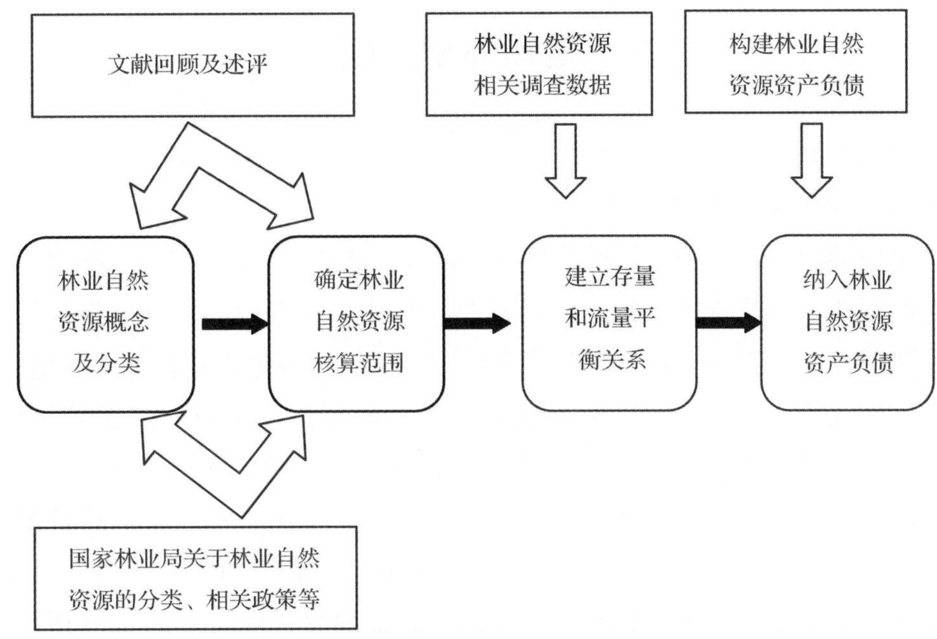

图 1　技术路线图

具体针对资产负债表的特点，本研究又进一步分为三个阶段进行，分别为理论探讨，框架设计和应用表式设计，具体进展情况如图 2 所示。

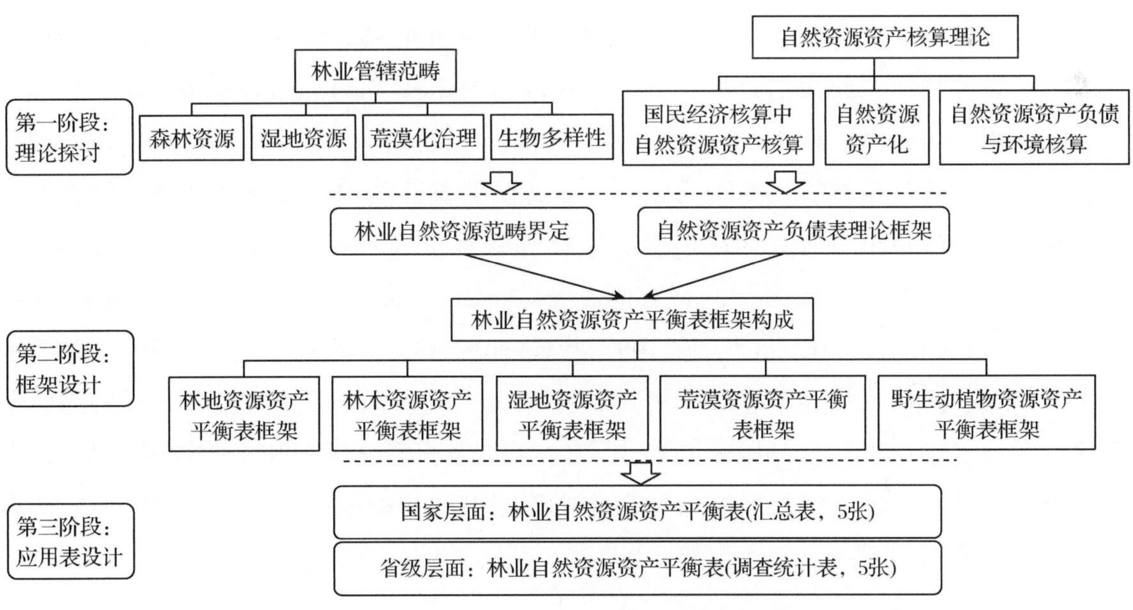

图 2　林业自然资源资产负债表设计逻辑图

二、国内外研究现状

（一）国外研究现状

1. 自然资源资产负债核算的研究

在最新出版的《环境经济核算体系中央框架（SEEA 2012）》一书中，探讨了综合环境与经济核算的框架、自然资产存量、自然资源与环境估价等内容。具体涉及了矿产能源资源、土地资源、土壤资源、森林资源、水产资源、水资源的实物量以及价值量账户。

从各国的研究情况来看，北欧的挪威和芬兰比较早建立了自然资源核算框架体系，具体内容涵盖了森林资源核算、环境保护支出费用统计以及空气排放调查。欧盟则在挪威、芬兰两国实践的基础之上，基于 SEEA 核算框架，提出了包含环境核算的国民经济核算矩阵（NAMEA）。日本在 1998 年依照已提出的广义资源环境账户体系的理论框架（JSEEA）建立起较为完善的 SEEA 实例体系。美国环保总局同美国经济分析局共同负责了有关“环境与资源核算”项目研究，并于 1990 年 3 月完成了《环境与资源核算：美国环境保护局的工作现状》的研究设计。墨西哥于 1990 年率先实行了绿色 GDP，将石油、土地、水、空气、森林列入了环境经济核算的大体范围。

2. 森林资源资产负债核算的研究

具体对于森林资源的研究，联合国粮农组织林业司在 SEEA 的基础上编制了“林业的环境经济核算账户——跨部门政策分析工具指南”（Manual for Environmental And Economic Accounts for Forestry：A Tool for Cross-Sectoral Policy Analysis），其中关于森林资源核算的内容有实物量和价值量核算，是较为完整与系统的。具体的内容有林地和立木资产核算、林产品和服务的流量核算、森林环境服务核算和森林资源管理的支出。此外，欧洲综合环境和经济核算的框架（The European Framework for Integrated Environmental And Economic Accounting for Forests——IEEAF），在 1993 SEEA 和 NAMEA 的基础上，扩展了原来的框架，用实物量、价值量描述了非金融资产的存量及变化。美国、德国、芬兰等发达国家在森林资源核算中都根据各自国家的特点和内容进行了理论研究和实践活动。另外，墨西哥、巴西、菲律宾、印度尼西亚、马来西亚等国家已开始或已经建立自然资源平衡表。

（二）国内研究现状

国内对于自然资源资产负债的研究主要集中在对水资源、土地资源、渔业资源、森林资源以及环境资源资产负债表的研究，在方法上主要是从实物量和价值量的角度构建资源资产负债的核算体系，同时对资源的资产和负债的计量确认、方法做了大量的研究，形成实物型账户和价值型账户。

1. 环境的资产负债核算研究

环境资产与负债是评价人类利用环境现状的一种环境经济学分析方法，既能衡量特定范围内环境资产库存的利用程度，也可判断生态系统可持续发展的前景。

目前对于环境资产负债表的研究有很多学者做出了很大努力。主要集中在研究环境资产负债的可持续发展能力，通过在生态支持系统、发展支持系统、环境支持系统、社会支持系统和智力支持系统五大系统的基础上研究区域可持续发展的环境价值，从而建立基于可持续发展能力的环境资源资产负债表。

中国科学院可持续发展研究组(2000)研究设立了评价区域可持续发展能力的资产负债指标体系和曲线图，资产负债指标体系共有 249 个原指标，可划分为五大支持系统，即生态支持系统、发展支持系统、环境支持系统、社会支持系统和智力支持系统，并用雷达图展示了西部 12 个城市可持续发展资产负债图。该指标体系可以较为准确地反映一个地区的可持续发展的优势与劣势，具有一定的权威性，现已被广泛引用。

中国科学院可持续发展研究组的杨多贵等(2000)在《可持续发展能力“资产负债表”理论解析》中提出了可持续发展能力资产负债表的制定原理和方法，其核心思想是在区域可持续发展的五大支持系统中，寻求每一个支持系统内部所有指标要素的比较优势与比较劣势，将此比较优势定量化、规范化，然后置于统一基础上加以对比，形成了所谓可持续发展能力的“资产”(比较优势)和“负债”(比较劣势)。通过设计了“五级叠加、逐层收敛、规范权重、统一排序”的可持续发展系统学指标体系，把可持续发展指标体系分为总体层、系统层、状态层、变量层和要素层五个等级。制定出两个层次的区域可持续发展能力“资产负债表”，即：其一，区域可持续发展的系统层次上的“资产负债表”，包括生存支持系统“资产负债表”、发展支持系统“资产负债表”、环境支持系统“资产负债表”、社会支持系统“资产负债表”和智力支持系统“资产负债表”，对区域可持续发展五大支持系统的能力，从质量上进行评判；其二，区域可持续发展的总体层次上的“资产负债表”，对区域可持续发展的总体能力的质量进行综合评判。

蔺海明(2003)提出环境资产负债研究方法即是在对可持续发展行为本质认识的基础上，建立生态系统和表达上支持系统的要素群，再按一定顺序进行排列，挑选出排序在最前五名位次(组成资产)和最后五名位次(组成负债)，形成了相对意义上的基于可持续发展能力的环境资源资产负债表。所选用的环境资产与负债的主要指标要素分别为：总人口、人均产粮、能量产投比、人均耕地面积、人均畜牧业生产水平、人均地表水资源、人均森林面积、人均天然草场面积、草场覆盖度、天然草场的产草量、荒漠化面积和自然灾害发生情况。以此分别计算了 1949 ~ 2000 年河西地区环境资产、负债与净资产值，并做出了它们的动态变化雷达图。

张思纯、李海萍(2006)提出了绿色资产和绿色负债的概念，并指出绿色资产的内容包括环境资产、其他环境资产和自然资源资产，绿色负债包括环境负债、其他环境负债、长期负债和资源资本金。根据绿色资产负债包括的内容作者提出了利用环境成本的方法来计量环境的价值。

陈检生、贺广宇(2007)对环境资产和环境负债做了详细地界定，认为环境资产是指会计主体由于过去的交易或事项而拥有或控制的可带来未来经济利益的环境资源，包括：自然资源、生态资源、土地及其他环境资产，对于环境资产的计量应该采用实际成本法和未来现金流入量现值法；环境负债是由于企业的环境活动或从事经济活动而实施的环境行为及结果而形成的，预期会导致经济利益流出企业的现时义务，对于环境负债的计量应该采用现值法、现行成本法和在相关经营期内为预期支出计提准备三种方法。

吴晶(2003)认为环境资产负债表用来揭示企业一定日期拥有或控制的自然资产、环境治理投资、环境治理方面的债权债务以及环境方面的所有者权益。我们认为目前在会计界有人提出的以“自然资源折耗”+“改善资源环境受益”(资产方)=“环境保护支出”(负债方)为基础编制环境资源负债表，其编制基础与传统的资产负债表出入较大，不便于掌握。因此以“环境资产=环境负债+环境权益”为基础编制环境资产负债表更为合适，其既能全面反映资源和环境状况，又便于掌握编制方法。由此编制了环境资产负债表和环境损益表。

2. 自然资源的资产负债核算研究

1)森林资源

目前，中国对于森林资源资产负债表的构建还没有详细说明，与此相关的研究集中在森林资源资产核算方面。中国国家统计局、国家林业局、北京林业大学、东北林业大学、国有资产管理局、中国林业科学研究院等单位和个人对林地、林木、森林环境资源的定价，纳入国民经济核算体系的方法、账户等进行了深入的研究，取得了显著成果。

20世纪八九十年代，中国自然资源环境核算工作开始全面展开研究。国务院发展研究中心的李金昌团队，中国林业经济研究所的孔繁文团队等在森林价值核算的理论基础、森林的实物价值核算、森林环境价值核算以及森林资源纳入国民经济核算体系等一系列问题上都进行了深入思考，系统地研究了森林资源核算问题，初步形成了中国森林资源核算研究的整体框架。

进入21世纪，国家林业局，国家统计局联合中国林业科学研究院，北京林业大学等单位在绿色GDP的框架下开展了森林资源纳入国民经济核算体系的系列研究，并于2009年出版了《绿色国民经济框架下的中国森林核算研究》，成为进入21世纪这一研究领域成果的典型代表。自2013年开始，国家林业局，国家统计局再次联合，启动了“中国森林资源核算及绿色经济评价体系研究”，经过国家林业局和国家统计局有关司局单位、北京林业大学、中国人民大学、中国科学院等单位专家的共同努力，目前取得了重要成果，四个部分研究内容中已完成了中国林地林木资源和森林生态服务两个方面的核算，形成了《中国森林资源核算报告》。这一研究成果为构建林业自然资源资产负债表，乃至整个国家的自然资源资产负债表提供了十分重要的参考。

2）土地资源

国内对于土地资源资产负债核算多为对土地资产负债的核算内容、核算范围的界定和土地资源的资产价值构成，并且指出土地资源的环境价值应该从实物量和价值量两方面进行核算，并建立了土地资源核算的实物型账户和价值型账户，但没有明确提出资产负债表的框架结构等。

中国土地资源实物量核算课题组（2006）《在绿色 GDP 探求——土地资源实物量核算》中提出了我国土地实物量核算的范畴和内容。并对我国耕地、园地、林地、牧草地、其他农用地、居民点及独立工矿用地、交通运输用地、水利设施用地和未利用土地 9 种土地利用类型进行了实物量统计核算。另外，还有一些专家学者从各自角度开展了一些相关研究，比如张秀丽（2008）在《基于我国土地资源新分类方法的土地资源价值核算研究》中界定了土地资源核算的概念和核算范畴，开展了包括实物量核算与价值量核算两方面内容的土地资源核算。吕杰（2011）在《土地资源环境价值核算研究》中提出了土地资源环境价值的核算内容，即从实物量和货币量两个方面对土地资源的资源价值、生态价值、环境纳污价值、环境污染、生态破坏五个方面进行核算，分别建立了物质资源价值核算体系、生态系统价值核算体系、土地生态环境纳污价值核算体系、土地生态环境污染损失核算体系和土地生态破坏损失核算体系。

3）水资源

国内对于水资源的资产负债核算的研究大多是对水资源核算框架、体系、核算内容的研究，文献均认为水资源的核算体系应该从实物量和价值量两个角度出发，对水资源的流量、资产存量、质量状况和水资源估价四个方面进行核算。其次也有学者运用比较优势理论，选指标、赋值等方法研究区域可持续发展能力，从而建立区域可发展能力资产负债表。另外，也有学者从会计的角度出发，运用比较归纳的方法建立了水资源的核算体系，通过对水资源的确认、计量、记录、报告的方法研究，最终形成了会计意义上的资产负债表。其中，苗芸（2007）在水资源会计理论、环境会计理论的基础上，建立起水环境会计的核算体系，具体包括水资源资产负债表、损益表和成本明细表等。周同藩（2012）利用“比较优势理论”以资产负债方法，建立土与水两大系统的支持系统的要素群，以甘肃不同区域以及水土资源相关的 12 项要素进行资产负债分析（赋值、计量等）。王萍（2007）从绿色 GDP 与水资源核算体系的关系背景出发，建立了包括实物量和价值量两个部分内容构成的水资源核算指标体系。另外，还有吴优（2007）、邓俊（2008）、王东宇（2009）、李花菊（2010）均对水资源的核算体系进行了研究，提出了水资源核算的总体框架。

4）渔业资源

国内对于渔业资源的资产负债的专题研究不多，大多在渔业可持续发展的研究中提到资产负债的相关问题。另外就是针对水产养殖业中的生物资产的界定和会计计量中涉及资产负债方面的内容。包特力根白乙(2012)在《辽宁区域渔业可持续发展资产负债的测度及评价》中通过设计出渔业可持续发展指标体系，从多维度测算辽宁区域渔业可持续发展的资产负债态势，并进行综合评价。黎明、何子利(2012)在《水产养殖业生物资产会计核算研究》中，确定了水产养殖业的生物资产特性及分类，进而对水产养殖业生物资产的初始计量及账务处理以及资产的后续计量和账务处理的方法进行了研究。刘敏(2008)在《水产养殖业生物资产价值计量研究》主要采用规范会计研究的方法，分析水产养殖业生物资产的计量模式选择。

5)生物资源

国内有关生物资产核算的讨论主要以企业为主体，研究以下两个方面：第一，国内主要以历史成本原则为基础，在实务上以《农业企业会计核算办法——生物资产和农产品》为依据，在理论上主要研究如何顺应在我国建立全行业统一的会计制度的要求，借鉴《国际会计准则第41号－农业》，研究其在我国的适用性及准则自身存在的问题；第二，根据现阶段我国会计改革的目标，借鉴《国际会计准则第41号－农业》，具体研究适合农业中生物资产确认、计量、处置等具体会计核算办法，从而建立农业专业核算办法，建议建立生物资产负债表。石道金(2008)在其学位论文中从涉林企业的角度，对林地和森林生物资产的会计确认、会计计量、会计核算和报告等方面进行了系统研究。

3. 资源/环境资产负债研究的方法

(1)会计核算方法：从上述的研究中也可以发现，一部分学者使用会计理论、会计核算的方法针对环境、资源等进行资产、负债核算，利用不同地区的不同资源主要针对资源资产、负债账户的具体构建、核算方法方面进行了探索。彭柯谏、乔素钥和唐宜(2009)提出根据会计制度制定相应的定价模型。岳泽军(2004)提出了森林资产核算的会计核算方法。李静江(2001)列出北京市森林资源账户核算中设计资产负债账户。张颖(2006)列出了森林资源资产负债核算的账目。姚利辉(2005)在《森林资源资产的计价与会计核算研究》中提出了两种森林核算的基本方法：平衡核算和投入产出核算。针对水资源、水环境的会计核算，周同藩(2012)在论文《水土资源的资产与负债分析——以甘肃省为例》中提到了资产负债表的计量方法，大致可分为以下五步：赋值确定；资产、负债分值的计量；相对资产、相对负债的计算方法；资产、负债质量系数及其标准的确定；净资产的计算方法。苗芸(2007)提出确定性水环境负债的计量方法可分为现值法和现行成本法。

(2)统计核算方法：针对资源/环境的资产、负债核算方法，不同学者进行了多种尝试，所使用的方法大体可分为：一类方法为资源负债的指标评价法。杨多贵(2000)在《可持续发展能力"资产负债表"理论解析》中提到了可持续发展能力"资产"与"负债"的计量方法。类似的研究还有包特力根白乙(2012)、刘丙军(2005)、中国科学院可持续发展研究组(2000)、蔺海明(2003)等。

另一类是其他的统计方法进行资源、负债的核算。如岳泽军(2004)在对森林资产核算问题研究中提出了统计核算公式。徐渤海(2012)提出森林资源静态核算中包括森林资源实物量静态核算和森林资源现金量静态(存量)核算;森林资源动态核算中包括森林资源实物量动态核算和森林资源现金量动态核算。吕杰(2010)将土地资源环境价值核算分成了3个方面:土地资源环境纳污价值、土地环境污染损失、土地生态破坏损失。通过这3个方面来对土地资源环境进行价值核算。针对负债,陈检生(2007)介绍了几种环境负债的计量方法:现值法、恢复费用法、影子工程法、计提环境支出准备法、实际成本法。

(三)评　述

1. 会计核算评述

针对资源、环境等的会计/统计核算,国内呈现了许多研究成果。目前,对资源资产负债的会计核算方法,大多数都是在针对自然资源/环境的特性,设计了自然资源/环境的资产负债表或资产负债账户,更进一步的研究则探索了这些相应账户内容的会计核算方法,总体原则是基于会计核算的"借贷平衡"进行资源资产负债核算,具有代表性的有环境资源和水资源资产负债核算。

对于森林资源来说,文献中提及的会计核算原则和方法大多数与其他资源相同,计入了森林资源价值和环境影响因素这两大方面的会计核算。许多文献中也详细列出了资源资产负债表的计量办法,会计核算体系还是相对较为完善的。参考其他资源资产负债核算,与森林资源的特征建立联系,有利于本研究针对林业自然资源资产负债核算的办法。

总体来看,根据会计学原理、国民经济核算原理等,会计核算理论性和操作性较强,结果也符合现实情况,但是核算内容会较为复杂,准确数据的获得也存在困难。

2. 统计核算评述

一方面统计核算资产负债的方法大多集中在核算资源的实物量和价值量,构建了不同资源的资源账户。这方面对集中在资源的资产表方面,主要是资源的存量、流量等统计,以及一些统计方法的解释。另一方面则是通过构建评价资源/环境资产和负债方面的指标体系,赋权重构建资产负债矩阵,进行量化、比较的方法,对资产负债、进行综合评价资源/环境情况。这种方法对数据要求质量高,但是指标选择方面存在主观性,计算结果可能与实际结果误差较大;另外,这种统计核算具有较强的操作性,容易通过数据和模型分析得出一个相近的核算结果,较适用于本研究的评价研究。

3. 小　结

综合来看,各国针对不同自然资源、环境等开展了卓有成效的研究,研究多体现了不同的经营管理特点。但是针对野生动植物资源、湿地资源、荒漠资源等其他广义的林业自然资源存在较大的研究空白。

现有研究提供了一定的借鉴，可以综合会计和统计两方面，相互之间取长补短进行林业自然资产负债核算。

三、林业自然资源资产负债表的编制

（一）编制对象及分类

1. 编制对象

林业自然资源包括森林资源、湿地资源、荒漠资源、生物多样性资源。鉴于负债本身的界定存在复杂性，同时从对环境影响角度看，林业自然资源的影响基本都为正向，而资源存量变化在资产中已经考虑，因此本表编制设计中暂不考虑负债。

2. 资源分类

（1）森林资源：依据森林资源清查的分类体系。

林地资源：按起源类型、利用类型、林种。

林木资源：按起源、林种。

（2）湿地资源：依据湿地资源清查（监测）的分类体系。

近海及海岸湿地、河流湿地、湖泊湿地、沼泽湿地、人工湿地。

（3）荒漠资源：依据荒漠化土地清查（监测）的分类体系。

石漠、砾漠、沙漠、泥漠、盐漠、冻漠。

（4）生物多样性资源：依据野生动物、野生植物清查的分类体系。

（二）核算指标

1. 实物存量（期初、期末）

（1）森林资源：

①林地资源：面积；

②林木资源：蓄积。

（2）湿地资源：面积、水质等级、自然湿地保护率。

（3）荒漠：面积。

（4）生物多样性资源：主要物种数量。

2. 实物变动

（1）森林资源：

①林地资源：期末期初面积变化；

②林木资源：期末期初蓄积变化。

（2）湿地资源：期末期初面积变化、期末期初水质等级变化、期末期初自然湿地保护率变化。

（3）荒漠资源：期末期初面积变化。

(4)生物多样性资源：期末期初生物物种种类变化、主要物种数量变化、特有物种种类变化、特有物种数量变化。

3. 资产类别

在资产类别上，分为培育性资产和非培育性资产两类，分别进行统计。

(三)资产负债表框架

本研究提出资产平衡包括两个层次：

一是国家层面的汇总表——林业自然资源资产负债表，具体包括5张表，分别为林地资源资产存量及变动表、林木资源资产存量及变动表、湿地资源资产存量及变动表、荒漠资源资产存量及变动表和生物多样性资源资产存量及变动表。

二是省级层面的填报表——×××省林业自然资源资产负债表，具体包括五张表，分别为×××省(自治区、直辖市)林地资源资产存量及变动表、×××省(自治区、直辖市)林木资源资产存量及变动表、×××省(自治区、直辖市)湿地资源资产存量及变动表、×××省(自治区、直辖市)荒漠资源资产存量及变动表和×××省(自治区、直辖市)生物多样性资源资产存量及变动表。

(四)各类资源资产负债表的具体构成

1. 林地资源资产存量及变动表构成

根据前述统一的核算指标，林地资源资产存量及变动表具体包括期初资产存量、期间资产存量变量、期末资产存量等三个部分。主要资产类别包括培育性资产和非培育性资产。核算内容为实物量指标——林地面积。

在期初、期末存量以及期间存量变化中在按照林地分类逐项进行统计核算，先将林地分为两大类：①有林地和疏林地，然后再进一步按照起源分为天然林地和人工林地。最后在上述基础上按照林种进一步分为用材林林地、薪炭林林地、防护林林地、特用林林地、经济林林地和竹林林地。②其他林地，进一步分为灌木林地、未成林造林地、苗圃地、无立木林地、宜林地和林业辅助用地。

期间存量变化进一步下分为期间增加和期间减少，然后根据形成的原因进一步分为经济因素和自然因素。然后进一步按照上述林地分类分别进行统计核算。在这里，经济因素主要包括：造林、采伐、征占用林地、规划调整、种植结构调整、毁林等造成林木蓄积的增减和林地面积的变化的人为活动；自然因素主要包括林地的自然延伸、退化、森林火灾及病虫鼠害以及其他自然灾害等造成森林面积与蓄积变化的自然因素。基本构成见表1。

表 1　林地资源资产存量及变动表(省级，基本框架表)

指　标				林地类别	培育资产	非培育资产	合　计
					面积(公顷)	面积(公顷)	面积(公顷)
期初资产存量				一、有林地和疏林地			
				1. 天然林林地	×		
				(1)有林地	×		
				用材林	×		
				薪炭林	×		
				防护林	×		
				特用林	×		
				经济林	×		
				竹林	×		
				(2)疏林地	×		
				2. 人工林林地		×	
				(1)有林地		×	
				用材林		×	
				薪炭林		×	
				防护林		×	
				特用林		×	
				经济林		×	
				竹林		×	
				(2)疏林地		×	
				二、其他林地			
				1. 灌木林地			
				2. 未成林造林地		×	
				3. 苗圃地		×	
				4. 无立木林地		×	
				5. 宜林地	×		
				6. 林业辅助用地	×		
				合　计			
期间存量变量	期间增加或改善	经济因素	荒山造林	(分类同上)			
			规划调整				
			其他				
			合　计				
		自然因素	自然延伸				
			其他				
			合　计				
	期间减少或退化	经济因素	采伐				
			征占用林地				
			规划调整				
			毁林				

（续）

指　标				林地类别	培育资产	非培育资产	合　计
					面积(公顷)	面积(公顷)	面积(公顷)
期间存量变量	期间减少或退化	经济因素	其他				
			合　计				
		自然因素	自然退化				
			森林火灾				
			病虫鼠害				
			其他				
			合　计				
	期间净变化	经济因素					
		自然因素					
		合　计					
期末存量				（分类同上）			

2. 林木资源资产存量及变动表构成

根据前述统一的核算指标，林木资源资产存量及变动表具体包括期初资产存量、期间资产存量变量、期末资产存量等三个部分。主要资产类别包括培育性资产和非培育性资产。核算内容为实物量指标——面积和蓄积。考虑到林木统计中还有散生木的问题，因此，还要统计株数。对于形成森林的统计面积，对于散生木的统计株数。

在期初、期末存量以及期间存量变化中在按照林木分类逐项进行统计核算，先将林木分为两大类：①有林地和疏林地林木，然后再进一步按照起源分为天然林和人工林。最后在上述基础上按照林种进一步分为用材林、薪炭林、防护林、特用林、经济林和竹林。②其他林木，然后进一步分为散生木、四旁树和灌木。

期间存量变化进一步下分为期间增加和期间减少，然后根据形成的原因进一步分为自然因素和经济因素。然后进一步按照上述林木分类分别进行统计核算。在这里，经济因素主要包括：造林、采伐、征占用林地、规划调整、种植结构调整、毁林等造成林木蓄积的增减和森林面积的变化的人为活动；自然因素主要包括林木的自然生长、枯损、森林火灾及病虫鼠害以及其他自然灾害等造成森林面积与蓄积变化的自然因素。基本构成见表2。

表2　林木资源资产存量及变动表（省级，基本框架表）

指　标	林木类别	培育资产		非培育资产		合　计	
		蓄积（立方米）	株数	蓄积（立方米）	株数	蓄积（立方米）	株数
期初资产存量	一、有林地和疏林地林木						
	1. 天然林	×	×		×		×
	（1）有林地	×	×		×		×
	用材林	×	×		×		×

（续）

<table>
<tr><th colspan="4" rowspan="2">指　标</th><th rowspan="2">林木类别</th><th colspan="2">培育资产</th><th colspan="2">非培育资产</th><th colspan="2">合　计</th></tr>
<tr><th>蓄积（立方米）</th><th>株数</th><th>蓄积（立方米）</th><th>株数</th><th>蓄积（立方米）</th><th>株数</th></tr>
<tr><td colspan="4" rowspan="19">期初资产存量</td><td>薪炭林</td><td>×</td><td>×</td><td></td><td>×</td><td></td><td>×</td></tr>
<tr><td>防护林</td><td>×</td><td>×</td><td></td><td>×</td><td></td><td>×</td></tr>
<tr><td>特用林</td><td>×</td><td>×</td><td></td><td>×</td><td></td><td>×</td></tr>
<tr><td>经济林</td><td>×</td><td>×</td><td></td><td>×</td><td></td><td>×</td></tr>
<tr><td>竹林</td><td>×</td><td>×</td><td></td><td>×</td><td></td><td>×</td></tr>
<tr><td>（2）疏林地</td><td>×</td><td>×</td><td></td><td>×</td><td></td><td>×</td></tr>
<tr><td>2. 人工林</td><td></td><td>×</td><td>×</td><td>×</td><td></td><td>×</td></tr>
<tr><td>（1）有林地</td><td></td><td>×</td><td>×</td><td>×</td><td></td><td>×</td></tr>
<tr><td>用材林</td><td></td><td>×</td><td>×</td><td>×</td><td></td><td>×</td></tr>
<tr><td>薪炭林</td><td></td><td>×</td><td>×</td><td>×</td><td></td><td>×</td></tr>
<tr><td>防护林</td><td></td><td>×</td><td>×</td><td>×</td><td></td><td>×</td></tr>
<tr><td>特用林</td><td></td><td>×</td><td>×</td><td>×</td><td></td><td>×</td></tr>
<tr><td>经济林</td><td></td><td>×</td><td>×</td><td>×</td><td></td><td>×</td></tr>
<tr><td>竹林</td><td></td><td></td><td>×</td><td>×</td><td></td><td>×</td></tr>
<tr><td>（2）疏林地</td><td></td><td></td><td>×</td><td>×</td><td></td><td>×</td></tr>
<tr><td>二、其他林木</td><td></td><td></td><td></td><td></td><td></td><td></td></tr>
<tr><td>1. 散生木</td><td></td><td></td><td></td><td></td><td></td><td></td></tr>
<tr><td>2. 四旁树</td><td></td><td></td><td></td><td></td><td></td><td></td></tr>
<tr><td>合　计</td><td></td><td></td><td></td><td></td><td></td><td></td></tr>
<tr><td rowspan="18">期间存量变量</td><td rowspan="4">期间增加</td><td rowspan="2">经济因素</td><td>抚　育</td><td>（分类同上）</td><td></td><td></td><td></td><td></td><td></td><td></td></tr>
<tr><td>合　计</td><td>（分类同上）</td><td></td><td></td><td></td><td></td><td></td><td></td></tr>
<tr><td rowspan="2">自然因素</td><td>自然生长</td><td>（分类同上）</td><td></td><td></td><td></td><td></td><td></td><td></td></tr>
<tr><td>合　计</td><td>（分类同上）</td><td></td><td></td><td></td><td></td><td></td><td></td></tr>
<tr><td rowspan="11">期间减少</td><td rowspan="6">经济因素</td><td>采伐</td><td>（分类同上）</td><td></td><td></td><td></td><td></td><td></td><td></td></tr>
<tr><td>征占用林地</td><td></td><td></td><td></td><td></td><td></td><td></td><td></td></tr>
<tr><td>规划调整</td><td></td><td></td><td></td><td></td><td></td><td></td><td></td></tr>
<tr><td>毁林</td><td></td><td></td><td></td><td></td><td></td><td></td><td></td></tr>
<tr><td>其他</td><td></td><td></td><td></td><td></td><td></td><td></td><td></td></tr>
<tr><td>合　计</td><td>（分类同上）</td><td></td><td></td><td></td><td></td><td></td><td></td></tr>
<tr><td rowspan="5">自然因素</td><td>林木枯损</td><td>（分类同上）</td><td></td><td></td><td></td><td></td><td></td><td></td></tr>
<tr><td>森林火灾</td><td></td><td></td><td></td><td></td><td></td><td></td><td></td></tr>
<tr><td>病虫鼠害</td><td></td><td></td><td></td><td></td><td></td><td></td><td></td></tr>
<tr><td>其他</td><td></td><td></td><td></td><td></td><td></td><td></td><td></td></tr>
<tr><td>合　计</td><td></td><td></td><td></td><td></td><td></td><td></td><td></td></tr>
<tr><td rowspan="3">期间净变化量</td><td colspan="2">经济因素</td><td>（分类同上）</td><td></td><td></td><td></td><td></td><td></td><td></td></tr>
<tr><td colspan="2">自然因素</td><td>（分类同上）</td><td></td><td></td><td></td><td></td><td></td><td></td></tr>
<tr><td colspan="2">合　计</td><td>（分类同上）</td><td></td><td></td><td></td><td></td><td></td><td></td></tr>
<tr><td colspan="4">期末存量</td><td>（分类同上）</td><td></td><td></td><td></td><td></td><td></td><td></td></tr>
</table>

3. 湿地资源资产存量及变动表构成

根据前述统一的核算指标，湿地资源资产存量及变动表具体包括期初资产存量、期间资产存量变量、期末资产存量等三个部分。对于湿地资源而言，主要考虑的是天然湿地，人工湿地只是一种补充，因此，在资产类别上仅考虑非培育性资产。核算内容为实物量指标——面积、水质等级以及天然湿地保护率。

在期初、期末存量以及期间存量变化中在按照湿地分类逐项进行统计核算，按照《全国湿地资源调查技术规程（试行）》中的湿地分类将湿地分为近海及海岸湿地、河流湿地、湖泊湿地、沼泽湿地、人工湿地等五大类。

期间存量变化进一步下分为期间增加和期间减少，然后根据形成的原因进一步划分。存量增加又下分退耕还湿（退田还湖等）、生态补水、生产规模扩张、划定保护区、自然增长（水流冲刷、土壤侵蚀等）、其他等7类。存量减少又下分为基建和城市建设、围垦、污染、水利工程和引排水的负面影响、森林过度采伐、泥沙淤积、外来物种入侵、其他等8类。基本构成见表3。

表3　湿地资源资产存量及变动表（省级，基本框架表）

<table>
<tr><th colspan="4" rowspan="2">指　标</th><th rowspan="2">湿地类</th><th colspan="2">合　计</th></tr>
<tr><th>湿地面积（公顷）</th><th>健康级别</th></tr>
<tr><td colspan="4" rowspan="6">期初资产存量</td><td>近海及海岸湿地</td><td></td><td></td></tr>
<tr><td>河流湿地</td><td></td><td></td></tr>
<tr><td>湖泊湿地</td><td></td><td></td></tr>
<tr><td>沼泽湿地</td><td></td><td></td></tr>
<tr><td>人工湿地</td><td></td><td></td></tr>
<tr><td>合　计</td><td></td><td></td></tr>
<tr><td rowspan="18">期间资产存量变化</td><td rowspan="6">期内增加或改善</td><td rowspan="4">经济因素</td><td>退耕还湿（退田还湖等）</td><td>（分类同上）</td><td></td><td></td></tr>
<tr><td>生产规模扩张</td><td></td><td></td><td></td></tr>
<tr><td>纳入保护体系</td><td></td><td></td><td></td></tr>
<tr><td>其他</td><td></td><td></td><td></td></tr>
<tr><td rowspan="2">自然因素</td><td>自然增长（水流冲刷，土壤侵蚀等）</td><td></td><td></td><td></td></tr>
<tr><td>其他</td><td></td><td></td><td></td></tr>
<tr><td rowspan="9">期内减少或退化</td><td rowspan="8">经济因素</td><td>基建和城市建设</td><td></td><td></td><td></td></tr>
<tr><td>围垦</td><td></td><td></td><td></td></tr>
<tr><td>污染</td><td></td><td></td><td></td></tr>
<tr><td>水利工程和引排水的负面影响</td><td></td><td></td><td></td></tr>
<tr><td>森林过度采伐</td><td></td><td></td><td></td></tr>
<tr><td>泥沙淤积</td><td></td><td></td><td></td></tr>
<tr><td>外来物种入侵</td><td></td><td></td><td></td></tr>
<tr><td>其他</td><td></td><td></td><td></td></tr>
<tr><td>自然因素</td><td>气候变化（干旱、风沙等影响）</td><td></td><td></td><td></td></tr>
<tr><td rowspan="3">期内净变化</td><td colspan="2">经济因素</td><td></td><td></td><td></td></tr>
<tr><td colspan="2">自然因素</td><td></td><td></td><td></td></tr>
<tr><td colspan="2">合　计</td><td></td><td></td><td></td></tr>
<tr><td colspan="4">期末资产存量</td><td>（分类同上）</td><td></td><td></td></tr>
</table>

4. 荒漠资源资产存量及变动表构成

根据前述统一的核算指标，荒漠资源资产存量及变动表具体包括期初资产存量、期间资产存量变量、期末资产存量等三个部分。对于荒漠资源而言，基本都是天然的，因此，在资产类别上仅考虑非培育性资产。核算内容为实物量指标——面积和等级。

在期初、期末存量以及期间存量变化中在按照其自然条件和形成来源，把荒漠分为石漠、砾漠、沙漠、泥漠、盐漠、冻漠等6种类型。

期间存量变化进一步下分为期间增加和期间减少，按变化的原因不同又下分为经济因素和自然因素两类。存量增加的经济因素主要包括过度放牧、过度开采及利用矿产及地质资源、植被过度利用(胡杨、梭梭等)等，存量增加的自然因素包括干旱、风等气候变化，自然延伸等；存量减少的经济因素主要包括植树种草等绿化活动，开采利用活动减少、禁牧和轮牧、工程建设等，存量减少的自然因素主要包括降雨、风等气候变化，植物自然扩展等。基本构成见表4。

表4　荒漠资源资产存量及变动表(省级，基本框架表)

<table>
<tr><th colspan="4">指　标</th><th>资产类别</th><th>面积(公顷)</th><th>等　级</th></tr>
<tr><td colspan="4" rowspan="7">期初资产存量</td><td>石漠</td><td></td><td></td></tr>
<tr><td>砾漠</td><td></td><td></td></tr>
<tr><td>沙漠</td><td></td><td></td></tr>
<tr><td>泥漠</td><td></td><td></td></tr>
<tr><td>盐漠</td><td></td><td></td></tr>
<tr><td>冻漠</td><td></td><td></td></tr>
<tr><td>合　计</td><td></td><td></td></tr>
<tr><td rowspan="19">期内资产存量变化</td><td rowspan="8">期内增加</td><td rowspan="5">经济因素</td><td>过度放牧</td><td>(分类同上)</td><td></td><td></td></tr>
<tr><td>开采及利用矿产及地质资源</td><td></td><td></td><td></td></tr>
<tr><td>植被过度利用(胡杨、梭梭等)</td><td></td><td></td><td></td></tr>
<tr><td>过度利用水资源</td><td></td><td></td><td></td></tr>
<tr><td>其他</td><td></td><td></td><td></td></tr>
<tr><td rowspan="3">自然因素</td><td>沙漠移动</td><td></td><td></td><td></td></tr>
<tr><td>自然延伸</td><td></td><td></td><td></td></tr>
<tr><td>其他</td><td></td><td></td><td></td></tr>
<tr><td rowspan="8">期内减少</td><td rowspan="5">经济因素</td><td>植树种草等绿化活动</td><td></td><td></td><td></td></tr>
<tr><td>开采利用活动减少</td><td></td><td></td><td></td></tr>
<tr><td>禁牧、轮牧等</td><td></td><td></td><td></td></tr>
<tr><td>工程建设</td><td></td><td></td><td></td></tr>
<tr><td>其他</td><td></td><td></td><td></td></tr>
<tr><td rowspan="3">自然因素</td><td>降雨、风等气候变化</td><td></td><td></td><td></td></tr>
<tr><td>植物自然扩展</td><td></td><td></td><td></td></tr>
<tr><td>其他</td><td></td><td></td><td></td></tr>
<tr><td rowspan="3">期内净变化</td><td colspan="2">经济因素</td><td></td><td></td><td></td></tr>
<tr><td colspan="2">自然因素</td><td></td><td></td><td></td></tr>
<tr><td colspan="2">合　计</td><td></td><td></td><td></td></tr>
<tr><td colspan="4">期末资产存量</td><td></td><td></td><td></td></tr>
</table>

5. 生物多样性资源资产存量及变动表构成

根据前述统一的核算指标，生物多样性资源资产存量及变动表具体包括期初资产存量、期间资产存量变量、期末资产存量等三个部分。对于生物多样性资源而言，物种繁多，而且多样性体现的内容也很多，因此，在本研究中主要考虑实物量，即物种种类和数量。在资产类别上考虑培育性资产和非培育性资产。

在期初、期末存量以及期间存量变化中在按照国家保护类别分为重点保护物种和非重点保护物种。然后在下一级层位上又分为关键监测物种和一般监测物种。这其中特别注重中国特有物种。

期间存量变化进一步下分为期间增加和期间减少，其中存量增加按照原因又下分为栖息地面积扩大、天敌减少，食物充足、迁地保护能力增强、繁育产业扩张、其他等5类，存量减少又下分为栖息地面积减少、天敌增加，食物来源不足、迁地保护投入不足、非法乱捕滥采、繁育产业萎缩、其他等6类。基本构成见表5。

表5　生物多样性资源资产存量及变动表（省级，基本框架）

<table>
<tr><th colspan="4" rowspan="2">指　标</th><th colspan="2" rowspan="2">资产类别</th><th colspan="2">培育资产</th><th colspan="2">非培育资产</th><th colspan="2">合　计</th></tr>
<tr><th>种类数</th><th>数量</th><th>种类数</th><th>数量</th><th>种类数</th><th>数量</th></tr>
<tr><td colspan="4" rowspan="6">期初资产存量</td><td rowspan="4">重点保护物种</td><td>关键监测物种</td><td></td><td></td><td></td><td></td><td></td><td></td></tr>
<tr><td>其中：中国特有物种</td><td></td><td></td><td></td><td></td><td></td><td></td></tr>
<tr><td>一般监测物种</td><td></td><td></td><td></td><td></td><td></td><td></td></tr>
<tr><td>其中：中国特有物种</td><td></td><td></td><td></td><td></td><td></td><td></td></tr>
<tr><td>非重点保护物种</td><td>其中：中国特有物种</td><td></td><td></td><td></td><td></td><td></td><td></td></tr>
<tr><td colspan="2">合　计</td><td></td><td></td><td></td><td></td><td></td><td></td></tr>
<tr><td rowspan="15">期间资产存量变化</td><td rowspan="7">期内增加</td><td rowspan="4">经济因素</td><td>自然保护区建设</td><td>（分类同上）</td><td></td><td></td><td></td><td></td><td></td><td></td><td></td></tr>
<tr><td>迁地保护能力增强</td><td></td><td></td><td></td><td></td><td></td><td></td><td></td><td></td></tr>
<tr><td>繁育产业扩张</td><td></td><td></td><td></td><td></td><td></td><td></td><td></td><td></td></tr>
<tr><td>其他</td><td></td><td></td><td></td><td></td><td></td><td></td><td></td><td></td></tr>
<tr><td rowspan="3">自然因素</td><td>天敌减少,食物充足</td><td></td><td></td><td></td><td></td><td></td><td></td><td></td><td></td></tr>
<tr><td>栖息地的适应性</td><td></td><td></td><td></td><td></td><td></td><td></td><td></td><td></td></tr>
<tr><td>其他</td><td></td><td></td><td></td><td></td><td></td><td></td><td></td><td></td></tr>
<tr><td rowspan="7">期内减少</td><td rowspan="4">经济因素</td><td>迁地保护投入不足</td><td></td><td></td><td></td><td></td><td></td><td></td><td></td><td></td></tr>
<tr><td>非法乱捕滥采</td><td></td><td></td><td></td><td></td><td></td><td></td><td></td><td></td></tr>
<tr><td>繁育产业萎缩</td><td></td><td></td><td></td><td></td><td></td><td></td><td></td><td></td></tr>
<tr><td>其他</td><td></td><td></td><td></td><td></td><td></td><td></td><td></td><td></td></tr>
<tr><td rowspan="3">自然因素</td><td>栖息地的适应性</td><td></td><td></td><td></td><td></td><td></td><td></td><td></td><td></td></tr>
<tr><td>天敌增加,食物不足</td><td></td><td></td><td></td><td></td><td></td><td></td><td></td><td></td></tr>
<tr><td>其他</td><td></td><td></td><td></td><td></td><td></td><td></td><td></td><td></td></tr>
<tr><td colspan="3">期内净变化</td><td></td><td></td><td></td><td></td><td></td><td></td><td></td><td></td></tr>
<tr><td colspan="4">期末资产存量</td><td></td><td></td><td></td><td></td><td></td><td></td><td></td><td></td></tr>
</table>

调 研 单 位：国家林业局经济发展研究中心　北京林业大学经济管理学院
调研组成员：戴广翠　张志涛　蒋　立　张　鑫
刘俊昌　陈文汇　胡明彤

国家公园体制对我国国有林场改革的借鉴研究报告

【摘　要】报告在系统分析国家公园建立发展的历史过程和我国国有林场改革以及建立国家公园体制背景基础上，比较了国家公园和国有林场的功能定位、管理目标和管理内容，认为我国国有林场和国家公园虽然在管理目标、管理内容以及具体发挥的生态、社会和经济功能存在一定差异，但在社会公益事业属性方面具有高度一致性。国家公园成功处理生态系统和资源保护利用的成功实践为我国国有林场改革工作提供可资借鉴内容包括：普遍实施公益事业定位，把国有林场全面纳入两级财政预算保障，逐步建立中央和省(自治区、直辖市)为主的综合垂直管理体系；推行管办分离、社会参与的运行机制；出台《国有林管理办法》，完善国有林场改革发展法律基础；妥善安置分流职工，精简人员提升效率。

一、背景与意义

十八届三中全会提出了“划定生态保护红线。坚定不移实施主体功能区制度，建立国土空间开发保护制度，严格按照主体功能区定位推动发展，建立国家公园体制”，指明了我国未来生态保护和制度完善的基本方向。我国已经建立了综合管理和分类型管理相结合的生态保护体系，有风景名胜区、地质公园、自然保护区、森林公园、湿地公园、沙漠公园、水生生物自然保护区、水利风景区等。该体系下每一种保护类型都有相对完善的保护管理机构和较为健全的法律法规，也逐步建立覆盖各种生态系统的保护体系网络，较为有效保存了各种原生生态系统、珍稀动植物、特殊自然遗迹和自然景观，发挥防风固沙、保持水土、涵养水源、净化水质、调节气候等生态效益，对维护我国生态安全和生物多样性稳定以及促进经济社会可持续发展发挥了重要作用。为何中央又提出要建立国家公园的体制，其用意何在？国家公园体制与我国既有生态保护体系及其组成部分是什么关系，如何衔接过渡？应该说，建立国家公园体制的提出并不是对我国当前生态保护体系及其成效的否定，主要是希望创新我国生态保护工作体制、机制，解决原来保护体系部门垂直属地分级管理、多头管理、权属不清、依据法律矛盾冲突严重、国土空间分布重叠交叉、管理目标不明确等众多制约实际保护成效的问题。用国家公园来统筹整合原有各类保护机构，创建基于国土生态空间的统一综合生态保护管理机制，以打破原有保护体系部门、行政地域分割局面，进一步优化和完善我国生态保护体系、理顺保护管理体制、缓解保护与发展的矛盾、优化国土空间布局、更好保护生物多样性、维护国家生态安全，这是十八届三中全会提出建立国家公园体制的根本用意。

国有林场是我国生态保护体系的重要组成部分，一方面很多国有林场与我国现有生态保护体系中的风景名胜区、自然保护区、森林公园等在地理空间上存在不同程度的重叠交叉；另一方面，绝大部分国有林场林种也多是国家或地方重点公益林，主要发挥区域生态改善的作用。国有林场当前正在根据社会经济发展需求全面推进深化改革。因此，中央关于建立国家公园体制的改革要求，必然会对下一步国有林场深化改革的体制、机制设计产生影响；有必要全面深入研究国家公园体制的内涵、适合我国国情的基本制度框架、体制建设的可能路径、国有林场在国家公园体制中的地位、国有林场参照国家公园有关精神进行改革的可行性等一系列问题，进而为深化国有林场改革的方向、体制和机制设计提供决策参考，加快构建国有林场发展的长效机制。

二、国家公园的内涵和体制机制架构

（一）国家公园的内涵和功能

“国家公园(national park)”的概念是1832 年由美国画家乔治·卡特琳(George Catlin)最早提出来的。他在美国西部旅游途中，看到现代文明在迅速向西部地区扩展的同时，也造成了植被破坏、野生动物遭到猎杀，给美国西部的印第安文化和自然生态资源造成了严重的损害。因此，他希望政府通过制定一些保护性政策建立一个国家公园，以保证公园中的所有资源都处于原始和自然的状态，不受人类发展和污染的损害。但他并没有对这个概念给出一个规范的定义，只是把国家公园当作一种和私人园林相对的、用来保护公共土地上景观和资源的公共公园。直到美国国会 1872 年通过《黄石法案》(Yellowstone Act)建立了黄石国家公园，国家公园这一概念才正式开始应用到生态保护实践中来。此后，美国又逐步在国内其他地区建立多处国家公园；其他有关国家也开始规划建设本国的国家公园，从黄石国家公园建立至今，全世界已有一百多个国家设立了多达1200 处风情各异、规模不等的国家公园。

在国家公园创建和发展过程中，其概念、内涵及其管理体制和机制也不断发展完善；但由于各国国情不同，各国对国家公园概念的使用标准也不尽相同。世界自然保护联盟(IUCN)经过对全球各种类型的国家公园进行系统研究和分析，于 1975 年提出了国家公园的明确定义，这是目前公认程度最高的国家公园定义。IUCN 把国家公园列为自然保护区的六种类型之一，在其《IUCN 保护区管理分类应用指南》国家公园特制第二类大面积、处于自然状态的保护区；目标是保护大范围的生态过程及其中包含的物种和生态系统特征，同时提供环境与文化兼容的精神享受、科学研究、自然教育、游憩和参观的机会。国家公园既不属于游览休闲的“公园”，也不是主要用于旅游开发的“风景旅游区”，必须是具备以下五个条件的天然陆地或者海洋：①国家主导，并体现国家意志，通过旅游来展示和强化爱国主义教育；②面积不能小于1000公顷，包含至少一个完整的生态系统，且具有地方代表性的特殊生态或特殊地形，还未经人类集聚、开采的地区；③为了长期保护自然景观、原生动植物和特殊生态系统而设立的地区；④由国家采取措施，限制发展工商业和集聚区，并禁止伐木、采矿等行为，有效保护生态和景观的地区；⑤在一定范围内允许游客进入，维护目前的自然状态作为现代和后世进行科研、教育和游憩的地区。

但在实践中，并不是所有国家和地区建立的国家公园都与IUCN定义完全一致。世界上有些国家符合上述标准的区域不一定被冠以国家公园之名，另一些现有的国家公园与IUCN定义的国家公园具有截然不同的目标，甚至同一个国家内国家公园的分类所依据的却是IUCN其他的不同管理类型，具有不同的涵义，有的甚至不是保护区。

虽然十八届三中全会虽然提出了要建立我国的“国家公园体制”，但并没有对“国家公园”的概念进行界定。根据中央提出建立国家公园体制的背景，我国“国家公园”的概念和内涵还是应当借鉴IUCN的定义和标准，将其作为保护区的一种类型；进而经过深入研究和试点，提出我国国家公园的体制机制框架，确定与现有保护体系整合改造的路径，逐步建立我国国家公园的网络体系。

（二）国家公园的体制和机制基本架构

从国家公园发展历程来看，虽然不同时期、不同国家对国家公园内涵和概念界定存在一定差异，但其首要目标都是保护区域生态系统和生态过程；在保护和利用关系的处理上，始终把保护区域生态系统放在首位；适度开发利用仅限于特定区域并要受到公园管理机构的严格监管，利用方式主要是以提供公共服务为主，如科学研究、科普、环境教育和生态旅游等。国家公园的广泛实践已经证明了这是一种能够在资源保护和利用方面实现双赢的先进管理制度。国家公园之所以能够在生态保护和利用方面取得成功，主要得益于其合理而有效的体制和机制保障，如清晰的土地产权、统一的管理机构、完善的法律基础、稳定的经费渠道和权威的执法权限。当然，由于各个国家社会结构、政治环境和社会治理传统等多种因素的影响，各国在国家公园基本体制和机制的设置方面也存在一定差异。

1. 组织机构

世界上国家公园的组织机构设置总体上可归纳为：中央集权型、地方自治型和综合管理型三大类型（表1）。

（1）中央集权型：中央集权型组织机构实行自上而下垂直设置和领导管理，并辅以其他部门合作和民间机构的协助。美国是国家公园建设的先驱，也是中央集权型机构设置的典型代表。美国内政部下设国家公园管理局直接管辖联邦所有的国家公园，不受各州行政权利的干涉，属于典型的单一所有的垂直管理系统。1916年国家公园管理局建立法案、1970年的通用权威法案和1978年红木修正法案等三部法案确立当前美国联邦、地区和基层三级垂直管理体系。

表1 国家公园组织机构模式

管理模式	代表国家	主管机构设置		
		一级机构	二级机构	三级机构
中央集权型	美国	内政部	国家公园管理局	地区国家公园管理局
	加拿大	遗产部	公园局	地区国家公园管理局
地方主导型	德国	州立环境部	地区国家公园管理局	——
	澳大利亚	州立国家公园和自然保护局	地区国家公园管理局	——
中央—地方结合型	英国	自然保护委员会	英格兰乡村委员会、威尔士乡村委员会	地区国家公园管理局
	日本	环境部	自然环境局	地区国家公园管理局

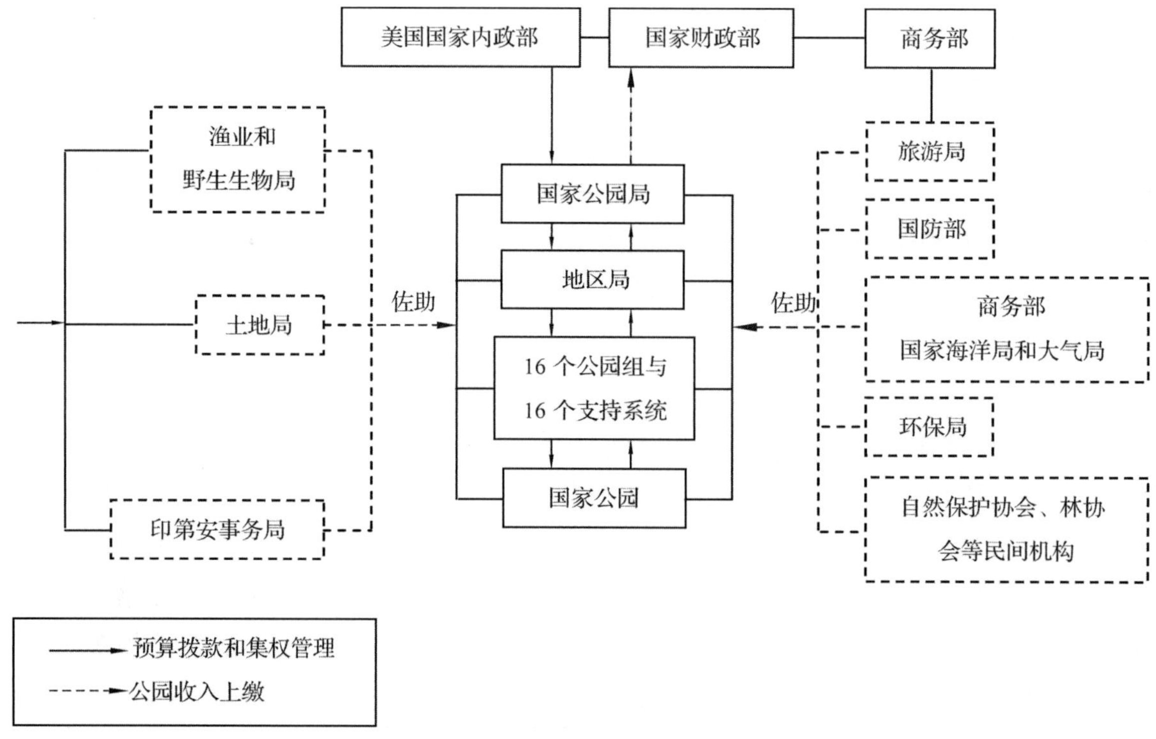

图1 美国国家公园体系组织机构

(2)地方自治型：地方自治型组织机构由国家公园属地政府设置和负责。属地政府及其具体管理部门还负责当地国家公园的立法、规划、决策和执行的自主权；中央政府主要负责对外沟通交流和内部引导协调等工作。地方自治型机构设置的典型代表是澳大利亚和德国。

(3)综合管理型：此外，还有一些国家在国家公园机构设置兼具中央集权和地方自治两种体制特点，属综合管理型。这种体制类型既有中央政府部门的参与，地方政府又有一定的自主权，且私营和民间机构也积极参与建设管理，典型代表如日本、英国和泰国等。

2. 经费预算

尽管各国国家公园机构设置和体制各具特色，但经费都主要来源国家(中央联邦和地方政府)财政预算。国家公园经费预算项目均与其功能或职责密切相关，主要用于工作人员工资、公园设施的日常维护管理、公园环境保护、遗传物质保存、学术研究及环境教育等。

工作人员工资是国家财政拨款的主要支出项目，例如美国国家公园工作人员的工资一般占国会拨款总额的2/3。

日常维持费用是第二大预算支出项目，例如美国国家公园用于建设和维持的费用一般占国会拨款总额的1/3。日本对于游客集中地区的美化与清洁工作，主要由地方政府、特许承租人、科学家、当地群众等组成的志愿队伍承担；这类志愿队伍约有40支，其所需经费的1/4由国家环境署资助，1/4来源于地方县政府，1/4来源于上一级政府，1/4来源于地方企业。

保护性项目建设支出。国家公园根据规划内容实施的保护性项目建设投资一般也都由政府(国家或地方)财政全部承担。如德国国家公园建设规划确定后，园外交通、电力、供水、环保等基础设施由相应主管部门按规划实施，由州财政安排拨款建设。公园建成或开园后，每年由州财政根据公园保护管理的需要，下拨一定数额的经费，用于工作人员工资费用开支和一些建设保护项目的支出。

3. 员工管理

各国国家公园员工一般分为两种类型，一类是固定工作人员，另一类是临时工作人员。以美国为例，其国家公园固定正式工作人员都是通过国家公务员考试统一选拔出来，由国家公园管理局任命和分配。正式工作人员一般要求有大学以上学历，具备良好的个人素质和较高的服务精神。正式员工在上岗前需要接受必备的专业知识技能培训，主要包括公园历史、讲解和导游服务、生态学、考古学、资源保护、相关法律法规等方面的知识。正式员工中不仅有行政和业务人员，还有专职的法律顾问、专业警察、护林员、狩猎员、巡护员等。正式员工可以享受诸多发展和培训的机会，也受到专门的纪律约束。如正式职员不得因为特殊身份而折价接受公园内特许经营商提供的商品和服务，本人及其家庭成员不得在特许经营商那里就业和开展商业性服务或投资等。

临时员工是旅游旺季期间临时招募的其他服务管理人员和志愿者，主要承担辅助管理服务工作，如帮助维持公园的秩序，提供讲解服务，引导游客的行为、宣传环保知识等。美国国家公园已经建立了完善的志愿者系统，每年有来自世界各地的大批志愿者承担相应工作，为国家公园节约了经费预算。

4. 事权划分

完善的事权划分是保证相关部门对国家公园管理一致性、有效性的基础。事权依照国家公园管理的相关法律法规进行划分，以美国为例，国家公园整体管理事权由国家公园管理局制定，公园具体事权由具体国家公园根据前者制定。

5. 立法与政策

完善的法律法规和政策是国家公园各项体制机制的基石。相关法律法规提供了国家公园资源保护利用管理的依据，确保了国家公园机构管理工作的权威性，同时也对国家公园机构行为的约束。在设立国家公园的国家中，各国都拥有国家公园管理的专门法律，如美国有《国家公园基本法》，日本有《自然公园法》，德国有《联邦自然保护法》。这些基本法明确规定了国家公园的性质、功能以及建设和管理的基本准则，等等。同时美国和德国的几乎每一个国家公园都拥有适合自身情况的独立立法，且立法对公园的管理机构、管理职责、保护和利用措施等作了详尽的规定。除了公园的基本法和独立法之外，其他相关法律法规也从调控对象角度对涉及国家公园管理的有关问题进行了专门规定；如美国的《国家环境政策法》《国家历史保护法》《清洁水资源法》《信息自由法》《能源政策法令》《濒危物种法》《清洁空气法》《原野法》《原生自然与风景游路法》《国家风景与历史游路法》；日本的《河川法》《温泉法》《濑户内海法》《关于鸟兽保护及狩猎的法律》《文物保护法》《森林法》《关于保存可能灭绝的野生动植物物种的法律》《关于动物的保护及管理的法律》《林业基本法》《生物多样性国家战略》《物种保存法》《鸟兽保护狩猎法》《外来物种法》《自然再生推进法》；德国的《联邦森林法》《联邦环境保护法》《联邦狩猎法》等。

6. 土地和资源产权

国家公园的管理目标决定了其产出的公共品属性，按照新古典主义经济学理论，公共产品由政府免费供给更有效率，实践上公共产品一般由政府公共部门直接生产提供或者从市场购买后再免费供给公众。因此，世界各国为确保国家公园的公共性，对生产国家公园公共服务产品的土地和自然资源一般实行国家所有（中央、联邦或州政府所有）；如果需要在私有土地上建立国家公园，一般先通过赎买、捐赠等形式实现国有化以后再建立管理机构。

三、国有林场与国家公园功能定位和管理内容的比较

（一）国有林场与国家公园定位

综合《中共中央 国务院关于加快林业发展的决定》（中发〔2003〕9号）、党的十八大报告及其十八届三中、四中全会公报有关国家生态文明建设和事业单位改革的指导精神要求，国有林场森林资源在未来社会经济发展中的定位是提供公共产品为主，具有生态、社会、经济等多重功能的国有公益性资源。而目前国际公认的国家公园概念及其定位则是自然保护区的一种类型，主要目的是保护原生性自然生态系统的同时向社会提供科学研究、科学普及教育和提供公众游乐的社会服务。从上述两方面的情况来看，国有林场

和国家公园只是在具体管理目标和发挥服务功能类型方面存在一定差异，但公益事业的基本属性是高度一致的。

随着我国国有林场的改革与发展，目前来看国有林场对森林资源的经营管理的定位为：以生态效益为主，社会效益和经济效益并重的综合性多功能发展；而国家公园的经营目标定位完全是生态社会效益。国有林场的这一定位在国有林场的管理改革中比较充分地体现出来，使得其与国家公园的发展目标存在一定的差距。当然这一差异性与国有林场所管辖的森林资源与国家公园所管辖的自然资源之间存在的巨大差异性有关。国家公园强调保护和利用的是原始状态的自然资源，强调的是保护其原始状态，利用其社会效益。而国有林场建立在荒山荒地造林的基础上，所形成的森林资源以人工林和天然人工混合林为主，其原始性先天不足，同时，国有林场建立的目标是培育资源，获取经济效益，其次才是生态效益。经过几十年建设以后才形成一定数量和质量的森林资源，体现出比较强大的生态效益，伴随着国家和社会发展需要，更加重视其产生的生态和社会效益。

（二）国有林场与国家公园功能比较分析

国有林场与国家公园都具有生态功能、社会功能与经济功能，但在每一方面的具体功能作用上又存在一定差异。

1. 生态功能

国有林场的主要作用是绿化国土、美化环境、涵养水源、保持水土、防风固沙、改善农牧业生产条件和人类生存环境。现有 3900 多个（占国有林场总数的 87%）地处重要气候带屏障区、大江大河中上游、主要湖泊水库、各大风沙区、黄土高原等受极端气候、水土流失、风沙危害严重的和石质山区等生态脆弱地区。在国有林场经营的 7.5 亿亩林业用地中，生态公益林面积达 6 亿亩，占 80%，其中重点公益林为 3.8 亿亩，占全国重点公益林总面积(15.78 亿亩)的 24%。众多国有林场与国家重点防护林工程融为一体，构筑了我国林业生态体系的骨架，在绿化国土、美化环境、涵养水源、保持水土、防风固沙、改善农牧业生产条件和人类生存环境、保障当地经济发展中，发挥了不可替代的作用。

国家公园生态方面的主要作用是保护生物群落，保持生态系统完整。国家公园地区大都具有成熟稳定的生态体系，并包含有顶极生物群落，对于缺乏生物机能的都市体系，及以追求生产量为目标的生产体系，均能产生中和作用；对于人类的生活环境品质及国土保安极具意义。此外，生物多样性保存更多体现为某种存在价值和遗赠价值，任何一个物种都可能具有当前无法认识的巨大潜在价值，国家公园可以最大限度保存自然生态系统长期进化形成的生态和物种多样性，并以此供后代子孙世代使用。

2. 社会功能

国有林场和国家公园都具有休闲游憩、科学研究以及教育科普的作用。大多国有林场在承担森林经营任务的同时，还是科普教育、科学研究的天然课堂，我国林业科研、生产试验、教学实习、良种繁育和新技术推广的重要阵地。许多林业先进技术，特别是森林培育技术的研究和推广应用多是从国有林场开始的，进而辐射扩散到广大周边地区，成为周边农村集体林业与个体林业发展的示范基地与技术支撑。此外，国有林场林业生态建设成果、经营区内的森林景观、珍稀动植物、自然历史文化遗产、森林生态环境，等等，成为人们进行生态科考、科普活动的重要场所。

国有林场在培育发展大面积森林资源的同时还造就和保护了一大批风光秀丽、形态各异的森林景观和自然历史文化遗迹。全国兴办的 2100 多处森林公园，大都是在国有林场经营区范围内。不少著名的国家风景名胜区和世界自然历史文化遗产，如黄山、张家界等，也都坐落在国有林场的经营区内。这些地区成为人们重要的休闲游憩的场所，每年接待游客上亿人次，直接经济收入几十亿元，提供了几十万个直接就业机会。

社会公众在国有林场及其基础上建立的森林公园、自然保护区、科普基地进行游憩、研究过程中，也潜移默化加深了对林业、自然的认识，生态意识得到了提升，由此发挥了生态文明建设重要载体的作用。

国家公园的社会功能突出表现在向国民提供游憩场所，普及环境教育，促进科学研究，提升国民生态意识以及间接增加就业机会等方面。随着城市化和工业化进程，国民对于户外游憩需求与日俱增，回归大自然的行动已风靡全世界。因此，在国土计划中除地方性公园及绿地配置外，具有优美自然原始风景的国家公园，常作为现代都市生活最高品质的游憩场所。国家公园观光旅游的发展同时得以促进地方经济，繁荣区外市镇，并增加区内、外居民就业发展的机会。

在国家公园开展的游憩活动不同于一般的大众旅游，往往结合公园内的自然生态系统、地形地貌及生物多样性资源同步开展常态化的环境教育、科学研究工作；国家公园区内设有游客中心及研究站，负责室内解说工作，并聘请解说员实地进行环境区划解说，提供国民野外教育的机会。

3. 经济功能

国有林场的经济功能主要是通过森林资源经营、林下经济发展和森林游憩、提供生态服务实现的，既有直接经济效益，也有间接经济收益。目前国有林场已经成为我国木材安全保障的战略储备基地，国有林场森林面积已达 6 亿亩，森林蓄积量突破 22 亿立方米，分别占全国的 23% 和 17%。经过几十年建设，国有林场中龄林以上面积比重超过 80%，蓄积量超过 60%，加强国有林场森林资源定向选择和培育，必然进一步强化国有林场作为国家“特优大径级材基地”建设中的地位和功能。同时，国有林场充分利用林地优势通过立体经营，利用林下空间和多种资源，还可生产丰富的非木质林产品，同时为社会提供森林游憩服务、储碳、涵养水源等生态服务产品。

而国家公园则是通过带动旅游业、增加就业机会以及保存遗传基因转化利用等间接方式获取经济效益。如美、日、加、瑞士、英、法诸国因国家公园所带来的旅游年收入均有一笔可观的数目，就连非洲的国家公园，其收益对国家的经济帮助也是显而易见的。哥斯达黎加开展以国家公园为主的生态旅游收效显著，1991 年旅游收入已成为国家外汇收入的第二大来源，达 3.36 亿美元。

表 2　国有林场与国家公园功能比较

<table>
<tr><td rowspan="10">国有林场</td><td rowspan="5">生态功能</td><td>区域森林生态系统的骨干</td><td rowspan="10">国家公园</td><td rowspan="5">生态功能</td><td rowspan="3">提供保护性环境</td></tr>
<tr><td>生态公益林建设的前沿</td></tr>
<tr><td>生物多样性维护的阵地</td></tr>
<tr><td>重要的水源涵养地</td><td rowspan="2">保护生物多样性</td></tr>
<tr><td>防风固沙的屏障</td></tr>
<tr><td rowspan="4">社会功能</td><td>科普教育、科学研究的天然课堂</td><td rowspan="4">社会功能</td><td>提供国民游憩</td></tr>
<tr><td>休闲游憩的优良场所</td><td rowspan="2">促进学术研究</td></tr>
<tr><td>生态文明的重要载体</td></tr>
<tr><td>农村集体林业与个体林业发展的示范基地与技术支撑</td><td>国民环境教育</td></tr>
<tr><td>经济功能</td><td>保障木材安全，提供森林游憩、非木质林产品、生态服务产品</td><td>经济功能</td><td>带动旅游及相关产业发展</td></tr>
</table>

(三)国有林场与国家公园管理内容

1. 国有林场管理内容

(1)国有林场的森林资源管理。森林资源管理就是把有限的森林资源有效地配置到各个生产环节中去的决策活动。学者针对森林资源管理的研究主要集中在森林采伐管理和木材流通管理两方面。

(2)国有林场人力资源管理。国有林场人力资源管理目标是为了实现林场人力资源合理分配使用而进行的人力培训教育、配置、使用及绩效评估诸环节的总和。国有林场人力资源管理的内容十分丰富，许多学者主要针对其职工的激励和绩效考评以及职工的培训教育与发展两个方面进行研究。

(3)国有林场财务管理。国有林场的财务管理就是对林场在生产经营过程中的资金的筹集、计划、使用和分配等的管理工作。

2. 国家公园管理内容

国家公园在各国发展的管理内容大致分为以下几个方面。

(1)许可证管理。国家公园不同于一般的风景游览区，它是基于自然保护前提下为公众提供游乐的特殊场所，因此其服务的类型、方式和方法就必须根据公园的特殊性质加以限定。许可证制度正是基于上述考虑的特殊产物。例如在美国，几乎所有公园的吃、住、行服务都是由私营企业提供的。考虑到商业的自由竞争势必导致无序的市场混乱，故国家公园管理机构依照自身特点和联邦规划，对申请在园区范围内从事旅馆、饭店、商店等经营性服务行业的企业，要求必须向国家公园管理当局申请注册并核发特别许可证方可开业。

(2)承载力管理。通过承载力管理，可以给公园管理者提供一个环境容量的数量指标。实际游客人数达不到这一指标时应积极进行宣传来吸引客源，当临近这一指标时，则应积极分流，限制超员。

(3)规划设计管理。例如美国国家公园规划设计由国家公园管理局下设的丹佛规划设计中心全权负责，独家垄断操作。这一方面保证了规划设计的质量，另一方面又阻止了违反规划的事情发生。

(4)人事薪酬、经费预算管理。从 1967 年起，美国国会批准设立了一个官方基金会——国家公园基金会，作为联系公私两方的桥梁。国家公园基金会设立的目的是为了更好地整合社会零散资源，借助私人力量维持公园运营，并协助国家公园管理局的工作。企业、科研机构、非政府组织等私人机构或个人主要通过国家公园基金会与国家公园管理局进行合作，为国家公园的管理活动提供资金、技术和人力的支持。

(5)非政府组织协会管理。例如加拿大在 1963 年成立了第一个非政府组织性质的协会——加拿大国家和省立公园协会，即后来的加拿大公园和原野协会。该组织在加拿大国内外都有广泛的影响力：1972 年它成功组织了冬奥会在班夫的举办，标志着加拿大国家公园的建设从获取经济利益转向生态保护优先。

(6)景区分区管理。例如日本按照生态系统完整和风光秀丽等级、人类对自然环境的影响程度、旅游游客使用的重要性等指标将所有国家公园的土地划分为特别地域和普通区域。

国有林场的管理内容主要集中在森林资源管理以及人财物等构成的单位管理等方面，而国家公园由于其特殊性，除了上述内容的管理外还需要对国家公园政府管理组织和非政府性管理组织进行综合管理，此外还需对国家公园内的商业性经营者(比如旅店、饭店等)进行管理以及对国家公园的规划等进行管理。相对而言，由于国有林场所管辖面积以及管辖内容使得国有林场的管理更多体现在单位的运行管理上，对森林资源的管理主要是基于现有法律进行相关经营活动。而国家公园管理的核心目标在于保持管辖对象的原生态性，因此，其管理主要围绕着是否对所管辖自然资源的原始状态产生影响方面，其管理内容也是基于这一目的进行。

四、国家公园体制对我国国有林场改革的借鉴

从以上分析及其比较可以看出，国家公园和国有林场虽然在具体的管理目标、管理内容和发挥的服务功能方面存在一定差异，但在基本功能定位方面具有高度的一致性，都以提供公共的生态、社会和经济发展支持功能，属于国家的公益事业。而国家公园制度已经在世界范围内被实践证明了是一种能够有效实现生态保护和资源利用双赢的先进管理制度，这对于我国当下正在深化开展的国有林场管理体制机制改革具有直接的借鉴

意义。

（一）普遍实施公益事业定位

国家关于林业和国有林场改革的有关指导文件已经明确了国有林场生态工业事业和基础产业的功能定位，未来深化改革的工作重点应该是逐步建立健全与该功能定位相匹配的体制机制。从国家公园发展历程来看，之所以能够在生态保护和资源利用管理两方面充分实现共赢，关键是功能定位、管理目标明确稳定，管理体制机制和功能定位和管理目标高度匹配统一。国家公园建立伊始至今，功能定位和管理目标始终没有变化，一直以保护原生性生态系统及其生物多样性，同时向社会公众提供游憩场所和生态教育为宗旨。在这个统一稳定的目标指引下，国家公园自身很难有持续稳定和足够的经济收入以支持自身机构的运转。因此，为了保障管理目标的充分实现，世界各国普遍把国家公园全额纳入中央（联邦）或者地方（主要州或者其他联邦组成单位）地方财政公共预算框架内进行管理，并确立了相应的公共管理机制。

国有林场建立之初主要目标是加快国土荒山绿化、改善区域生态环境，为区域工农业生产发展提供生态支持保障作用，这种功能定位主要是公益性的；当时国有林场也是普遍作为全额事业单位，生产建设任务由国家计划下达，所需经费由中央和地方财政保障；国有林场的功能定位、管理目标与其体制机制高度匹配，国有林场呈现蓬勃发展态势。当前多数国有林场大多数国有林场发展陷入困境，森林经营停滞，场区基础设施落后，职工生活极端困难，主要是由于 20 世纪 80 年代初国有林场体制机制改革开始的，先是实行差额事业单位管理，90 年代实行事业单位企业化自收自支的管理；在目前多数国有林场森林资源被划定为国家和地方公益林情况下，国有林场仍然维持自收自支或差额事业单位管理。改革过程中，国有林场的功能定位和管理目标并没有同步调整，仍然主要承载着生态和社会公益功能，但相应的体制机制却向相反的方向转变，导致国有林场既没有充分自主经营和收益权，又得不到公共财政应有的支持，由此陷入发展困境。

借鉴国家公园管理的经验，为了使国有林场功能定位与管理体制相匹配，应当从法律上明确国有林场的事业单位性质，并确立与事业单位性质相符合的管理制度。管理层级上，可实行全面分区垂直管理体制，构建以中央为主导、省级管理为主体的垂直管理体制。建议将国有林场收归中央和省两级所有和管理。根据区域生态功能区划、国有林场所处生态区位、地理区位、流域山系，采取打破现有行政区划界限，以山系、流域为单元，便于管护原则对国有林场进行整合重组。整合后将按区域设置国有林管理机构，原国有林场机构建制撤销。原有林场干部职工一部分在新组建的机构中重新上岗，一部分采取分流转制方式重新安置。整合后按区域实施统一规划，编制森林经营方案，特定生态功能区域内采取一致的经营措施，优化森林资源结构、维护森林生态系统的稳定、提高森林生态系统的整体功能。

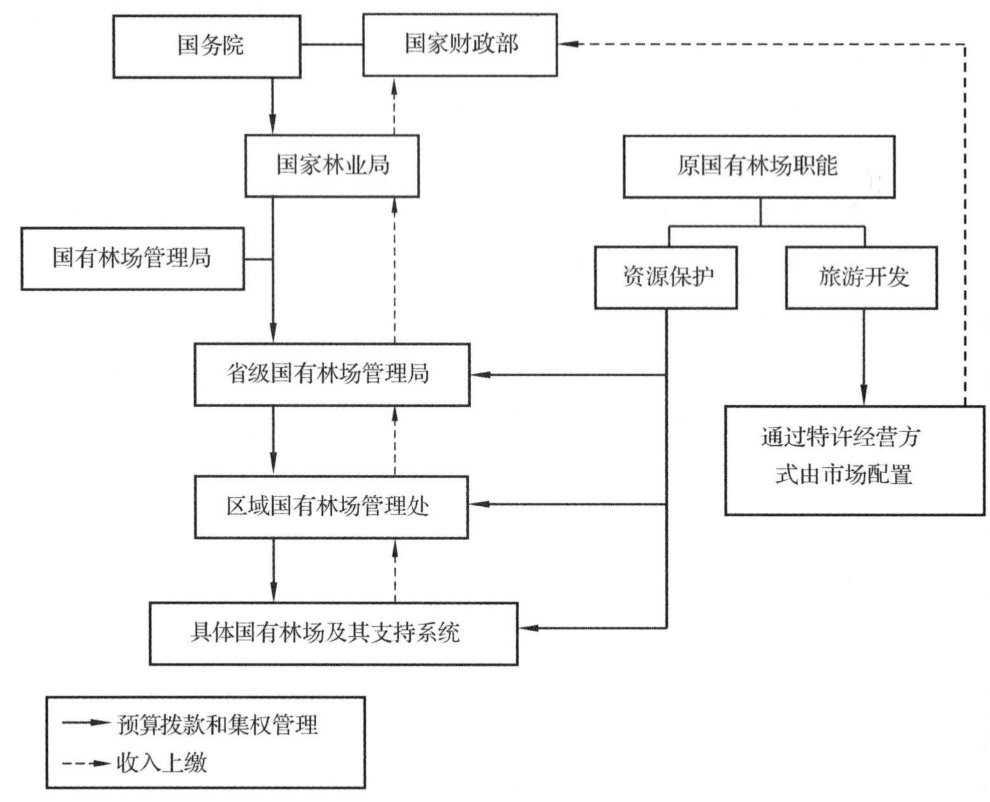

图2　以中央为主导省级管理为主体的国有林场垂直管理体制

（二）推行管办分离、强化社会参与

国家公园取得生态保护和资源合理利用双赢，除了基本定位和公共体制保障基础之外，科学合理的运行机制也不可或缺，这其中最为重要的就是“垂直管理”“管办分离”和“收支两条线”的运行机制以及全面的社会参与机制。国家公园的垂直管理体系包括公园管理局、地方办公室、基层管理局，体系内向下垂直监管、向上直接负责，园区内所有事务均由相应层级公园管理全面负责，不受属地政府和有关机构的干预。“管办分离”是指国家公园管理机构主要负责公园的规划、计划及其执行工作和执法管理工作；具体的资源合理利用、游客参与和服务主要由独立第三方承担，公园管理机构具有监督管理权。“收支两条线”是指国家公园的管理经费由政府拨款解决，而公园各项经营收入则全部上缴财政，财政再按照一定的比例返还，实行收支两条线管理，所有返还的收入必须用于公园基础设施建设和景区维护。社会参与方面，公园的环境教育依赖于完善的志愿者系统；游客基本需求服务则全面实行特许经营制度，如公园的餐饮、住宿等旅游服务设施通过向社会公开招标，经济上与国家公园无关。

我国的国有林场明确界定为公益事业单位后，可以借鉴国家公园“垂直管理”“管办分离”和“收支两条线”的运行机制以及全面的社会参与机制。各级林场管理机构主要在相应职责范围内负责政策、法规拟定，规划制定、经营方案编制和监督执行、执法管理以及对场区内资源合理利用、社会公众参与的监督管理，重点关注森林资源的保护；森林资源的经营作业、场区设施建设维护、经营性资产运作、旅游开发则交给市场主体承担，同时逐步建立公益性环境教育的志愿者参与系统。

由于国有林场自然分布的地理区位条件限制和历史发展过程中积累遗留的问题，很多国有林场基础设施严重落后，职工缺少发展机会，因此在推进运行机制和加强社会参与改革过程中，要把改善林场基础设施和改善职工民生福利作为重要政策考虑。在全面启动改革之前，应该编制林场基础设施建设规划，由国家安排资金，集中时间，彻底解决林场未来改革发展道路、水电、通讯和职工安置住房等迫切需求。另外，对林场资源的合理利用也应优先考虑林场职工和周边乡村群众的参与，对于外来战略投资者的进入，要设定林场职工和周边乡村群众参与的条件。

（三）加快出台国有林场改革配套保障的政策法律和法规

在设立国家公园的国家中，都拥有国家公园管理的专门法律，这些法律明确规定了国家公园的性质、功能以及建设和管理的基本准则等。健全的法律系统一方面赋予国家公园保护以权威性，另一方面使得对于国家公园的利用极具约束性，给国家公园管理以宏观的法律指导，保证管理的方方面面都依法进行。

对于国有林场，要借鉴国家公园的立法体系，同时从中国国情出发建立完善的法律体系。当前可利用的法律法规主要有《中华人民共和国森林法》，可借鉴的法律法规有《中华人民共和国环境保护法》《中华人民共和国野生动物保护法》《中华人民共和国旅游法》《中华人民共和国水污染防治法》《中华人民共和国大气污染防治法》《中华人民共和国水土保持法》《森林公园管理办法》《森林风景资源管理条例》《森林和野生动物类型自然保护区管理办法》《风景名胜区管理暂行条例》等。这些法律法规对国有林场的立法都具有一定的借鉴意义，但相关规定没有统一性，内容也不尽完善。建议整合现有相关法律法规中的有关条款，统一制定并出台《国有林管理办法》，把国有林场改革的各项体制、机制，管理权限用法律形式固定下来，夯实国有林场长效发展的法律基础。

（四）人员管理精简高效

国有林场人力资源管理目标是为了实现林场人力资源合理分配使用而进行的人力培训教育、配置、使用及绩效评估诸环节的总和。对于国有林场，要借鉴国家公园的人力资源管理制度，把人员按编制分为两类，一类是正式工作人员；另一类是聘用制工作人员。

确定我国国有林场的事业单位性质后，固定的正式工作人员要通过公务员考试统一进行选拔，一般要求有大学及以上学历，具备良好的个人素质和较高的服务精神。要结合林场的任务，科学设置岗位，明确岗位职责和条件，实行事业单位人员聘用制度和岗位管理制度。对于林场的管理人员、科技人员和林政管护人员，根据核定的事业编制进入国家公务员系列，享受国家公务员待遇，工资等事业费也纳入同级政府财政预算，实行全额拨款。正式员工在上岗前要接受必备的专业知识技能培训。正式员工中不仅有行政和业务人员，还有专职的如法律顾问、林业警察等。同时，要在工作过程中不断强化对正式工作人员资质和岗位技能的培训和管理，努力培养富有改革创新精神，懂经营会管理，能够适应新时期国有林场改革发展需要的高素质人才队伍。聘用制工作人员是林场在日常经营和旅游旺季期间聘用的人员，他们主要起到辅助服务的作用。

五、借鉴国家公园体制推进国有林场改革的可行性与必要性

2003 年《中共中央 国务院关于加快林业发展的决定》对国有林场改革方向的总体要求是分类改革，根据所处生态区位、资源条件和经营状况把国有林场划分为公益性和商品性两种类型，分别建立相应的体制和机制。在推进分类改革及其试点过程中，各级各地国有林场管理部门、一些国有林场和有关专家学者又提出了要把国有林场普遍定性为国有公益事业单位。如果能够从国家政策层面明确生态公益性林场的范围、条件和以生态、社会服务为主要产出目标，则从国家公园与国有林场各方面比较分析可以看出，生态公益性国有林场与国家公园在基本功能定位、管理目标、管理内容和保障条件等方面具有很强的一致性，具备借鉴国家公园体制的有关精神和内容进行深化改革体制、机制顶层设计的必要性和可行性。

（一）借鉴国家公园的公益单位属性是维护中国生态安全的现实需求

2003 年《中共中央 国务院关于加快林业发展的决定》，把林业定位为重要的公益事业和基础产业；明确指出改善生态状况、保障国土生态安全是社会对林业的第一需求，林业要根据经济社会可持续发展的迫切要求，实现由木材生产为主向生态建设为主转变。国有林场是中国林业三大板块（集体林地占全国林地面积约 60%、国有林场占 21%、重点国有林区占 19%）的重要组成部分之一，在生态林业建设中将发挥主力作用。国有林场多数分布于国土生态安全敏感地区，是我国生态脆弱区的最后屏障和坚强保障。而且国有林场在国土空间分布上更为均匀，在每个省、市和县都有分布，并且几乎都是所在地区域资源和生态条件最为优越的地区，改善区域生态条件，生态功能更为突出。国有林场在所在区域未来可持续发展中起着至关重要的作用，特别是其生态战略区位、生态公益功能是不可替代的。从国家经济社会可持续发展和生态文明建设对国有林场主导产出的要求看，国有林场的生态和社会服务等公益产出是第一位的。这一点与国家公园的主导产出属性是一致的，而国家公园之所以成为世界各国生态保护体系中的重要一环和被广泛采用的形式，根本在于其国家公益机构属性及其完善的保障政策体系。从这一点来看，未来我国国有林场、尤其是公益性林场改革的体制、机制和扶持政策设计非常有必要借鉴国家公园的机制精神。把国有林场普遍定性为公益事业单位才能与其新时期国承担的生态文明建设职能相适应。

（二）加强国有林场的政策扶持是履行中国国际义务的重要基础

2009年“哥本哈根全球气候大会”之后，中国政府已经主动提出了减排的量化目标。为了达到这个减排目标，一方面需要大力植树造林，扩大我国森林资源数量，但受我国现有林业用地总量规模、立地质量和空间分布限制，继续通过扩大造林实现固碳减排目标任务难度越来越大。第八次森林资源清查结果反映森林面积增速开始放缓，森林面积增量只有上次清查的60%，现有未成林造林地面积比上次清查少396万公顷，仅有650万公顷。同时，现有宜林地质量好的仅占10%，质量差的多达54%，且2/3分布在西北、西南地区，立地条件差，造林难度越来越大、成本投入越来越高，见效也越来越慢，如期实现森林面积增长目标还要付出艰巨的努力。同时受社会经济发展导致土地在林业和非林用途之间机会收益差异驱动，严守林业生态红线面临的压力巨大。5年间，各类建设违法违规占用林地面积年均超过200万亩，其中约一半是有林地。局部地区毁林开垦问题依然突出。随着城市化、工业化进程的加速，生态建设的空间将被进一步挤压，严守林业生态红线，维护国家生态安全底线的压力日益加大。但同时我国森林资源经营整体水平与林业发达国家和地区相比又很低，加强森林经营的要求非常迫切。这也意味着通过加强森林资源经营，提高森林资源生长量、扩大森林资源蓄积量，进而增加森林固碳净值的潜力非常巨大。我国林地生产力低，森林每公顷蓄积量只有世界平均水平131立方米的69%，人工林每公顷蓄积量只有52.76立方米。林木平均胸径只有13.6厘米。龄组结构依然不合理，中幼龄林面积比例高达65%。林分过疏、过密的面积占乔木林的36%。林木蓄积年均枯损量增加18%，达到1.18亿立方米。进一步加大投入，加强森林经营，提高林地生产力、增加森林蓄积量、增强生态服务功能的潜力还很大。国有林场占我国林业用地面积和森林蓄积量都在20%左右，国有林场森林经营水平也有很大提升空间。但主要受制于现有体制和机制保障能力不足，国有林场普遍缺乏稳定的森林经营投入渠道，经费数量也严重不足，甚至需要借贷从事森林抚育管护；广大职工的基本工资福利水平低，缺乏稳定保障，迫于基本生存需求，只好通过副业谋生，对森林经营抚育管护投入时间和精力严重不足。如果能借鉴国家公园基本体制的精神，把生态公益性国有林场普遍界定为公益事业单位，并给予全面的保障政策，国有林场提升经营水平，进而为国家减排目标的实现，为区域生态环境改善作出更大贡献。由此，也进一步凸显了借鉴国家公园体制推进深化改革的必要性。

（三）加强对国有林场扶持具有较高的投入产出比

公共财政支出也要讲求投入产出效率关系，项目的投入成本应与项目的收益相一致。借鉴国家公园体制加强对国有林场的投入保障，如果以国有林场森林生态系统服务价值为计量的基础，具有较高的投入产出比。按照中国正在实施的森林生态效益补偿标准，根据中国林业科学研究院于2010年5月《中国森林生态服务功能评估报告》，中国森林生态系统服务总价值为每年10万亿元人民币（中国林业科学研究院，2010）。自1998～

2010 年包括森林生态补偿基金在内的三项具有森林生态补偿性质的生态工程总投入达 5706 亿元，如果仅按 2001～2009 年森林生态效益补偿基金的投入，即年均投入 22 亿元作为森林生态补偿的成本，占 2010 年森林生态服务年总价值的 0.022%，单位补偿投入的效益系数为 4545.45。

（四）我国初步具备实施把国有林场纳入公共预算保障的财政支撑能力

按照政府公共财政支出一般框架，政府公共支付主要用于社会公共产品的保障性供给。国有林场，尤其是生态公益性林场公共产出属性决定了也应该把林场纳入公共预算保障体系。从我国现行环境保护的投入机制来看，政府的财政能力应是国有林场改制改革最主要的资金来源和保障。以中国中央政府的财政实力和环保投入的总量及结构来看，完全有能力支撑对国有林场改制的投入。1998～2002 年，国家对生态和环境保护的总投资达 5800 亿元，是 1950～1997 年总投入的 1.7 倍。近十年间国家环境保护的投入增长了 5.45 倍，环境保护占财政支出和国内生产总值的比重分别达到 7.17% 和 1.49%。中国目前环保和生态建设方面投入与发达国家相比还有一定差距，目前环保投入仅相当于 OECD 组织国家 20 世纪 90 年代的投入水平（国合会，2003），环保投入的增长还有很大的空间。从目前国家的财政能力以及国家对环保投入的资金规模来看，完全有能力划拨出一部分资金用于国有林场改革的投入，为国有林场长效机制建立提供必要的经济支撑。

调 研 单 位：北京林业大学
调研组成员：田明华　贺　超　陈文汇　吴红梅　袁畅彦

集体林地承包经营权分离流转调研报告

【摘　要】集体林地承包经营权分离、流转，是集体林权制度改革中的一个重大实践问题。自2003年新一轮集体林权制度改革以来，集体林地承包经营权分离、流转开始呈现出迅速发展的态势。地方实践经验证明，集体林地承包经营权分离、流转是理顺林地所有权、林地承包权、林地经营权关系，进一步深化集体林权制度改革的具体举措，体现了林地适度规模经营的客观需求。同时也应看到，集体林地承包经营权分离、流转过程中还存在大量问题，政府需要进一步加强对集体林地承包经营权流转的管理。调研组通过实地调查和系统研究，了解了集体林地承包经营权分离、流转的现状，分析了制约集体林地承包经营权分离、流转的主要因素，收集和整理了地方实践经验，并在此基础上提出了政策建议。

中共中央办公厅、国务院办公厅印发的《关于引导农村土地承包经营权有序流转发展农业适度规模经营的意见》正式提出了农村土地承包经营权分离、流转问题，即在坚持农村土地集体所有的基础上将所有权、承包权、经营权三权分置，积极稳妥地推进农村土地经营权有序流转、发展农业适度规模经营。近十多年来，党中央、国务院一直高度重视农村土地流转和农业、林业的规模化经营问题。党的十八大和十八届三中全会均提出，要鼓励农村土地承包经营权在公开市场上流转，发展多种形式的适度规模经营，培育新型农业生产经营主体，构建集约化、专业化、组织化、社会化相结合的新型农业经营体系。2015年中央1号文件再次强调，要引导土地经营权规范有序流转、创新土地流转和规模经营方式、积极发展多种形式适度规模经营、提高农民组织化程度，并进一步要求尽快制定工商资本租赁农地的准入和监管办法，严禁擅自改变农业用途。党中央、国务院的上述决策，极大地推动了农村土地承包经营权分离、流转，并为引导和规范集体林地承包权的分离、流转指明了正确方向。为了深入了解集体林地承包经营权分离、流转现状，调研组选择福建、湖南、浙江、江西等地进行了实地调研和座谈，走访了林业主管部门、林权管理中心、国家级现代农业示范园区、村民小组和农户，了解了集体林地承包经营权分离、流转现状，分析了制约集体林地承包经营权分离、流转的主要因素，收集、整理和研究、分析和地方实践经验，并在此基础上提出了进一步规范集体林地承包经营权流转的政策建议。

一、林地承包经营权分离、流转现状

集体林地承包经营权分离、流转，是集体林权制度改革中的一个重大实践问题。据国家林业局《2014 中国林业发展报告》统计，截至 2013 年年底，全国已累计向 9076.94 万户农户发放了林权证，面积达 26.41 亿亩，占已确权的集体林地总面积的 97.63%。在落实集体林地承包经营权的基础上，累计流转集体林地 2.19 亿亩，占已确权的集体林地面积的 8.10%。其中，以转让方式流转 8803.02 万亩，占流转林地的 40.20%；以租赁方式（包括出租和转包）流转 9053.2 万亩，占流转林地的 41.34%；以入股方式流转 2237.45 万亩，占流转林地的 10.23%。①

林权流转在新中国建立以前就已存在，新中国成立后一度消失，改革开放以来又陆续出现。1984 年 1 月中共中央下发《关于 1984 年农村工作的通知》中提出“谁种谁有，长期不变，可以继承，可以折价转让”政策以后，为降低林业经营风险，广大林农在生产实践中逐步开展了“中幼林转让”“林地租赁”等林权流转活动，创造和积累了许多经验。自 2003 年新一轮集体林权制度改革以来，集体林地承包经营权分离、流转开始呈现出迅速发展的态势。

据调研组在率先实行集体林权制度改革的福建省林权管理中心的调查，该省于 2003 年 4 月在全省范围内开展以明晰所有权、放活经营权、落实处置权、确保收益权以及林权登记发证为主要内容的集体林权制度改革，并按照“依法、自愿、有偿、规范”的原则开展了林木所有权、经营权和林地使用权的有序流转。福建省林业用地面积 1.37 亿亩，其中有林地面积 1.15 亿亩，集体林地面积占全省林地总面积的 90%，林业发展条件优越，生态环境优良，自然资源丰富，森林景观优美，林业产业发达。截止调研组进行调研的 2014 年 7 月，福建省共成立林权登记管理机构 78 个，建立林权流转服务平台 223 个，其中包括县级林权流转服务平台 66 个，通过流转平台交易的林权流转有 27413 起、1034 万亩，流转交易额达 92 亿元。

又据调研组在中部林业大省湖南省的调查，截至 2013 年年底，湖南省累计完成集体林地确权面积 1.797 亿亩，已发证面积 1.7898 亿亩，其中通过家庭承包方式落实到户面积 1.4326 亿亩，已累计流转集体林地面积 1231.5 万亩，占已确权发证集体林地的 6.85%，完成交易额 45.47 亿元。全省已成立县级林权管理服务中心 117 个、林权交易服务中心 107 个，通过林权交易机构流转的占 53.5%。此外，湖南省于 2011 年筹建中部林权交易服务中心，现已初步实现了全省林权交易信息的互联互通。

在经济发达省份浙江省，已累计流转的集体林地面积达 1366 万亩，占已发放林权证

① 国家林业局.2014 中国林业发展报告[M]. 北京：中国林业出版社，2014. 62 - 63.

的8654.5万亩集体林地的15.7%，流转金额214亿元。浙江省还成立了华东林业产权交易所，有75个县级林权管理机构，65个县级林权交易中心，年均流转集体林地面积近100万亩。

江西省是南方重点集体林区，也是集体林权制度改革的先行省。江西省林业用地1.61亿亩，有林地面积1.38亿亩，森林覆盖率达63.1%，集体林地面积占全省林地总面积的84.5%。通过集体林权制度改革，有82.5%的集体山林分到林农，2013年全省林业总产值达2006亿元。2013年，江西省56个县级林权交易中心已转变为林权管理服务中心，31个县(市、区)实现了林权交易平台、信息披露平台、交易规则平台、支付平台和监管平台的"五统一"。2013年，江西省南方林业产权交易所累计成交金额达10.3亿元，逐步发展成为辐射南方省市的区域性林权交易市场。

二、集体林地承包经营权分离、流转中存在的问题

调研组在调查中了解到，集体林地承包经营权分离、流转过程中尚存在许多问题。在集体林地承包经营权分离、流转早期，由于流转不规范造成的历史遗留问题较多，处理起来十分困难。目前，流转交易市场还在不断健全完善之中，仍然存在许多不规范的流转行为。许多地方流转中介服务机构缺位，影响了流转交易市场的健康有序发展。一些地方在宣传引导方面的作用发挥得不够充分，流转监管力度有待加强。根据调研组在福建、湖南、浙江、江西等地的实地调研，综合通过座谈会、研讨会、走访林业部门和农户以及通过其他途径搜集到的全国其他地方的情况，我们总结出集体林地承包经营权分离、流转中存在的如下主要问题。

(一)家庭承包林地生产率低，荒芜、粗放经营现象突出

由于林地资源、资金和劳动力缺乏，林业生产周期长，林地流转价格低，林地流转收益所占农户家庭收入比重不高等原因，一些地方的农民往往选择粗放经营的方式经营林地，宁愿闲置浪费也不愿意流转，从而导致家庭承包林地的利用率较低，普遍存在闲置浪费现象。

调研组在湖南省的实地调查发现，林区山高路远，劳动成本高，尤其是山区青壮年普遍外出务工，留守林农的"老龄化"问题日益突出，经营林业面临许多难以克服的困难。2014年11月，调研组在湘江上游沿岸的永州市冷水滩区蔡市镇进行调查，该镇境内以丘陵地形为主，是冷水滩区最大的油茶基地镇。而从该镇邓家铺村伍家组的实地走访中得知，该组12户农户的绝大部分壮劳力外出务工，120亩油茶林长期无人经营，由于极为分散，未确权到户，也未流转，任其生长，到收获季节由留守人员采摘，有多少采摘多少。该组油茶林亩产茶油3千克左右，每户采摘干果通过手工榨油生产茶油30千克，每千克卖86元，户均年收入仅2600元。2014年8月，调研组在福建省沙县的实地

调查得知，沙县农民外出经营沙县小吃，收益丰厚，务林劳动力缺乏。调研组在该县林业局座谈中算了一笔账，即使该县林地全部流转，从林地流转获得的收入全县农户年均仅1000元左右，在农户年收入中所占比重可以忽略不计。调研组在江西省林业厅的调研中了解到，江西省集体林权制度改革后，实行分户经营，每户分到的自留山、责任山面积不大，多则百亩、少则不到十亩，集中连片的荒山荒地越来越少，林农每年从山上获取的经营收入就有限，经营山林的积极性不高，但很多林农不愿将山林进行流转，怕失山失地，林地流转推进速度较为缓慢，因此很难形成规模经营。在江西省全南县，《赣南日报》记者钟慧燕也做过一次实地采访。江西省全南县南迳镇黄云村青壮劳力外出务工，留守在家的妇女、儿童与老人守着家中自留山无力经营，抛荒林地越来越多。全南厚朴生态科学有限公司老板谭志明想流转村里的山林，开发芳香花木产业，但村民谭宗华算了一笔账，每亩山林租期40年租金收入为700元，平均每亩林地年租金仅17.5元。他家32亩自留山40年总租金收入2.24万元，一旦林地全都流转出去，他对今后生活没有信心[①]。再如江西安福县的调研数据显示，杉木林的自营净收益是124.35元/(亩·年)，而2011年无林地的平均租赁价格则只有18元/(亩·年)[②]。根据《2012集体林权制度改革监测报告》，集体林改3500户监测数据显示，2009～2012年，农户林业生产经营性收入占家庭总收入的比重从23.04%下降到14.15%；而长期外出务工人员占家庭劳动力的比重从27.22%上升到33.92%[③]。因此，除非是个别的经济林、珍贵树种经营以及高端林业等高投资高回报项目，一般情况下，林地流转收益偏低，理性的农民不会选择流转家庭承包林地，因此，在不发达地区，林地生产率低、荒芜、粗放经营现象将会长期存在。

（二）通过林权交易机构流转的比例过低

目前，集体林地通过林权管理服务中心等公开机构流转的比例很低。据2013年、2014年《中国林业发展报告》公布的数据显示，2012年和2013年全国累计发生集体林地流转面积分别为1.92亿亩和2.19亿亩，其中通过林权交易机构流转的集体林地面积分别为6053.11万亩和6889.81万亩，分别占流转总量的31.48%和31.51%[④]。如果考虑实践中尚存在私下流转无法统计这一事实，比例可能更低一些。

通过林权交易机构流转的集体林地面积比例过低的主要原因，一是行政力量介入林权流转，二是村组干部、土地贩子受利益驱使暗箱操作。

---

① 钟慧燕．让沉睡山林“转”出新活力——以厚朴公司为样本看全南如何破解林地流转难题[N]．赣南日报，2014-07-09(A05)．

② 朱小静，张红霄．影响农户流出林地承包经营权的制度因素研究[J]．求实，2012(11)：90.

③ 国家林业局“集体林权制度改革监测”项目组．2012集体林权制度改革监测报告[M]．北京：中国林业出版社，2013.

④ 国家林业局．2013中国林业发展报告[M]．中国林业出版社，2013：57；国家林业局．2014中国林业发展报告[M]．北京：中国林业出版社，2014：63．

1. 行政力量介入林权流转

一些地方政府为了招商引资或者少数干部出于个人利益，利用行政力量介入林权流转，以下指标、定任务、责任到人等方式，强行推动林权流转。对于地方政府而言，组织集中连片的规模林地进行招商引资，确实可以快速发展地方林业经济，增加地方财政税收和就业机会，增加地方人民福祉。而对于投资者来说，通过村组干部或者地方政府，确实可以快速、低交易成本、大面积获得集中连片的开发林地，因此，助长了行政力量介入林权流转之现象。据《江西日报》2014 年 10 月 22 日报道，2012 年江西省赣州市会昌县庄口镇为县里某招商引资企业流转 700 余亩林地，村委会、镇政府干部假冒村民代签林地转让合同及林权变更登记申请书，引发当地村民强烈不满，村民连续 3 年不断向上级有关部门投诉，始终未得到依法处理。这一报道引起社会各界高度关注①。该报道见报当天，会昌县委县政府成立调查组着手调查庄口镇林地转让事件。调查期间，调查组一一走访该宗林地流转所涉及的所有农户，对参与林地流转协助工作的所有干部进行了询问。从会昌县纪委调查组的调查报告显示，江西日报记者报道的情况基本属实②。这一案例，典型地反映了行政权力介入集体林地流转的严重弊端。中央一再强调，林地流转必须建立在农民自愿的基础上，在流转过程中必须保证农民的知情权和监督权，切实维护农民利益。

2. 村组干部、土地贩子暗箱操作

村组干部、土地贩子受利益驱使暗箱操作寻租，严重损害村民权益。实践中，一些地方在林改后仍然由集体统一经营管理的林地，其林权流转没有依法公开流转，往往是村组干部说了算，村集体经济组织成员的知情权和决策权形同虚设。还有一些土地贩子利用地缘优势，未经承包农户直接参与将林地经营权流转，从中间服务中赚取巨大利益差价。使得投资者通过支付村组干部、土地贩子中介服务费，快速、低价、大面积从农民手里获得集中连片林地，导致农民利益受损。

2010 年 4 月 14 日国家林业局在海口市召开的“解决历史遗留问题，深入推进集体林权制度改革工作现场会”披露，在集体林权制度改革进程中各种问题和矛盾仍然比较突出，林地流转面积过大、价格过低、时间过长的“三过”等历史遗留问题亟待解决③。目前的上访案件中，90% 以上是“三过”流转导致的。

（三）工商资本圈地炒林问题亟待规范

工商资本进山入林，有利于现代林业发展，但一些地方监管不严或监管不到位，导致工商资本投机现象时有发生，并呈明显增长趋势。有些工商企业利用信息优势，坐地升值，在当地林农对林地与林权价格尚未重视之时，工商企业抢先低价租赁与收购。从

① 童梦宁．庄口镇流转 700 余亩林地涉嫌造假[N]．江西日报，2014－10－22(C3)．

② 童梦宁．会昌县委基于调查事实做出处理决定[N]．江西日报，2014－11－05(C3)．

③ 韩乐悟．面积过大　价格过低　时间过长　集体林权改革遇阻[N]．法制日报，2010－04－15(6)．

已曝光的调查数据来看，《经济参考报》记者在湖北、云南、江西、吉林等地采访发现，武汉凯迪公司从2008年以来，在湖北、湖南、江西、四川、云南等16个省的150个县市通过林地流转“圈林”800多万亩，其中仅湖北丹江口、谷城、随县等11个县(市)就“圈林”220万亩；在湖北谷城县“圈林”14万亩。从2008年至记者调查时的2013年1月仅造林5000亩，绝大部分林地处于闲置状态①。据《赣南日报》报道，在江西赣州市，有少数参与林地流入企业或个人其流转林地的目的不是为了发展林业，而是为了实现抵押融资和骗取政策补助。林地流转之后，先把林木砍伐卖掉，再上山挖穴种苗，等贷款和补助到位，便置山地不理，造成林地资源闲置受损②。赵俊臣(2011)在云南省的调查发现，在云南省，林地租赁价格较高的昆明市等大城市郊区年租金一般为1000～1500元/亩，中等价格的州市一级的城市郊区一般为每年500～1000元/亩，较低价格的偏远山区一般为每年100～300元/亩，最低的每年每亩租金只有5～8元。城市工商企业下乡租赁农民土地，在信息不对称、当地农户谈判能力弱、地方政府服务不到位的情况下，很容易侵害农户利益。工商企业侵害农户利益的常见手法是压低租赁价格、合同中回避林地租赁价格随市场价格上升而调整递升条款。确有一些城市资本下乡的目的，并不是开发林产品，而是通过资本运作在林地增值后赚上一笔③。调研组在与长沙市林业局的座谈中，以及对某国家级农业示范园区的实地考察中，也了解到有工商资本圈占林地的现象存在。

林权流转中的投机性圈地炒林行为，以钻政策和市场空子等不正当手段谋取利益，对林业带来了严重的负面影响。投机性圈地炒林行为破坏了林地用途管制制度，冲击了林业生态红线，影响国家生态安全。因此，中央一再强调要防范林地流转中的工商资本投机，2013年中央1号文件提出要探索建立严格的工商企业租赁承包农民土地的准入和监管制度，2014年中央1号文件提出要探索建立工商企业流转农业用地风险保障金制度，严禁农用地非农化。目前，国家尚未建立工商资本准入农村土地流转制度和具体监管办法。

(四)林权流转合同纠纷问题突出

由于农民维权意识增强、林地流转市场价格上涨速度逐渐加快，造成林权流转合同纠纷案件激增。从全国情况来看，根据2010年6月29日集体林权制度改革进展情况新闻发布会发布的信息，林改过程中全国累计调处林权纠纷67.6万起，调处争议面积3944万亩④。又据2011年4月20日国家林业局向第十一届全国人大常委会报告的数据，各地

① 田建军，浦超，齐海山，甘泉．武汉凯迪借林改低价圈占林地　部分农民失林失地[N]．经济参考报，2013-01-07.

② 彭雪英．“转”出生态富民路——我市进一步规范林地流转纪实[N]．赣南日报，2014-10-08(A05).

③ 赵俊臣．土地流转：工商资本下乡需规范[J]．红旗文稿，2011(4)：14-16.

④ 严冰，陈雯婷．林权改革 兴林富民[N]．人民日报(海外版)，2010-06-29.

林权纠纷调处机构累计调处山林权属纠纷 80 多万起①。2014 年中国国土绿化状况公报显示，仅 2014 年全国调处的林权纠纷达到 20.52 万件②。从地方情况来看，2014 年 8 月调研组在湖南省的调研表明，目前湖南省仍有少数林权证存在法律手续不完善、勘界勾图不准确、权属登记错误等发证质量问题，相当部分应当发放给农户的林权证还在乡镇林业站和村组干部手中，全省仍有数千起跨行政区域林权纠纷未得到解决，林权交易市场不完善、流转行为不规范、各类林权历史矛盾、新的权属纠纷呈逐步增多趋势，近两年每年新增权属纠纷和林改信访事件约 1 万起左右。2014 年 8 月调研组在福建省的调研过程中也了解到，福建省早期非规范流转造成的历史遗留问题多，处理起来很难。2003 年全省调处林权纠纷 9082 起，面积 238.8 万亩。

林权流转合同纠纷的主要根源是合同条款的不完善和显失公平。近几年，农村经济发展和政府强林支林惠林力度加大，林地经济价值开始大幅提升。而林权流转合同签订时，林地经济价值并不十分显著，等到林地经济价值显露时，由于林权流出方不能享受林权大幅度增值产生的巨大收益，流出方感到流转合同条款不公平、不合理，进而毁约、上访，导致林权纠纷的产生。

首先，农民的弱势地位决定了其在签订合同时没有能力签订公平合理的合同。一方面，由于林农自身存在的知识、法律、政策、信息、经济等方面的能力缺乏或弱势，难以判断林权未来价值，同时对合同条款内容的完整与真实涵义理解甚少，难以自觉维护自身权益；另一方面，由于在市场交易中处于受支配地位，无力抗衡市场强势主体的侵权行为，只能被动接受权益受损的后果。

其次，村、镇干部服务意识和法律意识欠缺。《中华人民共和国农村土地承包法》规定，土地承包经营权流转应当签订书面合同并经发包方同意或者备案。这一规定要求村、镇干部帮助农民把好合同关。但是，实践中，没有一个村、镇建立起了完整、规范的林地流转台账，林地承包经营权流转基本上处于一种放任状态，致使该《中华人民共和国农村土地承包法》的这一规定形同虚设。

第三，农民难以得到免费或者低价的流转信息服务。林权流转价格因立地条件、交通条件、林木树种和流转期限等因素不同而存在较大差异，需要有专业评估机构的评估以及较完整的市场信息的参照。由于得不到免费的或者低价的流转信息服务，因此，许多农民一开始只能盲目地签订林地流转合同。一旦意识到自己吃亏时，又想找回心里平衡。这样，林权纠纷就发生了。

---

① 贾治邦．国务院关于集体林权制度改革工作情况的报告．中国人大网，2011－04－21. http：//www. npc. gov. cn/npc/xinwen/jdgz/bgjy/2011－04/21/content_ 1652554. htm.

② 国家林业局. 2014 年中国国土绿化状况公报[N]. 中国绿色时报，2015－03－12.

三、林地承包经营权分离流转管理的地方实践

在集体林地承包经营权分离、流转过程中，政府需要加强对集体林地承包经营权流转管理。2008 年以来，除了 2011 年之外，每年的中央 1 号文件均明确提出加强土地承包经营权流转管理和服务问题。2008 年中央 1 号文件提出，农村土地承包合同管理部门要加强土地流转中介服务，完善土地流转合同、登记、备案等制度，在有条件的地方培育发展多种形式适度规模经营的市场环境。2009 年中央 1 号文件提出，要按照完善管理、加强服务的要求，规范土地承包经营权流转。鼓励有条件的地方发展流转服务组织，为流转双方提供信息沟通、法规咨询、价格评估、合同签订、纠纷调处等服务。2010 年中央 1 号文件提出，要加强土地承包经营权管理和服务，健全流转市场，在依法自愿有偿流转的基础上发展多种形式的适度规模经营，并专门提出规范集体林权流转问题。2012 年中央 1 号文件提出，要加强土地承包经营权流转管理和服务，健全土地承包经营纠纷调解仲裁制度。2013 年中央 1 号文件提出，要规范土地流转程序，逐步健全县乡村三级服务网络，强化信息沟通、政策咨询、合同签订、价格评估等流转服务，并提出探索建立严格的工商企业租赁农户承包耕地(林地、草原)准入和监管制度。2014 年中央 1 号文件提出，要鼓励有条件的农户流转承包土地的经营权，加快健全土地经营权流转市场，完善县乡村三级服务和管理网络，并提出探索建立工商企业流转农业用地风险保障金制度，严禁农用地非农化。2015 年中央 1 号文件提出，要充分发挥县乡农村土地承包经营权、林权流转服务平台作用，引导农村产权流转交易市场健康发展。根据中央文件精神，国家林业局于 2009 年、2013 年分别出台了《关于切实加强集体林权流转管理工作的意见》和《关于进一步加强集体林权流转管理工作的通知》，比较全面系统地提出了林权流转管理意见。

(一)地方实践中的成功经验

在集体林地承包经营权流转管理实践中，各地通过建立林权管理中心和政府主导下的林权流转交易市场，加强了管理和服务。根据各地的实际做法，总结出以下 3 个方面的比较成熟的地方政策实践。

1. 建立签订合同指导制度，提供林权流转合同备案服务

2001 年的《中共中央关于做好农户承包地使用权流转工作的通知》明确要求，地方各级政府的农业行政主管部门要建立流转合同档案，妥善调解和处理土地流转纠纷；2008 年的《中共中央 国务院关于切实加强农业基础建设进一步促进农业发展农民增收的若干意见》明确指出，农村土地承包合同管理部门要加强土地流转中介服务，完善土地流转合同、登记、备案等制度。在政策实践中，地方林业主管部门均提供了纸质的“集体林权流转合同示范文本”，并提供网络下载服务。示范合同文本对于合同双方具有标准规范和提

醒作用，可以减少事后纠纷的发生。

在地方实践中，各地林权管理机构均为农民提供了签订林权流转合同指导，重点指导流转价格确定以及权利和义务拟定等条款。各地林权管理机构还建立了林权流转台账制度和成交合同档案，这十分有利于调处林权流转纠纷，对存在重大瑕疵或者违规的合同开展流转程序合法性调查，并为进一步提供林权流转合同网签服务创造了条件。

调查资料显示，在地方管理实践中，地方政府根据林业行政管理的实际需要，在对现有法律规定进行细化的基础上，还突破现行法律的规定推行了严格的林地流转合同备案制。例如，四川省建立了完善的林权流转监管管理体制。四川省林业厅2014年8月1日印发的《四川省集体林权流转管理办法》(川林发〔2014〕53号)第七条规定县级以上地方人民政府林业主管部门应当明确林权管理服务机构和管理人员，有条件的要建立林权流转交易平台，加强林权流转监督管理，规范林权流转行为；第十五条要求流转双方应当遵守国家有关法律、法规和政策，接受当地乡(镇)人民政府和县级林业行政主管部门的监督和管理；第二十七条规定县级人民政府林业行政主管部门负责本行政区域内林权流转的监督管理，乡(镇)人民政府负责本行政区域内林权流转具体事宜和程序的审核及监管；第三十三条规定流转合同1式5份，流转双方各执1份，发包方1份，报所属乡(镇)人民政府、县级林业主管部门各1份；第三十五条规定县级林业行政主管部门和乡(镇)人民政府如发现流转存在重大瑕疵或违规的，应当及时组织开展林农真实意图和流转程序合法性调查等，对确有问题的应当予以纠正，并做好相关材料归档工作；第四十一条规定林权流转后流转双方应当依法持流转合同等相关资料及时到县级人民政府林权登记部门办理权属变更登记或者备案手续。在此基础上，中共四川省委办公厅、四川省人民政府办公厅于2014年9月29日联合印发《四川省完善和深化集体林权制度改革方案》，明确了完善集体林权确权颁证、规范林权流转、实施森林分类经营管理、完善财政支林制度、完善金融支林制度、培育新型林业经营主体、强化林业社会化服务体系建设等七项重点任务，旨在引导农民以入股等形式流转林权，培育涉林专业合作社组织、新型职业林农等新型林业经营主体，推进林业规模化、产业化经营[①]。

2. 建立林权流转基准价格调查评估发布制度，提供林权流转信息公开服务

根据地方的实际做法，按照林权所处立地条件、地理位置、林木质量、市场价格等综合因素将林权划分不同等级，按等级确定林权流转基准价格，定期发布，作为林权流转指导价，推动建立公平、合理的流转价格形成机制，既可降低流转交易成本，又能保护农民利益。同时，各地还加强了林权流转信息公开，重点公开流转面积、流向、用途、流转价格等信息，引导林权有序流转。四川省巴中市五县(区)2013年3月进行林权流转基准价格调查评估，到2014年5月全面完成试点。浙江省还进一步将流转基准价格开发

① 王成栋．明确集体林权制度改革七大重点[N]．四川日报，2014－11－03(1)．

成“林权 IC 卡”，自动生成电子评估报告，实现了林权抵押贷款功效①。流转基准价格还可为森林资源资产负债表编制工作提供基础数据功能。在江西省有 56 个县级林权交易中心已经转变为林权管理服务中心，加强了林权流转多功能服务，有 31 个县(市、区)实现了林权交易平台、信息披露平台、交易规则平台、支付平台和监管平台的统一。

3. 建立林地经营权发证制度，提供林地经营权流转证登记服务

为了积极引导、鼓励林地向专业大户、家庭林场、农民合作社流转，发展多种形式的适度规范经营，浙江省试行了林地经营权发证制度，将林地所有权、林地使用权、林木所有权和使用权进行四权分离，对符合条件的经营主体赋予林权流入债权凭证，即《林地经营权流转证》，赋予林地实际经营人在权属证明、林权抵押、采伐审批等方面的法律权益，而《林权证》仍由林农掌握，为社会工商资本进入林地经营权流转领域打开了方便之门。浙江省龙泉市林业局在浙江省林业厅、丽水市林业局的指导下，于 2013 年 6 月起草了《龙泉市林地经营权流转证登记管理办法(试行)》(草案)。2013 年 8 月 20 日，《龙泉市林地经营权流转证登记管理办法(试行)》(简称《办法》)发布实施。《办法》明确规定，林地经营权流转证是证明林地流转关系和权益的有效凭证，是林地流转受让方实现林权抵押、林木采伐和其他行政审批等事项的权益证明。按照“依法、自愿、有偿”的原则，由流转双方当事人共同向林业局提出登记申请，经林业局审查核准，核发林地经营权流转证。根据浙江省林业厅政法处提供的数据，从该制度实施到 2014 年 3 月底，龙泉市林权管理中心已受理办证申请 203 起，其中办结 136 起，发放《流转证》136 本，发证面积 31856 亩。同时，龙泉市相关金融机构开展了《流转证》抵押贷款业务，已发放《流转证》抵押贷款 28 笔，贷款金额 2536 万元。该制度创新在 2014 年全国两会上得到了李克强总理和全国政协、国家林业局的充分肯定②。

(二)地方经验的启示

地方实践经验证明，我国集体林地承包经营权分离、流转是理顺林地所有权、林地承包权、林地经营权关系，进一步深化集体林权制度改革的具体举措，体现了林地适度规模经营的客观需求。

《中华人民共和国物权法》设立的林地承包经营权，可以相对独立于林地所有权而存在。集体林地所有权人对集体林地的占有、使用和收益的权利，由林地承包经营权人行使，且集体林地所有权人不得随意收回或调整林地，不得妨碍林地承包经营权人依法行使自己的独立物权。从现行立法文本所体现的基本精神考察，从集体林地所有权中派生出来的家庭承包方式(以户为单位)的林地承包经营权中，实际上包含了两种权利：林地

① 翁志鸿，吴子文，吴东平，等. 浙江省丽水市庆元县隆宫乡“林权 IC 卡”及其抵押贷款模式创新[J]. 林业经济，2009(7).

② 浙江省林业厅政法处，龙泉市林业局. 龙泉试点发放林地经营权流转证成林改新亮点[EB/OL]. http://gov.zjly.gov.cn/sndt/77759.htm，[2014-04-08].

承包权和林地经营权。林地承包权属于集体经济组织成员权，即农户的身份权；林地经营权则属于市场意义上的林地使用权，即在《中华人民共和国农村土地承包法》第十六条中表述的“自主组织生产经营和处置产品”的权利，其基本内涵是“使用、收益”权。当承包权(成员身份权)主体和经营权主体重合时，林地承包权和林地经营权是合二为一的，农民既是集体经济组织成员，也是普通的市场经营主体。实际上，家庭承包方式林地承包经营权中的“承包”，完全基于集体经济组织成员这一特殊身份，也正是基于这一身份，集体经济组织成员才可“依法享有土地承包经营权流转的权利”。在林地转让的情况下，当林地承包经营权发生流转后，林地经营权即与集体经济组织成员的身份发生分离，林地流转受让方从集体经济组织成员手中获得了去掉身份特征的市场化的林地经营权，即债权；而林地转让方在以获得转让款为对价顺利实现其林地经营权的同时，并未失去作为集体经济组织成员的特殊身份权利，从法律上而言，其并未失去对流转林地的控制，可在流转期限届满时收回其林地承包权。而“集体经济组织”则基于集体林地所有权永久保留了对集体林地的最终控制权，集体林地无论怎样流转，均不会脱离“集体经济组织”的所有权控制。因此，林地承包经营权分离、流转，更好地理顺了集体林地所有权、集体林地承包权、集体林地经营权之间的权利关系，将集体林地的所有权、承包权、经营权三权分置，更好地反映了集体林地权利的现实状况。

从行政管理的角度看，集体林地受到《中华人民共和国森林法》设定的林地用途管制制度的限制，需要接受政府及其林业主管部门的监管。依据《中华人民共和国森林法》的规定，集体林地流转所涉及的行政法律关系是极为复杂的，包括县级以上人民政府及其林业主管部门与农村集体经济组织、集体林地的发包方和承包方、集体林地流转的转让方和受让方、林地流转交易信息服务方之间的行政法律关系。无论是集体林地的所有权人、承包权人、经营权人，还是林地流转交易服务提供者，均不能违反林地用途管制这一行政法上的基本规则。另外，林地经营权人的权利当然还会涉及林木采伐权，采果、采脂等林中林下资源的采集利用权，林地、林木抵押权，森林景观资源开发利用权，品种权等诸项附属于林地经营权的其他财产性权利。这些权利，同样也会受到林地用途管制制度的限制。因此，县级以上地方人民政府林业主管部门应当通过林权登记、合同备案、提供公共服务等方式，确保集体林地经营权规范、有序流转。

四、引导集体林地承包经营权分离流转的政策建议

林地经营权与林地承包权分离流转，是我国集体林权制度改革中林业生产关系发展变化的一种新动向，适应了集体林业规模化经营的发展趋势。2013、2014、2015 年三个中央 1 号文件连续 3 年反复强调要加强农村土地流转管理，中办发〔2014〕61 号文件更是全面系统地提出了引导农村土地经营权有序流转发展农业适度规模经营的意见。近年来，

在党和国家农村土地政策的指导下，各级人民政府及其林业主管部门创新林地流转形式、放活林地经营权、发展林地适度规模经营，将集体林地流转交易纳入统一的农村产权交易市场，进一步完善了集体林地流转制度。2014 年 11 月 1 日第十二届全国人大常委会第十一次会议通过的关于修改《中华人民共和国行政诉讼法》的决定，已经将人民法院受理行政诉讼的范围扩大到“认为行政机关侵犯其经营自主权或者农村土地承包经营权、农村土地经营权的”情形，明确了“农村土地经营权”这一新的权利类型，并将其与农村土地承包经营权并列。因此，应当在坚持农村林地集体所有权、落实农民林地承包经营权的基础上，及时将林地承包权与林地经营权分离，在尊重农民意愿、维护集体林地所有权、农民林地承包权的前提下，引导集体林地经营权有序流转。

（一）依法履行行政确认职能，顺利实现林地承包经营权的分离流转

《中共中央关于全面推进依法治国若干重大问题的决定》指出，“行政机关要坚持法定职责必须为”。县级以上地方人民政府向林地承包经营权人发放林权证，并登记造册，确认林地承包经营权和林木所有权，是《中华人民共和国森林法》《中华人民共和国农村土地承包法》赋予县级以上地方人民政府的法定职责。针对林地林木的行政确权行为，是行政法上的行政确认行为，是具体行政行为的一种类型，也是集体林权制度改革实践中的实际做法，其法律依据是《中华人民共和国森林法》《中华人民共和国农村土地承包法》，确权机关既可以主动地依职权而履行职责，也可以被动地接受申请而履行职责。目前，依据《中华人民共和国物权法》的规定制定的《不动产登记暂行条例》已经将林权登记纳入国土部门的不动产统一登记范围，但是，《不动产登记暂行条例》第三十三条明确规定，不动产统一登记过渡期内，农村土地承包经营权的登记按照国家有关规定执行。因此，县级以上林业主管部门应当继续履行《中华人民共和国森林法》《中华人民共和国农村土地承包法》赋予的向林地承包经营权人发放林权证的法定职责，全面确认林地承包经营权。

行政确权，是落实农民林地承包经营权的第一步，是实现林地承包经营权分离、有序流转的前提，也是林地经营权人申请不动产登记的基础。因此，县级以上地方人民政府应当切实履行行政确权这一职责，在此基础上顺利实现林地承包权与林地经营权的分离，促进林地经营权的依法、有序、公平流转。同样的，在林地经营权流转以后，林业主管部门应当及时备案，向林地受让方颁发林地经营权证明，作为受让方向国土部门申请物权登记时证明林地流转关系和相关权益的有效凭证，同时作为向林业主管部门申请林木采伐证和其他行政审批事项的权益证明。

（二）建立规范有序的流转市场，明确政府公共服务内容

建立规范有序的林权流转交易市场，是实现林地经营权健康流转、安全交易的有效途径。目前及最近几十年内，农民仍然是一个数量极为庞大的弱势群体。由于这一特殊性，林权流转交易市场的建立和运作应当由政府来引导，由林业主管部门进行具体指导。

县级以上地方人民政府林业主管部门有义务在林地流转信息发布、森林资源资产评估、流转价格指导、签订合同指导、解决林权纠纷等方面为农民提供非营利性的公共服务，通过这些服务，保护和维护农民的合法权益。

1. 加强流转交易市场硬件设施建设

由中央和省级地方政府共同进行林地流转服务的基础设施建设，将县、乡镇、村三级林地流转服务网络建设和林地流转信息监管服务平台建设所需资金列入财政预算，提高基层政府的公共服务能力。重点林区应当以县为单位建立集信息发布、流转交易平台、林权登记、中介服务、法律政策咨询于一体的林业服务中心；重点林区乡镇，应当成立相应的林权登记管理分中心，与县、市林业服务中心联网，实现网络化管理；非重点林区和沿海地区，应当根据当地实际情况成立一个或分片设立若干个林权流转服务中心。

2. 加快完善流转平台的网络化建设

各省、市、县分别建立本区域内的林权流转信息库，逐步实现林权流转信息化、网络化管理。在有条件的地方，在通过流转双方有效资质、流转标的及各评估中介机构出具的评估报告等审查后，试行网上流转和林权变更登记，并逐步推广应用形成辐射全省区域的林权流转交易中心。在市场的内部管理建设上，进一步健全流转服务中心规章制度，逐步实现统一受理、统一送达，并完善办事指南、服务承诺制度等，方便林农办事。

3. 定期发布林地流转市场信息

作为政府公共服务的内容，林业主管部门应当定期发布区域内各类林地流转的基准价格、林地流转信息，其作用在于解决流转双方的市场信息不对称问题，避免双方利益失衡，进而促进公平、公正流转，提高林地资源市场配置效率。

4. 提供集体林地流转合同示范文本，并对成交合同进行备案，发放经营权证

集体林地流转合同示范文本具有标准规范和提醒作用。林业主管部门向林地经营权流转双方当事人提供集体林地流转合同内容的示范文本作参照，可以提示合同双方签订合法、合规、完善的合同，减少事后发生纠纷的概率。对成交合同进行备案，一方面为林业主管部门统计和公开林地流转信息提供数据来源，另一方面为发放林地经营权证和日后调处林权流转纠纷提供档案证据。同时，还有利于林业主管部门及时发现林地流转合同中的违法违规和有失公允的合同条款内容，及时有效地纠正和查处破坏林地管理的违法行为。

(三)坚持农民家庭经营主体地位，提高农民组织化程度

中办发〔2014〕61 号文件《关于引导农村土地经营权有序流转发展农业适度规模经营的意见》第五条提出："鼓励农民在自愿前提下采取互换并地方式解决承包地细碎化问题。在同等条件下，本集体经济组织成员享有土地流转优先权。以转让方式流转承包地的，原则上应在本集体经济组织成员之间进行，且需经发包方同意"；第十一条提出："发挥家庭经营的基础作用"，重点培育以家庭成员为主要劳动力、以农业为主要收入来源，从事专业化、集约化农业生产的家庭农场，使之成为引领适度规模经营、发展现代农业的有生力量。

2015 年中央 1 号文件第 21 条明确要求“坚持农民家庭经营主体地位，引导土地经营权规范有序流转，创新土地流转和规模经营方式，积极发展多种形式适度规模经营，提高农民组织化程度”。其中，明确要求鼓励发展规模适度的农户家庭农场，引导农民专业合作社拓宽服务领域，引导农民以土地经营权入股合作社和龙头企业。

因此，通过鼓励农村集体经济组织内部的林权流转，可以为家庭林场、林业专业合作社和林业股份制合作企业的发展创造条件，也是提高农民的组织化程度、推动林地的适度规模经营的主要途径。

目前，尽管中央和地方政府及其林业主管部门对于发展林业专业合作社的积极性很高，而且出台了一系列促进农民林业专业合作社的扶持政策，但是，由于《森林法》《森林法实施条例》以及地方性林业法规中并无扶持林业专业合作社走集体林规模化经营道路的具体法律规范。在农民林业专业合作社组织和实施森林经营活动中，农户、林业专业合作社、村民小组、村民委员会、乡（镇）政府之间的法律关系并不清楚，林业专业合作社成员与林业专业合作社之间的权利义务关系也不明确。因此，集体林地所有权人、林地承包经营权人、农村集体经济组织、村民委员会乃至乡（镇）人民政府均对发展林业专业合作社以实现规模化森林经营的思想认识不足，承包林地的农民也缺乏将林地入股、林木折资加入林业专业合作社的自主性和积极性。因此，应当规范农民林业专业合作社的建设、发展及其森林经营活动，培育农民合作与联合能力，允许农民以林地入股、林木折资等方式加入林业专业合作社，提高农民自身的组织化程度，从而保护农民的林地承包经营权和林木所有权，防止林业大户、林业专业合作社和村民委员会侵害农民的合法林权，推动农民林业专业合作社的健康发展。

（四）建立工商资本准入制度，加强对进入林地流转市场的工商资本的监管

林地经营权出租、转让的承租方、受让方为工商企业的，县级以上林业主管部门应当审核其资信情况、从事林业经营的经历和防范林业经营风险的能力，按照投资项目的林地面积实行分级管理，定期巡查合同履行、项目实施和森林经营情况，将生产经营者的违法信息记入社会诚信档案，及时向社会公布违法者名单。

2013 年中央 1 号文件提出逐步建立严格工商资本租地准入和监管办法，农业部安排了试点和立法调研，国家林业局 2013 年 3 月 21 日发出通知（林改发〔2013〕39 号）要求防止资本炒作或“炒林”现象，探索建立工商企业流转林权的准入和监管制度；2015 年中央 1 号文件再次要求“尽快制定工商资本租赁农地的准入和监管办法”。因此，对于出租林地，应当尽快出台工商资本准入和监管的规定。国办发〔2014〕71 号文件明确提出，对工商企业进入市场流转交易，要依据相关法律、法规和政策，加强准入监管和风险防范。因此，对于转让林地，也应当尽快出台工商资本准入和监管的规定。

关于对工商资本的审核内容、按照林地面积的分级管理，应当贯彻2014年11月18日中办发〔2014〕61号文件《关于引导农村土地经营权有序流转发展农业适度规模经营的意见》的精神。如何加强对工商企业租赁农户承包地的监管和风险防范，该文件第十六条提出了非常具体的要求，即：各地对工商企业长时间、大面积租赁农户承包地要有明确的上限控制，建立健全资格审查、项目审核、风险保障金制度，对租地条件、经营范围和违规处罚等作出规定；工商企业租赁农户承包地要按面积实行分级备案，严格准入门槛，加强事中事后监管，防止浪费农地资源、损害农民土地权益，防范承包农户因流入方违约或经营不善遭受损失；定期对租赁土地企业的农业经营能力、土地用途和风险防范能力等开展监督检查，查验土地利用、合同履行等情况，及时查处纠正违法违规行为，对符合要求的可给予政策扶持；有关部门要抓紧制定管理办法，并加强对各地落实情况的监督检查。

国办发〔2014〕71号文件也明确提出，一定标的额以上的农村集体资产流转必须进入市场公开交易，防止暗箱操作。

此外，《行政许可法》第十二条第(二)项规定“有限自然资源开发利用、公共资源配置以及直接关系公共利益的特定行业的市场准入等，需要赋予特定权利的事项”可以设定行政许可。林地资源是有限自然资源，林地流转属于“有限自然资源开发利用”；集体林地属于公共资源，林地流转属于“公共资源配置”范畴；“三农”问题属于公共利益，工商资本从农户手中流转林地经营权将直接关系到“三农”问题的解决，保护农民利益属于“直接关系公共利益”。因此，工商企业经营林地属于《行政许可法》第十二条第(二)项规定的“有限自然资源开发利用、公共资源配置以及直接关系公共利益的特定行业”。对承租、受让林地的工商企业的资信情况、从事林业经营的经历和防范林业经营风险的能力进行审核，按照投资项目的林地面积实行分级管理，是政府正确履行维护农民权益、落实林地用途管制职责的内在要求，完全符合《行政许可法》的有关规定。

调 研 单 位：国家林业局农村林业改革发展司　中南林业科技大学
调研组成员：黄　东　周训芳　杨长职　刘爱国
恭映璧　李俊文　诸　江　王　蓉

重点国有林区民生状况调查报告

【摘　要】通过对包括龙江森工、黑龙江大兴安岭、内蒙古森工和吉林森工的重点国有林区职工家庭的调查，对2013年重点国有林区的民生状况进行描述性分析。调查结果显示：重点国有林区居民的就业主要依托于森工林业局，一次性安置人员的就业状况有所好转；经济困难职工家庭能享受到低保、政府补助等政策，满意度也有所提高；实施棚户区改造取得了较好的效果，职工家庭的住房条件得到改善；职工家庭的教育和医疗负担有所减轻，重点国有林区仍然存在因孩子异地寄宿上学而由家长陪读的现象；职工家庭收入有所增长，工资性收入是职工家庭最重要的收入来源，但家庭经营性收入有所下降。建议：提高森林资源管护费标准；将造林和森林抚育补贴资金以直补的方式发放给职工，着力提高职工的工资性收入；扶持职工家庭发展林下经济，努力提高职工家庭的经营性收入；继续推进棚户区改造，重点关注林区老旧住房改造；加大教育等公共资源的投入；加大林区集中供暖的投入，减少林区居民因取暖做饭对森林资源的消耗。

一、调查说明

（一）调查背景

我国的重点国有林区是指黑龙江省、内蒙古自治区、吉林省的大小兴安岭和长白山国有林区，也称东北、内蒙古重点国有林区。自2000年开始实施天然林资源保护工程以来，重点国有林区逐渐地从先前的全国木材生产基地转变为现在的生态功能区。重点国有林区居民是以林业职工及其家庭作为主体的一类特殊群体，其特殊性体现在以下几方面。

第一，林业职工是产业工人，却不得不开展林下经济等农业生产活动以维持生计。

第二，由于天然林商业性采伐从调减到停止，导致林业职工增收所依托的木质林产品工业成为无水之源、无本之木，而发展林下经济所依托的国有林又没有实行产权意义上的改革。

第三，随着林区政企合一的管理体制逐步地向政企分开过渡，民生建设的经费保障虽得到一定程度的改善，但却既落后于城镇，也落后于农村。

重点国有林区的民生问题十分突出，成为全面建设小康社会的薄弱地区。基于此背景，国家林业局经济发展研究中心和东北林业大学联合启动了重点国有林区民生调查项目(Key National Forest Areas Livelihood Survey，KNFALS)(以下简称项目)。

(二)调查方案

项目从2012年实施首次调查，当时仅是在黑龙江省的国有林区选择了9个林业局，分别隶属于黑龙江省森工总局(龙江森工集团)、黑龙江省大兴安岭林业管理局(黑龙江省大兴安岭林业集团)和黑龙江省林业厅，共获得608个样本。

从2013年开始，项目将调查的范围从黑龙江省国有林区扩大到东北、内蒙古重点国有林区。按照调查方案，调查样本的选择采用分层随机抽样的方法，即先通过典型抽样，在黑龙江省、吉林省、内蒙古自治区选择12个森工林业局，分别隶属于黑龙江省大兴安岭林业集团、龙江森工集团、吉林森工集团、内蒙古森工集团。然后在每个林业局，根据各林业局社会经济发展水平和森林资源分布情况，经林业局与课题组商定选择3个山上林场及3个山下社区。在每个样本林场及社区，根据户籍名单，随机抽取10户左右职工家庭作为样本户。调查地点及样本的分布见表1。

表1　调查地点分布

山　区	林业局	隶属的集团公司
小兴安岭	绥棱	龙江森工集团
	清河	龙江森工集团
	友好	龙江森工集团
	乌马河	龙江森工集团
大兴安岭	塔河	黑龙江省大兴安岭林业集团
	十八站	黑龙江省大兴安岭林业集团
	乌尔旗汗	内蒙古森工集团
	伊图里河	内蒙古森工集团
	克一河	内蒙古森工集团
长白山	湾沟	吉林森工集团
	泉阳	吉林森工集团
	三岔子	吉林森工集团

将2013年的调查作为基线调查，2014年进行了追踪调查。追踪调查不可避免地会发生样本损失，2014年对损失的样本进行了补充，由于有新样本的补充，共获得723个样本户，涉及人口2111人。与以往历年调查一样，2014年的调查反映的是前一年的民生状况，即本报告描述的是2013年重点国有林区的民生状况。

(三)样本户的基本特征

样本户的基本特征见表2。

重点国有林区样本户户均人口为2.92人，各林区之间差距很小，最低的是龙江森工林区，户均人口2.77人，最高的是内蒙古森工林区，户均人口3.07人。

重点国有林区样本户户均劳动力数为1.82 人，黑龙江省大兴安岭林区最低，为1.76 人，吉林森工林区最高，为1.98 人。

表 2　样本户基本特征

项　目	重点国有林区	龙江森工	黑龙江大兴安岭	内蒙古森工	吉林森工
户均人口数(人)	2.92	2.77	2.94	3.07	2.96
户均劳动力数(人)	1.82	1.77	1.76	1.78	1.98
户均就业人数(人)	1.54	1.35	1.73	1.54	1.69
户均在校学生人数(人)	0.47	0.40	0.49	0.62	0.40
60 岁及以上人口比重(%)	8.19	9.63	7.32	6.66	8.32

户均在校生人数能够反映家庭的教育负担，重点国有林区样本户户均在校学生人数为0.47 人，龙江森工林区和吉林森工林区最低，均为0.40 人，内蒙古森工林区最高，为0.62 人。

60 岁及以上人口比重能够反映老龄化程度。重点国有林区 60 岁及以上人口比重为 8.19%。在各林区中，龙江森工林区的老龄人口比重最高，为9.63%，内蒙古森工林区最低，为6.66%。

相对来看，内蒙古森工林区的家庭教育负担较重，龙江森工林区的家庭赡养负担较重。

二、调查结果

(一)就业与工作条件

1. 成年人口的就业状态

据被访样本户调查，16 岁以上的成年人为 1937 人，有效回答问题的成年人为 1916 人，其中，58.0%的人有工作，15.9%的人无工作，从事家庭经营的人占4.3%。分林区来看，黑龙江省大兴安岭林区成年人口中有工作的比例最高，为64.8%，龙江森工林区最低为53.7%。从事家庭经营活动的成年人口比例，龙江森工林区最高，达到9.1%，黑龙江省大兴安岭林区最低，为0.7%(表3)。

表 3　样本户成年人口的就业状况　单位:%

就业状态	重点国有林区	龙江森工	黑龙江大兴安岭	内蒙古森工	吉林森工
无工作	15.9	16.8	17.6	14.5	15.0
工作	58.0	53.7	64.8	55.4	61.7
上学	9.8	7.2	10.6	13.3	9.0
退休	12.1	13.2	6.3	13.5	12.6
家庭经营	4.3	9.1	0.7	3.2	1.6

年龄结构对就业状态有影响（表4）。30岁以下的成年人口中有40.3%的人在上学，没有上学且无工作的人所占的比例为14.5%，这个数字与2012年基本相同，说明在重点国有林区青年人的就业仍是突出的问题。调查发现，30～59岁的群体中，从事家庭经营的比例都比去年有所提高，例如30～39岁的群体中，从事家庭经营的比例达到9.8%，比2012年提高了4.9个百分点。在60岁以上的老年人口中，有31.7%的人表示无工作，这意味着他们将来可能无法领取退休金，从而需要政府救济之类的补贴。

表4 重点国有林区样本户各年龄段成年人口的就业状况 单位:%

就业状态	30岁以下	30～39岁	40～49岁	50～59岁	60岁及以上
无工作	14.5	14.3	16.6	10.2	31.7
工作	44.3	75.8	73.7	58.1	3.1
上学	40.3	0.0	0.0	0.0	0.0
退休	0.0	0.0	3.8	28.3	65.2
家庭经营	0.9	9.8	5.9	3.4	0.0

文化程度对就业状态也有影响。在文盲半文盲的人口中，有工作的比例仅为5.4%，随着文化程度的提高，有工作的人口比例呈增加趋势；而随着文化程度的下降，无工作的人口比例则呈增加趋势，在大专及以上的人口中，有工作的人口比例达到72.2%（表5）。

表5 样本户不同文化程度的成年人口就业状况 单位:%

就业状态	文盲半文盲	小学	初中	高中及中专	大专及以上
无工作	46.4	49.2	23.5	10.6	6.4
工作	5.4	12.7	51.1	62.0	72.2
上学	0.0	1.6	2.9	10.3	18.8
退休	46.4	30.2	14.1	14.1	1.5
家庭经营	1.8	6.3	8.3	3.1	1.1

2. 在职工作者的工作单位类型

据被访样本户调查，在重点国有林区有工作的成年人为1113人，占成年人数的58%。其中，69.7%在森工林业局工作，10.2%在医院、学校以及公安局等事业单位工作，在私营企业和股份公司工作的合计占11.0%。分林区来看，内蒙古森工和黑龙江大兴安岭的成年人口在森工林业局工作的比例相对较高，分别达到82.1%和76.0%，而吉林森工和龙江森工成年人在森工林业局工作的比例仅为68.6%和56.6%，这也说明在大兴安岭林区，森工林业局是成年人口最重要的工作单位。

3. 在职工作者的职业类型

重点国有林区有工作的成年人，生产工人的比例最高，为34.6%，其次是办事或管理人员，为23.5%。干部或负责人占13.0%，这里的负责人主要是个体工商企业的负责人（表6）。

表 6　重点国有林区样本户成年人口的职业类型　　单位：%

职业类型	重点国有林区	龙江森工	黑龙江大兴安岭	内蒙古森工	吉林森工
干部或负责人	13.0	23.2	12.1	8.4	7.2
专业技术人员	12.9	10.2	8.4	15.0	16.7
办事或管理人员	23.5	18.4	18.9	23.7	31.5
生产工人	34.6	28.3	51.1	35.0	30.5
服务人员	8.6	10.2	2.1	9.1	10.5
其他	7.4	9.8	7.4	8.8	3.6

4. 在职工作者的工作时间

工作时间是反映工作条件的重要指标。调查中询问了每个受访者每年工作月数、每月工作天数和每天工作小时数等信息，回收的部分调查问卷在某项信息上有缺失的情况，以下信息都是无信息缺失的受访者提供的，即已经剔除了缺失信息的样本。调查发现，在重点国有林区，平均每人每年工作 11.4 个月，每月工作 25.6 天，每天工作 8.4 个小时。分林区来看，各林区在每年工作月数、每月工作天数、每天工作小时数等方面相差无几。

5. 一次性安置人员的就业情况

调查中对成年人问及了“是否为一次性安置人员”，有 166 个成年人做出了回答。其中，女性占 63.9%，男性占 36.1%。48.8% 的人表示在 2013 年没有参加劳动。在年龄结构上，40 ~ 49 岁是最大的群体，占 56.1%（图 1）。一次性安置人员的就业情况方面，其中，43.9% 的人有工作，27.5% 的人无工作，7.3% 的人从事家庭经营，21.3% 的人已经退休。

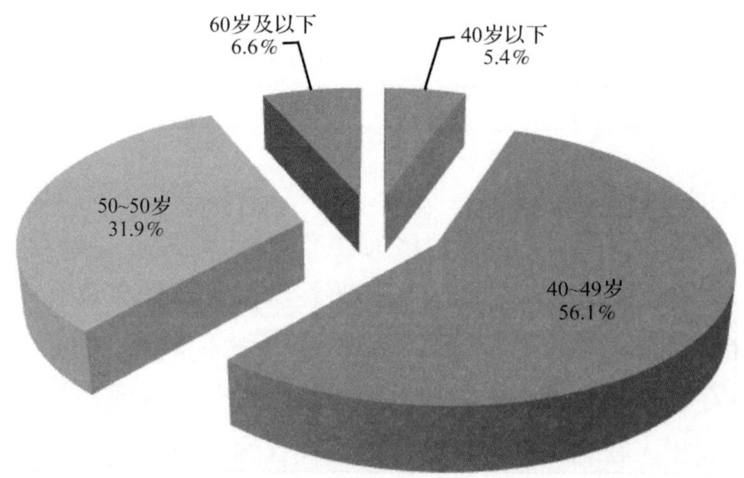

图 1　一次性安置人员的年龄结构

（二）教育与培训

1. 居民的教育水平

本次调查统计了重点国有林区被访户中 16 岁以上成年人的教育水平，剔除关键信息漏答或信息不准确的样本，共涉及 1928 人。

如表 7 所示，在重点国有林区 16 岁以上的居民中，文盲半文盲的比例较低，为 3.0%；初中和高中学历的比例最高，为 65.9%；拥有高等学历的比例并不低，为 27.8%。分林区来看，内蒙古森工林区、吉林森工林区和龙江森工林区的文盲半文盲比例相对较低；吉林森工林区的高等学历比例最高，为 32.8%。

表 7　重点国有林区样本户居民教育水平 单位：%

教育水平	重点国有林区	龙江森工	黑龙江大兴安岭	内蒙古森工	吉林森工
文盲半文盲	3.0	2.9	3.6	2.8	2.8
小学	3.4	4.7	4.9	3.0	1.2
初中	31.7	35.1	33.6	36.9	21.3
高中及中专	34.2	32.0	33.6	29.3	41.9
大专及以上	27.8	25.4	24.4	28.0	32.8

图 2 展现的是重点国有林区教育水平的性别差异，其中女性为 966 人，男性为 962 人。调查表明，女性的文盲半文盲率高于男性，接受大专及以上的高学历水平的男性比例高于女性。总体而言，男性的平均教育水平高于女性。

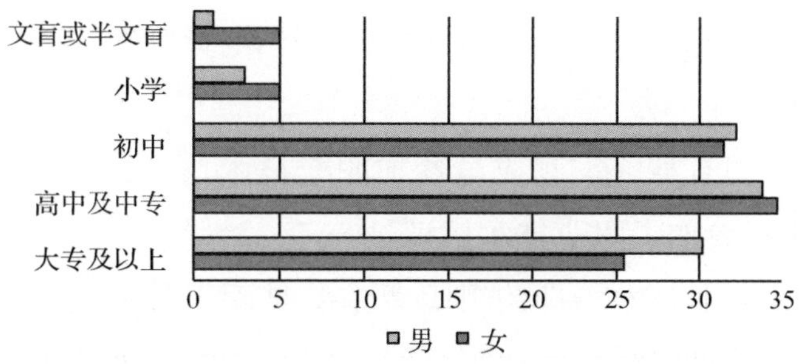

图 2　重点国有林区居民教育水平的性别差异

据样本户调查，在不同年龄段的教育水平存在差异。在 60 岁及以上年龄段的居民中，文盲半文盲和小学文化程度所占的比例较大，达到了 30%；在 30 岁以下的青年人中，大专及以上的高学历所占的比例很大，超过了 50%；在 30 岁以上至 59 岁以下的具有中等学历的超过 30%。

2. 子女的就学情况

1）就读情况

本报告调查了样本户家庭中有子女正在就学的情况，共获得 326 个样本户，各阶段在读学生的比重见表 8。

绝大多数家长希望子女继续上学的意愿很强。对于有上初中子女且希望子女继续上学的家庭，92% 的家长表示希望子女上普通高中，2% 的家长表示让孩子上职业学校或中专，有 6% 的家长对此并未说明具体想法。84% 的打算让子女上职业学校或中专的家长未说明原因，14% 和 2% 的家长则分别主要是想让孩子学门手艺和担心其考不上高中。对于有上高中子女的家庭，100% 的家长全部表示希望其毕业后继续上学。

表 8　样本户在读学生学习阶段

学习阶段	频　数	百分比(%)	学习阶段	频　数	百分比(%)
小学	70	21.5	大专	24	7.4
初中	67	20.6	本科	83	25.5
高中	72	22.1	研究生	6	1.8
中专	4	1.2	合　计	326	100.0

2)陪读情况

据调查，样本户中高中学生寄宿的比例最高，达到 4.6%，初中生达 1.8%，小学生为 1.1%。分林区比较，内蒙古森工林区的寄宿情况最为普遍，高中阶段的学生寄宿比例达到 9.4%，初中生达 5.5%，小学生达 3.3%。内蒙古森工林区学校的撤并是内蒙古森工林区的寄宿现象较多的重要原因之一。

重点国有林区的陪读现象反映了其公共基础设施的落后。以内蒙古森工林区的克一河林业局为例，该局现有 1 所幼教、2 所小学、1 所中学，高中就只能到异地就读，仅生活费每月就至少需要 800 元以上。

3. 职业技术培训

本报告调查了重点国有林区家庭成员参加职业技术培训的情况，有 141 个样本户表示其家庭成员在 2013 年参加了职业技术培训。

在重点国有林区，职业技术培训的组织者主要是森工林业局，占 80.1%，此外，县政府、招工企业、一般培训机构、其他等组织的职业技术培训所占的比重分别为 6.4%、1.4%、3.5%、8.5%。调查还表明，参加培训的人员对培训组织机构总体满意，满意度达到 96.5%。

重点国有林区居民参加职业技术培训的积极性有待于提高。调查发现，在参加职业技术培训的人员中，表示是自己主动参加的占 24.1%，表示是由干部组织而参加培训的占 73.0%，表示是由亲友推荐的占 2.1%，其他的有 0.7%。

重点国有林区居民主要在本林业局内参加培训。调查发现，在参加职业技术培训的人员中，73.8% 在本林业局参加，10.6% 在林业局外县内参加，12.1% 在县外省内参加，2.1% 在省外参加，1.4% 对此问题未做回答。

重点国有林区居民参加林业局组织的培训负担较轻而参加一般培训机构组织的培训负担较重。在参加培训的人员中，74.5% 表示培训是免费的，15.6% 表示培训费用在 1000 元以下，9.2% 表示培训费用在 1000 元以上 10000 元以下，0.7% 表示培训费用在 10000 元以上。其中培训费在 10000 元以上的只有 1 个样本，为招工企业组织的培训。

(三)家庭经济状况

1. 家庭收入状况

家庭收入按其来源分为工资性收入、经营性收入、财产性收入、转移性收入和其他收入。其中，工资性收入由两部分组成：一是来自林业局的工资收入，包括除基本工资外的从事森林管护抚育工作的工资收入和林业局发放的奖金。二是其他务工的工资收入，即在除林业局外的其他企业工作获得的工资收入，这多指重点国有林区居民的打工收入。经营性收入是指家庭从事农林业生产经营扣除成本后的净收入，以及从事个体经营和开办私营企业获得的净利润。财产性收入包括出售和出租土地、房屋、交通工具等获得的收入以及银行存款利息。转移性收入包括退休金、政府补助补贴和社会救助、子女的赡养费、亲友的馈赠等。统计分析时，共获得有效样本 723 个。

调查发现(表 9)，2013 年样本户家庭收入的均值为 48400. 8 元。从收入构成来看，工资性收入所占比重最高，为 73. 7%，其次是转移性收入占 14. 5%，再次是经营性收入为 8. 3%，财产性收入所占的比重最小，仅为 1. 0%，其他收入占比 2. 5%。分林区来看：家庭收入最高的是吉林森工林区，为 53439. 9 元，最低的是龙江森工林区，为 45706. 8 元。从家庭收入的结构来看：在工资性收入部分，黑龙江大兴安岭林区和吉林森工林区的工资性收入比重分别为 88. 5% 和 77. 6%，明显高于龙江森工林区的 65. 5% 和内蒙古森工林区的 71. 0%。从经营性收入方面看，龙江森工林区的经营性收入远高于其他 3 个林区，占家庭收入比重的 15. 5%；黑龙江大兴安岭林区的经营性收入比例最低，为 2. 5%。说明龙江森工林区的职工家庭在发展自营经济方面较之其他 3 个林区有着良好效果。财产性收入所占比重各林区差异不大，约占 1%。转移性收入方面，龙江森工林区和内蒙古森工林区占比分别为 16. 5% 和 18. 6%，高于黑龙江大兴安岭森工林区和吉林森工林区，

表 9　重点国有林区样本户家庭收入水平和结构

项　目	样本户均值	龙江森工	黑龙江大兴安岭	内蒙古森工	吉林森工
家庭收入(元)	48400. 8	45706. 8	46879. 2	47917. 3	53439. 9
其中：					
工资性收入(元)	35684. 6	29950. 2	41469. 9	34042. 6	41444. 7
占比(%)	73. 7	65. 5	88. 5	71. 0	77. 6
经营性收入(元)	4025. 8	7078. 2	1199. 3	2150. 4	3522. 9
占比(%)	8. 3	15. 5	2. 5	4. 5	6. 6
财产性收入(元)	460. 9	435. 9	566. 6	339. 1	549. 9
占比(%)	1. 0	1. 0	1. 2	0. 7	1. 0
转移性收入(元)	7034. 8	7553. 1	3408. 9	8910. 9	6721. 3
占比(%)	14. 5	16. 5	7. 3	18. 6	12. 6
其他收入(元)	1194. 7	689. 4	234. 5	2474. 3	1201. 1
占比(%)	2. 5	1. 5	0. 5	5. 2	2. 2

最低的为黑龙江大兴安岭林区，仅占 7.3%。在其他收入方面，内蒙古森工林区则远高于其他 3 个林区。调查时发现，内蒙古森工林区的其他收入高，可能是因为受当地的习俗影响，每逢节日或是红白喜事走动要随礼，这使得“其他收入”中“不同住的亲戚、朋友、同事的经济支持或赠与”增加，进而“其他收入”增加。

对比家庭收入最低和最高的龙江森工林区和吉林森工林区，虽然二者家庭收入差距较大，但对比各项收入发现，龙江森工林区的经营性收入和转移性收入所占比重均高于吉林森工林区，财产性收入差距并不明显，但工资性收入占比相比吉林森工林区较低。所以影响国有林区职工家庭收入的最主要的因素还是林业局的工资性收入。因此，如果要提高龙江森工林区的家庭收入水平，首先应该调整林业局的工资收入。

表 10 展现了人均收入及其结构的情况。2013 年样本户人均收入为 17022.9 元，其中人均工资性收入为 12388.0 元，占 72.8%。人均家庭经营性收入为 1305.1 元，占 7.7%。人均转移性收入为 2728.3 元，占 16%。人均财产性收入为 158.7 元，占 0.9%。人均其他收入为 442.8 元，占 2.6%。

表 10　各林区样本户人均纯收入水平和结构

项　目	样本户均值	龙江森工	黑龙江大兴安岭	内蒙古森工	吉林森工
家庭人均纯收入(元)	17022.9	16935.6	16445.2	16014	18494.8
其中：					
人均工资性收入(元)	12388.0	11060.4	14493.8	11387.9	13861.7
占比(%)	72.8	65.3	88.1	71.1	74.9
人均经营性收入(元)	1305.1	2300.4	366.6	634.5	1209.8
占比(%)	7.7	13.6	2.2	4	6.5
人均财产性收入(元)	158.7	163.5	183.3	112	183.1
占比(%)	0.9	1	1.1	0.7	1
人均转移性收入(元)	2728.3	3091.7	1308.6	3025.9	2822.2
占比(%)	16	18.2	8	18.9	15.3
人均其他收入(元)	442.8	319.6	92.9	853.7	418
占比(%)	2.6	1.9	0.6	5.3	2.3

根据国有林区职工家庭分布分为山上林场和山下局址两部分，在样本户调查中分别作调查比较。表 11 描述了 2013 年山上林场和山下局址的家庭收入及家庭人均收入的比较结果，山上林场的家庭收入低于山下局址职工家庭收入；家庭人均收入方面，也是山上林场低于山下局址。

从收入结构上看，2013 年山下局址职工家庭的工资性收入、经营性收入、转移性收入以及财产性收入均高于山上林场。独立样本 t 检验表明，山上林场和山下局址除家庭经营性收入外，人均经营性收入和人均转移性收入外，均有显著差异。

表 11 2013 年山上林场和山下局址样本户的家庭纯收入及人均家庭纯收入比较 单位：元

项 目	山上林场	山下局址	t 检验结果	项 目	山上林场	山下局址	t 检验结果
家庭收入	43147.3	53816.5	0.000	家庭人均收入	15394.6	18701.5	0.002
其中：				其中：			
工资性收入	31878.9	39607.8	0.000	工资性收入	11157.3	13656.8	0.002
经营性收入	3564.4	4501.5	0.288	经营性收入	1164.7	1449.7	0.333
财产性收入	352.1	573.1	0.028	财产性收入	122.2	196.2	0.027
转移性收入	6434.8	7653.3	0.003	转移性收入	2596.6	2864.1	0.116
其他收入	917	1480.9	0.004	其他收入	353.7	534.6	0.015

通过与 2012 年的对比发现，山上林场和山下局址职工家庭的工资性收入和经营性收入的变动较大，为此，本报告对工资性收入和经营性收入再做细化分类，并用独立样本 t 检验差异是否显著。研究发现(表 12)，山上林场和山下局址职工家庭的林业局工资收入的差异并不显著，有显著性差异的是其他企事业工资收入和其他打工或兼职收入这两项。所以，山下局址职工家庭的工资性收入相对较高，是因为其家庭成员有更多的机会从事打工或兼职活动。在经营性收入方面，山上林场和山下局址的职工家庭在林下种植收入上具有显著差异，并且值得一提的是，山下局址家庭的林下种植收入高于山上林场。这从一个侧面表明，重点国有林区林场撤并后职工从山上搬到山下的棚改新楼居住，对其发展林下种植业并不会造成不良影响。

表 12 2013 年重点国有林区山上林场和山下局址的工资性收入和经营性收入比较 单位：元

项 目	山上林场	山下局址	t 检验结果	项 目	山上林场	山下局址	t 检验结果
工资性收入	31878.9	39607.8	0.000	经营性收入	3564.4	4501.5	0.288
林业局工资收入	23724.8	25015.6	0.318	农业生产收入	273.9	655.3	0.288
其他企事业工资收入	5429.5	9331.6	0.000	林下种植收入	651.4	1697.7	0.074
其他打工或兼职收入	2724.6	5260.6	0.001	林下养殖收入	353.7	100.7	0.126
				林下采集收入	248.2	157.4	0.193
				个体经营收入	2037.1	1890.5	0.635

2. 生活消费状况

调查结果表明(表 13)，2013 年有效样本户 717 户职工家庭生活消费的均值为 52667.3 元。在生活消费构成上，职工家庭的食品支出在总支出中所占比例最大，即恩格尔系数较高，为 22.9%。反映基本生存需要的衣、食、住等方面的支出占生活消费总支出的 34.5%，说明在重点国有林区，职工家庭生活消费中超三成的支出用于满足基本生存需要。国有林区职工家庭的购房与建房支出、子女教育支出、医疗保健支出和转移性支出也是其主要的生活消费项目，它们分别占总支出的 16.4%、11.8%、9.9% 和 9.7%，这一方面表明重点国有林区职工家庭对居住条件和居住质量、家庭成员健康状况以及子女教育的重视，另一方面也表明重点国有林区职工家庭的住房、教育和医疗等负担较重。

而住房、教育和医疗等支出过高，挤占了职工家庭用于其他方面的消费支出。

表13 重点国有林区样本户家庭生活消费水平和结构

项 目	样本户均值	龙江森工	黑龙江大兴安岭	内蒙古森工	吉林森工
家庭生活消费支出(元)	52667.3	45021.1	54662.3	47512.8	66760.0
其中：					
食品支出(元)	12057.9	12437.1	12879.5	12519.0	10590.4
占比(%)	22.9	27.6	23.6	26.3	15.9
衣着支出(元)	2765.4	2741.4	3037.5	2785.5	2610.2
占比(%)	5.3	6.1	5.6	5.9	3.9
居住支出(元)	3326.6	3888.2	2962.7	2427.6	3681.8
占比(%)	6.3	8.6	5.4	5.1	5.5
家庭设备用品和服务支出(元)	4966.5	4233.8	12357.8	2149.1	4171.0
占比(%)	9.4	9.4	22.6	4.5	6.2
交通和通讯支出(元)	3030.6	2586.9	2612.0	2651.6	4255.7
占比(%)	5.8	5.7	4.8	5.6	6.4
医疗保健支出(元)	5254.4	3907.5	5744.7	6357.9	5673.1
占比(%)	9.9	8.8	10.5	13.4	8.5
子女教育支出(元)	6202.9	4712.2	6753.3	10284.2	3848.7
占比(%)	11.8	10.5	12.4	21.6	5.8
文化娱乐支出(元)	839.1	739.7	590.1	418.9	1538.7
占比(%)	1.6	1.6	1.1	0.9	2.3
转移性支出(元)	5102.9	5224.3	5118.2	5342.9	4694.6
占比(%)	9.7	11.6	9.4	11.2	7.0
购房与建房支出(元)	8637.1	3831.0	2197.3	2053.1	25518.7
占比(%)	16.4	8.5	4.0	4.3	38.2
保障性支出(元)	484.1	719.0	409.1	523.1	177.1
占比(%)	0.9	1.6	0.7	1.1	0.3

表14显示，重点国有林区人均家庭生活消费的均值为18351.4元。从消费结构看，表13与表14的结果基本一致。分林区来看，吉林森工林区职工家庭的人均生活消费支出最大，为22448.4元，内蒙古森工林区职工家庭的人均生活消费支出最小，为15960.1元。

值得注意的是，样本户家庭生活消费支出大于家庭年收入，人均生活消费支出大于人均年收入。这其中的原因主要为以下几点：首先，重点国有林区职工收入以工资性收入为主，近年来，国有林区职工工资性收入涨幅较小，而与此同时，物价水平快速上涨，使得职工家庭消费支出较大，特别是衣、食、住等生活支出较大。其次，近年来，人们对子女教育的重视程度增加，国有林区职工也不例外，导致林区职工家庭用于子女教育的支出较大。如许多家庭子女到异地就读时家长会选择“陪读”，导致生活消费增加。最后，近年来，为改善职工家庭住房条件，国有林区积极推进棚户区改造。而无论是搬进新房还是将原来的平房翻新，都导致家庭住房支出增加。

表 14 样本户人均家庭生活消费水平和结构

项 目	样本户均值	龙江森工	黑龙江大兴安岭	内蒙古森工	吉林森工
家庭人均生活消费支出(元)	18351.4	16648.6	19225.5	15960.1	22448.4
其中：					
食品支出(元)	4343.1	4740.7	4625.4	4224.7	3752.7
占比(%)	23.7	28.5	24.1	26.5	16.7
衣着支出(元)	973.3	1013.3	1074.5	950.5	880.0
占比(%)	5.3	6.1	5.6	6.0	3.9
居住支出(元)	1219.1	1521.0	1099.8	805.6	1294.5
占比(%)	6.6	9.1	5.7	5.0	5.8
家庭设备用品和服务支出(元)	1699.8	1470.9	4182.9	876.1	1288.9
占比(%)	9.3	8.8	21.8	5.5	5.7
交通和通讯支出(元)	1068.8	989.0	964.0	887.3	1418.7
占比(%)	5.8	5.9	5.0	5.6	6.3
医疗保健支出(元)	1827.5	1524.2	1919.3	2083.1	1926.2
占比(%)	10.0	9.2	9.9	13.1	8.6
子女教育支出(元)	2023.0	1510.3	2283.0	3335.6	1259.4
占比(%)	11.0	9.1	11.9	20.9	5.6
文化娱乐支出(元)	308.5	308.0	205.3	139.2	539.0
占比(%)	1.7	1.9	1.1	0.9	2.4
转移性支出(元)	1856.2	2003.0	1940.7	1840.9	1622.5
占比(%)	10.1	12.0	10.1	11.5	7.2
购房与建房支出(元)	2866.6	1310.8	786.0	653.6	8409.2
占比(%)	15.6	7.9	4.1	4.1	37.5
保障性支出(元)	165.5	257.5	144.5	163.3	57.3
占比(%)	0.9	1.5	0.8	1.0	0.3

表 15 描述了重点国有林区山上林场和山下局址家庭生活消费及人均生活消费的比较结果。调查发现，山下局址家庭的生活消费水平略低于山上林场家庭，但二者并无显著差异。无论是家庭居住支出还是家庭人均居住支出，山下局址家庭和山上林场家庭都有显著差异。山下局址家庭人均居住支出为 1488.7 元，比山上林场家庭高 55.2%，这说明居住地点的不同对职工家庭的生计有影响。无论是家庭文化娱乐支出还是家庭人均文化娱乐支出，山下局址家庭和山上林场家庭都有显著差异。山下局址家庭人均文化娱乐支出为 407.3 元，比山上林场家庭高 91.1%，这也是居住地点的不同所导致的差异。由于交通相对不便，山上职工家庭娱乐项目比较有限。在其他各项生活消费支出上，山上林场家庭和山下局址家庭虽有不同，但都没有显著差异。

表 15 山上林场和山下局址样本户家庭生活消费及人均家庭生活消费比较 单位：元

项 目	山上林场	山下局址	t 检验结果
生活消费支出	53797.4	51495.4	0.833
其中：食品	12209.3	11900.8	0.660
衣着	2784.7	2745.3	0.881

（续）

项　目	山上林场	山下局址	t检验结果
居住	2725.4	3950.0	0.000
家庭设备用品和服务	2147.6	7889.4	0.091
交通通讯费	2714.3	3358.5	0.106
医疗保健	4370.0	6171.5	0.134
子女教育	6434.4	5962.9	0.539
文化娱乐	603.9	1082.9	0.005
转移性	5000.8	5208.8	0.612
购房与建房	14392.6	2669.0	0.241
保障性	414.4	556.4	0.311
人均生活消费支出	18566.5	18128.4	0.904
其中：食品	4411.3	4272.4	0.623
衣着	971.1	975.7	0.959
居住	959.2	1488.7	0.000
家庭设备用品和服务	741.2	2693.9	0.085
交通通讯费	961.1	1180.5	0.107
医疗保健	1558.2	2106.8	0.178
子女教育	2072.1	1972.1	0.697
文化娱乐	213.1	407.3	0.006
转移性	1812.3	1901.8	0.581
购房与建房	4728.8	935.5	0.255
保障性	138.3	193.8	0.231

3. 生产投入状况

职工家庭的生产投入主要包括三部分，一是农业投入，主要是指种植业生产投入；二是林业投入，主要包括林下种植、林下采集和林下养殖等林下经济生产投入；三是其他投入，主要包括对用材林、经济林等其他经营的生产投入。从事家庭农林业生产活动的主要是山上林场家庭，为此，本报告仅选择山上林场家庭的样本作为分析的依据，样本量为365。

调研结果表明，样本户中共有134户职工家庭进行了农林业生产投入，占山上林场样本户总数的36.7%。其中，龙江森工林区进行生产投入的职工家庭最多，有55户，占41.0%；其次是内蒙古森工林区，有53户职工家庭有生产投入行为，占39.6%。

据调查，样本户中有农林业生产投入的职工家庭方面，平均每户家庭的生产投入为20653.2元①。从生产投入构成来看：每户家庭的林业投入为14115.6元，所占比例最

① 在2012年的报告中，平均每户职工家庭生产投入针对的是所有山上林场职工家庭，包括未有农林业生产投入的职工家庭，而在今年的报告中，只针对有农林生产投入的职工家庭，我们认为这样计算更加科学，故在职工家庭生产投入上，2013年的数据和2012年不具可比性。

高，为68.3%；每户家庭的农业投入为6533.1元，占家庭生产投入的比例为31.6%。林业投入主要以林下种植业为主，户均林下种植投入为11768.2元，占林业投入的比例为83.4%。林区家庭对林下养殖的投入较少，户均林下养殖投入为2020.0元，占林业投入的14.3%。林区家庭林下采集投入极少，户均林下采集投入为327.4元，仅占林业投入的2.3%，这应该是由于林下采集规模较小且采集方式简单，故其投入较低。分林区来看，户均生产投入最多的是吉林森工林区，为46130.8元，最低的是内蒙古森工林区，为4848.8元，见表16。

表16　山上林场样本户家庭户均生产投入　　单位：元

项　目	样本户均值	龙江森工	黑龙江大兴安岭	内蒙古森工	吉林森工
家庭经营投入	20653.2	32298.6	10340.0	4848.8	46130.8
1. 农业投入	6533.1	15301.6	480.0	405.9	469.2
2. 林业投入	14115.6	16986.0	9860.0	4442.9	45661.5
（1）林下种植	11768.2	13825.2	9753.9	2531.2	42738.5
（2）林下养殖	2020.0	3160.8	92.3	1804.5	0.0
（3）林下采集	327.4	0.0	13.9	107.3	2923.1
3. 其　他	4.48	10.9	0.0	0.0	0.0

据调研分析，样本户人均生产投入为6919.1元，其中，农业投入为2236.4元，占32.3%；林业投入4681.6元，占67.7%。林业投入以林下种植为主，占83%。从投入结构和分林区来看，人均生产投入与户均生产投入的结果基本一致。

（四）家庭生活条件

1. 住房条件

（1）住房面积。家庭住房面积是反映居民生活状况的主要标志之一，根据调查，2013年重点国有林区户均住房面积为65.7平方米，与2012年相比增长了17.1%，人均住房面积为23.8平方米，与2012年相比增长了28.0%。分林区来看，人均住房面积最大的是龙江森工林区，达到30.8平方米，该林区也是人均住房面积增幅最大的林区，与2012年相比增幅为40.6%；其次是吉林森工，户均为63.9平方米，人均为21.8平方米；黑龙江大兴安岭和内蒙古森工样本户住房面积和人均面积分别为55.6平方米、20.2平方米和53.2平方米、18.5平方米。各林区的人均住房面积也都有不同程度的增长，这也从一个侧面说明重点国有林区棚户区改造政策的实施确实改善了职工家庭的住房条件。

（2）住房类型。在调查重点国有林区家庭住房的715个样本中，69户有两套住房，占9.7%，461户住上了楼房，占64.5%，其中，25户有两套楼房，占3.5%。分林区来看，吉林森工林区家庭住房中楼房的比例最高，为87.6%，内蒙古森工林区家庭住房中楼房的比例最低，仅为37%，但内蒙古林区的楼房占有率增长较快，与2012年相比增长了 11.9%。在重点国有林区，棚改房①占有率为 52.2%。分林区来看，内蒙古森工林区的棚改房占有率最高，为 73.5%，远高于重点国有林区平均水平。黑龙江大兴安岭林区与吉林森工林区的棚改房占有率居中，分别为 50.9%、45.4%。

居住在山下局址和山上林场的职工家庭的现有住房条件虽然都有所改进，但仍有差异。山下局址职工家庭的住房中，楼房的比例为 74.2%，较 2012 年增长了 8.4%；而山上林场职工家庭的住房中，楼房的比例为 53.7%，与 2012 年相比增长了 8.8%。以上数据说明：一方面，重点国有林区的住房建设情况在改观，许多山上林场的职工家庭在山下购买了楼房，这应该是棚户区改造的积极效果；另一方面，重点国有林区的住房条件仍需继续改善，山下局址家庭的住房中仍有相当一部分是平房，或者说属于棚户区。

(3)住房的入住时间。在调查中，有 619 户回答了住房的入住时间。根据调查(表 17)，在重点国有林区，2010 年以后迁入现有住房的占 31.3%，这比 2012 年提高了 3.5 个百分点，这也是国有林区棚户区改造的积极成效。不过，仍有 17.6% 的受访家庭住的是 20 世纪 80 年代以前的老旧房子，与 2012 年相比差别不大。调查发现，1990～1999 年、2000～2009 年的入住的住房比例都有所下降，这说明重点国有林区的棚户区改造过程中，对 20 世纪 80 年代的老旧房子改造力度并不大。

表 17 重点国有林区样本户只有一套住房的家庭住房入住时间 单位:%

入住时间	重点国有林区	龙江森工	黑龙江大兴安岭	内蒙古森工	吉林森工
1980 年以前	17.6	14.4	19.0	28.5	10.1
1990～1999 年	18.3	14.4	21.0	23.4	16.4
2000～2009 年	32.8	38.6	31.0	20.3	39.0
2010 年以后	31.3	32.6	29.0	27.8	34.5

分林区来看，龙江森工林区和吉林森工林区受访家庭住房是 2010 年以后的比例高于另外两个林区，均高于重点国有林区平均水平。内蒙古森工林区住房在 1980 年及以前入住的比例最高，为 28.5%。

2. 家庭生活的能源条件

(1)家庭燃料使用。根据调查(表 18)，重点国有林区家庭炊事主要使用电、煤气、木材 3 种燃料，所占比重分别为 69.4%、33.6%、24.8%，煤炭、柴草、太阳能、沼气等燃料很少使用。分林区来看，龙江森工、黑龙江大兴安岭和吉林森工 3 个林区家庭炊事的主要燃料均为电，而内蒙古森工林区家庭炊事的主要燃料为木材。家庭炊事的燃料类型与家庭住房类型相对应，前面数据显示，内蒙古森工林区的平房占 63%，调研发现，居住在平房家庭的炊事燃料主要是木材。

① 棚改房是指在重点国有林区职工家庭由原来居住在棚户区的平房因享受棚改优惠政策而搬迁住进的楼房。

表 18　重点国有林区样本户炊事燃料使用情况　　单位:%

燃　料	样本户均值	龙江森工	黑龙江大兴安岭	内蒙古森工	吉林森工
柴草	9.1	11.8	12.4	11.6	1.1
木材	24.8	17.9	23.9	50.8	8.7
煤炭	10.4	1.2	10.6	28.2	4.9
煤气	33.6	33.3	27.4	23.8	47.5
太阳能	0.1	0.4	0	0	0
沼气	0.3	0	0	0	1.1
电	69.4	83.7	69.0	36.5	83.1
其他	1.1	0.4	0	1.7	2.2

注：某些居民做饭时使用两种以上的能源，为了能保证分析的准确科学性，在使用两种以上能源时累计相加，所以累计百分比超过 100%。

重点国有林区山上林场和山下局址家庭炊事燃料的使用情况有较大的差异。山下局址家庭主要使用的炊事燃料是电和煤气，所占比重分别为 72.5% 和 38.5%，木材和煤炭使用的也较多，所占比重分别为 15.2%、11.8%。山上林场家庭主要使用的炊事燃料是电和木材，所占比重分别为 66.5% 和 34.1%，煤气和柴草使用的也较多，所占比重分别为 28.9 和 13.4%。使用木材作为炊事燃料的山上林场家庭仍占三分之一，这种生计方式对森林生态环境有不利的影响。一方面，随着重点国有林区实施停伐，此生计方式将会严重受到影响。另一方面，使用电作为炊事燃料的山上林场家庭占比与上一年相比增长了 48.7%，照此速度，可预计以木材为炊事燃料的生计方式将很快被取代。

(2)家庭饮用水。重点国有林区家庭饮用水的使用情况方面，根据调查(表 19)，重点国有林区家庭的饮用水主要是自来水，其次是井水、山泉水，分别为 74.1% 和 32.0%。饮用江河湖水以及其他类型水的家庭很少，仅占 6.9%。

表 19　样本户家庭饮用水类型　　单位:%

饮用水类型	重点国有林区	龙江森工	黑龙江大兴安岭	内蒙古森工	吉林森工
江河湖水	2.8	4.1	8.8	0	0
井水、山泉水	32.0	31.3	19.5	66.9	6.0
自来水	74.1	76.8	85.0	40.9	96.7
其他	4.1	8.1	0	0.6	0

注：由于有的家庭有两套住房，为了保证分析的准确科学性，将两套房子的饮水类型进行累加，所以累计百分比超过了 100%。

调查发现，山下局址家庭和山上林场家庭的主要饮用水类型都是自来水和井水，但是所占的比例却有所不同。山下局址家庭使用自来水和井水的比例分别为 86.5% 和 17.4%，而山上林场家庭使用自来水和井水的比例分别为 62.4% 和 46.0%，显然，山下局址家庭使用自来水的比例高于山上林场家庭。相比山下局址，山上林场的设施不尽完善，特别是山地环境限制了自来水的普及。

3. 家庭生活的卫生条件

家庭厕所类型是反映家庭生活卫生条件的重要指标。调查发现，样本户家庭厕所主要为室内冲水厕所和室外非冲水厕所，所占比重分别为 66.5% 和 39.0%，室外冲水厕所和其他类型的厕所的比例较小，总共为 3.1%。分林区来看，吉林森工林区家庭厕卫条件最好，室内冲水厕所的比例达到 93.1%，内蒙古森工林区家庭厕卫条件最差，室外非冲水厕所的比例达到了 70.6%，这仍然和内蒙古森工林区的住房类型以平房为主有关。

（五）医疗卫生条件

1. 医疗卫生

（1）医疗卫生服务的可及性。从住房到最近医疗机构的距离这一指标反映的是医疗卫生服务的可及性。调查中，分别询问了样本户从住房到最近的医疗卫生站和医院的距离。为了便于分析，下面仅分析家庭到最近医疗卫生站的距离，并按家庭到最近医疗卫生站的距离将林区职工家庭分为 4 组：第 1 组是距离小于等于 1 千米的家庭，第 2 组是距离在 2 ~5 千米的家庭，第 3 组是距离在 6 ~10 千米的家庭，第 4 组是距离在 10 千米以上的家庭。分组统计结果：属第 1 组的家庭占 73.1%；属第 2 组的家庭占 16.3%；属第 3 组的家庭占 2.0%；还有 8.6% 的家庭属第 4 组。分林区来看，内蒙古森工、黑龙江大兴安岭样本户中分别有 21.5% 和 15.6% 的家庭离医疗卫生站的距离大于 10 千米。调查发现，在医疗卫生站服务可及性上，山下局址家庭和山上林场家庭的差异并不是很大。

（2）医疗卫生条件的满意度。调查发现，63.7% 的受访者对本林业局现有医疗卫生条件表示满意，36.3% 的受访者表示不满意。其中，龙江森工林区和吉林森工林区的满意度较高，分别为 80.2% 和 70.0%，黑龙江大兴安岭林区的满意度为 61.9%，但内蒙古森工林区的满意度只有 33.5%（图 3）。

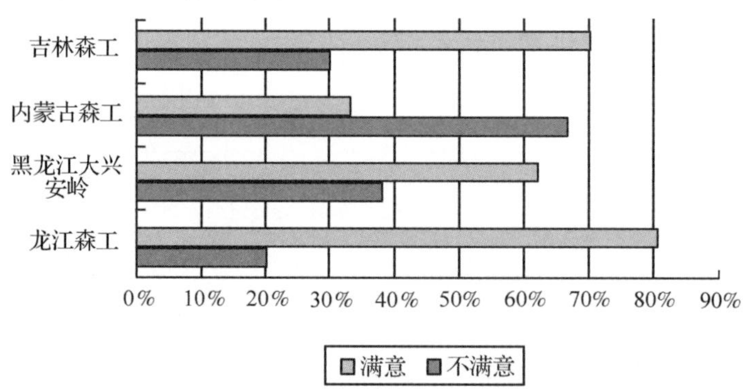

图 3 重点国有林区职工家庭对医疗卫生条件的满意情况

2. 居民健康

在调查的重点国有林区样本户中，65.4% 的人身体健康状况良好，21.9% 的人身体状况一般，5.3% 的人身体状况较差，常年患病的人占 6.3%，还有 1.1% 的人是残疾。分林区看，各个林区居民身体状况良好的比例相差不是很大。龙江森工林区居民常年患病的比例最大，为 10.0%，最小的是吉林森工林区，为 3.2%（表 20）。

表 20　重点国有林区居民健康情况　　单位:%

健康情况	重点国有林区	龙江森工	黑龙江大兴安岭	内蒙古森工	吉林森工
常年患病	6.3	10.0	4.8	5.8	3.2
残疾	1.1	1.0	2.4	0.9	0.6
差	5.3	3.7	5.7	8.4	3.7
一般	21.9	18.5	21.1	21.4	27.4
好	65.4	66.8	65.9	63.5	65.2

在性别上，女性的健康状况相对较差。重点国有林区居民常年患病的人群中，女性占53.0%，男性占47.0%；健康状况差的人群中，女性占58.2%，男性占41.8%；而在健康状况良好的人群中，女性占49.3%，男性占50.7%，女性的比例略低于男性。

年龄结构与身体健康状况也有很大的关系。30岁以下的人群中，身体状况良好的占87.1%，身体状况差的只占1.4%，常年患病的只占1.5%，这说明30岁以下的年轻人身体状况普遍较好；30~39岁的人群中，有72.4%的人身体状况较好，常年患病的人占1.6%；在40~49岁和50~59岁的人中，常年患病的人口比例分别为8.6%和8.2%；而60岁以上的人群中，常年患病人口的比例则达到18.8%，见表21。

表 21　重点国有林区各年龄段成年人口的健康状况　　单位:%

健康情况	30岁以下	30~39岁	40~49岁	50~59岁	60岁及以上
常年患病	1.5	1.6	8.6	8.2	18.8
残疾	0.6	1.6	0.9	2	1.2
差	1.4	3.7	6.5	7.1	13.9
一般	9.4	20.6	26.8	30.6	34.5
好	87.1	72.4	57.2	52.1	31.5

调查中还问及了职工家庭在2013年健康体检的情况，40.7%的受访者表示家庭中无人做过健康体检，24.0%的受访者表示家庭中有1人次做过健康体检，23.5%的受访者表示家庭中有2人次做过健康体检，10.5%的受访者表示家庭中有3人次做过健康体检，1.2%的受访者表示家庭中有超过3人次做过健康体检。

分林区来看，吉林森工有13.5%的受访家庭中无人做过健康体检，而37.6%的家庭有2人做过体检，30.9%的家庭有1人做过体检。在整个林区中，吉林森工属样本户家庭成员参加体检百分比最高的林区。

（六）社会保障

调查的重点国有林区职工家庭中有低保户家庭67户，占9.3%。各地低保户的补助标准大多集中在150元/月到300元/月，少数在300元/月到450元/月。在低保户家庭中，23.9%的家庭认为低保金可以满足基本的生活需要，这个满意度相比于2012年提高了12%。

调查的样本户家庭中，得到政府补助的家庭有 70 户，占 9.7%。其中，有 31.4% 的家庭是因为收入低、基本生活有困难；17.1% 的家庭是因为看病、住院；5.7% 的家庭是因为孩子上学有困难；21.4% 的家庭是因为家里遭灾；1.4% 的家庭是由于其他的原因；还有 22.9% 得到补助的家庭没有说明原因。

调查的样本户家庭中，有 1.5% 的家庭得到了民间救助。据调查，得到救助的资金在 200 元/月、300 元/月和 500 元/月不等，主要以 300 元/月为主。

在对重点国有林区“最需要的一项社会保障政策”的调查中，共有 545 户职工家庭做出了回答，其中，32.7% 的家庭选择的是加大养老保险的政府补贴，24.2% 的家庭选择的是提前退休，18.3% 的家庭选择的是关于医疗保险方面的政策(表 22)。

表 22　重点国有林区职工家庭最需要的社会保障政策

项　目	百分比(%)	项　目	百分比(%)
扩大养老保险覆盖面	9.5	计划生育	9.0
加大养老保险政府补贴	32.7	住房公积金	1.5
提前退休	24.2	医疗保险	18.3
扩大低保覆盖面	3.5	其他	1.5
提高低保金	6.4		

注：由于是多项选择，故各项占比之和不等于 100%。

三、主要结论与政策建议

(一)主要结论

就业方面，重点国有林区居民的就业主要依托于森工林业局，在大兴安岭林区尤为明显，就业单位性质多元化的格局未形成，尚有 16% 的成年人无工作；重点国有林区从事家庭经营的成年人口比例增加；一次性安置人员中还有 27.5% 的人尚处待业。

社会保障方面，经济困难职工家庭能享受到低保、政府补助等政策，满意度也有所提高；由于补助标准仍较低，大多数低保户家庭认为低保金并不能满足基本的生活需要；职工最为关心的社会保障政策仍是关于养老保险方面的政策。

住房方面，实施棚户区改造取得了较好的效果，改善了职工家庭的住房条件；各林区之间职工家庭的住房条件相差较大，特别是内蒙古森工林区，职工家庭住房情况仍较差，可喜的是，该区棚户区改造步伐较快。

子女教育和医疗卫生方面，职工家庭的教育和医疗负担有所减轻；重点国有林区存在因孩子异地寄宿上学而由家长陪读的现象，特别是内蒙古森工林区，该区学校的撤并是其寄宿陪读现象较多的重要原因之一；重点国有林区绝大部分职工家庭就医较方便，部分地区职工家庭仍面临就医不方便的难题；林区职工对医疗卫生条件的满意度有所提高，但内蒙古森工林区的满意度较低。

收入方面，职工家庭收入有所增长，但增长缓慢；收入来源相对单一，工资性收入是职工家庭最重要的收入来源，且工资水平低于城镇职工工资；职工家庭经营性收入有所下降。

（二）政策建议

1. 提高森林资源管护费标准，将造林和森林抚育补贴资金以直补的方式发放给职工，着力提高职工的工资性收入

重点国有林区居民的就业主要依托于森工林业局，而工资性收入又是职工家庭最重要的收入来源。若要实质性改善林区职工家庭的生计状况，提高职工的工资性收入就是着力点。在目前重点国有林区全面调减甚至停止商业性采伐的情况下，森工林业局的主要经济来源已由经营性收入为主转变为财政性拨款为主，职工参与森林管护、造林和森林抚育而获得工资性收入，其中，森林管护是其常年性的日常工作，而造林和森林抚育是季节性的非日常工作。目前国有林的森林管护费标准是5元/亩，而集体和个人所有的国家级公益林生态效益补偿标准为每年每亩15元，提高国有林管护费或生态效益补偿标准是迫切的也是可行的。

鉴于目前职工的造林和森林抚育补贴任务与其日常的管护工作相混，为确保职工能够切实参与造林和森林抚育工作而获得工资性收入，建议采取类似农民粮食直补的方式，将造林和森林抚育补贴资金以直补的方式发放给职工。此外，森工林业局应对参与造林和森林抚育任务的职工建立相关的档案，以便核查和跟踪管理。

2. 扶持重点国有林区职工发展林下经济，努力提高职工家庭的经营性收入

发展林下经济是重点国有林区经济转型重要的产业寄托之一，而在过去的一年，职工家庭因受自然灾害和市场环境的影响，其经营性收入出现了下滑。为此建议：一是实施林下经济补贴。将中央财政林下经济补贴试点范围扩大到重点国有林区，首先落实林下经济草本中药材种植补贴，考虑进一步落实林下食品种植补贴以及林下养殖补贴。二是健全完善金融支持体系和组织体系。联合金融机构制定林业中长期、低息贷款政策。赋予国有林地及其林下资源抵押担保权能，加快推进林下资源权能抵押贷款。扩大政策性森林保险范围，探索建立林下经济保险。三是加快在重点国有林区建设林下经济产品市场体系，创新流通方式和流通业态，加快建立现代流通体系，形成以大市场带动大流通、大流通带动大生产的良好互动格局。

3. 棚户区改造在重点关注林区老旧住房下继续推进

在重点国有林区仍有17.6%的受访家庭住的是20世纪80年代以前的老旧房子，与之前相比改善不大，这说明重点国有林区的棚户区改造过程中，对20世纪80年代的老旧房子改造力度并不大。在四个森工林区中，内蒙古森工林区住房在20世纪80年代及以前入住的比例是最高的，家庭饮用水类型主要是井水，家庭厕卫以室外非冲水厕所为主。居住在此类老旧房子的职工家庭是真正的弱势群体，棚户区改造工程在后续的推进过程中，应重点关注这部分群体和这部分住房。

4. 重视“陪读”现象，加大教育等公共资源的投入

重点国有林区存在因孩子异地寄宿上学而由家长生活陪读的现象，并且以内蒙古森工林区的情况最为严重。陪读扩大了林区职工家庭子女教育支出，且降低了家庭经济收入，使得林区职工家庭子女教育负担常年居高不下。

不可否认，陪读现象的出现，原因很多，在经济发达的城市地区也有。激烈的就业竞争或许是陪读的根本原因，但是在重点国有林区，尤其是在内蒙古森工林区，中小学校教学资源和教学条件的不足是林区陪读现象产生的重要原因。为此，需在重点国有林区加大教育等公共资源的投入。

5. 加大林区集中供暖的投入，减少林区居民因取暖做饭对森林资源的无效消耗

重点国有林区的棚户区改造确实改善了职工家庭的居住条件，但仍有一部分职工居住在平房。以内蒙古森工林区为例，职工家庭住房中平房占63%，由于燃煤较贵，其家庭炊事的主要燃料是木材，这无疑加大了森林资源保护的难度，建议中央或地方政府加大林区集中供热供暖的投入。

调 研 单 位：东北林业大学经济管理学院
调研组成员：朱洪革　曹玉昆　胡士磊　柴　乐
任　月　梁　泽　常丽博　高　敏
报告执笔人：朱洪革

浙江集体林区民生监测报告

【摘　要】本研究在2013年对浙江省集体林区民生状况调查的基础上进行了跟踪调查。结果表明：浙江省集体林区农户整体生活水平较好，但地区之间及农村内部差异较大；集体林区农户森林资源较为丰富，但林业生产对农户收入的直接贡献小，农户开始重视林业生态功能；集体林区积极实施林权改革配套政策措施，但政策实施效果尚有待提升，相关政策有待进一步完善；集体林区农户对生活整体满意度较高，但对医疗与教育服务满意度不高。研究认为：政府应因势利导积极发展生态型产业，实现生态资源经济化，促进集体林区可持续发展；创新林业经营制度，实现林地规模经营效益，积极发展非木质特色林产品；进一步加强农村公共服务建设，提高农村社会保障标准，推进就地城镇化。

集体林区既是我国森林资源分布相对集中、生态区位十分重要的区域，也是经济社会发展相对落后的地区。为了激活林区要素市场、提高林农生产积极性、增加林农收入、缩小城乡差距、促进集体林区经济社会全面发展，自2003年起，我国政府开始实施以明晰产权为核心的新一轮集体林区制度改革试点，并于2008年在全国范围内全面推开；新一轮集体林权制度改革被政府与社会各界寄予了厚望，甚至有“第三次土地改革”之称。

集体林权制度改革后，为了及时全面掌握林农的生产与生活变化、集体林区产业演变、林农对林业与森林资源的依赖程度，以及林农对集体林区主要政策的评价与诉求等方面的信息，进而对林权制度改革的成效做出客观评价，为政府部门进一步深化与完善林改后续相关配套政策措施提供决策依据，自2013年起，国家林业局委托浙江农林大学经济管理学院，对我国南方集体林区主要省份——浙江省，进行集体林区民生追踪监测调查。

鉴于农户生计状况年度变化并不明显，虽然本次调查是对2013年度样本农户进行的跟踪调查，但调查的侧重点有所不同。本报告共分8个部分，分别为调查方案设计、收入分配与支出、农户家庭生活条件、农业生产状况、对主要林业政策的认知与评价、社区公共服务可得性及其评价、农户生活满意度与林业功能定位评价，最后是结论及政策建议。

一、调查方案设计

（一）抽样方法

集体林区民生监测项目于 2013 年开始初访调查。采用分层随机抽样方法，以浙江省 53 个林区县（市）为总体，抽取临安市、开化县、龙泉市、磐安县 4 个样本县（市），在每个县（市）抽取 2 个乡镇，每个乡镇抽取 2 个村庄，每个村庄抽取 12 个样本农户①，共计 8 个乡（镇）、16 个样本村、194 户样本农户。

2014 年 7 月课题组进行了追踪调查。追踪调查时，因为客观原因以永康市作为磐安县替代样本县；另外，因为临安市武村农村居民收入结构过于单一，2014 年追踪调查也对其进行替换。在总体样本数不变下，实际追踪调查户为 103 户。

（二）调查内容

根据调查内容课题组分别设计了县级、村庄和农户共三套调查问卷。

县级问卷，以林业局主管人员为访谈对象，内容涉及样本县（市）的森林资源管理、林业产业发展、林权改革等方面内容。通过县级层面访谈可以把握样本县林业发展基本状况及其特点。

村庄问卷，以熟悉村庄基本情况的村干部（主要为村会计）为访谈对象，内容涉及样本村庄的人口、劳动力、收入结构、土地与森林资源、基础设施、社会保障、集体林权改革及村级财务状况等。通过村级问卷访谈，可对村庄经济社会发展现状及其特点做出基本判断。

农户问卷，以户主作为访谈对象，调查内容参照了 2014 年浙江省住户收支与生活状况调查方案，涉及家庭人口规模、健康、劳动力数量及受教育程度等人口统计学基本信息，家庭林（耕）地资源、住房、耐用消费品以及生产性固定资产，家庭社会网络、组织参与及培训状况，家庭金融资本与借贷，家庭消费支出，农户对自家生计和林业相关政策的评价与需求等内容。基于农户问卷调查，可以对林区农户的生产生活情况以及林农对国家相关政策的需求做出定量分析与基本判断。

（三）样本县（市）经济社会基本特征

1. 样本县（市）经济社会发展总体状况

表 1 为 4 个样本县（市）的主要经济社会发展指标。从官方统计指标来看，2013 年 4 个样本县（市）农村居民人均纯收入平均为 13691 元，总体上低于浙江全省的农村居民人均纯收入 16106 元的水平。分样本县（市）看，临安高于浙江农村平均水平，永康接近浙江农村平均水平，开化和龙泉低于浙江农村平均水平，表明抽取的样本县（市）具有较好

① 其中，龙泉市西坑下、大樟、竹舟村为 13 户样本户，永康市塘头村为 11 户。

的代表性。

表1 2013年样本县(市)主要经济社会指标

县(市)	人口(万人)	面积(万公顷)	农村居民人均纯收入(元)[1]	财政收入(亿元)	人均GDP(元)	三次产业比重
开化县	35.6	22.2	10594	9.21	26672	15:50:35
临安市	52.6	31.3	17561	48.64	77726	9:55:36
龙泉市	28.9	30.6	10365	8.52	33184	13:47:40
永康市	58.3	10.5	16243	61.39	72547	2:62:36
平均	43.9	23.6	13691	31.94	52532	10:53:37

注：(1)此处的农村居民人均纯收入指标为统计局公布数据，是本研究选择样本的县、样本乡镇和样本村庄的主要依据之一。根据浙江省2014年城乡居民调查统计方案，本研究后文将采用农民可支配收入指标来衡量收入水平。

数据来源：《2014浙江统计年鉴》。

2. 样本县(市)森林资源与林业产业发展现状

表2给出了2013年4个样本县(市)的森林资源与林业产值状况。从森林资源来看，临安、开化和龙泉森林资源较为丰富，永康相对较少。就森林面积而言，临安与龙泉均超过20万公顷，永康市为5.7万公顷；就林地面积而言，临安与龙泉均超过26万公顷，开化县为19万公顷，永康仅为6.3万公顷；就森林覆盖率指标来看，临安、开化和龙泉3个样本县(市)均高于77%，永康较低，但也在50%以上；就森林蓄积指标来看，龙泉最多达1745万立方米，开化与临安也超过1000万立方米。

表2 样本县(市)森林资源与林业发展状况(2013年)

县(市)	森林面积(万公顷)	林地面积(万公顷)	蓄积量(万立方米)	森林覆盖率(%)	林业产值(亿元)
开化县	17.9	19.0	1032	80	2.7
临安市	23.9	26.1	1074	77	15.9
龙泉市	26.6	26.6	1745	84	4.3
永康市	5.7	6.3	194	54	0.4
平均	18.5	19.5	1011	74	5.8

数据来源：《2014浙江统计年鉴》。

从林业产值来看，临安的林业产业较为发达，2013年林业产值达15.9亿元，龙泉和开化次之，分别为4.3亿元和2.7亿元，永康林业产值相对较低，为0.4亿元。从森林资源来看，临安并不是最丰富的，但由于其特色经济林产业较为发达，是我国著名的“山核桃之乡”和“竹子之乡”，山核桃与竹笋是当地农民重要的经济收入来源，林业产业相对发达，说明非木质林经营对林业产业发展具有重要意义。

(四)样本农户基本情况

表3为2013年194户样本农户基本特征。从家庭常住人口数量、家庭劳动力数量等指标来看，样本农户与浙江省农村平均水平基本相当。从收入水平来看，样本农户2013

年人均可支配收入为 16688 元①，略高于浙江省农户居民人均纯收入水平。不过需要注意的是，人均可支配收入与人均纯收入指标不完全可比，两者之间有一定的差异，一般而言可支配收入指标会略低于纯收入指标。

表 3 样本农户基本特征

指 标	开 化	临 安	龙 泉	永 康	样本平均	浙江农村
家庭总人口(1)(人/户)	3.9	4	4.6	3.5	4	—
常住人口(2)(人)	3.3	3.6	3.5	2.8	3.4	3.6
家庭劳动力数(3)(人)	2.2	2.6	2.4	1.9	2.3	2.4
教育程度(年)	4.8	6.4	5.4	7	5.8	7.2
从事非农人数(人)	2.1	2.9	2.4	2.2	2.8	—
人均可支配收入(元)	9461	25211	11849	20409	16688	16106(4)
户主教育程度(年)	5	6	5.2	7	5.8	—
户主年龄(岁)	56	55.8	52.2	57.7	55.4	—

注：(1)家庭总人口是指与本户共享生活开支与收入的人，还包括本户供养的在外学生，为分家的务工人员，轮流居住的老人，在户居住的孙子、孙女、外甥、外甥女。(2)家庭常住人口是指在家居住超过 6 个月的家庭人员，并且包括由本住户供养的在外上学的学生。(3)劳动力有整、半劳动力之分，整劳动力是指男子 18 周岁到 50 周岁、女子 18 周岁到 45 周岁有劳动能力的人；在以上年纪之外但能经常参加劳动的计入半劳动力。(4)浙江省农村收入水平指标为人均纯收入，而非人均可支配收入。

资料来源：调查数据整理和《2014 中国统计年鉴》《2014 浙江统计年鉴》。

二、收入分配与教育、医疗及人情消费支出

本节重点描述 2013 年集体林区农户家庭人均可支配收入水平及构成，2012～2013 年收入变动状况，收入不平等性，及教育、医疗与人情消费支出。

(一)收入水平与结构

按照国家统计局新的城乡住户调查方案与统计口径(2014 年)，本研究采用人均可支配收入指标来反映农村住户收入状况。

1. 2013 年样本户收入水平与结构

表 4 和图 1 分别为集体林区样本户人均可支配收入水平及其构成情况。从收入水平来看，2013 年样本农户人均可支配收入 16688 元，总体收入水平较高，但不同县(市)之间差异十分明显，其中临安最高达 25211 元，开化县最低仅为 9461 元，前者是后者的 2.7 倍。

从收入结构来看，农户收入以工资性和经营性收入为主，分别占人均可支配收入的 37.1% 和 48.2%，其次是转移性收入占 12.1%，财产性收入所占比重很小，仅为 2.7%。

① 根据 2014 年城乡居民调查方案，本研究采用人均可支配收入指标来反映农村居民收入水平，该指标与传统的农民人均纯收入指标有一定的差异。

如果按照农业收入与非农收入口径划分，样本农户人均非农收入为12681元，占人均可支配收入的76%，农业（农林牧渔）收入占24%。在农业收入中，以种植业收入为主，占农业收入的56.9%，林业收入占28.1%，而木材收入很低，仅占农业收入的4.4%。林业收入和木材收入分别占人均可支配收入的6.7%和1.1%，表明非农收入是集体林区农户主要收入来源，林业对于样本农户收入的贡献较小，样本农户对木材的直接依赖程度很低。

表4　2013年集体林区样本户人均可支配收入　　单位：元

	开　化	临　安	龙　泉	永　康	样本平均	浙江农村
人均可支配收入(1)	9461	25211	11849	20409	16688	16106(2)
人均经营净收入	4200	13808	5323	8890	8037	5757
自营工商净收入	1979	7936	2297	3943	4031	—
种植业纯收入	1297	2188	1354	4334	2278	—
林业纯收入	952	2242	1172	111	1125	122
其中：木材	530	19	154	0	176	—
畜牧纯收入	-28	1443	500	502	604	—
人均工资性收入	3934	8643	4694	7558	6192	8577
人均财产净收入	184	533	143	937	445	646
人均转移净收入	1143	2227	1688	3024	2014	1126

注：(1)为保证样本的代表性，该指标剔除1户异常值，即剔除大于均值三倍标准差的值，本表数据样本量为193。(2)该指标为浙江省农村人均纯收入。

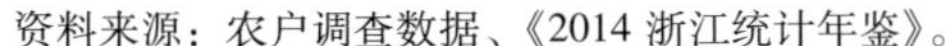
资料来源：农户调查数据、《2014浙江统计年鉴》。

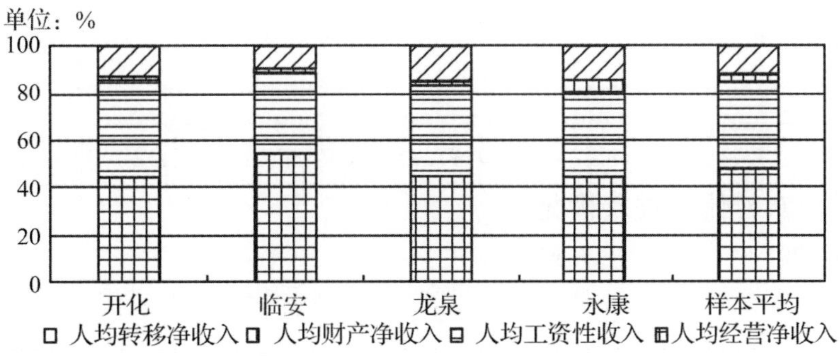

图1　集体林区农村居民人均可支配收入结构差异

2. 2012～2013年收入水平和结构变化情况

如前所述，由于2014年调查样本户有较大的变动，并且部分调查统计指标有所调整，导致两年收入不完全可比。为了比较农户收入年际变化情况，本节以103户追踪样本户为对象，按照同样的统计口径，对其2012～2013年的收入水平与结构状况进行对比分析，见表5。

表 5　2012～2013 年追踪户收入水平与结构变化情况　　单位：元

	开　化		临　安		龙　泉		样本平均	
	2012	2013	2012	2013	2012	2013	2012	2013
人均可支配收入(1)	12812	10703	21672	24688	10448	10577	14850	15051
人均经营净收入	6658	4094	9169	10909	5961	4074	7227	6226
自营工商净收入	1745	810	5117	5664	2018	1649	2888	2596
种植业纯收入	1473	1199	1626	2232	2714	1184	1898	1518
林业纯收入	2636	1082	2159	2459	913	857	1963	1446
其中：木材	1273	652	213	38	116	187	589	318
畜牧纯收入	681	839	267	353	350	355	450	539
人均工资性收入	4949	5626. 4	10416	11964	3662	5131	6260	7459
人均财产净收入(2)	474	211	542	422	199	159	409	261
人均转移净收入(3)	730	770	1543	1391	625	1210	952	1103

注：(1)调查样本中共 103 个追踪户，剔除之前计算收入的人均可支配收入大于(或小于)均值的三倍标准差的农户，得到 102 户农户的数据。(2)财产性净收入＝财产性收入（未扣除财产性支出）。(3)用 2013 年的转移性支出占转移性收入比重来推算 2012 年的转移性支出，从而计算出 2012 年的转移性净收入；对于 2013 年转移性收入为 0，无法计算出其比例的，默认其转移性支出为 2013 年的 0. 8，然后计算其净收入。用 2013 年固定资产折旧来推算 2012 年固定资产折旧，即 2012 年固定资产折旧＝2013 年所计算的固定资产折旧。

资料来源：农户调查数据。

图 2 为 2012～2013 年人均可支配收入结构的变化。从整体来看，追踪样本农户 2012 年人均可支配收入为 14850 元，2013 年为 15051 元，年均收入增长 1. 3%，远低于浙江省统计局公布的 2012～2013 年农民人均收入 10. 7% 的增长幅度；而且，不同样本县之间增长幅度差异十分明显，其中临安市农村居民收入增长率为 13. 9%，龙泉为 1. 2%，开化为－16. 5%。

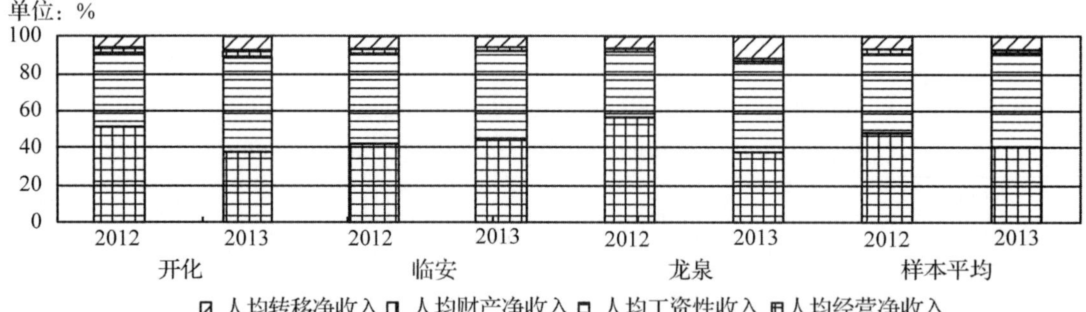

图 2　2012～2013 年人均可支配收入结构的变化

调查发现，开化县收入没有增长甚至出现下降，可能的原因是：一方面，自 2013 年开始，开化县启动了"国家东部公园"建设工程，加强了生态保护力度，导致农户林业收入特别是木材收入大幅度下降，人均林业纯收入从 2012 年的 2636 元下降到了 2013 年的 1082 元。另一方面，则由于国家宏观经济增速趋缓，农户自营工商与外出务工增长幅度也不明显，从而导致农户整体收入增长幅度偏低甚至出现负增长。

(二)收入不平等

本文用人均可支配收入5等分分布状况和基尼系数两个指标来反映农户收入不平等状况。

图3为2013年样本平均人均可支配收入5等分分布情况，表6为2013年4县(市)人均可支配收入5等分的分布情况，表7则为样本农户基尼系数。从图3可以看出，最高的20%农户的收入均值为40988元，最低的20%农户的收入均值为3474元，前者是后者的12倍；从表6样本农户人均可支配收入5等分分布来看区域之间存在明显差异，临安市最高的20%农户平均收入水平为47882元，开化县较低，为36746元。

从基尼系数来看，2013年集体林区农户内部基尼系数为0.41(表7)，略低于同期全国农村基尼系数0.473的水平。不过值得注意的是，基尼系数与收入水平呈现反向相关关系，即随着经济发展水平的提高，基尼系数呈现逐步下降趋势。这可能是随着经济发展水平的提高，政府在收入再分配，特别是低收入群体的社会保障方面做得更好，从而降低了社会不平等性。这也进一步说明，集体林区经济发展，是实现共同富裕的基础保证。

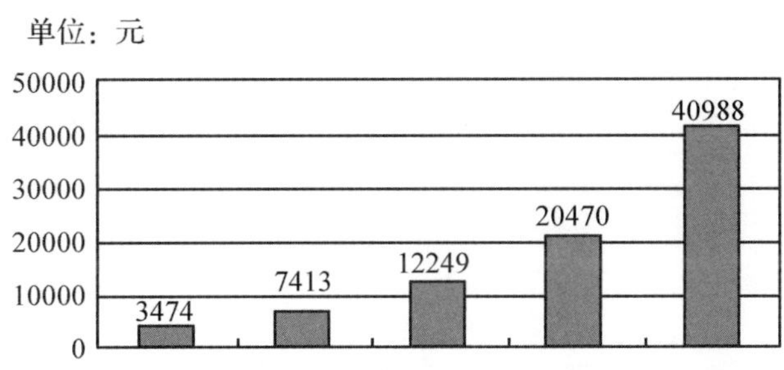

图3 样本平均人均可支配收入5等分分布情况

表6 人均可支配收入5等分分布情况 单位：元

县(市)	开化	临安	龙泉	永康
最高(20%)	36746	47882	34797	37326
次高(20%)	20636	21073	18914	20606
中等(20%)	10928	12553	12301	12547
次低(20%)	7156	7070	7380	7651
最低(20%)	2824	3818	3310	3946

资料来源：农户调查数据整理。

表7 2013年集体林区农村居民基尼系数

	开化	临安	龙泉	永康	平均
基尼系数	0.49	0.35	0.45	0.36	0.41
平均收入	9461	25211	11849	20409	16688

注：(1)基尼系数的计算采用胡祖光(2004)提到的方法。$G=(4\times P_5-4\times P_1+2\times P_4-2\times P_3)/5$，其中$P$指各5分组收入占总收入的比重。

资料来源：农户调查数据。

（三）家庭支出

家庭消费支出是反映家庭生活状况与生活水平的重要指标。近年来，随着农村居民收入水平的不断提高，2013 年样本户人均教育支出快速增长，其中，开化县为 640 元，占收入 7%，永康市为 1123 元，占收入的 5%，4 市县平均支出为 873 元，占收入的 5%；文化娱乐支出户均达 543 元，占收入的 3%；医疗保健支出越来越高，户均 1209 元，占收入的 7%，其中，永康市高达 2926 元，占收入 14%（表 8）；人情消费愈演愈烈，平均大 1864 元，占收入的 11%。教育、文化娱乐、医疗保健、人情消费等方面的支出所占比重日益增大，分别占人均可支配收入的 5%、3%、7% 和 11%，成为家庭支出的重要部分。

表 8　2013 年样本农户教育、文教娱乐、医疗保健和人情支出

指　标	开　化		临　安		龙　泉		永　康		样本均值		浙江农村	
	绝对值（元）	占比（%）	绝对值（元）	占比（%）	绝对值（元）	占比（%）	绝对值（元）	占比（%）	绝对值（元）	占比（%）	绝对值（元）	占比（%）
人均可支配收入	9461	—	25211	—	11849	—	20409	—	16688	—	16106	—
文化娱乐	397	4	592	2	449	4	745	8	543	3	444	3
教育	640	7	891	3	845	7	1123	5	873	5	604	4
医疗保健	905	10	1039	4	1684	14	2926(1)	14	1209	7	944	6

注：（1）剔除永康 2 户医疗费用异常的户。
资料来源：农户调查数据、《2014 中国统计年鉴》《2014 浙江统计年鉴》。

三、家庭生活条件

除了家庭收支情况外，家庭生活条件也是反映农户生活水平的重要指标，本节主要以家庭住房和耐用消费品拥有量两大指标来反映集体林权农户家庭生活条件状况。

（一）家庭住房条件

本报告选取家庭住宅套数、住房年限、人均住宅面积等指标来反映农户家庭住房条件。据样本户调查统计，户均住宅套数为 1.2 套，住房年限在 15～29 年；开化、临安、龙泉和永康 4 县（市）的人均住房面积分别为 77 平方米、67 平方米、45 平方米、71 平方米。4 县（市）样本户人均住房面积为 65 平方米，略高于浙江省农村人均居住面积 61 平方米。

（二）家庭耐用消费品拥有量

浙江省集体林区每百户家庭电视机拥有量 155 台，最高的临安市达 225 台；电冰箱 94 台，临安市达 116 台；电脑为 49 台，最少的龙泉市为 32 台；小轿车 25 辆，永康市为 36 辆；摩托车 38 辆，最少的永康市为 21 辆。洗衣机和空调等拥有量相对较少，平均为 57 台和 66 台，这主要是由于林区的森林覆盖率高，气温相对宜人，河流溪水相对丰富的原因。

四、农业(种植、林业、畜牧)生产

本节从集体林区农户家庭林(耕)地资源与流转、近5年家庭造林与森林抚育投入，农林业生产技术需求等几个方面来描述与反映集体林区农业生产状况。

(一)家庭林(耕)地资源与流转

林地和耕地是集体林区农户最为重要的自然资源，是农户维持基本生计的重要载体。表9和表10分别为样本农户家庭林地与耕地拥有与土地流转情况。

1. 集体林区林地资源较为丰富

据调查，样本户均耕地面积3.99亩，人均耕地面积1.14亩；户均林地面积24.02亩，人均林地面积6.98亩。人均林地面积远高于浙江省农村人均2.06亩的水平(表9)。

表9 样本户家庭土地状况

指标	开化	临安	龙泉	永康	样本平均	浙江农村	全国农村
家庭耕地面积(亩/户)	3.49	3.81	5.20	3.35	3.99	—	—
其中：水田面积	2.08	2.23	4.19	2.59	2.79	—	—
旱地面积	1.41	1.59	1.02	0.76	1.20	—	—
人均耕地面积(亩/人)(1)	1.10	1.23	1.29	0.91	1.14	0.54	2.34
家庭林地面积(亩/户)	21.13	30.68	34.51	8.77	24.02	—	—
其中：经济林	1.17	7.52	0.16	1.6	2.58	—	—
用材林	18.96	11.77	12.78	6.96	12.65	—	—
竹林	0.99	8.95	6.46	0.20	4.20	—	—
其他	0.01	2.44	15.11	0.01	4.59	—	—
人均林地面积(亩/人)(1)	5.75	9.15	10.3	2.37	6.98	2.06	3.44
生态公益林(亩/人)	0.42	0.23	4.42	0.88	1.56	—	—

资料来源：农户调查数据、《第八次浙江省森林资源清查成果》。

2. 集体林区林地流转市场滞后于耕地市场

集体林区耕地流转市场已有一定发展，4县(市)样本户参与耕地流转的农户比例达54.64%。其中，转出农户26.80%，转入农户27.84%(表10)。相比而言，林地流转市场发育明显滞后，参与林地流转的农户比例仅为24.75%。其中，17.53%的农户转入，7.22%的农户转出。参与林地流转农户比例最高的是临安市，达39.58%。其中，流入户占33.33%，流出户占6.25%。

表10 样本户家庭林地与耕地流转情况 单位:%

指标	开化	临安	龙泉	永康	样本平均
流出耕地的农户比例	16.67	27.08	31.37	31.91	26.80
流入耕地的农户比例	20.83	33.33	29.41	27.66	27.84
流出林地的农户比例	2.08	6.25	9.8	10.64	7.22

（续）

指　标	开　化	临　安	龙　泉	永　康	样本平均
流入林地的农户比例	12.5	33.33	13.73	10.64	17.53
流出耕地面积	0.2	0.49	1.27	0.82	0.7
流入耕地面积	0.56	0.91	1.41	1.26	1.04
流出林地面积	0.21	0.4	0.5	0.29	0.35
流入林地面积	6.25	14.61	2.34	0.97	6.01

资料来源：农户调查数据。

（二）近 5 年造林与森林抚育投入

造林与森林抚育投入是反映农户从事林业生产积极性的重要指标。表 11 和表 12 分别是最近 5 年集体林区农户造林和森林抚育投入情况。

表 11　近 5 年样本农户造林情况

指　标		开　化	临　安	龙　泉	永　康	样本平均
近 5 年造林农户比例（%）		54.2	39.6	39.2	19.2	38.1
户均造林面积（亩）		6.7	4.6	4.6	2.2	5.3
造林林种比例[(1)]（%）	经济林	22	80.7	10.7	100	41.7
	竹林	2	19.3	7.2	0	7.5
	用材林	76	0	82.1	0	50.8
平均造林成本（元/亩）[(1)]		790.4	2966.6	647.3	1441.1	1378.8

注：（1）此处的林地是按照农户近 5 年造林时间最近的 3 块林地统计的。
资料来源：农户调查数据。

表 12　近 5 年样本农户森林抚育情况

指　标	开　化	临　安	龙　泉	永　康	样本平均
近 5 年用材林抚育农户比例（%）	58.3	14.6	51	2.1	32
户均抚育面积（亩）	8.5	2.6	6.3	2	6
平均抚育成本（元/亩）[(1)]	225.8	298.4	209.3	100	224.5
获得政府补贴的农户比例（%）[(1)]	25	0	5.9	0	7.7
每亩补贴标准（元/亩）[(1)]	157	—	—	122.5	151

资料来源：农户调查数据。

据调查统计，近 5 年参与造林的农户占样本户的 38.1%，户均造林 5.3 亩，其中用材林占 50.8%，经济林占 41.7%，竹林占 7.5%（表 11）。造林成本平均每亩为 1379 元，其中，用材林为 353 元/亩，经济林 2724 元/亩，竹林 863 元/亩。

在 4 个样本县（市）中，因自然条件土地资源的不同而存在差异。开化县参与造林的农户最多，占 54.2%，户均造林 6.7 亩，以用材林为主，占 76%，每亩成本 790 元（表 11），获得政府补贴的农户占 19%，每亩用材林补贴 60 元。

4 个样本县（市）在积极开展造林的同时积极组织森林抚育。近 5 年参与抚育的农户达32%，户均抚育面积6亩，占户均林地的25%，平均每亩投入224.5元。开化县有58%的农户参与抚育，其中有25%的农户得到财政补贴，每亩为157元(表12)。

(三)农户对农林业生产技术与培训的需求

生产技术对促进农林业生产具有重要作用。农户对农林业生产技术与培训具有如下特点。

(1)从技术来源渠道看，农户的农林业生产技术以经验积累为主，现有农技推广体系作用有限。具体而言，开化、临安、龙泉和永康4县(市)样本户农业生产技术来源中分别有79.0%、64.6%、54.9%和34.0%凭自己经验；对林业生产技术来源分别有76.9%、62.5%、31.3%和27.7%凭自己经验积累。通过政府途径获得技术的样本农户比例均不足11%，通过参加集中培训获得技术的比例更低，均不到2%。

(2)从农户对技术的重要性与需求意愿来看，大约50%的样本农户认为农林业生产技术对他们而言不重要或不需要，反映出农户对生产技术在发展生产中的重要性认识不足。在有技术需求的农户中，主要以新品种和病虫害防治为主，对科学施肥技术需求均不到6%。

(3)从农户参加技术培训以及技术培训的偏好来看，目前集体林区农户参与技术培训的机会不多，认识不足。最近5年参与技术培训的样本农户比例最高的为临安也只有12.5%，最低的为龙泉，仅有1.3%，4县(市)平均不到10%；参与培训农户表示，效果最好的技术培训是由政府部门组织的，占48.6%，这与现有培训还主要以政府提供为主有关；对培训方式，超过70%的参与农户认为集中上课方式的效果最佳，其次是现场指导。

五、对主要林业政策的认知与评价

近年来，为了进一步深化改革，激活林区要素市场，促进林区经济社会发展，集体林区在完成林权主体改革的基础上，大力推行林权抵押贷款、森林保险、生态公益林补偿、森林采伐限额等一系列的配套改革措施。及时掌握这些配套改革措施的实施状况，了解集体林区农户对这些配套改革措施的认知与评价，可为今后进一步深化与完善集体林区改革提供决策参考。

(一)样本县主要林业政策的实施情况

1. 林权抵押贷款政策实施状况

自2001年开始试点实施林权抵押贷款，到目前为止4个样本县(市)均已开展了这一业务。在4个样本县(市)中，龙泉市较早开展了林权抵押贷款业务，并且市场发展相对较好。自2007年龙泉市开始实施林权抵押贷款政策，由政府部门出台林权抵押贷款贴息和奖励政策，推出了抵押贷款、担保贷款、反担保贷款、小额循环抵押贷款等多种贷款形式。以林权抵押贷款较成熟的龙泉为例，贷款年限一般为一年期，最长期限为三年，贷款利率根据不同的机构有所不同，基准年息 6%，农信社年息 10.2%，农发行年息 6.3%，农业银行年息 7.8%，邮政银行年息 9%。截至到 2013 年 10 月底，全市累计发放贷款 15.7 亿元，对林业生产发挥了较大的支持作用。此外，开化与临安林权抵押贷款业务也有一定的发展，永康虽然已经推行林权抵押贷款，但实际需求不强。

2. 森林保险政策实施状况

目前，4 个样本县(市)均已开展森林保险业务，主要有火灾险与综合险等。公益林每亩保险金额 100 ~ 300 元；用材林每亩保险金额 200 ~ 800 元；竹林每亩保险金额 500 ~ 1000 元；经济林通常按株数投保，投保金额因为品种与树龄而异。保费由中央、省、市财政和林农按比例分摊，给予公益林 50%，商品林 30% 的保费补贴；公益林火灾保险费率为 1.5‰，中央、省、县按 50∶20∶30 分摊；商品林火灾保险费率为 1.5‰，中央、省、县、林家按 30∶18∶27∶25 分摊；竹林保险费率为 8‰，中央、省、县、林家按 30∶18∶27∶25 分担。但从目前实际执行情况来看，森林保险投保对象以生态公益林为主，一般由县级政府统一办理投保并支付保费，农户个人参与森林保险的比例不高。

3. 生态公益林建设与补偿情况

自 20 世纪 90 年代末，我国开始实施森林分类经营，开始实施生态公益林建设工程，并由中央与地方财政共同出资建立生态公益林补偿基金，对生态公益林给予一定的补偿。据统计，到 2013 年年底，开化共有国家级生态公益林 87.6 万亩，省级 25.9 万亩，县级 10.9 万亩；临安有国家级生态公益林 54.5 万亩，省级 53.9 万亩；龙泉有国家级生态公益林 97.7 万亩，省级 64.8 万亩；永康有省级生态公益林 38.5 万亩。近年来，浙江省不断提高公益林补偿标准，省级以上生态公益林的补偿标准已经从 2003 年的 5 元/亩上升到 2013 年的 25 元/亩。

4. 森林采伐限额政策实施情况

近年来林业主管部门对森林采伐限额制度进行了不断地修改与完善，逐步放宽对森林采伐限额指标的限制。从 4 个样本县(市)的总体执行情况来看，近 5 年来森林实际采伐量均小于森林采伐指标，表明森林采伐限额对样本地区的实际限制作用在减弱。

(二)样本地区农户对主要林业政策认知与评价

1. 农户对林权抵押贷款知晓程度低，申请林权抵押贷款意愿不强

目前集体林区农户对林权抵押贷款知晓程度低，申请林权抵押贷款意愿不强。以目前最为主要的直接林权抵押贷款为例，在受访农户中听说过林权抵押贷款的比例仅为 31.4%，申请过直接林权抵押贷款的农户比例仅仅为 1.6%。没有申请的农户中，接近 80% 的农户表示不愿意申请林权抵押贷款，在不愿意申请的农户中有 80% 的表示主要原因是不需要，另有 13% 的农户认为手续太繁琐。说明在当前条件下，农户对林权抵押贷款需求意愿不强。

2. 农户对森林保险认知程度与需求意愿较低

从调查结果看，尽管样本县(市)已经普遍实施森林保险政策，但农户对森林保险认知程度与需求意愿普通较低。具体而言，在样本农户中77.8%的农户表示没有听说过森林保险，接近一半的农户认为在当地还没有开展森林保险业务，说明农户对森林保险并不关注，而且有54.3%的农户表示不愿意购买森林保险。当问到如果购买保险，在林种与险种选择时，首选林种为用材林占51.2%，其次为竹林占24.4%，经济林占23.3%。对险种的选择集中在综合险，占50.0%，火灾险占45.5%。

3. 农户山林被划入生态公益林比例高，补偿标准依然偏低

从调查结果看，样本农户中山林被划入生态公益林的比例较高。在所有样本农户中，有58个农户有部分或全部林地被划入生态公益林，占样本农户总数的29.9%，其中龙泉市高达43.1%，开化县仅12.5%。在有山林被划入生态公益林的农户中，户均生态公益林面积为16.2亩，其中，龙泉市多达29.6亩，最少的地区为临安市仅为5.8亩。被划入公益林的林地主要为用材林，占比82.8%。对于生态公益林补贴标准，有39.7%的样本农户表示满意，有29.3%的农户表示无所谓，但也有31.0%的样本农户表示补偿标准偏低，认为生态公益林补贴标准应提高到每亩50~60元比较合适(表13)。

表13 农户对生态公益林补偿政策的评价

指标		临安	开化	龙泉	磐安	平均
有生态公益林的农户比例(%)		25.0	12.5	43.1	38.3	29.9
生态公益林面积(亩/户)(1)		5.8	8.0	29.6	9.5	16.2
对公益林补贴标准满意度(%)	满意	33.3	50.0	36.4	44.4	39.7
	不满意	33.3	33.3	45.4	11.1	31.0
	无所谓	33.3	16.7	18.2	44.4	29.3
至少补贴多少比较合适(元/亩)		53.8	26.7	66.0	75.0	58.2

注：(1)此处统计的是家里有生态公益林的农户。
资料来源：农户调查数据。

4. 农户对森林采伐限额政策知晓程度高，采伐限额政策对农户限制有限

农户对森林采伐限额的认知与评价。在样本农户中，有67.5%的农户知道森林采伐限额政策，说明该政策在普通农户中知晓程度相对较高(表14)。值得注意的是，只有16.0%的农户认为现有的森林采伐限额，会对其自家森林经营有很大影响；约有70%的农户表示近5年没有可采伐森林，另外在30%有可采伐森林的农户中，也有近65%的被访者表示没有去申请采伐指标。究其原因，不需要的占28%，认为手续太麻烦的占比28%，认为申请很难而不申请的占比20%。说明从总体来看，森林采伐限额制度对农户的森林经营影响不大，因农户经济来源对用材林依赖度较小。

表14　农户对森林采伐限额认知情况　　单位:%

指　标	选　项	开　化	临　安	龙　泉	永　康	平　均
是否知道森林采伐限额	知道	79.2	68.8	70.6	51.1	67.5
	不知道	20.8	31.3	29.4	48.9	32.5

资料来源：农户调查数据。

六、社区公共服务可得性及其评价

农村公共服务，是指由政府及其他机构举办的，为农业生产、农村社会发展和农民日常生活提供的各种服务的统称。根据农村现实需要选取集体林区在医疗卫生、教育、道路等公共服务的供给和样本农户对其满意度状况衡量集体林区公共服务的供给情况。

(一)集体林区村级公共医疗卫生条件有待改善

据调查结果，目前拥有诊所的村庄开化县为75%、临安市为50%、龙泉市为25%、永康市为25%，4县(市)平均仅为44%；认为当地医疗卫生条件非常好的仅占14%，比较好的占39%，不满意的占29%。但不同县(市)之间差异较大，其中临安市满意度最高，认为非常好和比较好的比例达66%，其次是开化与永康，分别为54%和51%，龙泉市最低，仅有41%的人认为比较好。

(二)集体林区农户对教育条件的满意度低

儿童教育条件是村民非常关心的问题。据样本村的调查，4县(市)平均只有不到20%的村庄有幼儿园，其中开化县2个村、临安市1个村。拥有小学的村庄比例为12.5%，其中开化县和龙泉市各1个；村庄离最近高中和初中的平均距离，分别达到22.7千米和16.2千米。集体林区农民对教育条件的评价普遍很低，认为教育条件“非常好”和“比较好”的受访者比例仅为3%和20%。

(三)集体林区农户对公共道路交通较为满意

从各样本村交通情况来看，16个样本村全部实现了通柏油路，81.3%的村有通往县城的公交车。受访者对村庄道路交通设施满意度较高，认为交通条件“非常好”和“比较好”达到64%。

七、农户生活满意度与林业功能定位评价

(一)集体林区农户对生活满意度评价

1. 集体林区农户对当前的以及未来的生活满意度较高

对于目前的生活状况，4县(市)受访农户中有80.41%的比较认可，其中临安市被访农户中有20.83%非常满意，58.33%表示满意，8.33%表示比较满意，整体认可度最高，

合计87.49%的农户对当前生活状况表示满意；对未来的生活前景，不同地区虽然略有差异，但4县(市)受访农户都有70%以上的农户认为以后的生活会越来越好。

2. 农村居民迁往城市居住的意愿并不强烈

从总体上来看，在所有调查人口中，已经在城市居住的农村居民占10.5%，25.5%的人表示打算迁往城市居住，58.6%的人表示不打算迁往城市居住，其余5.4%的人表示不确定；另外，愿意迁往城市居住的农户主要集中在18~39岁村民，占46.9%，40~50岁的村民仅占12.2%，随着年龄的增长而下降。可以看出，农村居民迁往城市居住的意愿并不强烈。

3. 医疗保障是集体林区农户最担心的问题

据调查，农户对未来生活中担心的问题有养老保险，自然灾害，子女婚姻等，而最为关注的是医疗保障。平均有27.5%的农户表示“未来生病交不起医药费”是其最为担心的问题，这一结果说明尽管农村新型医疗合作制度已经基本覆盖，但医疗保障程度仍然偏低，未能有效消除村民对医疗保障方面的担忧，今后需要继续提高保障水平。另外，有11.1%的农户担心发生自然灾害，有9.5%的农户担心子女婚嫁压力。

(二)集体林区农户对林业主要功能的认知与评价

1. 农户对林业生态功能的认知与评价较高

据调查，4县(市)受访农户中有55.67%的受访者认为当前林业最重要的功能应该是保护生态，永康市达72.34%，有60.31%的受访者认为保护生态是未来林业最重要功能，其中开化县为70.83%，临安市为62.50%。超过七成受访者认为，生态保护比经济发展更重要或至少是同等重要。尽管不同县(市)受访者对上述问题的回答存在明显差异，但总体上来看，农村居民的生态保护意识较强，表明其对林业的经济依赖较弱。

2. 村民对当地生态环境状况较为满意

从表15可以看出，近四分之三的受访者认为当地生态环境质量是变好的，认为没有什么变化的为20%，认为变差的仅为6%，说明从总体上来看，近年来农村生态环境整体上趋于改善，农村居民对其评价趋于正面。

表15 受访者对当地环境状况的评价 单位:%

指标		开化	临安	龙泉	永康	平均
农户所在地区近年来环境变化	变好	81.25	68.75	70.59	76.60	74.23
	变差	2.08	14.58	3.92	4.26	6.19
	没什么变化	16.67	16.67	25.49	19.15	19.59

资料来源：农户调查数据。

八、主要结论与政策建议

（一）主要结论

1. 浙江省集体林区农户整体生活水平较好，但地区之间及农村内部差异较大

调查结果显示，2013 年 4 个集体林区样本县农户人均可支配收入达 16688 元，户均拥有住房 1.2 套，人均住房面积达 65 平方米，家庭耐用消费品拥有量与浙江省农村平均水平相当，说明从总体上来看，集体林区生活水平较好。不过，不同县（市）之间收入水平差异较为明显，人均可支配收入最高的是临安为 25211 元，最低的是开化，前者是后者的 2.7 倍。此外，集体林区内部基尼系数达 0.41，高于国际公认的 0.40 警戒线，说明集体林区内部差异较为明显。不过，值得注意的是随着收入水平的提高，内部贫富差距呈现逐步缩小的趋势。

2. 集体林区农户森林资源较为丰富，但林业生产对农户收入的直接贡献小，农户开始重视林业生态功能

集体林区人均林地面积达到 6.98 亩，远高于浙江省与全国农村水平，森林资源禀赋好。但是从收入贡献角度来看，2013 年集体林区农民人均林业收入 1125 元，仅占可支配收入的 6.7%，木材收入仅为 176 元，所占比重不足 1.1%。表明尽管集体林区森林资源十分丰富，但林业特别是木材生产对农户家庭收入贡献较小，农户对林业特别是木材的直接依赖较弱。与此同时，非农收入占人均可支配收入的比重达 76%。调查表明，有 55.67% 的受访者认为当前林业最重要的功能是保护生态，有 60.31% 的受访者认为未来林业最重要的功能是保护生态。当问及“生态保护和经济发展哪个更重要?”时，接近四分之三的受访者认为生态保护至少比经济更重要或至少是同样重要。表明不管从收入贡献，还是农户的主观认知角度来看，在集体林区林业的直接经济功能逐渐下降，农户开始注重林业的生态保护功能。

3. 集体林区积极实施林权改革配套政策措施，但政策实施效果尚有待提升，相关政策有待进一步完善

目前集体林区林权主体改革已经完成，为了进一步深化改革，激活林区要素市场，促进林区经济社会发展，集体林区大力推行林权抵押贷款、森林保险、生态公益林补偿、森林采伐限额改革等一系列的配套政策与措施。调查结果表明，集体林区农户对林权抵押贷款与森林保险的认知与参与程度均比较低，在受访者中，仅有 31.4% 受访者听说过林权抵押贷款，申请过直接林权抵押贷款的农户比例仅仅为 1.6%。尽管森林保险已经全面推开，但主要由县级政府统一办理投保，有接近八成农户表示没有听说过森林保险，而且超过一半的农户表示不愿意购买森林保险。上述调查结果表明，虽然近年来集体林区在积极地全面推行集体林区配套改革措施，但从农户角度来看，目前的改革措施对农户激励与促进林业生产的作用较为有限，政策实施效果并不明显。究其原因主要是浙江这样经济较为发达的地区，林业生产在国民经济中的份额不断下降，林业对农户收入的贡献很小，农户对林业发展支持政策的需求不强。另外，值得一提的是，根据调查样本县森林采伐指标均大于实际采伐量，说明在浙江这样经济较为发达的地区，实现森林采伐指标控制的实际意义开始弱化，也为森林采伐限额制度改革提供了客观条件。

4. 集体林区农户对生活整体满意度较高，但对医疗与教育服务满意度不高

研究表明，集体林区农村居民对于目前及其未来的生活的满意度较高，有87.49%的居民对当前生活状况表示“非常满意”和“满意”；有超过四分之三的受访者认为自己未来的生活会越来越好；超过一半的农户表示住在农村好，不愿意迁往城市居住，表明当前集体林区农户对其自身当前生活状态和未来生活前景均较为满意。总体来看，集体林区农户对道路交通、生活饮用水等硬件基础设施满意度较高，但是对于农村教育、医疗保障等方面的满意度仍然偏低，认为农村教育条件“不太好”和“很不好”的比例超过55%，认为教育条件“非常好”和“比较好”的比例不超过四分之一；虽然有接近一半的农户认为农村医疗设施条件“非常好”和“比较好”，但仍然有接近三分之一的农户担心未来生病交不起医药费。

（二）政策建议

1. 因势利导积极发展生态型产业，实现生态资源经济化，促进集体林区可持续发展

当前集体林区农户就业与收入结构发生了很大变化，非农收入已经成为林农收入主要来源，农户对森林的直接经济依赖已经很小。与此同时，在物质生活水平不断提高的同时，生态环境恶化趋势日益严重，城市居民对生态休闲服务需求不断提高；走进乡村、走进森林已经成为城市居民一种生活方式。因此，对于集体林区而言，应该充分利用农村良好生态环境资源优势，在区位交通条件适宜的地区，在做好规划，保护好生态环境的前提下，适当发展生态休闲旅游产业，将集体林区丰富的生态资源优势转变为经济优势，增加集体林区农民就业渠道，提高农民经济收入，促进集体林区可持续发展。

2. 创新林业经营制度，实现林地规模经营效益，积极发展非木质特色林产品

集体林区农户森林资源相对较为丰富，但由于一般采用平均分配方式将集体林地分给农户，导致单个农户经营规模普遍偏小，林业生产在普通农户家庭的收入中的贡献度很低，一般农户经营森林的积极性不高。同时，由于集体林区农户林地流转市场发育不完善，有意愿有能力经营森林者又往往无法集中适度规模林地，实现林地规模经营效益，提高单位面积林地资源产出效率。因此，建议通过创新林地经营制度，积极发展林地股份合作经济组织等形式，将林地资源进行适当集中，实现林地规模经营，提高森林资源产出效率，增加单位面积林地收益；与此同时，增加林地流出农户的林地租金收入，提高林区农户财产性收入。此外，还应该积极发展非木质特色林产品，努力提高林业对集体林区农户经济收入的贡献。

3. 进一步加强农村公共服务建设，提高农村社会保障标准，推进就地城镇化

近年来，在政府一系列促进城乡一体化建设的政策措施作用下，农村居民收入水平不断提高，农村公共服务设施日益完善，农村生态环境优势开始显现；农村居民对其自身当前生活状况与未来生活前景有较高的满意度与信心，农村居民离开农村迁往城市居住的意愿开始减弱，为推进我国就地城镇化提供了有利的客观条件。因此，政府应该因势利导，应进一步加强农村公共服务建设，特别是要进一步提高农村医疗与养老保险等当前农村居民普遍关心的问题，努力提高农村社会保障措施的覆盖面与保障标准。并通过积极发展小城镇，实现农村人口就地城镇化，以便减缓对大城市的压力。

调 研 单 位：浙江农林大学经济管理学院

调研组成员：吴伟光　续竞秦　徐秀英　李朝柱　黄水灵　徐寒建
王凤婷　袁　春　熊立春　陈　卓　曹先磊　池文芳
付慧娟　付双双　张江娜　潘丽莎　盛毅慧　任凤萍
王　馨　蔡佳妮　徐晓婷　叶婉冰　张运特　郑彬斌
王晨帆　葛建华　付双双　赵俊骅　谢向黎　诸晓波
虞楸桦　汤建华

区域林业产业发展及相关政策问题调研报告

【摘　要】区域林业产业是在一定区域范围内，人类在经济社会活动中以获取和利用森林资源形成的重要的基础性产业部门，是涉及国民经济一、二、三产业的复合产业群体，具有基础性、多样性、生态性、战略性。当前，随着经济发展进入“新常态”，全国区域林业产业普遍面临经济下行压力、部分行业产能过剩、原料成本上升、产品同质化严重，继续依靠劳动力低成本和产能扩张支撑区域经济发展的动力趋于减弱。党的十八大提出要适应国内外经济形势新变化，把推动发展的立足点转到提高质量和效益上来，着力构建现代产业发展新体系；要实行更加有利于实体经济发展的政策措施，强化需求导向，加快传统产业转型升级。党的十八届三中全会提出，“抓住全球产业重新布局机遇，推动内陆贸易、投资、技术创新协调发展。创新加工贸易模式，形成有利于推动内陆产业集群发展的体制机制。”在对广西河池市进行深入调研的基础上，调研组认为，为贯彻落实中央要求，区域林业产业亟须加快适应经济新常态形势变化、立足提高质量和效益、着眼体制机制建设、强化需求导向，更好地促进区域经济健康协调发展。为此，应加快推进商品林基地和木材战略基地建设；优化布局加快产业园区建设；改善投资环境，减少行政审批；引导企业产业升级，延长产业链提高附加值；加强制度建设，完善行业管理制度。

一、背　景

发展林业产业是推进生态林业民生林业建设的战略方向和主要抓手。“十二五”期间，我国林业产业状况良好，产业结构和布局不断优化，十大产业呈蓬勃发展之势。我国虽然是林业产业大国，却仍不是林业产业强国。重要制约因素在于，区域林业作为林业发展的基本单元，尚未实现深度产业化，这直接影响到我国林业产业化的潜力发掘和价值实现。开展区域林业产业发展及相关政策研究，着眼从宏观层面形成指导区域林业产业发展的意见，对于促进生态林业民生林业发展，适应经济新常态具有重大战略意义。

广西壮族自治区河池市既是石漠化治理重点地区，也是广西重点林区之一，林业用地面积大，森林覆盖率高，人均林地面积和人均活立木蓄积在广西都位居前列，林业产业在河池当地经济社会发展中居重要地位，是有些县县域经济的支柱。但河池林业总产值偏低，特别是木材加工的贡献与河池丰富的资源状况不相称。为全面了解河池市林业产业的发展现状，掌握制约河池林业产业发展的瓶颈，推进河池林业产业转型、升级、增效，调研组到河池所辖的宜州、罗城、环江、天峨、凤山等县(市、区)，深入林业生产第一线和林业加工企业进行调研，走访了凤山县宏宇木业、武陵木业，天峨县源明能源木业、建平木业，宜州市凯立木业、宜福木业等企业。分别召开了企业主座谈会和各县及县有关部门负责人参加的座谈会，详细了解企业原材料采购、产品类型、市场销售、用工成本、企业规划情况，探讨了加快木材加工产业发展的对策。

二、国内外区域林业产业发展的趋势和政策

(一)区域林业产业发展的理论和当前趋势

按照主流经济学的观点，构建区域分工体系、培育区域产业集群有利于区域产业提高生产效率、节约生产成本、增强市场竞争力，对打造区域经济“增长极”，孵化区域创新“助推剂”，提升区域竞争力具有积极效应。但另一方面，区域产业体系和产业集群发展也存在系统性风险、路径依赖式“锁定”等负面效应，扬长避短无疑成为培育和发展区域产业的理性选择。

林业产业是人类在经济社会活动中以获取和利用森林资源形成的重要的基础性产业部门，是涉及国民经济一、二、三产业的复合产业群体，具有基础性、多样性、生态性、战略性。过去几十年，我国以木材加工业为代表的林业产业发展，走的是一条以低成本为竞争手段、产品同质化、资源高消耗的低端道路，已不适应现今的发展态势。当前，以绿色经济、生物经济为导向的林业产业，作为高技术产业、绿色经济部门和战略性新兴产业，市场潜力巨大，发展前景广阔。从国外来看，区域林业产业发展表现出三大趋势。

1. 集群化

产业集群是指几十家上百家同行业的企业在同一个空间集聚，形成横向配套、纵向延伸的产业链条关系。它是专业化分工的结果，但实质是在工业化和城市化相互促进中，加快转变发展方式、实现可持续发展的必然选择。林业产业集群的形成极大地提高了林业产业竞争力。

据Francisco等人2009年的研究，在美国，与林业产业相关的产业集群有48个，其中林业产业中最突出的一个集群是拥有250个家具公司的北卡罗莱纳高点家具集群，还有在密西西比形成了以经营山茱萸家具而闻名的林业产业集群，在汤森德港和华盛顿形成了木制船建造和维修为主的林业产业企业集群，在俄勒冈中部则形成了木工模型和木材加工的林业产业集群，在西部蒙大拿形成了原木家具制造产业集群(尹剑锋，2013)。在欧盟，林业产业集群在国家、州和各个地区也得到了充分发展，建立了较为系统的产业体系。欧盟区域林业产业大概分为木材粗加工、家具、纸浆和纸、新闻纸等四大产业

类型(表1)。

表1　2011年欧盟林业产业基本情况

	企业数量(万户)	就业人数(万人)	产值(亿欧元)
木材粗加工	18.4	109.3	1157
家具业	13	100	920
纸浆和纸	2.1	64.75	1680
新闻纸	12	77	855
合　计	45.5	351	4612

资料来源：欧盟统计局。

林业产业集群化发展的主要经验是，增强产业间纵向横向合作、促进实施产品和价值链管理、共享市场和出口、建立生产信息系统、保护生态环境、实施现代物流发展等，尤其是小企业要紧紧围绕龙头企业，找到合适的市场空间和位置，注重拥有自己的产品和商标，避免掉入永久无主动权和定价权角色的“分包陷阱”(sub-contracting trap)。

2. 绿色化

绿色化包括生产方式、生活方式、价值取向等方面的内涵，就生产方式来说，林业产业绿色化表明其更加迈向科技含量高、资源消耗低、环境污染少的产业结构和生产方式。林业产业绿色化主要受到林业问题全球化、政治化发展的影响，全球气候公约、生物多样保护公约、环境公约、WTO条约等相关公约以及有关环境标准、生态环保政策和全球促进生态文明建设、可持续发展的倡议，都是林业产业绿色发展的重要驱动力。林业产业利用的木材资源，是一种天然、可再生、可重复利用、可回收的原料，如果实现可持续采伐和利用，无疑将会最大限度减少加工利用过程对气候和环境产生的负面影响，同时保障生计，实现可持续发展。

当前，发达国家在促进林业产业绿色化发展上，主要着力三大方向：①可持续林产品生产和消费，如推进森林可持续经营的认证、标签和其他标准；绿色建筑的政策和标准。②建设低碳林业部门，如加强木材剩余物利用、用木材替代非可再生原料和能源等。③林业产业高质量就业，包括培养森林经营熟练工、促进林业产业部门优良操作办法。

3. 专业化

主要是指围绕某种林产品的生产培育，将生产、加工过程和产、供、销环节联为一体的专业生产经营系列，做到每个环节的专业化与一体化协同相结合，使每种林产品都将原料、初级产品、中间产品制作成为最终产品进入市场，从而有利于提高产业链的整体效率和经济效益。

由于分工的作用，林业产业在各地区按照自身优势实行专业化生产。据相关研究，我国地区之间的地形地貌、气温降水、资源禀赋、要素结构、人口素质、科技水平、区域政策等差异明显，尤其是各地区森林资源、林木培育和种植的差异突出，导致我国各地区林业产业差异显著。各地区林业行业的优势、劣势并存，产值规模、专业化程度区域差异较大。从全球目前情况来看，林业产业专业化的典型表现在于，东亚、东南亚基于劳动力成本和资源优势形成了家具加工链；美国、加拿大基于资源和技术优势以及商标等，形成了新闻纸等纸品加工链；非洲、南美洲基于资源优势形成原木出口链；欧洲基于技术和资源优势形成了木质能源加工链。

值得指出的是，专业化是一个动态概念，其并非一成不变，林业产业布局容易受到全球化和市场化的影响而发生改变。

（二）区域林业产业发展的政策行动

区域林业产业发展是多元合力、多方促进的结果，目前国际上采取的主要政策集中体现在以下六方面（表 2）。

一是森林分类经营。许多国家一般都从森林中划定一定面积的森林作为保护性森林，另一部分作为商业用森林。对前者，主要由公共财政加强投资，重视发挥生态效益；对后者，倡议和促进多元化投资，制定可持续经营标准倡导可持续生产和消费。

二是加强政策扶持和指导。典型做法见表 2。

表 2　全球支持区域林业产业发展的政策行动

政策行动	目　标	典型案例
1. 森林分类经营	坚持划定保护区保护生态； 用经营性森林确保资源可持续供给。	中国公益林和商品林分类经营； 美国的国有林和私有林分类经营①。
2. 加强政策扶持和指导	提高能效促进绿色发展； 扶持中小企业发展； 改善贸易条件。	欧盟拟与加拿大建立林业产业产品和原材料进出口的双边贸易协定； 欧盟针对中小企业、微型企业，制定有效的生产和经营实践指导； 美国林业产业就业监测系统。
3. 加强财政和商业资本投资	完善基础设施； 提高竞争力。	美国森林投资管理机构（TIMO）管理近 144 亿美元的林地资产； 在亚太地区投资的新森林投资基金（New Forests）。
4. 出台相关法律	规范行为； 促进绿色发展； 惩罚生态破坏行为。	美国 1980 年的《木材剩余物利用法》（Wood Residue Utilization Act）； 欧盟依据 2013 年的森林战略，发起一项立法活动，对影响欧洲林业产业价值链的累积成本（cumulative cost）进行评估。评估结果将对政策进行更广泛的影响分析，并基于国家福利的角度调整政策。
5. 制定发展规划	发挥战略指导、提供战略思路的作用。	如欧盟委员会 2013 年发布《林业产业蓝图》
6. 促进产业间合作和技术创新	提升技术水平； 提高竞争力。	美国农业部与其他组织建立的社区木质能源发展伙伴关系； 欧洲林业技术平台（Forest-based Sector Technology Platform）。

资料来源：根据相关文献整理。

三是加强财政和商业资本投资。通过林业产业投资基金支持区域林业发展已成为部分国家的重要手段。如森林投资管理机构、新森林投资基金。同时，财政投资也是区域林业产业发展的重要支持，如加拿大魁北克省支持木材生产的财政补贴项目——私有林

① 有数据表明，美国私有林木材经营的比例远高于国有林，因此，美国按照产权性质划分的国有林和私有林，从经营性质上看，类似于我国公益林和商品林发挥的功能。

开发计划(Private Forest Development Program)，目标是促进木材生产商为加工企业提供更多的木材，计划规定，对加工企业每立方米收取1.16美元，形成森林发展项目基金，反哺给林木生产者。

四是出台相关法律。立法主要目的见表2。美国1980年的《木材剩余物利用法》明确指出，本法目的是“示范、促进并提供可用信息，供来自公有和私有林地上，木材采伐、森林保护和管理活动以及林产品生产包括木浆等产生的剩余物，在居民、商业和林业产业等方面提高其利用程度”。该法提出有关支持政策，如建立剩余物利用示范区、建立木质燃料集中分配中心、建设林道促进剩余物利用。

五是及时制定战略规划。战略规划主要发挥战略指导、提供战略思路的作用。如，欧盟委员会在2013年发布的《林业产业蓝图》(A BLUEPRINT FOR THE EU FOREST-BASED INDUSTRIES)中指出，“区域木材加工业正面临可持续木材原料有限、原木和其他原料成本趋升、更高的能耗和劳动力成本以及劳动力老龄化制约，亟须进行结构调整，开发保温隔热板、专用包装板等新产品。”又如，欧洲森林研究所在为欧盟委员会提出林业发展迈向生物经济的建议报告《欧洲林业部门和生物经济的未来》中指出，“欧洲林业产业面临势在必行的结构调整，一方面，一些重要林产品面临着成熟饱和甚至逐渐萧条的市场，市场竞争越来越激烈；另一方面，许多以前并未生产的林产品都已出现在市场上，林业产业不得不走向创新”。

六是促进产业间合作和技术创新。加强技术合作和创新，如欧盟建立欧洲林业技术平台，鼓励开展新的倡议活动，建立公司伙伴关系，推动以森林资源为基础的部门研究并创新出各种提高资源和能源效率的产品和工艺。又如美国农业部建立起支持林业产业开发新的木质能源产品的伙伴关系，包括绿色热能联盟(the Alliance for Green Heat)、生物质发电协会、生物质热能源理事会和颗粒燃料研究所。美国农业部部长维尔萨克说：“这将帮助我们找到使用木材剩余物的新方法，发展可再生能源，并创造良好的就业机会”。无疑，这一合作关系对研制新产品、孵化催生新的林业产业具有重大推动作用。

三、区域林业产业发展的基础和一般规律

在梳理上述理论和政策的基础上，以其为指导，调研组深入广西河池市，剖析区域林业产业发展的现状和规律。

(一)河池市林业产业发展的基础

1. 丰富的森林资源是区域林业产业发展的根本基础

经济学理论表明，基于资源禀赋的经济活动和经济发展通过要素集聚，产生并形成了林业产业，反过来，林业产业又通过深化区域分工、优化产业结构、调整地区间产业布局、产业转移和承接，不断导向和支撑经济活动和经济发展。二者相互促进。河池市

森林资源丰富，为培育和发展区域林业产业提供了丰富的资源基础。全市土地总面积5026.8万亩，林业用地面积3751万亩，占土地总面积74.6%，有林地面积3384.3万亩，全市人均林地面积8.2亩。2012年年底，全市森林活立木总蓄积量7478万立方米(广西第三)，全市人均活立木18.3立方米；森林覆盖率为67.9%(广西第四)。

根据最新调查，全市商品林(地)面积为1446.7万亩，占林业用地面积的38.6%。全市公益林(地)面积2303.3万亩，占全市林地总面积61.4%。全市用材林主要分布于南丹县、环江毛南族自治县、天峨县及罗城仫佬族自治县，占全市用材林总面积的60.1%。全市主要用材树种为杉木、马尾松及速生桉。现有用材林中，以一般用材林占优势，面积为690.9万亩，蓄积量为2618.61万立方米，分别占72.0%、67.8%；短轮伐期工业原料林面积为234.6万亩，蓄积量为1026万立方米，分别占24.4%、26.6%；速生丰产林面积为34.74万亩，蓄积量为216.39万立方米，分别占3.6%、5.6%。全市主要用材树为杉木、马尾松、速生桉，这3个树种的面积、蓄积分别占用材林面积和蓄积的42.1%、19.8%、9.8%和51.8%、22.5%、5.3%。

2. 森林资源与其他各种资源在时空利用上的聚集要求生成区域林业产业

林业产业的形成发展也是历史积淀的结果。随着生产经营活动的日益频繁，使森林资源与其他各种资源在时间和空间节点上实现了规模集聚，从而产生了整合要求，凝聚成了林业产业。

河池林业产业[①]深深植根于当地厚实的资源、经济、文化基础。资源开发利用已形成较好的时空分布格局。主要的木材深加工企业中，纤维板加工以枝丫材、三剩物为主，分布于宜州、环江两地；细木工板、指接板加工以杉木为主，主要分布于杉木资源较丰富的罗城、南丹、天峨、凤山等地；胶合板加工目前以桉树为主，生产建筑用混凝土胶合模板，集中分布于宜州、环江、南丹、巴马、大化等县(市)；旋切单板以桉树为主，集中分布在宜州市和环江毛南族自治县。根据全市森林资源分布特点，已逐步培育形成宜州、环江中纤板和胶合板产业集群；罗城、天峨、凤山细木工板和指接板产业集群。全市的木材加工企业中，规模以上企业有18家(年销售收入达2000万元以上)，年销售收入达1000万元以上的企业有42家。

2012年，河池市木材产量210万立方米(蓄积量)，出材量162.4万立方米，在全区排位第二，增速排位第四；人造板产量70.30万立方米，增速在全区排位第六。完成木材加工产值15.5亿元。木材出材量162.4万立方米，其中：松木11.1万立方米，杉木81.3万立方米，桉树67.1万立方米，其他树种2.9万立方米。木材调运中，原木外调出本市范围39.8万立方米，占出材总量的24.5%，市内加工122.6万立方米，占出材总量的75.5%。

① 因河池市林业产业以木材加工业为主，本文以下内容主要讨论河池木材加工业发展。

3. 外部庞大的市场需求促进了区域林业产业发展

林业产业的生命力就在于通过不断创新，提供符合需求不断变化的林产品和生态服务。外部市场需求影响到林业产业的运行和发展，较好地促进了河池木材加工业的形成发展。2012 年全市实现林业产业总产值 76. 71 亿元，增速 32. 51%，增速在全区排第二，林业产业总产值中第一产业产值 46. 45 亿元，第二产业产值 26. 11 亿元(其中木材加工产值 15. 5 亿元)，第三产业产值 4. 15 亿元。林业产业总产值占全市全年总产值的 13%，占全市农口系统全年总产值的 35%。

目前，全市现有各种形式和类型的木材经营加工企业 768 户，从业人员 1. 2 万人。初步形成了以生产纤维板、胶合板、细木工板、指接板、旋切单板、锯材、木片、木制家具等为主导的木材加工工业体系。木材加工 768 家企业中：纤维板 2 家，胶合板 36 家，细木工板 12 家，指接板 55 家，旋接单板 183 家，拼板 144 家，其他板种(方料、木片等)248 家，家具 83 家，工艺品 5 家。人造板产业中：纤维板产能 29 万立方米，胶合板产能 68. 5 万立方米，细木工板产能 38. 5 万立方米。2012 年人造板产量 70. 30 万立方米(其中：胶合板 39. 63 万立方米，纤维板 24. 45 万立方米，细木工板 6. 22 万立方米)，占人造板产能 136 万立方米的 51. 7%。河池生产的产品基本上销往广东、浙江、上海、贵州、重庆等地。

(二)区域林业产业发展的一般规律

基于河池市林业产业发展的基础条件，可以发现，区域林业产业的产生和发展是社会分工和专业化的结果，其形成是在一定的经济社会条件下(当前为社会主义市场经济体制)，历史发育和现实需求共同作用的结果。

森林资源与各种经济资源、社会资源、文化资源在时间和空间利用上形成的积淀结果，是林业产业形成的根本基础。林业产业发展需要丰富和可持续经营的森林资源，这样才能保证林产品生产和消费得到充分的满足；林业产业需要坚实的科技基础和社会文化资源，不断促进产品创新，推动产业升级，才能永葆青春；林业产业还需要便利的交通运输作为辅助，使得物流和信息流能够即时、畅通的传递。同时地区间的协同作用也是林业产业发展的重要推手，将地理优势转化为贸易、信息、物流的融通，为林业产业的发展提供支持。

外部有效的市场需求是林业产业产生的外在动力。外部市场大小一方面决定了林产品消费者的容量和消费水平，影响到林业产业的发展规模，另一方面吸引来自全世界的林业信息、人才和资金，反过来促进林业产业创新，赋予其永久生命力。

同时，政府导向、行业协会、企业组织等诸多外部因素发挥重要推动作用。林业产业的形成和发展在各个阶段都离不开政府的政策支持、协会组织的有效管理和企业组织的自律。政府、协会和企业组织的协同作用可以使林业产业有序竞争、健康发展，协调林业产业和相关产业的关系。

四、区域林业产业发展存在的问题及制约因素

（一）区域林业产业发展中存在的突出问题

虽然河池木材加工产业发展势头迅猛，成绩突出，但是，与全市现有的林木资源和潜在的巨大发展优势不相称。资源优势没有完全转化为经济优势。2012年，全市的商品木材产量在广西排在第2位，但是林业产值仅在全区地市中排名第10位，木材加工产业存在突出问题。

一是区域布局不合理，林业产业园区建设严重滞后，没有形成产业集群。河池目前还没有一个真正意义上的林业产业园区，木材加工产业基本分散在各个县（市、区），只有罗城、环江、宜州初步具有一定的产业集群度，但各个企业之间没有连成一体，不能形成相互依存、相互促进的产业带或产业链。全市768家企业多以加工单板、水泥模板、细木工板、锯材等为主，加工门框、沙发、餐桌等家具的企业都规模小，档次低。全市年销售收入达2000万元以上的企业只有18家。由于木材加工产业优势不明显，在用地指标偏紧的情况下，用地指标不能落实，林业产业园区建设进展缓慢，严重制约了全市林产工业的发展。罗城仫佬族自治县拟新建的林业产业园，由于用地指标原因，进展缓慢。自治区林业厅计划2013年给300万元林业产业园区建设资金，由于土地问题，无法落到实处。

二是产业链短、结构不合理，产品附加值低。在木材加工产业的产品中，大多数属于资源简单的利用，初级加工品多，精深加工产品少，科技含量低，集约性不强，粗放经营，粗放加工，没有品牌，不注重包装，基本上以输出原料和半成品为主，产品附加值不高。特别是中高档家具等木材下游精深加工产品、市场终端产品尚未打开局面。木材加工企业利润空间较窄，抵御市场风险的能力不强，经济效益主要依赖薄利多销。在第一环节的木材原料生产，河池市遥遥领先；在第二环节中间产品如人造板生产，河池处于下游水平；在第三环节的终端精深加工产品（木地板、地板基材、家具、木门等），河池处于落后水平，目前还没有一个像样的企业，也没有形成一个品牌。

三是产品差异性小，低档同质化严重，抵御风险能力弱。全市700多家企业中，旋接单板183家，拼板144家，锯材等其他板种248家。这些企业主要以木材简单加工的锯材、拼接板、旋切单板，低档的建筑模板为主，初级产品、中间产品产能扩张较快，低水平重复建设较多，产品技术含量低，即产品低档且同质化严重。由于产业链相对较短，低档产品多，精深加工产品少。家具、木地板、木门等技术含量高、附加值高的终端产品较少，木材利用率低。企业之间不是相互补充、相互配套、协调发展，而是相互压价、恶性竞争，造成原料结构性短缺和浪费并存。从2010年起，由于受国际、国内经济环境的影响，全市有不少木材加工企业处于停产或半停产状态，产销量剧减，直至

2012 年上半年，形势才逐有好转。

四是大型企业和拳头产品少，科技含量低。现有企业普遍规模小，知名企业少，生产经营粗放，设备陈旧，缺乏品牌产品，没有核心竞争力。目前只有宜州凯立木业和环江丰林集团的产品在国内名气较大，其他绝大部分企业的产品没有品牌。在众多加工企业中，拥有国内先进生产技术的企业比重很小，高消耗、低质量、低效益普遍存在，企业基本没有研发能力和创新机制。甚至绝大多数企业不知道国家和行业标准，对外界信息不掌握、不了解，企业与行业协会、与科研院所交流少，不掌握行业发展前沿。

（二）区域林业产业发展的制约因素

制约河池木材加工产业发展的主要有历史、地理等多方面的因素，概括起来主要有以下 3 条。

一是缺少顶层设计和统一规则。河池目前的木材加工企业基本是自发发展起来的，没有从全市层面进行顶层设计和规划，企业布局十分分散，发展没有层次、没有梯队。同时，河池在促进产业转型升级方面没有具体的措施和标准。

二是投资环境有待改善。政策扶持不够。目前，由于土地、税收、林业部门的配套服务等各方面的原因，木材加工企业生存比较艰难（专栏）。新办企业用地难，审批程序多，限制了企业发展的数量和规模。

三是地方保护主义严重，制约木材加工业做大做强。11 个县市区，基本上都有限制原木流通的政策，原材料大部分只能在县内流通，有的县木材加工企业数量少，产能有限，当地企业消化不了，周边县的企业吃不饱。由于原料的不足，限制了企业的做大做强，这是大型龙头企业落户河池的重要限制因素。

专　栏

市场狭窄、成本攀升严重制约低端木材加工企业

环江森源木业有限责任公司于 2005 年正式注册成立，注册资金 1000 万元，位于环江毛南族自治县河池环江工业园区，占地面积约 110 亩，下设东兴木材加工厂、南丹木材加工厂等分支机构，当时有职工 200 多人，累计总投资 7490 万元，其中固定资产投资 4687 万元，建有细木工板、胶合板、桉旋切单板等 3 条生产线，设计生产能力为细木工板年产 4 万立方米。2006 年被河池市林业局确认为河池市林产品加工重点龙头企业。

该企业从 2011 年开始，低端化发展积累的弊病逐渐显露：产品定位低、市场狭窄、产品附加值低、企业在原材料、人工、税收、融资等方面的成本不断提高、销售价格则基本不变，利润空间越来越小。迫不得已，企业从 2011 年开始产品升级转型，在这项转型计划中，主心骨主要是以下 4 个方面：①根据公司和市场愿景设定切实的发展目标；②投资 1200 万元进行改扩建工程，新增工艺先进自动化生产设备，提高科技含量、提高生产效率、提高产品档次，生产多元化产品；③实施人才战略，及时引进高端管理人才及生产技术人才；④建设原料林基地共计 1.5 万亩。

经过近三年的转型，2014 年企业产值 1.03 亿元，约为 2011 年的 3 倍；上缴税金 410 多万元；有职工 350 多人，人均工资 3800 元/月，并建设原材料基地林地面积 1.5 万亩，产品从生产普通细木工板、建筑用胶合板转为生产高端细木工板和三聚氰胺板(表 3)。

表 3 企业近年发展指标

	2011 年	2014 年
产量(万立方米)	1.8	3.1
产值(亿元)	0.30	1.03
销售价格(元/立方米)	1650	3325
单位产品利润(元/立方米)	90	210
原材料成本(元/立方米)	750	1100
人工工资(元/月·人)	1800	3800
税收(万元/年)	220	410
产品变化情况	普通细木工板、建筑用胶合板	三聚氰胺贴面生态板

五、区域林业产业发展的潜力

尽管河池木材加工产业存在产业布局和产业结构的不合理、产业链短、附加值低等问题，但河池木材加工产业也具有自身独特的优势和潜力，主要体现在以下方面。

(一)发展商品林和速丰林条件优越，资源优势明显

河池发展优质速生丰产林具有许多得天独厚的优势：一是气候环境十分适宜各种速生丰产林树种的生长。目前已成功引种或培育出了速生桉、红锥、大口栎、毛竹、西南桦、任豆、香椿等速生树种，速生品种、品系丰富。二是种植技术比较成熟。培育了一批掌握速生丰产林技术的林业队伍，而且绝大多数群众也都熟知 2～3 门速生丰产林造林技术。三是有着丰富的林地资源。全市 300 多万亩的坡耕地、林木采伐迹地可调整用于发展速生丰产林，由于速生丰产林是目前效益最好的项目，群众看到了实惠，乐意接受。目前，以荒山资源出租的方式，引进外商来投资，在全市已经初具规模，成为营造林的一个新热点、新亮点。截至 2012 年年底，全市商品林基地面积已发展到 1446.7 万亩，其中速生丰产用材林基地 182.7 万亩，速丰林中桉树有 145.4 万亩。这些速丰林的建设，为发展林产加工业提供了丰富的森林资源。

(二)地理位置比较好，具有一定的区位优势

一是交通运输优势。广西具有沿海、沿边、沿江的独特区位优势，河池地处西南出海大通道，是金条高速公路的交汇地带，还有红水河等黄金水道。二是区域优惠政策明显。河池是西部大开发政策的受益者，同时河池还享有“泛北部湾经济圈”和“中国—东盟自由贸易区”的各项优惠政策。三是市场优势。泛北部湾经济圈西江经济带的发展，广西拥有5.3亿人口的东盟和5.4亿人口的泛珠三角经济圈两个大市场，为企业充分利用国内、国际两种资源，开发国内、国际两个市场提供了良好的机遇，也将为木材工业对外开拓提供更广阔的发展空间。

（三）做大做强木材加工业有利于河池地方经济发展

河池是广西的主要林区之一，林业产业是河池地方经济名副其实的特色支柱产业，为合理开发利用森林资源，做大做强木材加工业，实现财政增长和农民增收，市委、市政府把发展木材加工业置于工业经济发展的重要位置。河池在招商引资奖励办法中，木材深加工项目列入第一类行业项目予以奖励。同时，在园区建设、税收、土地等方面也给予木材加工业诸多优惠政策。近年来，河池市委、市政府加强投资环境整治，支持品牌创建，为企业投资发展创建了良好外部环境。

（四）木材加工产业基础和东部产业转移带来的良好机遇

河池林产工业已成为一些县市的支柱产业。近年来，一些企业已发展成拥有几千万元的固定资产，具有一定的生产规模和一定的技术水平，企业加强经营管理，通过了ISO体系认证，创出了自己的品牌产品，具备了较强的竞争实力。同时，木材加工产业是劳动密集型行业，对劳动力的需求较大，珠三角、长三角地区的木地板、家具等行业受原材料价格和劳动力价格等因素的影响，正在寻求木材资源富集和劳动力富集区办企业。而河池资源丰富，又是全区主要的劳动力输出地区，具有较多的人力资源，在劳动力成本上具有比较优势，是承接东部产业转移的理想之地，各种资金、技术、先进管理经验的输入，也将使全市的木材加工及人造板行业在发展外向型经济，加快产业转型升级方面都面临良好的机遇。

六、区域林业产业发展的政策建议

党的十八大以来，中央对包括林业产业在内的一、二、三产业发展提出了明确要求并进行了安排部署。党的十八大提出要适应国内外经济形势新变化，加快形成新的经济发展方式，把推动发展的立足点转到提高质量和效益上来，着力构建现代产业发展新体系；实行更加有利于实体经济发展的政策措施，强化需求导向，加快传统产业转型升级。党的十八届三中全会提出，“抓住全球产业重新布局机遇，推动内陆贸易、投资、技术创新协调发展。创新加工贸易模式，形成有利于推动内陆产业集群发展的体制机制。”目前，随着我国经济发展进入“新常态”，全国区域林业产业普遍面临经济下行压力、部分行业产能过剩、原料成本趋于上升、产品同质化严重，继续依靠劳动力低成本和产能扩张支撑区域经济发展的动力趋于减弱。为贯彻落实中央要求，区域林业产业亟须加快适应经济新常态形势变化、立足提高质量和效益、着眼体制机制建设、强化需求导向，更好地促进区域经济健康协调发展。基于以上分析，提出以下建议。

（一）加快推进商品林基地和木材战略基地建设

木材加工业属于资源型产业，它以森林资源作为原材料，是可再生更新的材料。实践证明，森林资源培育在创造生态效益的同时，也给产业的发展打下良好基础，产业的发展又促进资源的发展，林业产业是发挥森林资源经济效益的主要载体，木材基地建设与木材加工业是相互依存、相互促进的共生关系。河池有商品林（地）面积为1446.7万亩，还有三百多万亩的坡耕地可发展商品林。河池光热水土等资源优势非常明显，松、杉、桉和珍贵树种等林木良种非常丰富，要在现有规模的基础上，立足森林可持续经营和林产工业的需要，大力发展乡土树种，培育和营造具有发展潜力的珍贵阔叶树种。同时，河池还有29个国有林场，建设全国木材战略储备基地空间大，木材生产和储备的潜力巨大。

（二）优化林业产业布局，加快产业园区建设

对产业和园区建设进行总体规划，合理布局，根据全市资源禀赋和区域特点，将全市划分为宜州、罗城、环江片区，天峨、南丹片区，东兰、巴马、凤山片区，都安、大化片区等四个片区，将片区进行整合，建立林业产业园区或者在现有的工业园区建立林业产业小区。把园区建设成为承接东部产业转移的主要平台，吸引龙头企业和品牌企业进入园区。同时，引导现有企业走规模和集约化经营的路子，鼓励综合利用率高、经济效益好、科技含量高、资源消耗低、环境污染小的加工企业入园发展，形成产业集群。同时，发挥金城江区的交通优势，建立林区域林产品贸易中心。

（三）改善投资环境、减少行政审批

加快制定《河池市加快木材加工产业发展的有关决定》，一是解决木材原材料在河池市内的自由流通问题。允许木材在市内流通，保证大型、科技含量高、技术先进的企业的原料供应。对涉及的地方财政收入问题，制定相应的税收返还政策。如木材从天峨运到宜州加工，宜州通过税收返还给天峨县，保证天峨的财政收入不减少。二是对企业发展的用地审批、资金扶持、税收等制定优惠政策，吸引国内知名品牌进驻河池。三是林业部门进一步做好服务，简政放权，简化审批程序。在林木采伐设计、木材运输、加工许可环节放权。大力推广环江、宜州的林木采伐一站式服务、木材运输信息化管理方式，提高办事效率，简化办事程序，节省企业的时间和减少费用。

（四）引导企业产业升级，延长产业链，提高附加值

目前河池的木材加工产品多为旋切单板、水泥模板、中密度板、细木工板等低端产品。随着产业的发展，应积极引导企业向地板、家具、木制门和橱柜等方向发展。以河池现有的桉树来算，原木大约600元/立方米，旋切成单板也只有800元/立方米，如果做成集装箱底板或地板基材每立方米产值就能达到4500元左右，如果做成地板就能达到8000元。河池还是杉木主产区，杉木原木价格大约1200元/立方米，目前主要加工成细

木工板和装饰板，产值为2000～4000元/立方米，如果进一步延长产业链，加工成普通家具，就能达8000元，加工成木制门就能达到10000元，加工成橱柜就能达到16000元。可见，河池产业发展潜力巨大。当前需要重点发展的产品是鼓励现有的企业和国内知名品牌联合，生产高质量单板、胶合板、细木工板、地板基材和饰面人造板，为下一步发展实木复合地板、集装箱底板、木制门、家具、橱柜打下良好基础。

（五）大力发展生物质能源，变废为宝

当前河池木材加工利用率相对较低，在木材生产加工的过程中产生大量的剩余物，森林抚育间伐产生大量的枝丫材、次小径材，还有大量的丛生竹等都没有得到有效利用。一个林业大县的林业剩余物就达几十万吨，还有河池大力发展种桑养蚕，每年产生大量桑枝，仅宜州一个县级市就达30万吨，利用率仅30%左右，如果算上甘蔗叶、玉米秸秆等的剩余物，就更加可观。每年烧除这些剩余物时，都因跑火产生多起森林火灾。目前有效利用这些生物质的技术途径有发电、生产活性炭、生产生物质油料、生物基材料等。《中华人民共和国可再生能源法》还对生物质能源发电并网和补贴给予诸多优惠政策。所以，不论是从环境卫生、减少火灾、木材充分利用的角度，还是从发展地方经济考虑，对这些剩余物进行利用都非常重要。

（六）加强制度建设，完善行业管理制度

要建立河池木材经营（加工）监督管理办法，一是要严厉打击非法收购加工木材行为，营造良好木材经营秩序。严厉打击各类非法经营加工木材行为，依法维护良好的木材经营加工秩序，是促进木材经营加工业健康有序发展的前提和保障。二是完善木材加工产业市场准入制度。严格控制项目审批，鼓励发展高端产品，优先审批贴面板、地板、家具、木制门、橱柜等项目。鼓励企业引进高附加值的新技术、新工艺。三是建立木材加工产业市场淡出制度。制定产业转型升级标准，运用好行政和市场两只手的作用，让资源浪费严重、产品质量低劣的加工企业退出市场，推动生产要素向优势企业集中。

调 研 单 位：国家林业局经济发展研究中心

调研组组长：王剑波

调研组成员：赵金成　曾以禹　张　多

百色石漠化地区发展林下经济调研报告

【摘　要】百色市地处滇桂黔石漠化片区腹地，集老、少、边、穷于一体，经济社会发展步伐缓慢，贫困问题与石漠化问题伴生，是国家新一轮扶贫开发攻坚主战场之一。百色市较大的林地面积和丰富的林木资源为林下经济发展提供了巨大潜力。在当前，我国经济新常态下，如何借助百色得天独厚的林地林木资源优势大力发展林下经济，是摆在我们面前的一项重要课题。本报告深入研究百色市当前的自然条件、经济社会和林下经济发展状况，分析当前林下经济发展存在的不足和优势，从加强领导、科学规划、创新管理、品牌打造、示范带动、政策支持等六个方面提出了百色市发展林下经济的思路和方向。

一、研究背景

石漠化是在喀斯特地貌基础上形成的一种荒漠化生态现象，中国是世界上石漠化最为严重的国家之一。2012 年 6 月 21 日，国务院正式批复同意《滇桂黔石漠化片区区域发展与扶贫攻坚规划(2011～2020 年)》。滇桂黔石漠化片区涉及云南、广西、贵州 3 省(自治区)的 15 个地(市、州)、91 个县(区、市)，集老、少、边、穷于一体，经济社会发展水平极为落后，贫困问题与石漠化问题伴生，与自然灾害频发叠加，与自然条件恶劣和生态环境脆弱并存，是国家新一轮扶贫开发攻坚主战场之一。

林下经济是一种崭新的林业生产方式和经济现象，也是一项新兴的富民产业，是全面深化林改、促进农民增收、实现兴林富民的重大举措。

近年来，随着集体林权制度改革的推进，发展林下经济已成为促进农民增收的重要抓手，各级党委政府高度重视林下经济产业。《中共中央 国务院关于全面推进集体林权制度改革的意见》(中发〔2008〕10 号)提出：“对公益林，在不破坏生态功能的前提下，可依法合理利用林地资源，开发林下种养业，利用森林景观发展森林旅游业等”。2010 年中央 1 号文件从国家发展战略高度出发，提出要“因地制宜发展特色高效农业、林下种养业”。

广西将发展林下经济列入各级党委、政府的重要议事日程，自治区党委、自治区政府要求继五级书记抓林改之后实行五级书记抓林下经济发展。2010 年 10 月，自治区人民政府办公厅发布《关于大力推进林下经济发展的意见》(桂政办发〔2010〕191 号)，提出“通过充分利用林下土地资源和空间环境条件，大力发展林下经济，不断提高林地综合经营效益，促进农民增收、农业发展”。

百色市地处滇桂黔石漠化片区腹地，有着石漠化地区最为显著的特征，积极发展林下经济是实现农民增收与生态环境保护双赢的新路子。百色市遵照党中央、国务院、自治区党委政府的批示精神，充分利用丰富的林下资源环境，大力发展林下养殖、林下种植、林下产品加工、林下旅游。2010 年 2 月，百色市印发了《百色市 2010 年发展林下产业经济工作实施方案》(百办发〔2010〕10 号)，并相继出台《中共百色市委关于加快促农增收的决定》(百发〔2012〕8 号)和《中共百色市委 百色市人民政府关于加快促农增收的实施意见》(百发〔2012〕22 号)，发展林下经济产业成为农户增收的新思路、新手段、新措施。

二、调研方式与方法

根据工作计划，课题组从五个方面开展项目研究：一是调查林下经济种类、模式和规模；二是了解林下经济发展的成功模式和发展潜力；三是分析林下经济发展中存在的困难和问题；四是了解林下经济发展中需要的扶持政策；五是总结林下经济发展的其他问题。调研组采取实地考察、召开座谈会、填写调查表等多种方式进行调研，先后深入到基层、林农进行调查，广泛听取地方领导、林下经济相关部门、相关企业、林农代表等不同利益群体的建议与意见，获得了大量第一手资料与数据，并在此基础上进行了深入分析研究。

三、调研区基本情况

百色市位于广西壮族自治区西部，地处云南、贵州、广西 3 省(自治区)5 州(市)的交汇处，是中国－东盟自由贸易区和泛珠江三角洲经济圈的结合部，是南(宁)贵(州)昆(明)经济区的中心，辖 12 个县(区)、135 个乡(镇)、1803 个行政村，总人口约 406 万，是著名的“百色起义”——红七军的故乡，聚居着壮、汉、瑶、苗、彝、仡佬、回等 7 个民族，少数民族人口占总人口的 87%，其中壮族占 80%；全市有那坡、靖西两个县与越南交界，边境线长达 307 千米；全市总面积 363 万公顷，约占广西总面积的 15%，是典型的山区，山区占全市总面积的 95.4%，是广西森林面积最大的市之一，现有林业用地面积 281.37 万公顷，森林面积 241.86 万公顷，其中灌木林面积 50.07 万公顷，森林覆盖率 66.62%(含灌木林)，活立木蓄积量 10732 万立方米。“十二五”期间年采伐蓄积约 180 万立方米，年林副产品总产量在 30 万吨以上，是广西乃至全国有名的“土特产”和“天然中药材”仓库。全市 12 个县(区)中，平果县 2013 年脱贫，田阳、田林县属自治区级贫困县，其他 9 个县(区)均为国家级贫困县；全市有隆林天生桥水电站、百色水利枢纽、龙滩水电站等 3 个大型水库移民片区。截至 2013 年年底，全市生态公益林面积 100. 92 万公顷，建有国家级自然保护区 3 个，自治区级自然保护区 8 个，保护面积达 55. 33 万公顷。生态公益林和自然保护区大部分分布在石山地区。

百色地处珠江上游，石漠化地区主要集中分布红水河流域以及右江流域，整个生态系统影响着珠江下游地区的生态安全，生态区位十分重要。右江河谷地区是全国著名的亚热带水果基地、南菜北运基地和"杧果之乡"，也是全国八角、茴香的主产区，林副产品产量均为广西各市前列。百色市地形地貌较为复杂，石灰岩石峰丛密布，地势险峻，造就了丰富的野生动植物资源。全市野生动植物之多，种类之繁，被誉为"野生动植物和中草药植物宝库"以及"土特产仓库"。目前已知有 230 科 955 属 2567 种，比较重要的野生动物资源有 100 多种。90% 以上的动植物种类在林业自然保护区得到有效保护。野生动植物资源不仅是重要的生态资源，也是经济社会可持续发展的战略资源。较大的林地面积和丰富的林木资源为林下经济发展提供了巨大潜力。

四、百色市林下经济发展状况

目前，百色市林下经济产业模式主要有四大类型：一是林下种植。利用林下资源和空地间种、套种其他经济作物，主要包括林药、林草、林果、林粮等，产品主要有金银花、鸭胆子、十大功劳、三叶青、田七、铁皮石斛、灵芝、茯苓、草果等。二是林下养殖。利用林下空间发展林下养殖，主要包括林禽、林畜、林蜂，还有其他一些竹鼠、蛇类等特种养殖，产品主要有鸡、牛、羊、猪、蜂蜜、蛇等。三是林下产品采集加工利用。对林下自然生长产品进行采集、加工，主要包括野生菌、藤芒等林下植物采集、加工，现在产品主要有香菇、黑木耳、藤芒工艺品等。四是森林景观利用。利用森林景观、自然环境和林下产品资源发展旅游观光、休闲度假等，主要包括森林公园、农家乐等。

(一) 林下种植

百色市林下种植主要以林药为主，辅以林油、林粮、林草(桑)、林果、林花、林木种苗培育、园林绿化观赏等其他模式。2014 年 1 ~9 月，全市林下种植产值 12. 92 亿元，涉及林地 126. 07 万亩，惠及林农 338841 人，占全市总人口 8. 3% 。其中各项产值为：林药 1. 69 亿元、林草(桑)1. 02 亿元、林粮 1. 46 亿元、林果 2. 00 亿元，其他模式 6. 75 亿元。

百色是广西的林业大市，森林资源十分丰富，直接参与林业生产的农村劳动力面广人多，但一直以来全市林农单一重复着种树、砍树、卖原木的低效益生产，生态保护和林业生产率提升受到一定的制约。为进一步挖掘林业生产潜力，扩展林业生产发展空间，提高林地生产力，增加林农经济收入，百色市在切实抓好造林、护林的基础上，在营林工作上下工夫，把发展林下经济作为林业开发的创新，促进林农增收的新支点，规划了林药发展战略。即：以靖西县为林下田七、林中田七主产区；右江区为鸭胆子、田七主产区；凌云县为十大功劳、铁皮石斛主产区；乐业县为林下三叶青主产区；田林县为林下茯苓、灵芝主产区；那坡县为林下草果主产区。全市已逐步在各主产区打造了相应林药示范区，例如，右江区大楞乡龙和村搪兵屯林下田七示范区。示范区的建立，有效地带动全市林下经济产业发展。目前，全市林下种植田七 1617.61 亩。完成其他中草药种植 48900 亩，其中，鸭胆子 5000 亩，金银花 13400 亩，十大功劳 20000 亩，三叶青 4000 亩，茯苓 4000 亩，铁皮石斛 2500 亩。

百色市的林下种植经济，目前主要通过龙头企业引领，在积极争取上级资金扶助的基础上，形成"公司 + 基地 + 农户""公司 + 合作社 + 基地"的模式。截至目前，全市已经规范建立了林下中草药种植林业专业合作社 13 家，入社农户 1236 户。林业专业合作社不断引导林下中草药种植从一家一户松散型向合作化、集约化模式转变，逐步走上产业化经营的路子。2014 年，右江区林强中草药种植专业合作社、田阳县红八角种植专业合作社，正在推荐申报国家级合作示范社。除此之外，还有个别种植大户以"示范带动，奖补同行"的个体户种植模式发展林下中草药种植。在技术研究应用方面，全市投入经费和技术员，成立了林下经济田七种植技术课题专研小组，并印发林下田七种植技术指导手册到基层林业部门和林农。右江区、田林、凌云、乐业各县也组织了鸦胆子、灵芝、茯苓、十大功劳、三叶青等林药项目的专门科研队伍。同时，市县(区)把林业招商引资，培育新型合作模式作为推进林下经济发展的重要抓手，带动职工和群众共同致富。通过与广西梧州制药集团、广西北生药业、桂林三金药业等大型企业联系，重点推介发展林下种植田七产业的特色优势，通过各种优惠政策，参与广西壮族自治区药用植物园与靖西县及相关县开展林下生态田七项目合作；田林县平塘乡六池村弄生屯引进雄力公司通过租赁承包林地方式已发展种植林下田七 150 亩，投资 500 万元，计划发展林下田七 800 亩。推广国有林场、"公司 + 基地 + 种植合作社 + 农户"发展模式，实现田七产业种植、加工、销售一体化，有效整合各种资金，加大对林下种植田七的资金投入，力争在取得试点示范成功经验的基础上实现更大的突破。

(二)林下养殖

百色市林下养殖，主要以林下养鸡为主的林禽养殖和以林下养牛、羊、猪为主的林畜养殖为主，辅以林蜂、野生动物繁育及饲养、桑蚕饲养、特种养殖等其他林下养殖模式。2014 年 1 ~9 月，百色市林下养殖产值 29.08 亿元，涉及林地面积 76.15 万亩，惠及林农 363752 人。其中各项产值分别为：林下养鸡为主的家禽养殖 23.26 亿元，林下养牛、羊、猪为主的林畜养殖产值为 4.73 亿元，林蜂产值 625.4 万元，其他林下养殖 1.03 亿元。百色市林下养殖，主要以右江区、田阳、田东、平果、德保、田林各县为主的林下养鸡产业区，以那坡、靖西、田林、隆林、西林各县为主的林下多品种生态养殖区。全市已逐步打造了生态养鸡示范区、林下养牛、养羊、养鸡等示范区。

1. 林禽(鸡)养殖

2013 年以来，受人感染 H7N9 禽流感影响，全国各地肉鸡价格持续低迷，全市的林下养鸡业、合作社和养殖户均遭受不同程度损失。但各龙头企业、合作社坚持按照合同保价收购养殖户的肉鸡，确保养鸡户免遭经济损失。市委、市政府高度重视，组织人员深入水产、畜牧龙头企业和规模养殖场(户)调研，研究对策，鼓励企业树立信心。各县(区)也都出台政策，加大扶持力度，金融部门也加大了力度，支持林下养鸡贷款 1.2 亿元。市林业和财政部门积极帮助申请自治区林下经济示范项目，落实 2014 年林下养鸡项目资金 226 万元。各级党委、政府及各有关部门都尽力帮助企业将 H7N9 禽流感影响的经济损失降到最低。2014 年 4 月份以来，全市养鸡形势终于出现转机，林下鸡价格 12 元/市斤，突破十年来最高，每只鸡可获利 6～10 元。企业、合作社及广大养殖户发展林下养鸡生产的信心得到进一步增强。2014 年 1～8 月，全市开工新建林下养鸡小区 98 个；新发展林下养鸡万羽规模户 1436 户，历年累计已达 8350 户。

2. 林畜养殖

近年来，草食动物产品市场价格不断攀升，目前，当地牛肉 35～40 元/市斤，同比增长 10%，羊肉 50～60 元/市斤，同比增长 15%。基于草食动物养殖经济效益看好，导致牛羊等草食动物成为社会各界人士投资的热点。2014 年，全市成功申报 6 个林畜示范项目，例如：田阳县头塘镇二塘村大红八角专业合作社林下养牛示范区，计划投资 1635.7 万元，林下养牛 1500 头；百育镇九合村那遵屯林下养羊示范区，计划投资 320 万元，林下养羊 4000 头；靖西县湖润镇新灵村钦留屯红攀原生态林下养猪示范区，计划投资 570 万元，林下养猪 3000 头；田林县定安镇定安村冠发林下养牛示范区，计划投资 452.7 万元，林下养牛 1500 头；隆林县平班镇扁牙村洪安屯林下黄牛养殖示范区，计划投资 518 万元，林下养牛 600 头；隆林县金钟山乡那马村尾甲屯林下黑山羊养殖示范区，计划投资 354.4 万元，林下养羊 2000 头。2014 年全市林禽项目共争取到项目补助资金 380 万元，各项目正在建设中，项目建成后，能够辐射带动 300 户以上农户发展牛、羊、猪生产。

(三)林下产品采集加工利用

百色市林下产品采集加工主要有藤芒纺织，野菜采集，中药材采集，竹、藤、棕、苇产品加工等产业。目前，主要还是以出售原材料或是半成品为主，还没有形成产业链，更没有达到规模经营。2014 年 1～9 月，百色市林下产品采集加工产值 5615.7 万元，涉及林地 78.6 万亩，惠及林农 141705 人。其中各项产值为：林下中药材采集 5492.4 万元，其他林下产品采集加工 123.3 万元。

(四)森林景观利用

百色市现有森林公园 6 个，总面积 57.19 万亩，其中：乐业黄京洞天坑国家森林公园总面积 20.82 万亩；自治区级森林公园 5 个，总面积 36.37 万亩。自然保护区 16 个，总面积809.26万亩，其中国家级1个，总面积28.49万亩；自治区级9个，总面积478.84万亩；地(县)、市级6个，总面积301.95万亩。2013年全市主要森林旅游景区景点共接待游客量为130.3万人次，以门票为主的直接旅游收入达4353.9万元；餐饮食宿收入1892.4万元；娱乐收入977.9万元；其他收入3198.4万元。2013年共投入资金3159.7万元，主要用于造林绿化，营造0.78万亩，改造林相0.45万亩。目前，旅游效益最好的是右江区大王岭森林公园和德保红枫湖森林公园，而田东龙须河和凌云县森林公园还是以开放模式经营。

百色市林下旅游产业属于起步阶段，2014年1～9月，全市林下旅游产值3.17亿元，涉及林地108.60万亩。主要是以百色市澄碧河景区、右江区龙和乡大王岭原始森林景区、乐业大石围天坑、德保枫叶公园等林下休闲游为主。涉及的模式有森林人家、林下精品景区游等林下旅游类型。

五、调研结果分析

全市发展林下经济起步晚，在各级各部门的重视和支持下取得了一定成效，并表现出明显的发展优势，但也存在很多不足，主要表现如下所述。

(一)不足方面

1. 起步较晚，发展缓慢

全市林下经济发展还处于起步阶段，林下经济发展尚未制定总体规划，帮扶政策和配套经费尚未落实，支持林下经济发展的体制机制也有待建立完善。这些问题制约着林下经济的快速发展。

2. 规模不大，示范作用不明显

全市适宜发展林下经济的森林面积位居全区第一，由于全市示范点不多，规模不大，创业时间不长，示范效益尚未显现。因此，带动能力不强，没有打造出一批名牌产品，特别缺乏辐射带动作用强的龙头企业，在很大程度上影响全市林下经济的发展。

3. 配套政策有待完善

在林下产业发展过程中，地方鼓励扶持政策还有待进一步完善，林下产品产前、产中、产后的技术服务体系尚未健全等，都不同程度地影响了全市林下经济的发展壮大。

4. 林下经济发展不平衡

林下经济是一项新兴产业，群众还没有普遍形成在林下种养的习惯，认识上还有一定的差距，致使部分地区林下经济发展缓慢，参差不齐，林地利用率较低。就目前情况看，主要以传统的林下种养为主，对于近年兴起的森林景观旅游、林下产品加工等项目发展滞后。

（二）发展优势

1. 集体林权制度主体改革基本完成

百色市集体林地 3563 万亩。截至 2012 年，全市共完成确权发证面积 3379 万亩，确权发证率 94.57%；确权到户面积 3149 万亩，确权到户率 93.19%。公益林均山到户面积 1092 万亩，公益林均山到户率 75.03%；商品林均山到户面积 1882 万亩，商品林均山到户率 87%。纠纷数 5353 件，调结数 4654 件，调结率 86.94%，进一步巩固了集体林权制度主体改革成果。

2. 林下经济初具规模

集体林权制度主体改革基本完成后，全市将发展林下经济作为配套改革的重点内容全力推进。林业系统实施林下经济“123 工程”，即：发展林下种植田七示范面积 1000 亩；发展金银花、鸭胆子、十大功劳等林下药材 2 万亩；发展林下养鸡 3000 万只。2014 年，全市林下经济产值达 57.60 亿元，其中林下种植产值 12.92 亿元，林下养殖产值 29.08 元，森林旅游产值 3.17 亿元，林下产品加工 6.59 亿元（表 1）。涉及专业合作社 96 个，从事林下经济 294013 户，涉及林农人数 643205 人，人均创产值 8955 元。

表 1　2012 年以来林下经济基本情况

年　度	林下经济面积（万亩）	其　中					惠农人数（人）	林下经济总收入（亿元）	林下经济从业人数（人）
		产值（亿元）	林下种植（亿元）	林下养殖（亿元）	林产品采集加工（亿元）	森林旅游（亿元）			
2012	348.86	39.61	6.91	23.61	6.22	3.43	843543	15	706145
2013	580.40	59.84	18.73	33.73	4.78	2.59	871905	23.40	724380
2014	389.42	57.60	12.92	29.08	6.59	3.17	864510	26.48	643205
合　计	1318.68	157.05	38.56	86.42	17.59	9.19		64.88	

3. 扶持投入力度明显加大

根据自治区人民政府《关于大力推进林下经济发展的意见》，百色市制定了发展林下产业经济工作实施方案，把发展林下经济与林业产业化建设、产业结构调整、推进循环经济、扶贫开发和社会主义新农村建设等结合起来，合理布局，突出特色，探索和推广符合本地实际的林下种植和养殖模式，努力争取项目资金。一是上级项目资金支持。2012 年以来，全市争取得到各项林下经济发展资金补助 2998.98 万元，其中林下经济示范项目补助 2784 万元、林下经济发展专项资金贴息贷款 204.98 万元。在争取的各项补助中，中央财政补助 114 万元，自治区财政补助 288.98 万元。二是林权抵押贷款。根据农行广西区分行和自治区林业厅《关于印发林权抵押监管合作协议的通知》，百色市积极协调开展林权抵押贷款工作，截至 2013 年 9 月，全市累计林权抵押贷款余额 23.66 亿元，为林下经济发展提供了有力的资金支持。三是扩大政策性保险覆盖面。全市各县（区）积极落实区林业厅与广西保监局共同推进政策性保险战略合作协议的要求，目前，全市已累计完成政策性森林保险面积1005.26万亩，保险金额17.26亿元，投保金额1422.26万元，签单农户总数14731户，有效降低林农林下经济投资风险。

4. 林下经济从业面不断扩大

按照“自愿、互利、互助”的原则，各县(区)引导成立适当规模的林业专业合作社和跨区域的农业合作联社。目前，全市有从事林下经济农民林业合作社90个，入社农户1307户，带动林农809076人，销售收入1.99亿元。林业合作组织的发展与壮大，引导林下经济从一家一户松散型向合作化、集约化模式转变，突破了农村经济组织结构松散、经营粗放、经营规模和经营水平受限的难题，使林下经济逐步走上规模化和产业化经营的路子。2014年，百色市右江区林优达水果农民专业合作社、田林县利芬林下养鸡合作社、隆林县惠民金银花种植专业合作社获得国家级农民合作社称号。

六、建　议

百色市集体林地面积3563万亩，适宜发展林下经济的集体林地面积为389.42万亩左右，占全市集体林地面积的10.9%。2014年，全市总人口382.63万，其中从事林业和林下经济生产的人口约为64万，占全市人口的16.7%。大力发展林下经济，前景可观。今后百色市发展林下经济应从以下几方面着手。

(一)强化组织领导，保障林下经济发展

认真贯彻落实国家和自治区关于大力发展林下经济的重要指示精神。一是提高认识，把发展林下经济作为转变林业经济增长方式、促进林业可持续发展的重要保证和促进农民增收的重要途径。二是强化部门协调，积极与财政、金融、农业、科技、畜牧等部门沟通，加强对全区林下经济的统筹规划、督促指导、技术推广、信息服务、信贷支持，促进林下经济持续健康发展。三是加大宣传力度，采取多种有效形式，大力宣传林下经济发展的重要意义，积极营造发展林下经济的良好氛围，促进林农解放思想，更新观念，增强发展林下经济的主动性和自觉性。通过这些措施，进一步加大力度，扩大规模，促进林下经济发展迈上一个新台阶。

(二)立足发展实际，科学规划布局

要结合百色林下经济发展实际，按照因地制宜、统筹规划、合理布局、突出特色、发挥优势、讲求实效原则，制定出台百色市林下经济发展总体规划，对林下经济发展进行科学合理的规划布局，确定中长期发展目标。在发展布局上，要结合各县(区)的立地条件和环境，因地制宜，在田林、隆林、西林等3个县应重点打造以林药、林菌为主要模式的林下种植优势产区；在右江、田阳、田东、平果、德保和田林等6个县(区)重点打造规模标准化林下种植或养殖优势产区；凌云、乐业、隆林、西林、靖西和那坡等6个县重点打造健康生态品牌的林下种植养殖特色产区。

（三）产业化开发，集约化经营

规模化、产业化、集约化发展将成为全市林下经济发展的一大趋势。要充分发挥林业龙头企业、林业专业合作社、林业专业协会、国有林场等的作用，把分散的农户组织起来，形成了公司+基地+农户、专业合作社+农户、国有林场+农户、公司+专业合作社+农户等多种经营模式，促进林下经济规模化、产业化发展，集约化经营。同时，带动物流、信息、服务等相关产业发展，进一步提高林下经济产业组织化程度和抵御市场风险的能力。

（四）产学研结合，品牌化经营

将企业、农户、高校、科研院所、技术推广单位有机结合起来，形成利益共同体，推动林业科技研究，推广先进科技成果和实用技术，加快科技成果转化步伐，建立健全林下产品产前、产中、产后的技术服务体系。同时，将品牌建设和产品经销提升到林下经济发展的重要日程上来，按照相关标准进行林下产品生产、加工和经销提供相关服务；通过商标注册、地理标志认证等方式培育一批名、特、优林下经济产品和服务，打造区域、全区、全国著名品牌，走品牌化经营之路。

（五）培育发展典型，发挥辐射作用

一是突出特色，根据各地的实际情况，因地制宜，利用不同区域的条件优势和产业发展现状，着力打造各具特色的林下经济产业带。二是突出龙头，加强龙头企业建设，按照“扶优扶强”的原则，集中力量，引进和培育一批辐射带动作用强的龙头企业，努力营造龙头带大户、大户带小户，千家万户共同参与的发展局面。三是突出产品，按照相关生产标准，通过注册商标、地理标志认证等方式，培育一批名、特、优林下经济产品。四是突出示范，积极挖掘和培育林下经济发展示范点，认真总结推广工作亮点、成功经验，充分发挥示范点的示范作用，以点带面，推动全区林下经济快速发展。

（六）完善政策措施，做强林下经济

一是扩大融资渠道，在积极争取各级财政投入扶持资金的基础上，引导金融资本、社会资金进入林下经济发展领域，确保各项工作顺利扎实开展。二是完善资金扶持政策，逐步制定出台对林下经济发展中贷款贴息、种苗补助、基础设施建设等重点问题予以资金扶持的政策。三是创新机制，积极探索各种高效运行机制，灵活整合各种社会、企业、政府、群众力量，发挥各自优势，不断健全完善经营机制，统筹协调共同推动林下经济持续快速发展。

调 研 单 位：广西百色市百林林场

调研组成员：王亚明　骆荣泰　黄红强　杨绍吉　许　翔　陆东妹　李嘉庆

基于大数据的美丽国家指数研究报告

【摘　要】中共十八大做出建设美丽中国的战略决策。美丽国家有狭义和广义之分，本研究论述的美丽国家，是广义上的美丽国家，是以国家为审美对象，是形式美与内容美、物质美与精神美、国内美和国际美的统一。本研究采取多学科、宽领域、全方位、深层次、开放式的宏观战略研究方法，在研究过程中，把美丽中国指数研究置身于世界生态社会经济发展的大背景和以全面建设小康社会为目标的国家经济社会发展的全局中；研究采用传统与现代调查法、数理统计分析方法、系统工程方法、定性与定量相结合的综合集成法等研究方法，遵循定性研究和定量研究相结合，研究者和决策者、管理者相结合。通过研究，提出美丽国家的基本理论、评价体系、发展战略，重点研究提出美丽国家指数构建方法、指标体系和指数分析运用等方面的内容，基于大数据分析，得出各主要国家的美丽国家指数，作出各类指标的差距与优势分析，并据此提出有针对性的美丽国家建设对策措施。通过本研究，旨在突出美丽国家建设的重要地位和作用，为生态林业、民生林业发展创造更好的政策环境，为美丽中国和生态文明建设作出应有的贡献。

一、美丽国家基本概念与理论基础

2012 年 11 月，中共十八大不仅对生态文明建设进行了全面部署，还首次提出了建设美丽中国的目标，指出："把生态文明建设放在突出地位，融入经济建设、政治建设、文化建设、社会建设各方面和全过程，努力建设美丽中国，实现中华民族永续发展"。关于美丽中国、美丽国家，这是一个仁者见仁、智者见智的概念。本文尝试将美学理论与国家宏观建设的生态、经济、社会、文化、政治等五大内容结合起来，形成美丽国家建设的生态美、经济美、社会美、文化美、政治美等五类美学，并分析五类美学的本质特征。

(一) 美丽国家的概念

美丽国家有狭义和广义之分，通常说的美丽国家应该是狭义上的概念，主要是指生态美，是自然资源美、自然景观美、自然生态美、自然环境美等，是生态健康良好的体现。狭义上的美丽国家，表现为形式上的美，如天蓝、地绿、水清等，是人类得以诗意的栖息在大地上的前提和保障。狭义上的美丽国家，还体现为物质美，如山川美、田园美、景点美等物质美，是人们生活美好的物质保证。广义上的美丽国家，不仅指生态美，也包括了经济美、社会美、文化美、政治美等。本研究论述的美丽国家，是广义上的美丽国家，是指以国家为审美对象，建立一套完整的审美评估体系，包含了国家的生态美、经济美、社会美、文化美、政治美等，属于宏观美学的范畴。美丽国家是形式美与内容美的统一，也是物质美与精神美的统一，还是国内美和国际美的统一。

1. 审美对象，以国家为单元

审美对象，亦称“审美客体”，与“审美主体”相对，指能使人产生审美愉快的事物和对象。它在客观上与人构成一定的审美关系。本研究则以国家为审美对象，建立一套评估体系，研究世界不同国家的美丽程度。这种以国家为审美对象，以数量指标体系的定量评估，宏观美学和统计美学相结合，是一种全新的首创。

2. 审美主体，世界各国人民

本研究本质上是对世界上美丽国家的评选，审美的客体是世界各个国家，审美的主体则是世界各国人民。审美主体，可以是进行审美活动并具有一定审美能力的专家团队。但是，美丽国家的审美结果也必须符合普通民众的感性认知。但由于世界各国人民的文化差异等因素，审美结果要想得到广泛的认可，专家审美团队的任务极其艰巨，必须建立一整套全面、客观、公正的评估指标体系。

3. 美的内容，生态、经济、社会、文化和政治美兼顾

在美学史上，有对自然美、社会美、艺术美谁大谁小的争执。有自然美优先说，如朴素实在论、柏拉图等，也有社会美优先说，如中国儒家文化的三纲五常、三从四德等，还有艺术美优先论，将艺术美作为理念的感性显现而优先于自然美的观点，如黑格尔，甚至有些学者将艺术美作为本来的美，完全否定自然美等见解。本研究包括新分类中的五类，即经济美、社会美、文化美、政治美、生态美，这样就有了谁大谁小、谁重谁轻的问题。自然主义者，可能偏重自然的生态美，认为美丽国家就是生态美，其他经济、社会、文化、政治都是次要的，只要自然环境美、自然生态好，就够了。而发展学派，可能偏重经济，认为经济发展了，物质财富多了，人民生活好了，就是最大的美。而政治学派，会认为政治至上，没有美好政治制度作为保障，经济发展不了，生态也保护不了，科技教育也会落后，因此，政治美是至上的。不同群体需求不同，不同学派观点不同，这都是合情合理的，就需要我们合理确定不同美类别间的权重比例，并尽可能多的能让更多的人接受。

4. 整体之美，形式美加内容美

国家美是形式美和内容美的统一。每个国家都有自己独得的形式美特征，如山川地貌、人种特征、旅游景点、历史建筑等，也有独特的内容美，如风俗文化、宗教、民族、人格、国格等。从本研究经济美、社会美、文化美、政治美和生态美的五大类看，每一大类审美对象中又包括了众多的细化的审美对象，每类审美对象都是形式美和内容美的统一，如文化美中包括教育审美，教育美又是学校、布局等形式与教学、科研水平等内容的统一。

5. 哲学之美，物质美加精神美

从辩证法哲学看，国家美也是物质美与精神美的统一。这与当今世界热议的硬实力和软实力大同小异。在分析一个国家的综合国力的构成要素时，通常将之分为有形力量与无形力量，或硬实力与软实力。美国哈佛大学教授约瑟夫·奈就将综合国力分为硬实力与软实力两种形态。硬实力是指支配性实力，包括基本资源（如土地面积、人口、自然资源）、军事力量、经济力量和科技力量等；软实力则分为国家的凝聚力、文化被普遍认同的程度和参与国际机构的程度等。美国学者克莱因在20世纪70年代提出了有名的“国力方程”，把“战略目标”与“国民意志”作为衡量国力的重要组成部分。无论是“战略目标”还是“国民意志”，都是极其复杂的无形因素，也可称为软实力，难以用静态标准来衡量。另一位美国学者斯拜克曼把民族同质性、社会综合程度、政治稳定性、国民士气都视为软力量。英国著名学者罗伯特·库伯则认为，合法性是软实力的核心要素。综上，硬实力是指看得见、摸得着的物质力量，是物质美的表现，如国民生产总值；软实力所指的就是精神力量，是精神美的体现，包括政治力、文化力、外交力等软要素。两者既紧密联系，又互相区别。它们不是简单的加减关系，而是相辅相成、相互制约和协调。硬实力是软实力的有形载体、物化，而软实力是硬实力的无形延伸。

6. 内外之美，国内美与国际美

国家美学是借助社会政治意识形态和国家民族观念所建立起来的既关乎个体生存意义又关乎社会稳定、国家发展、国际局势以至人类命运的审美权力话语。考虑到“国家”所处的个体主体与国家主体间独特的历史形态和理论地位，国家美学不只强调自身在国家范围内的审美诉求，还充分考虑国家体系内的个体主体性和国际间平等对话的国家主体性。正是在这个意义上，国家美学既注重“个体主体性”的国内美，也注重“国家主体性”的国际美。国家美学重视社会个体的基本生存权利和个体主体的感性丰富性存在，也重视国家主体在国际政治局势中对霸权主义的权力制衡和对自身主体地位的维护。国家美学具有能以政治、经济、文化等全方位优势，整合民族文化所有资源，从而在全球化语境中获得审美话语的综合拯救强势。国家美学强调审美权力中美学的渗入和美学对国家政治、经济和文化各领域的解构和建构性意义，强调世界文化交流中的国家身份。

（二）美丽国家理论基础

美丽国家的核心离不开美丽和美。从美学理论来说，美丽国家包括了国家建设五大内容，即生态美学、经济美学、文化美学、社会美学、政治美学。从生态学看，生态学、生态文明必然是美丽国家的基础理论；从经济学看，包括了可持续发展、循环经济、生态生产力等经济发展方式理论；从文化学看，有自组织理论等；社会学看，有现代化、后现代化、二次现代化理论等；从政治学看，有国家发展理论、大国崛起理论、跨越式发展、后发赶超理论等。

1. 美学理论

随着经济发展和生活水平的提高，人们对美的体验的需求日益强烈，美学开始向国家和社会生活的各方面渗透。从国家建设层面看，美学向生态、经济、文化、社会、政治等方面渗透，并结合成新的美学分支，如生态美学、经济美学、文化美学、社会美学、政治美学。当然，美学的这种渗透与结合，仍处于日新月异的型构发展之中，其概念、内容、范式等都是未定的。

2. 生态学理论

20世纪60年代，西方出现了生态觉醒，环境保护运动高潮迭起。西方的生态保护运动具有公众性、普遍性、科学性、政治性、国际性等特征，普通公众、社会团体、政党、科研机构、国际机构都为此倾注了大量热情。与生态运动相呼应，西方生态学术团体、学术流派、学术理论、学术思想等很多，可以说是流派纷呈，主张各异。与美丽国家有关的生态理论主要有：深生态学理论、生态经济学原理、生态阀限理论、生态足迹理论、复合生态系统理论等。

3. 生态文明理论

生态文明就是指人类在物质生产和精神生产中充分发挥人的主观能动性，按照自然生态系统和社会生态系统运转的客观规律建立起来的人与自然、人与社会的良性运行机制、和谐发展的社会文明形式。生态文明的核心是人与自然的协调发展，其内涵包括生态物质文明、生态意识文明、生态制度文明、生态行为文明等方面。

4. 可持续发展理论

可持续发展理论的内涵丰富，一般认为主要涉及经济、环境、资源、人口、社会发展五大因素，这五大因素形成一个密不可分、相互制约的整体系统。可持续发展非常重视生态环境保护，把生态环境保护作为它积极追求实现的最基本目的之一，生态环境保护是区分可持续发展与传统发展的分水岭和试金石。主要有：可持续发展理论、循环经济学理论、生态生产力理论。

5. 现代化理论

现代化理论从萌芽至成熟，大致经历了三个阶段。第一个阶段是现代化理论的萌芽阶段，从18世纪至20世纪初。这一阶段以总结和探讨西欧国家自身的资本主义现代化经验和面临的问题为主，其中主要的学者有圣西门、孔德、迪尔凯姆和韦伯等。第二个阶段是现代化理论的形成时期。从第二次世界大战后至20世纪六七十年代，以美国为中心，形成了比较完整的理论体系，主要学者有社会学家帕森斯、政治学家亨廷顿等。第三个阶段是从20世纪六七十年代至今，这一时期研究的核心是如何处理非西方的后进国家现代化建设中的传统与现代的关系。现代化研究历时50余年，形成了庞大的现代化理论体系。大体上说，包括经典现代化理论、后现代化理论和第二次现代化理论等三大体系。

6. 国家发展理论

国家发展理论是探讨国家发展规律性及其具体表现形式的学说。广义上的国家发展理论包括哲学、经济学、政治学和人类学关于国家发展的研究，它探讨人类国家历史发展的一般规律性；狭义上国家发展理论特指社会学对国家发展问题的研究，它以现代社会中政治、经济、社会、文化的综合协调发展问题为对象，主要探讨国家发展的理论、模式、战略乃至具体政策。主要有：国家发展理论、发展型国家理论、大国崛起理论、后发赶超理论、跨越式发展理论等。

7. 自组织理论

20 世纪的一大贡献，就是系统科学得到了空前发展，40 年代先后创立了系统论、控制论和信息论，合称“老三论”。70 年代先后创立了耗散结构论、协同论、突变论，合称“新三论”。自组织理论虽然产生的较迟，但充满了自组织思想的理论却早已有之，中国道家在 2600 年前提出的无为而治思想、斯密的自由经济理论、哈耶克的自发秩序理论，都反对政府干预，尊重社会自发秩序，可以归入自组织理论范畴。主要有：自由经济理论、自发秩序理论、自组织理论等。

二、美丽国家指数构建

为了更好地从各方面评价相关国家的发展现状，为国家发展指明方向，近年来各种国家评价指数和地区评价指数的研究非常多，诸多不同用途的国家评价指数被纷纷推出和使用。这些指数有的侧重于反映民生，有的侧重于反映社会发展，有的侧重于反映生态和环境保护，还有的则试图将国家或地区的综合发展情况在一个指数中描述。比较重要和有影响力的指数有：人类发展指数（HDI）、GDP 与绿色 GDP、生态文明建设指数（ECCI）、生态综合指数（ECI）、环境绩效指数（EPI）、可持续发展指数、美丽中国指数、全面小康指数、现代化指数、生态足迹、幸福指数、国家综合实力指数等。

（一）美丽国家指数构建原则

1. 全面性与重点性

首先，所构建的指标体系由美丽政治指数、美丽经济指数、美丽文化指数、美丽社会指数和美丽生态指数 5 个部分组成，全面涵盖政治、经济、文化、社会、生态 5 个领域。其次，在这 5 个部分中，尽可能选取具有代表性的指标覆盖该领域的各个侧面，例如美丽生态指数中既有描述生态系统的森林覆盖率，又有描述自然资源富有程度的人均耕地面积、人均可再生内陆淡水，还有用于描述对环境造成压力的人均二氧化碳排放量、GDP 单位能源消耗和全国平均 PM10 以及用于描述国家对生态投入的自然保护区覆盖率等多个不同侧面的指标。最后，不同的指标之间具有不同的权重，这些指标经无量纲化之后通过加权平均形成最终的美丽国家指数，通过权重的方式来重点突出那些能够更好体现美丽国家建设现状的侧面，从而达到兼顾全面性和重点性的目的。

2. 权威性与可靠性

原始数据的权威性是指数权威性的基础，所以美丽国家指数将构建在各种权威发布的数据基础之上，避免使用那些非正式的民间流传的数据。使用这些权威机构发布的数据还能带来数据来源稳定的好处，可以避免由于数据无法获取带来的指数无法计算的问题。出于数据来源稳定可靠的考虑，不得不弃用了很多非常具有代表性却又难以获得完整数据的指标(例如平均 PM2.5 浓度等)。目前指标体系大部分数据来自于联合国及其下属机构(如教科文组织、世界旅游组织等)以及其他权威政府间国际机构，另有部分数据来自于国际知名的研究机构或非政府组织(如世界经济论坛、透明国际组织等)。对于这些组织机构发布的数据中少量缺失的部分，从各个国家官方网站上寻找相应的数据予以补足。原始数据来源的控制将为美丽国家指数提供坚实的数据基础。

3. 历史性与前瞻性

历史、现实与未来是一个无法割断的发展历程，对国家进行评价不可避免地要涉及这个国家的历史和未来发展，美丽国家指数也必须考虑到这一点。为此，在设计指标体系的过程中遵循以现状为主，兼顾国家的历史和未来发展趋势的原则，力图对国家的历史、现状和未来有一个全景式的总结。为了达到这个目标，在指标体系的设计中不仅仅包括诸如国民生产总值、基尼系数、高等学校入学率这些用来反映国家现状的指标，还包括了用来反映国家历史的世界遗产数量和用来反映国家发展情况的人均国内生产总值增长率等指标，从而使美丽国家指数能够更好地反映一个国家的历史、现状与未来。

4. 科学性与合理性

一方面，在指标选取的过程中注意兼顾绝对数和相对数，从而避免国家规模对于评价结果的影响。例如，在美丽经济指数中，即使用了反映国家整体经济实力的国内生产总值，又引入和人均国内生产总值和人均国民收入来避免出现“大国通吃”的情况。另一方面，选择指标时还尽可能地采用各种客观指标(如国内生产总值、森林覆盖率等)作为美丽国家指数的基础，从而避免使用主观指标带来的意识形态等方面非客观因素的影响，保证所计算出的美丽国家指数的客观性。最后，在指标构建的过程中使用了常用的加权平均法来计算最后的美丽国家指数，并在计算过程中通过专家调查和层次分析法来生成各项指标的权重，使计算和权重的赋值更加符合现实，更加易于分析，更具有指导意义。

5. 现实性与易得性

从根本目的上来讲，提出美丽国家指数是为了通过对美丽国家指数的计算和分析，全景式地认识当前建设美丽国家所取得的成绩和面临的挑战，从而为国家治理提供决策上的帮助。为了达到这个目标，在美丽国家指数指标的选取和指数的计算过程中，充分重视这些指标和计算方法的现实意义，尽可能选取具有现实代表性的参数数据进行计算，从而方便从计算结果中分析各种成就与不足，使计算得到的美丽国家指数能够更好地为国家治理决策服务。同时，也要考虑具体数据的易得性。

(二)美丽国家指数构建方法

选取了分层的规范化加权平均方法作为美丽国家指数的构建方法。

美丽国家离不开五位一体的发展：生态良性循环、经济繁荣富裕、政治清明稳定、文化科教兴盛、社会公平和谐，美丽国家指数也必须反映这 5 个不同方面。为此，把美丽国家指数分解为 5 个侧面，它们分别是反映国家生态资源环境的美丽生态指数、反映国家经济力量的美丽经济指数、反映国家政权与管理能力的美丽政治指数、反映国家文化基础和影响力的美丽文化指数以及反映国家社会公平与安宁程度的美丽社会指数。

对于每个分指数，更加详细地将其分成几个侧面来分别探讨，从而能够针对每个分指数给出更加完善和具有指导价值的结论。例如美丽生态指数包括生态、资源和环境 3 个侧面，分别用于描述国家的生态循环情况、资源丰富程度和环境治理现状。然后，针对每个侧面将精心选取几项具有代表性的、能够全面刻画该侧面的、易于得到权威数据的指标，将其归一化和无量纲化，再进行加权平均得到每个侧面的得分。

在上述工作之后，通过对每个侧面的得分的归一化和加权平均可以得到前述美丽生态指数等 5 个分指数。最后，对这 5 个分指数进行加权平均，从而得到用于全面反映各国在建设美丽国家方面的现状与努力程度的美丽国家指数。这样得到的美丽国家指数即能够全面地反映国家的现实状况，又能够针对每个分指数、每个侧面进行讨论，得到有益于国家治理的指导性结论。

在使用加权平均法进行综合指数计算的时候，每个分指数或指标的权重对于最后的结论非常重要。当前的大多数国家评价指数或者使用权重相同的简单算术平均，或者根据经验直接为各分指数或指标进行赋权。由于这种赋权方式权重的随意性，作为其结果的综合指数也经常被提出疑义。

为了尽可能使权重科学有效，在指标权重的赋值上，使用了层次分析法来对指标权重进行赋值。

(三)美丽国家指数体系结构

美丽国家指数由美丽生态指数、美丽经济指数、美丽政治指数、美丽文化指数和美丽社会指数组成，共有指标 39 项(表 1)。

(四)美丽国家指数权重计算

在指标权重的赋值上，使用了层次分析法。在针对所有专家的调查问卷进行了计算之后，根据各专家给出的比对矩阵计算得到的权重进行算术平均，保留 3 位小数，得到各级分指数与指标的权重(表 1)。

表 1 美丽国家各项分指数与指标的权重

各级分指数及指标		权 重		
1 美丽生态指数				0.265
1.1 生 态			0.416	
	（1）森林覆盖率	0.305		
	（2）湿地覆盖率	0.193		
	（3）草原覆盖率	0.153		
	（4）自然保护区覆盖率	0.203		
	（5）野生动植物种类	0.146		
1.2 资 源			0.292	
	（6）人均耕地面积	0.281		
	（7）人均可再生内陆淡水资源	0.262		
	（8）能源资源储量	0.195		
	（9）林木蓄积量	0.262		
1.3 环 境			0.292	
	（10）人均二氧化碳排放量	0.303		
	（11）GDP 单位能源消耗	0.334		
	（12）全国平均 PM10 浓度	0.363		
2 美丽政治指数				0.182
2.1 国家影响力			0.550	
	（13）国家综合实力指数	1.000		
2.2 政权稳定性与效率			0.450	
	（14）和平与冲突动荡指数（PCIL）	0.247		
	（15）国家脆弱性指数（SFI）	0.247		
	（16）全球清廉指数	0.247		
	（17）电子政务就绪指数	0.259		
3 美丽经济指数				0.187
3.1 经济实力			0.550	
	（18）国内生产总值	0.500		
	（19）人均国民收入	0.500		
3.2 经济增长性			0.450	
	（20）国内生产总值增长率	0.333		
	（21）全要素生产力	0.333		
	（22）第三产业比例	0.333		
4 美丽文化指数				0.183
4.1 教育实力			0.315	
	（23）预期学校教育年数	0.243		
	（24）教育公共开支占 GDP 比	0.233		
	（25）高等院校入学率	0.264		
	（26）全球 Top200 高校数量	0.260		

（续）

各级分指数及指标		权　重		
4.2 文化影响力			0.346	
	(27)世界遗产数量	0.329		
	(28)接待境外游客人数	0.343		
	(29)博物馆、文化馆、图书馆、展览馆的数量	0.328		
4.3 创新能力			0.339	
	(30)居民申请专利数	0.450		
	(31)固定宽带互联网用户占人口的比例	0.550		
5 美丽社会指数				0.183
5.1 医疗卫生			0.300	
	(32)人均预期寿命	0.399		
	(33)公共医疗卫生支出占 GDP 百分比	0.294		
	(34)婴儿死亡率	0.307		
5.2 社会安定与公平			0.284	
	(35)基尼系数	0.606		
	(36)谋杀犯罪率	0.394		
5.3 社会发展			0.416	
	(37)城镇化率(城镇人口占总人口的比例)	0.400		
	(38)高速公路总里程数	0.294		
	(39)网络就绪指数	0.306		

根据上述表格所列权重，就可以依照前述计算方法进行归一化和加权平均计算得到各级分指数和最终的美丽国家指数。

(五)美丽国家指数数据获取

在确定了各指标之后，通过世界银行、联合国环境规划署、联合国粮农组织、联合国教科文组织、联合国经济和社会事务部、联合国工业发展组织、世界资源研究所、世界经济论坛、联机计算机图书馆中心、“透明国际”、美国中央情报局、密歇根大学的 Correlates of War 研究项目、马里兰大学国际发展与冲突管理研究中心、美国乔治梅森大学的系统和平中心和全球政策中心、西班牙高级科学研究委员会等机构的官方网站以及各种正式出版物、公开报告等渠道对上述指标数据进行了获取，并对得到的数据予以整理。针对其中存疑的数据，还通过各国政府和权威国际组织的公开资料(包括公开报告、正式出版物和官方网站等)进行核实；对于少量缺失数据，通过从政府官方网站和正式出版物中进行查找和补缺。最后，按照国家所在大洲和国家名称的拼音首字母次序进行排序，剔除其中少量的数据大量缺失且无法弥补的国家，最终得到包括全球六大洲(不含南极洲)共 185 个国家的指标数据。

三、美丽国家指数的国际应用

(一)全球美丽国家指数计算

在收集到的指标数据的基础上，针对这些指标数据进行归一化，并根据前述计算方法和权重设置对这些指标进行计算，得到各国的各方面指标和分指数。在得到所有国家的5项分指数之后，根据前述计算方法及权重分配进行美丽国家指数的计算，并对各分指数和美丽国家指数的得分进行排序(表2)。

表2　全球美丽国家指数与排序

序号	国家	美丽生态指数		美丽政治指数		美丽经济指数		美丽文化指数		美丽社会指数		美丽国家指数	
		指数	排名	指数	排名	指数	排名	指数	排名	指数	排名	指数	排名
非洲													
1	阿尔及利亚	26.58	157	27.34	94	23.85	88	19.87	98	56.34	70	30.43	99
2	埃及	14.23	182	34.88	57	24.24	83	24.84	72	52.83	78	28.87	114
3	埃塞俄比亚	27.36	154	11.07	165	17.91	140	6.27	157	29.56	158	19.17	178
4	安哥拉	45.34	27	16.86	140	16.93	150	3.78	171	25.80	172	23.66	148
5	贝宁	38.03	87	15.79	145	18.33	135	4.82	164	32.38	145	23.19	155
6	博茨瓦纳	41.60	53	30.22	83	31.02	52	18.78	105	28.20	162	30.92	94
7	布基纳法索	34.39	110	13.57	159	17.30	148	15.81	120	26.18	169	22.50	159
8	布隆迪	24.82	164	6.12	180	12.14	174	1.54	183	31.01	154	15.92	183
9	赤道几内亚	43.53	38	19.06	129	21.38	110	2.72	179	20.43	180	23.24	152
10	多哥	35.47	103	17.37	136	17.50	146	16.00	117	31.04	153	24.44	142
11	厄立特里亚	31.72	131	17.27	137	20.38	115	8.90	147	25.94	171	21.74	165
12	佛得角	33.71	115	31.38	75	25.62	78	7.53	153	45.00	103	29.05	113
13	冈比亚	40.04	63	18.88	131	21.06	113	4.76	165	35.30	137	25.32	132
14	刚果	51.99	9	19.02	130	12.57	172	16.38	113	26.73	168	27.48	120
15	刚果民主共和国	45.43	26	9.43	172	14.22	169	5.79	160	19.83	181	21.10	169
16	吉布提	25.25	162	10.47	167	23.13	95	20.34	94	42.87	112	24.49	141
17	几内亚	51.14	13	10.77	166	11.77	175	15.63	123	23.94	175	24.95	137
18	几内亚比绍	47.02	22	4.77	182	0.57	185	3.86	169	24.68	173	18.66	180
19	加纳	33.30	120	22.82	116	21.52	107	22.30	86	37.02	131	27.86	115
20	加蓬	55.49	3	17.71	134	25.80	75	16.14	116	42.69	114	33.52	71
21	津巴布韦	37.48	93	12.88	162	17.66	144	9.84	146	26.80	166	22.28	161
22	喀麦隆	43.13	44	13.78	156	18.57	130	5.41	161	35.33	136	24.87	138
23	科摩罗	28.89	148	15.64	148	16.48	157	4.59	166	18.20	183	17.75	181
24	科特迪瓦	45.09	29	15.76	147	22.53	100	17.79	110	22.21	178	26.35	127
25	肯尼亚	27.45	152	19.77	127	17.45	147	13.98	132	32.24	147	22.59	158
26	莱索托	35.28	105	23.79	113	17.70	143	3.15	176	17.80	184	20.82	171

（续）

序号	国家	美丽生态指数		美丽政治指数		美丽经济指数		美丽文化指数		美丽社会指数		美丽国家指数	
		指数	排名	指数	排名	指数	排名	指数	排名	指数	排名	指数	排名
27	利比里亚	38.70	78	14.61	152	18.66	128	3.76	172	39.24	125	24.27	144
28	利比亚	14.63	181	18.64	132	21.11	112	16.76	111	60.88	58	25.43	130
29	卢旺达	30.53	135	21.35	120	19.81	120	13.09	137	32.21	148	23.97	147
30	马达加斯加	38.15	85	20.87	124	15.70	162	2.40	181	33.63	142	23.44	150
31	马拉维	39.46	70	14.58	153	12.40	173	11.07	142	22.81	177	21.63	167
32	马里	31.97	129	6.49	177	6.54	182	14.85	127	32.26	146	19.50	176
33	毛里求斯	30.36	136	33.99	61	42.42	26	30.02	56	57.15	66	38.12	58
34	毛里塔尼亚	22.64	170	16.40	143	16.75	152	16.36	114	31.42	151	20.86	170
35	摩洛哥	34.50	109	32.25	71	22.25	102	22.94	80	48.97	91	32.33	81
36	莫桑比克	45.12	28	13.30	160	18.30	136	8.28	151	26.90	165	24.24	145
37	纳米比亚	39.71	67	26.36	100	27.73	68	21.85	88	30.19	156	30.03	107
38	南非	32.64	127	33.30	66	33.46	47	24.39	76	31.16	152	31.13	92
39	尼日尔	33.23	121	14.28	154	19.73	123	13.91	133	30.36	155	23.20	154
40	尼日利亚	27.20	155	17.01	139	23.90	87	15.29	125	26.76	167	22.47	160
41	塞拉利昂	43.34	41	8.03	175	18.73	127	3.37	174	28.21	161	22.23	162
42	塞内加尔	36.24	100	20.99	123	18.36	133	20.27	95	38.37	129	27.59	118
43	塞舌尔	26.46	158	25.99	101	39.62	32	22.89	81	43.15	109	31.24	91
44	圣多美和普林西比	34.54	108	17.09	138	18.50	132	5.16	162	36.26	133	23.30	151
45	斯威士兰	41.67	52	24.87	106	9.32	178	8.35	150	24.05	174	23.24	152
46	苏丹	32.34	128	15.29	151	5.17	183	10.52	144	27.78	164	19.33	177
47	索马里	29.90	137	1.36	185	2.52	184	0.00	185	33.52	144	14.78	185
48	坦桑尼亚	47.58	19	20.26	126	16.75	152	11.20	141	31.52	150	27.25	121
49	突尼斯	24.61	165	29.77	85	27.19	69	29.43	58	59.05	63	33.22	73
50	乌干达	31.96	130	13.74	157	14.11	170	8.60	148	27.84	163	20.28	172
51	赞比亚	46.28	23	16.13	144	17.77	141	6.74	156	29.40	159	25.14	135
52	乍得	33.40	118	6.49	177	15.41	164	15.40	124	18.60	182	19.14	179
53	中非共和国	44.57	31	4.46	183	13.38	171	3.82	170	10.18	185	17.69	182
	亚洲												
54	阿富汗	24.17	166	2.97	184	22.77	98	12.70	138	34.02	140	19.75	174
55	阿联酋	13.35	184	40.29	38	41.83	28	22.12	87	72.02	25	35.92	66
56	叙利亚	26.42	159	24.68	107	37.11	39	18.71	106	49.03	90	30.83	96
57	阿曼	13.73	183	34.08	60	36.00	41	5.81	159	67.93	32	30.07	105
58	阿塞拜疆	33.62	116	26.54	98	15.27	167	29.37	59	52.74	79	31.62	87
59	巴基斯坦	18.39	180	25.82	103	21.82	105	5.96	158	40.86	118	22.22	163
60	巴林	22.21	172	32.48	69	24.08	85	24.54	73	72.81	22	34.12	70
61	不丹	52.19	8	21.81	119	19.89	119	2.82	177	45.72	101	30.40	100
62	朝鲜	23.88	167	35.81	55	7.98	180	19.22	102	39.20	127	25.03	136
63	韩国	26.41	160	70.72	7	47.67	21	55.97	12	74.68	20	52.69	13
64	东帝汶	42.70	46	16.57	141	15.28	166	14.18	131	40.16	120	27.13	122
65	菲律宾	34.20	111	31.39	74	26.57	72	9.97	145	46.47	99	30.07	105
66	格鲁吉亚	38.00	88	27.39	93	23.34	91	21.60	90	51.25	83	32.75	79
67	哈萨克斯坦	28.14	150	32.31	70	27.80	67	30.52	53	57.10	67	34.57	68

（续）

序号	国 家	美丽生态指数		美丽政治指数		美丽经济指数		美丽文化指数		美丽社会指数		美丽国家指数	
		指数	排名	指数	排名	指数	排名	指数	排名	指数	排名	指数	排名
68	吉尔吉斯斯坦	30.99	133	17.49	135	11.09	176	16.58	112	48.13	94	25.31	133
69	柬埔寨	38.07	86	18.60	133	15.60	163	3.92	168	41.47	116	24.70	139
70	卡塔尔	20.28	177	38.15	46	39.45	33	28.80	63	67.33	35	37.29	61
71	科威特	13.30	185	34.72	58	39.36	35	13.84	134	68.07	31	32.19	83
72	老挝	40.91	58	20.36	125	16.14	158	3.29	175	39.51	124	25.40	131
73	黎巴嫩	26.93	156	26.50	99	25.64	77	22.59	84	67.85	33	33.30	72
74	马尔代夫	25.43	161	11.70	164	23.82	89	19.53	99	49.19	89	25.90	129
75	马来西亚	37.65	92	38.34	45	35.66	42	24.54	73	58.16	65	38.76	53
76	蒙古	25.16	163	29.20	87	24.52	81	18.49	107	53.15	77	29.68	109
77	孟加拉国	21.88	173	24.07	111	21.17	111	2.78	178	43.98	106	22.69	157
78	缅甸	33.92	114	22.23	118	18.25	137	1.34	184	34.55	138	23.02	156
79	尼泊尔	29.35	142	15.79	145	17.09	149	4.54	167	41.13	117	22.20	164
80	塞浦路斯	29.13	145	37.16	49	39.65	31	28.78	64	70.28	28	40.03	45
81	沙特阿拉伯	23.71	169	44.97	23	49.08	20	25.79	67	70.48	27	41.26	37
82	斯里兰卡	35.16	106	25.23	105	26.07	73	18.83	104	47.12	98	30.85	95
83	塔吉克斯坦	28.93	147	19.18	128	18.35	134	13.75	135	39.24	125	24.29	143
84	泰国	38.82	77	36.30	52	28.39	63	36.66	35	51.01	84	38.25	56
85	土耳其	29.07	146	45.15	22	36.53	40	38.45	33	62.23	53	41.18	39
86	土库曼斯坦	33.46	117	23.12	115	22.95	96	15.83	118	36.02	134	26.85	125
87	文莱	35.06	107	30.98	78	33.83	45	15.67	122	68.15	30	36.59	65
88	乌兹别克斯坦	27.96	151	25.39	104	20.27	117	24.52	75	40.59	119	27.74	116
89	新加坡	22.44	171	47.13	16	57.68	9	25.67	68	70.90	26	42.98	30
90	亚美尼亚	40.30	62	23.63	114	19.80	121	19.92	97	58.97	64	33.12	75
91	也门	21.72	174	13.62	158	9.29	179	15.82	119	36.62	132	19.57	175
92	伊拉克	29.85	140	14.06	155	22.79	97	7.86	152	49.60	88	25.25	134
93	伊朗	23.85	168	40.86	35	25.30	80	25.10	71	54.85	73	33.12	75
94	以色列	21.31	176	40.83	36	34.99	44	41.58	25	72.18	23	40.44	43
95	印度	30.72	134	73.41	5	37.13	38	39.87	30	55.21	72	45.84	25
96	印度尼西亚	44.13	35	41.19	34	29.96	58	32.22	48	53.72	75	40.52	42
97	约旦	19.33	179	28.57	90	27.13	70	22.95	79	65.54	43	31.59	88
98	越南	32.75	126	37.61	47	16.69	154	26.97	65	52.34	80	33.16	74
99	中国	39.46	70	84.85	2	51.84	17	71.88	3	65.49	44	60.73	7
	欧 洲												
100	阿尔巴尼亚	39.14	75	29.90	84	19.28	125	19.23	101	55.58	71	33.11	77
101	爱尔兰	34.18	112	41.73	31	50.28	19	35.85	38	69.15	29	45.27	27
102	爱沙尼亚	41.60	53	41.54	33	30.02	57	32.33	46	66.65	38	42.31	32
103	奥地利	40.87	59	44.73	24	52.50	15	45.64	19	77.37	16	51.30	20
104	白俄罗斯	41.07	56	33.76	62	19.71	124	32.80	44	59.09	62	37.53	60
105	保加利亚	43.45	40	34.39	59	21.98	103	30.01	57	64.97	45	39.26	52
106	比利时	33.38	119	45.77	20	56.73	11	51.90	13	79.45	12	51.82	18
107	冰岛	34.00	113	40.69	37	43.38	25	41.38	26	82.81	7	47.25	24

（续）

序号	国家	美丽生态指数		美丽政治指数		美丽经济指数		美丽文化指数		美丽社会指数		美丽国家指数	
		指数	排名	指数	排名	指数	排名	指数	排名	指数	排名	指数	排名
108	波兰	40.63	60	46.79	18	30.53	54	42.21	24	66.77	37	44.94	28
109	波黑	29.78	141	31.25	77	18.07	138	20.14	96	60.82	59	31.77	85
110	英国	36.54	98	70.98	6	67.54	3	71.05	4	78.43	14	62.59	5
111	丹麦	41.36	55	46.79	18	52.17	16	43.76	21	83.46	6	52.51	15
112	德国	42.94	45	73.73	4	65.18	4	77.31	2	83.84	5	66.48	2
113	俄罗斯	55.20	4	77.37	3	44.67	24	64.15	7	65.96	40	60.87	6
114	法国	43.48	39	66.38	8	69.48	2	65.57	5	86.02	2	64.34	3
115	芬兰	38.91	76	47.07	17	46.51	22	43.68	22	80.69	11	50.33	22
116	荷兰	37.20	95	52.18	13	54.52	12	56.27	10	81.44	9	54.75	11
117	黑山	42.40	51	33.39	65	21.44	109	19.44	100	64.45	47	36.67	63
118	捷克	37.25	94	38.56	43	25.76	76	35.95	37	74.04	21	41.83	34
119	克罗地亚	38.23	83	36.79	51	23.20	93	31.67	50	64.27	50	38.72	54
120	拉脱维亚	43.57	37	36.97	50	32.16	49	30.31	54	62.02	55	41.18	39
121	立陶宛	44.23	34	38.89	42	30.38	55	30.57	52	62.18	54	41.45	36
122	卢森堡	44.37	32	43.39	28	61.81	6	35.19	41	77.25	17	51.79	19
123	罗马尼亚	43.17	43	35.92	54	20.39	114	35.78	39	61.81	56	39.65	49
124	马耳他	19.92	178	32.12	73	28.37	64	40.71	27	79.15	13	38.36	55
125	马其顿	33.11	123	32.93	67	18.57	130	22.37	85	56.64	68	32.70	80
126	摩尔多瓦	31.00	132	26.90	96	15.72	161	22.77	83	53.96	74	30.09	104
127	挪威	38.35	82	45.47	21	57.05	10	46.75	17	81.43	10	52.56	14
128	葡萄牙	39.56	68	41.72	32	35.43	43	39.64	31	66.06	39	44.04	29
129	瑞典	39.77	66	48.26	15	53.58	13	48.55	15	87.66	1	54.27	12
130	瑞士	42.61	48	44.58	25	59.04	7	43.54	23	75.96	19	52.31	16
131	塞尔维亚	37.75	90	33.53	63	16.84	151	21.63	89	64.40	48	35.00	67
132	斯洛伐克	42.58	50	28.87	88	28.03	66	30.23	55	65.91	41	39.37	51
133	斯洛文尼亚	40.56	61	39.59	40	25.97	74	32.80	44	67.38	34	41.14	41
134	乌克兰	32.83	125	41.93	30	18.61	129	45.79	18	64.32	49	39.96	46
135	西班牙	43.19	42	54.27	12	50.37	18	65.00	6	77.55	15	56.83	8
136	希腊	41.02	57	39.34	41	37.15	37	47.86	16	65.88	42	45.79	26
137	匈牙利	38.69	79	40.27	39	23.74	90	40.46	28	67.32	36	41.75	35
138	意大利	38.54	80	58.69	10	58.47	8	57.79	9	72.17	24	55.61	9
	北美洲												
139	安提瓜和巴布达	38.40	81	15.56	149	29.83	60	20.57	92	47.81	95	31.10	93
140	巴巴多斯	29.86	138	36.18	53	40.18	30	35.02	42	53.50	76	38.21	57
141	巴哈马	29.86	138	32.78	68	30.16	56	23.85	78	33.95	141	30.10	103
142	巴拿马	44.37	32	30.23	82	39.38	34	21.56	91	50.22	87	37.76	59
143	伯利兹	47.27	20	8.65	173	22.53	100	18.38	108	28.65	160	26.92	123
144	多米尼加共和国	42.69	47	27.21	95	28.98	61	17.88	109	42.78	113	32.79	78

（续）

序号	国　家	美丽生态指数		美丽政治指数		美丽经济指数		美丽文化指数		美丽社会指数		美丽国家指数	
		指数	排名	指数	排名	指数	排名	指数	排名	指数	排名	指数	排名
145	多米尼克	39. 36	72	28. 24	92	17. 56	145	28. 97	61	42. 96	111	32. 02	84
146	格林纳达	37. 76	89	13. 09	161	24. 46	82	29. 28	60	43. 32	107	30. 25	102
147	哥斯达黎加	52. 83	6	35. 04	56	31. 60	50	25. 29	69	56. 43	69	41. 24	38
148	古巴	48. 32	18	32. 13	72	28. 58	62	20. 46	93	64. 96	46	39. 63	50
149	海地	21. 58	175	10. 34	168	10. 26	177	3. 38	173	26. 00	170	14. 90	184
150	洪都拉斯	36. 86	96	24. 32	108	20. 05	118	14. 69	129	31. 93	149	26. 47	126
151	加拿大	55. 74	2	57. 53	11	63. 23	5	59. 95	8	84. 45	3	63. 49	4
152	美国	52. 45	7	96. 44	1	88. 12	1	92. 97	1	83. 98	4	80. 31	1
153	墨西哥	48. 49	17	44. 56	26	41. 01	29	56. 13	11	51. 64	81	48. 35	23
154	尼加拉瓜	47. 05	21	22. 63	117	19. 74	122	6. 77	155	48. 37	92	30. 37	101
155	萨尔瓦多	35. 59	102	30. 40	81	23. 16	94	16. 23	115	40. 02	121	29. 59	110
156	圣基茨和尼维斯	36. 62	97	12. 50	163	33. 32	48	38. 05	34	21. 86	179	29. 17	112
157	圣卢西亚	38. 22	84	30. 86	79	23. 25	92	24. 04	77	33. 62	143	30. 64	97
158	圣文森特和格林纳丁斯	39. 17	74	28. 33	91	22. 63	99	28. 85	62	39. 56	123	32. 29	82
159	特立尼达和多巴哥	28. 58	149	31. 30	76	29. 92	59	12. 10	139	35. 56	135	27. 59	118
160	危地马拉	44. 61	30	23. 92	112	23. 91	86	18. 87	103	29. 81	157	29. 55	111
161	牙买加	36. 46	99	28. 75	89	21. 57	106	8. 46	149	38. 94	128	27. 60	117
	南美洲												
162	阿根廷	37. 73	91	37. 17	48	26. 58	71	40. 34	29	61. 43	57	40. 36	44
163	巴拉圭	49. 79	15	24. 22	109	16. 66	155	15. 01	126	44. 16	105	31. 55	90
164	巴西	59. 96	1	60. 21	9	42. 14	27	35. 73	40	59. 12	61	52. 09	17
165	秘鲁	51. 37	12	30. 74	80	28. 13	65	32. 11	49	51. 48	82	39. 77	47
166	玻利维亚	50. 82	14	21. 35	120	20. 32	116	31. 13	51	39. 88	122	34. 15	69
167	厄瓜多尔	51. 57	11	25. 83	102	24. 22	84	32. 26	47	46. 03	100	37. 22	62
168	哥伦比亚	51. 75	10	33. 47	64	21. 95	104	26. 35	66	43. 00	110	36. 60	64
169	圭亚那	49. 63	16	21. 11	122	18. 77	126	14. 67	130	37. 06	130	29. 97	108
170	苏里南	45. 66	25	26. 55	97	21. 46	108	7. 40	154	44. 88	104	30. 51	98
171	委内瑞拉	53. 11	5	29. 44	86	31. 04	51	34. 09	43	45. 17	102	39. 74	48
172	乌拉圭	39. 50	69	38. 49	44	33. 72	46	38. 65	32	63. 05	52	42. 39	31
173	智利	35. 35	104	42. 79	29	38. 39	36	36. 08	36	59. 67	60	41. 86	33
	大洋洲												
174	澳大利亚	43. 60	36	51. 98	14	53. 49	14	51. 21	14	81. 75	8	55. 35	10
175	巴布亚新几内亚	42. 61	48	15. 41	150	15. 95	159	2. 52	180	22. 93	176	21. 74	165
176	斐济	40. 03	64	24. 15	110	25. 37	79	22. 84	82	42. 18	115	31. 65	86
177	基里巴斯	32. 86	124	6. 00	181	17. 76	142	14. 76	128	47. 69	96	24. 55	140
178	马绍尔群岛	33. 17	122	6. 38	179	7. 96	181	11. 25	140	43. 19	108	21. 40	168
179	密克罗尼西亚联邦	29. 29	143	8. 33	174	14. 86	168	10. 66	143	34. 04	139	20. 24	173

（续）

序号	国　家	美丽生态指数		美丽政治指数		美丽经济指数		美丽文化指数		美丽社会指数		美丽国家指数	
		指数	排名	指数	排名	指数	排名	指数	排名	指数	排名	指数	排名
180	帕劳	29. 24	144	9. 89	170	30. 88	53	25. 11	70	63. 66	51	31. 57	89
181	萨摩亚	36. 00	101	9. 89	170	18. 07	138	15. 77	121	50. 66	85	26. 88	124
182	所罗门群岛	39. 97	65	16. 51	142	15. 90	160	5. 16	162	47. 29	97	26. 17	128
183	汤加	27. 42	153	10. 02	169	15. 34	165	13. 12	136	50. 33	86	23. 57	149
184	瓦努阿图	39. 36	72	7. 47	176	16. 63	156	1. 83	182	48. 32	93	24. 08	146
185	新西兰	45. 72	24	43. 94	27	45. 02	23	44. 37	20	76. 72	18	50. 69	21

参加计算的 185 个国家 5 项分指数的平均分和标准差分别是：美丽生态指数平均分 36. 31，标准差 9. 24；美丽政治指数平均分 29. 17，标准差 16. 12；美丽经济指数平均分 27. 38，标准差 14. 21；美丽文化指数平均分 23. 87，标准差 16. 83；美丽社会指数平均分 46. 48，标准差 13. 92；美丽国家指数平均分为 32. 93，标准差 10. 80。将所有参加计算的 185 个国家的得分标注在世界地图上，得到图 1 所示美丽国家指数分布图。

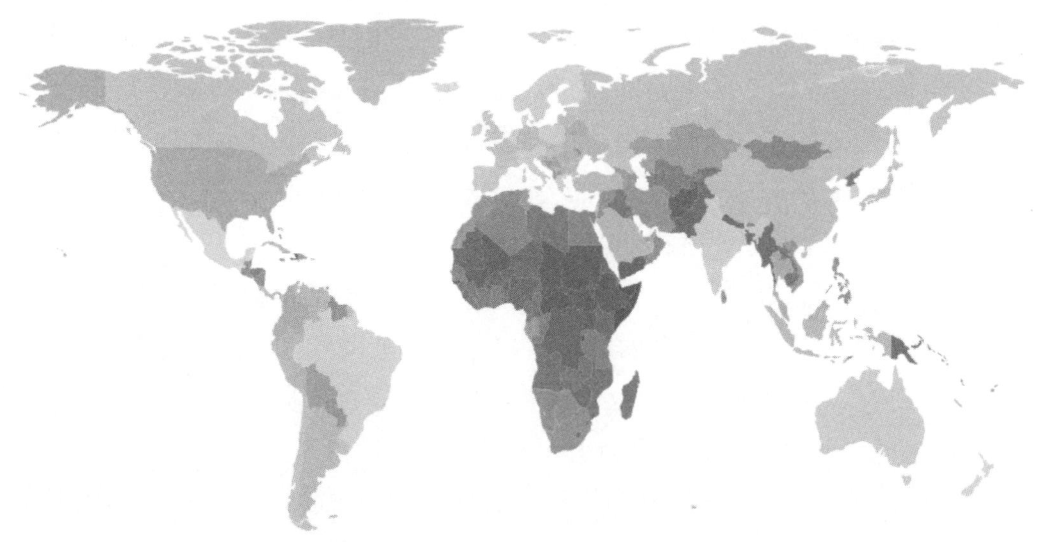

图 1　世界各国美丽国家指数示意图

（二）全球美丽国家指数分析

在获取了足够的数据参加美丽国家指数计算的国家中，非洲 53 个，亚洲 46 个，欧洲 39 个，北美洲 23 个，南美洲 12 个，大洋洲 12 个，共计 185 个。在这 185 个国家中，美国依靠其强大的经济实力和巨大的文化影响力以 80. 31 分遥遥领先，位列第一；欧陆强国德国以 66. 48 分紧随其后，法国以 64. 34 分位列第三，紧随其后位列第四到第十名的分别是加拿大（63. 49）、英国（62. 59）、俄罗斯（60. 87）、中国（60. 73）、西班牙（56. 83）、意大利（55. 61）和澳大利亚（55. 35）。前 10 名中 6 个国家来自欧洲，两个国家来自北美洲，余下两个国家分别来自亚洲和自大洋洲。

粗略来看，前10名国家可以被分成两大类：地域广袤、资源丰富的大国；山川秀美、国力强盛的中小型强国。美国、加拿大、俄罗斯、中国、澳大利亚都可以视为大国的代表，位列国土面积前6名的国家中只有巴西未能进入前10名而位列第17位。广袤的国土给这些国家带来丰富的自然资源的同时，也给她们带来了繁荣的经济、强盛的国力和高度发达的文化与社会。中小型强国的最典型例子则是余下的德国、法国、英国、西班牙和意大利5国，这些国家国土面积相对于那些大国比起来显得狭小，但是其强盛的国力、巨大的文化影响力、发达的社会结构和对自然环境的良好保护使得这些国家能够在经济文化社会等领域得到领先发展的同时保持优美的生态环境。

从各分指数的得分来分析，前10名的国家又可以分为两类：一类是以国力强盛为主的德国、法国、英国、意大利、西班牙和中国，虽然这些国家在生态环境上的得分稍逊，但文化、社会、经济等方面的优势使得这些国家美丽生态指数上的弱点得到一定程度的弥补。以排名第二的德国为例，其美丽生态指数位列全球45位，但其政治、经济、文化和社会方面的压倒性优势一举奠定了其榜眼的位置。

另一类则以生态环境优美为主要优势，代表国家是加拿大、俄罗斯和澳大利亚。这些国家在美丽生态指数领先的同时，在政治、经济、文化与社会等方面也有着不俗的表现，从而使得这些国家能够在美丽国家指数排行榜上位居前列。排名榜首的美国则同时占据两项优势，在政治、经济、文化和社会方面占据领先地位的同时，广袤的国土和优越的地理环境也使其美丽生态指数高居7位，这也是美国能够以高出第二名德国接近14分的绝对优势拔得头筹的原因所在。

在排名的最后，分数最低的是索马里(14.78)、海地(14.90)和布隆迪(15.92)，战乱、饥荒、动荡诸多因素使得其美丽国家指数得分比全世界平均分低近20分；比这些国家稍好些的是中非共和国(17.69)、科摩罗(17.75)、几内亚比绍(18.66)、乍得(19.14)、埃塞俄比亚(19.17)、苏丹(19.33)和马里(19.50)。

从各分指数的得分来看，后10名国家的各项分指数也普遍表现不佳。其中能够排在前二分之一的只有中非共和国和几内亚比绍的美丽生态指数，其余各项分指数都普遍处于排行榜的末端。这种现象表明这些国家存在的问题绝不仅仅在某个单一方面，而是政治、经济、文化、社会与生态环境多个方面的问题纠缠在一起，形成了一种恶性循环。

从大洲分布上来看，后10名国家中除了来自北美洲的海地之外，其余9个国家均来自非洲，这也在一定程度上说明了当前世界发展的不均衡。

将185个参加计算的国家中美丽国家指数前20名和后20名排列起来，得到表3和表4。

表 3　美丽国家指数前 20 名国家各项指数得分

序号	国　家	美丽生态指数		美丽政治指数		美丽经济指数		美丽文化指数		美丽社会指数		美丽国家指数	
		指数	排名	指数	排名	指数	排名	指数	排名	指数	排名	指数	排名
152	美国	52.45	7	96.44	1	88.12	1	92.97	1	83.98	4	80.31	1
112	德国	42.94	45	73.73	4	65.18	4	77.31	2	83.84	5	66.48	2
114	法国	43.48	39	66.38	8	69.48	2	65.57	5	86.02	2	64.34	3
151	加拿大	55.74	2	57.53	11	63.23	5	59.95	8	84.45	3	63.49	4
110	英国	36.54	98	70.98	6	67.54	3	71.05	4	78.43	14	62.59	5
113	俄罗斯	55.20	4	77.37	3	44.67	24	64.15	7	65.96	40	60.87	6
99	中国	39.46	70	84.85	2	51.84	17	71.88	3	65.49	44	60.73	7
135	西班牙	43.19	42	54.27	12	50.37	18	65.00	6	77.55	15	56.83	8
138	意大利	38.54	80	58.69	10	58.47	8	57.79	9	72.17	24	55.61	9
174	澳大利亚	43.60	36	51.98	14	53.49	14	51.21	14	81.75	8	55.35	10
116	荷兰	37.20	95	52.18	13	54.52	12	56.27	10	81.44	9	54.75	11
129	瑞典	39.77	66	48.26	15	53.58	13	48.55	15	87.66	1	54.27	12
63	韩国	26.41	160	70.72	7	47.67	21	55.97	12	74.68	20	52.69	13
127	挪威	38.35	82	45.47	21	57.05	10	46.75	17	81.43	10	52.56	14
111	丹麦	41.36	55	46.79	18	52.17	16	43.76	21	83.46	6	52.51	15
130	瑞士	42.61	48	44.58	25	59.04	7	43.54	23	75.96	19	52.31	16
164	巴西	59.96	1	60.21	9	42.14	27	35.73	40	59.12	61	52.09	17
106	比利时	33.38	119	45.77	20	56.73	11	51.90	13	79.45	12	51.82	18
122	卢森堡	44.37	32	43.39	28	61.81	6	35.19	41	77.25	17	51.79	19
103	奥地利	40.87	59	44.73	24	52.50	15	45.64	19	77.37	16	51.30	20

从表 3 中可以明显看出，位列前 20 位的国家基本上都是公认的发达国家。无论从 UNDP 的人类发展指数、经济合作与发展组织 OECD 的高收入会员国，还是世界银行的高收入经济体、国际货币基金组织的发达经济体中的任何一个分类，位列前 20 名的国家大都被分在发达国家之列。换句话说，美丽国家指数与国家的发达程度高度相关。

与之相反，表中后 20 名均为发展中国家，其落后的原因多种多样(表 4)。例如，排在最后的索马里战乱频繁，饥荒肆虐，整个国家处在崩溃的边缘，虽然其美丽生态指数和美丽社会指数还不算太差，但美丽政治指数、美丽经济指数和美丽文化指数都只有一位数，自然谈不上什么美丽国家可言；位居 184 位的海地各项分指数全面落后，虽然没有任何一个单项排名位列 180 名以后，但是排名最靠前的美丽社会指数也只排在了 185 个国家中的 170 位，生态、政治、经济、文化与社会的全面落后带来的是美丽国家指数垫底的结果。更进一步，从排名最后的 20 个国家的各分指数的情况来看，在各方面均表现不佳是这些国家在指数排行榜上落在最后的原因。虽然某些国家的生态环境仍然非常良好(例如中非共和国、几内亚比绍、巴布亚新几内亚、刚果民主共和国和马拉维)，但是贫穷、动荡、冲突、生态灾难、环境恶劣、社会不公……诸多因素形成的恶性循环在其余 4 项指数的全面落后中得到了最好的反映，也是这些国家位列美丽国家排行榜末尾的原因。

表 4　美丽国家指数后 20 名国家各项指数得分

序号	国　家	美丽生态		美丽政治		美丽经济		美丽文化		美丽社会		美丽国家	
		指数	排名	指数	排名	指数	排名	指数	排名	指数	排名	指数	排名
11	厄立特里亚	31.72	131	17.27	137	20.38	115	8.90	147	25.94	171	21.74	165
175	巴布亚新几内亚	42.61	48	15.41	150	15.95	159	2.52	180	22.93	176	21.74	165
31	马拉维	39.46	70	14.58	153	12.40	173	11.07	142	22.81	177	21.63	167
178	马绍尔群岛	33.17	122	6.38	179	7.96	181	11.25	140	43.19	108	21.40	168
15	刚果民主共和国	45.43	26	9.43	172	14.22	169	5.79	160	19.83	181	21.10	169
34	毛里塔尼亚	22.64	170	16.40	143	16.75	152	16.36	114	31.42	151	20.86	170
26	莱索托	35.28	105	23.79	113	17.70	143	3.15	176	17.80	184	20.82	171
50	乌干达	31.96	130	13.74	157	14.11	170	8.60	148	27.84	163	20.28	172
179	密克罗尼西亚联邦	29.29	143	8.33	174	14.86	168	10.66	143	34.04	139	20.24	173
54	阿富汗	24.17	166	2.97	184	22.77	98	12.70	138	34.02	140	19.75	174
91	也门	21.72	174	13.62	158	9.29	179	15.82	119	36.62	132	19.57	175
32	马里	31.97	129	6.49	177	6.54	182	14.85	127	32.26	146	19.50	176
46	苏丹	32.34	128	15.29	151	5.17	183	10.52	144	27.78	164	19.33	177
3	埃塞俄比亚	27.36	154	11.07	165	17.91	140	6.27	157	29.56	158	19.17	178
52	乍得	33.40	118	6.49	177	15.41	164	15.40	124	18.60	182	19.14	179
18	几内亚比绍	47.02	22	4.77	182	0.57	185	3.86	169	24.68	173	18.66	180
23	科摩罗	28.89	148	15.64	148	16.48	157	4.59	166	18.20	183	17.75	181
53	中非共和国	44.57	31	4.46	183	13.38	171	3.82	170	10.18	185	17.69	182
8	布隆迪	24.82	164	6.12	180	12.14	174	1.54	183	31.01	154	15.92	183
149	海地	21.58	175	10.34	168	10.26	177	3.38	173	26.00	170	14.90	184
47	索马里	29.90	137	1.36	185	2.52	184	0.00	185	33.52	144	14.78	185

总的来讲，从发达国家和最不发达国家的排名来看，美丽国家指数与国家的发展状况有着密切的联系。这也充分证明了“发展才是硬道理”这句话背后的深刻含义。

(三)美丽国家指数洲际对比分析

针对不同大洲国家之间的对比，计算了各大洲国家的美丽指数平均值和标准差，并结合国家排名情况列表(表 5)。在除了南极洲之外的六大洲里，美丽国家指数平均分最高为欧洲(44.30 分)，其次为南美洲(37.04 分)、北美洲(34.18 分)、亚洲(31.70 分)和大洋洲(29.07 分)，非洲则以 25.02 分位列最后。

表 5　美丽国家各大洲对比分析表

大洲(国家数量)		非洲(53)	亚洲(46)	欧洲(39)	北美洲(23)	南美洲(12)	大洋洲(12)
美丽生态指数	平均分	35.76	29.31	39.14	40.53	48.02	36.61
	标准差	8.84	8.51	5.57	8.51	7.16	6.16
	最　高	3(55.49)	8(52.19)	4(55.20)	2(55.74)	1(59.96)	24(45.72)
	最　低	182(14.23)	185(13.30)	178(19.92)	175(21.58)	104(35.35)	153(27.42)
	前 20 名	4	1	1	6	8	0
	后 20 名	3	15	1	1	0	0

（续）

大洲(国家数量)		非洲(53)	亚洲(46)	欧洲(39)	北美洲(23)	南美洲(12)	大洋洲(12)
美丽政治指数	平均分	17.82	31.59	43.52	30.48	32.61	17.50
	标准差	8.03	15.54	12.06	18.14	11.07	15.23
	最　高	57(34.88)	2(84.85)	3(77.37)	1(96.44)	9(60.21)	14(51.98)
	最　低	185(1.36)	184(2.97)	96(26.90)	173(8.65)	122(21.11)	181(6.00)
	前20名	0	4	12	2	1	1
	后20名	10	1	0	2	0	7
美丽经济指数	平均分	18.93	27.45	38.07	31.02	26.95	23.10
	标准差	7.69	11.37	16.91	16.35	8.01	13.57
	最　高	26(42.42)	9(57.68)	2(69.48)	1(88.12)	27(42.14)	14(53.49)
	最　低	185(0.57)	180(7.98)	161(15.72)	177(10.26)	155(16.66)	181(7.96)
	前20名	0	3	14	2	0	1
	后20名	12	5	0	1	0	2
美丽文化指数	平均分	12.29	21.34	40.98	27.03	28.65	18.22
	标准差	7.72	13.91	14.58	19.82	10.62	15.60
	最　高	56(30.02)	3(71.88)	2(77.31)	1(92.97)	29(40.34)	14(51.21)
	最　低	185(0)	184(1.34)	101(19.23)	173(3.38)	154(7.40)	182(1.83)
	前20名	0	2	13	3	0	2
	后20名	11	6	0	1	0	2
美丽社会指数	平均分	32.49	53.85	70.62	44.80	49.58	50.73
	标准差	10.91	12.40	9.21	16.20	9.02	16.55
	最　高	58(60.88)	20(74.68)	1(87.66)	3(84.45)	52(63.05)	8(81.75)
	最　低	185(10.18)	140(34.02)	74(53.96)	179(21.86)	130(37.06)	176(22.93)
	前20名	0	1	15	2	0	2
	后20名	17	0	0	2	0	1
美丽国家指数	平均分	24.46	32.41	45.83	35.23	38.02	29.82
	标准差	4.78	8.41	9.35	13.46	6.21	11.46
	最　高	58(38.12)	7(60.73)	2(66.48)	1(80.31)	17(52.09)	10(55.35)
	最　低	185(14.78)	175(19.57)	104(30.09)	184(14.90)	108(29.97)	173(20.24)
	前20名	0	2	14	2	1	1
	后20名	14	3	0	1	0	2

（四）对美丽国家指数的基本统计分析

为了从美丽国家指数中找到更多的有用信息，还使用各种统计分析方法对美丽国家指数进行了进一步的分析，以求从中得到更进一步的结论。针对185个国家的各项分指数与美丽国家指数进行了基本的统计分析。首先是185个国家美丽国家指数得分分布见图2。

全世界185个国家美丽国家指数平均分为33.51，标准差为11.50，最高分为80.31，最低分为14.78。图3是185个国家美丽国家指数样本直方图。

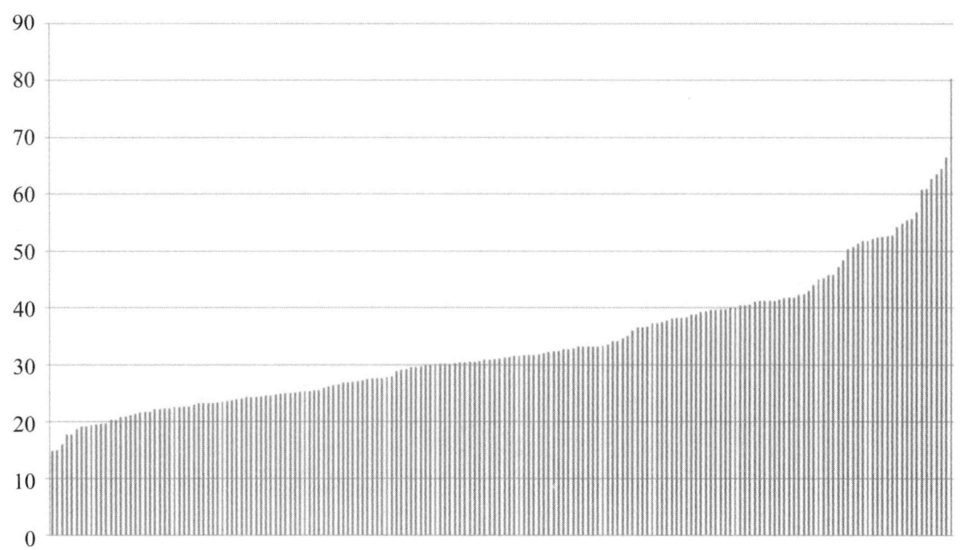

图 2　世界各国美丽国家指数分布

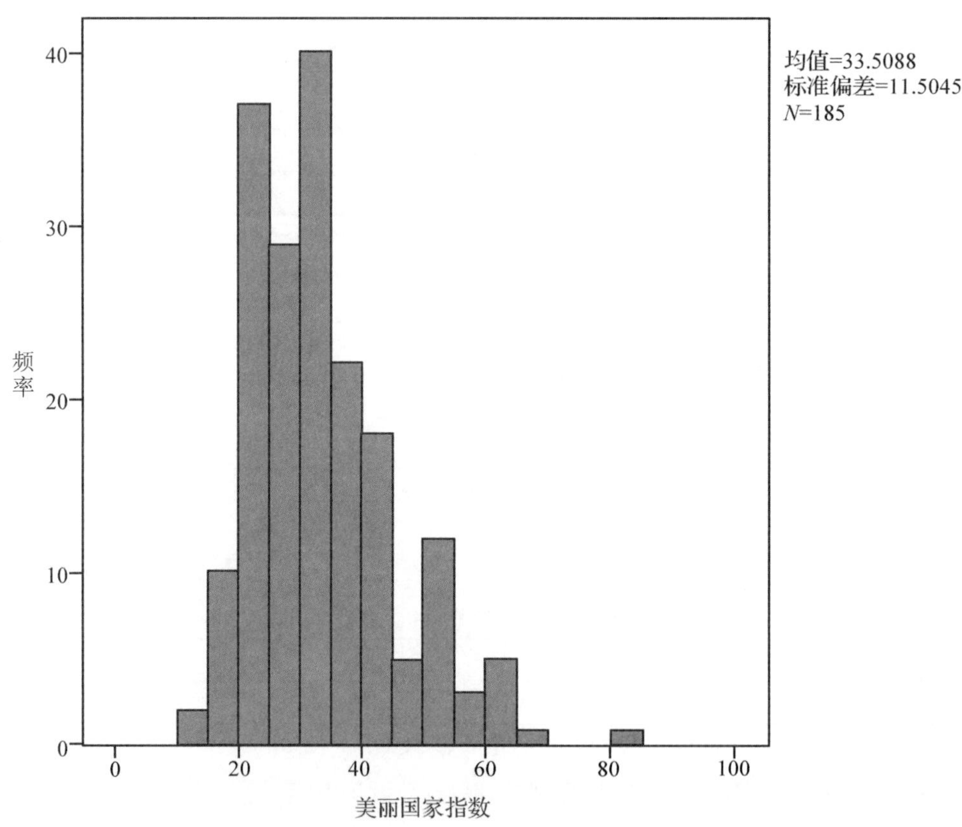

图 3　世界各国美丽国家指数分布

根据这些直方图判断，美丽国家指数及其各分指数的分布与标准正态分布相比均表现出正偏离(即左偏离)的态势，这种左偏离表明无论在生态、政治、经济还是文化、社会领域，当前世界各国的发展情况都很不均衡，而且普遍存在较多不发达国家和少量高度发达国家并存的现状。这种不均衡在政治、经济和文化领域表现得尤其明显。

(五)美丽国家指数聚类分析

还针对最终的美丽国家指数结果对185个参加计算的国家使用系统聚类分析法进行了单因素聚类分析。分析结果将185个国家分成了8个聚类，它们是：

第一聚类：位列榜首的美国得分遥遥领先，为第一集团。

第二聚类：第2到7名的德国、法国、加拿大、英国、俄罗斯和中国6个国家组成了美丽国家指数的第二集团。

第三聚类：由从第8名西班牙(56.83)到第22名的芬兰(50.33)15个国家组成。

第四聚类：由从第23名墨西哥(48.35)到第58名毛里求斯(38.12)36个国家组成。

第五聚类：由从第59名巴拿马(37.76)到第66名阿联酋(35.92)8个国家组成。

第六聚类：由从第67名塞尔维亚(35.00)到第114名埃及(28.87)48个国家组成。

第七聚类：由从第115名加纳(27.86)到第131名老挝(25.40)17个国家组成。

第八聚类：由从第132名冈比亚(25.32)到第185名索马里(14.78)54个国家组成。

这8个聚类可以被视为根据美丽国家指数将参加计算的185个国家分划为8个集团。其中前3个聚类的国家美丽国家指数得分高于全世界美丽国家指数得分的(均值+标准差)，可以认为这两个聚类的22个国家是美丽国家建设中的佼佼者。第四聚类的国家指数得分均高于平均分，可以认为这个聚类的36个国家是美丽国家建设中的较出色者。第五、六聚类的国家指数得分在平均分和中值上下，可以被视为普通者。第七聚类中的17个国家美丽国家指数得分低于平均分但高于(平均分-标准差)，可以认为这些国家是美丽国家建设中较落后者。而余下的第八聚类的54个国家其美丽国家指数得分均低于(平均分-标准差)，在美丽国家建设中还需要多多努力。

四、美丽国家指数的中国应用

(一)中国的美丽国家指数分析

根据计算，中国的美丽国家指数为60.73，在参加计算的全球185个国家中位列第7位，在发展中国家位列前茅。从中国的美丽国家指数各分指数的得分和排名来看，中国的美丽国家建设现状有喜有忧：经济欣欣向荣，文化辉煌灿烂，政治稳定开明，社会和谐健康，生态环境堪忧。美丽国家指数体系不仅仅可以用来比较不同国家在建设美丽国家方面的努力和成就，还可以被稍加修改用在国内不同省级行政区划上，对各省、直辖市、自治区在美丽国家建设方面的努力和成就进行研究和评判。

1. 美丽国家指数的适应性修改

为了适合对国内各省级行政区划进行美丽国家指数上的研究，对美丽国家指数的组成进行了少量修改。取消美丽政治指数这个不适合对国内各省级行政区划进行评判的分指数，将余下4个分指数的权重按照比例进行调整。由于社会安定与公平中基尼系数和谋杀犯罪率两项指标都无法获得国内各省级行政区的数据，故取消该方面指标，将余下两个方面指标的权重按照比例进行调整。对一些国内无法获取的指标使用相近指标替代或取消。

2. 各省(自治区、直辖市)的数据获取

针对全国31个省级行政区(不含香港特别行政区、澳门特别行政区和台湾)，通过因特网获取了各省、直辖市和自治区的各项指标数据并进行了整理。为了保证数据的权威性，各种数据均来自于国家统计局官方网站上发布的权威数据(国家统计局，2014)，只有两岸四地 Top100 大学的列表来自上海交通大学“2013 中国两岸四地大学排名百强名单”(上海交通大学高等教育研究院世界一流大学研究中心，2014)。各项数据中，能源资源储量由原煤、原油、天然气三部分组成，三者之间按照“1 吨原油 = 1.43 吨标准煤”，“1 立方米天然气 = 1.33 千克标准煤”和“1 吨原煤 = 0.714 吨标准煤”的换算标准换算为标准煤并求和得到能源资源总储量。

3. 计算结果与分析

使用相同的计算方法，得到各省级行政区的美丽国家指数、各项分指数以及排名(表6)。

表 6 各省级行政区划的美丽国家指数、各项分指数及其排名

省 份	美丽生态		美丽经济		美丽文化		美丽社会		结 果	
	指数	排名	指数	排名	指数	排名	指数	排名	指数	排名
北京市	34.317	22	66.791	2	58.104	4	80.039	1	57.291	2
天津市	29.842	26	55.748	7	28.882	20	62.937	5	42.947	10
河北省	34.843	20	27.987	26	33.091	15	43.362	20	34.796	22
山西省	24.216	30	18.229	31	35.981	12	49.784	14	31.214	27
内蒙古自治区	40.922	16	25.734	28	22.187	27	48.581	17	34.978	20
辽宁省	41.284	15	43.726	10	39.444	11	64.464	3	46.621	8
吉林省	46.336	5	27.142	27	25.202	24	48.602	16	37.733	17
黑龙江省	52.6	3	22.138	30	24.394	26	51.053	12	38.99	15
上海市	33.772	24	62.584	4	45.761	5	73.088	2	51.833	5
江苏省	37.294	18	64.358	3	62.385	2	59.303	8	54.015	4
浙江省	45.466	8	58.567	5	60.531	3	61.108	6	55.331	3
安徽省	34.364	21	32.072	20	32.923	16	37.639	22	34.252	24
福建省	45.542	7	43.143	11	42.009	7	54.106	9	46.122	9
江西省	45.304	9	31.065	22	28.896	19	32.179	26	35.442	19
山东省	41.636	14	56.955	6	44.378	6	59.754	7	49.801	6
河南省	32.91	25	32.589	19	40.25	10	43.103	21	36.764	18
湖北省	38.731	17	41.151	14	35.492	13	51.667	11	41.455	11

（续）

省　份	美丽生态		美丽经济		美丽文化		美丽社会		结　果	
	指数	排名	指数	排名	指数	排名	指数	排名	指数	排名
湖南省	43.274	12	41.584	13	27.386	22	46.45	19	40.041	13
广东省	45.683	6	67.858	1	64.715	1	63.048	4	58.892	1
广西壮族自治区	44.651	10	30.61	23	26.241	23	33.43	25	34.812	21
海南省	43.829	11	34.1	17	19.535	28	37.448	23	34.74	23
重庆市	34.129	23	38.81	15	29.505	17	50.088	13	37.735	16
四川省	54.166	2	36.454	16	41.415	8	51.995	10	46.785	7
贵州省	27.371	29	46.068	8	24.596	25	25.533	30	30.601	29
云南省	47.306	4	41.972	12	35.347	14	28.155	29	39.121	14
西藏自治区	55.875	1	44.146	9	17.089	30	5.483	31	33.225	26
陕西省	41.751	13	33.915	18	40.906	9	48.161	18	41.211	12
甘肃省	36.341	19	29.842	24	27.436	21	28.96	28	31.211	28
青海省	28.089	27	22.943	29	16.955	31	31.956	27	25.288	30
宁夏回族自治区	18.922	31	28.638	25	19.25	29	36.003	24	25.037	31
新疆维吾尔自治区	27.811	28	31.498	21	28.912	18	48.681	15	33.573	25

根据计算结果，美丽国家指数总评排名前 5 位的省级行政区分别是：广东省(58.892)、北京市(57.291)、浙江省(55.331)、江苏省(54.105)和上海市(51.833)，排名后 5 位的分别是：宁夏回族自治区(25.037)、青海省(25.288) 、贵州省(30.601)、甘肃省(31.211) 和山西省(31.214)。图 4 是各省级行政区划美丽国家指数得分的分布情况。

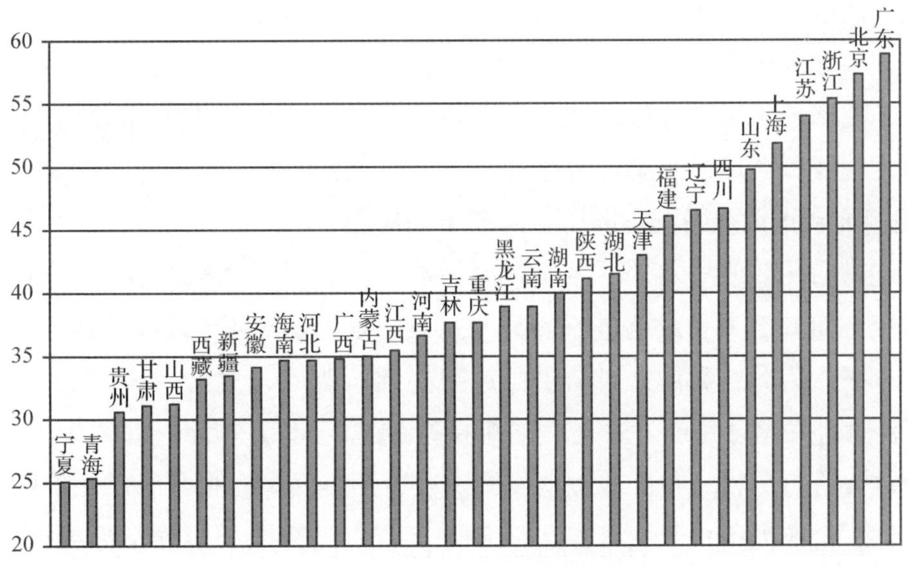

图 4　各省级行政区划美丽国家指数得分分布

将 31 个省、直辖市、自治区的美丽国家指数及其分指数填充在中国地图上，得到中国大部分省级行政区美丽国家指数及其分指数得分的示意图。

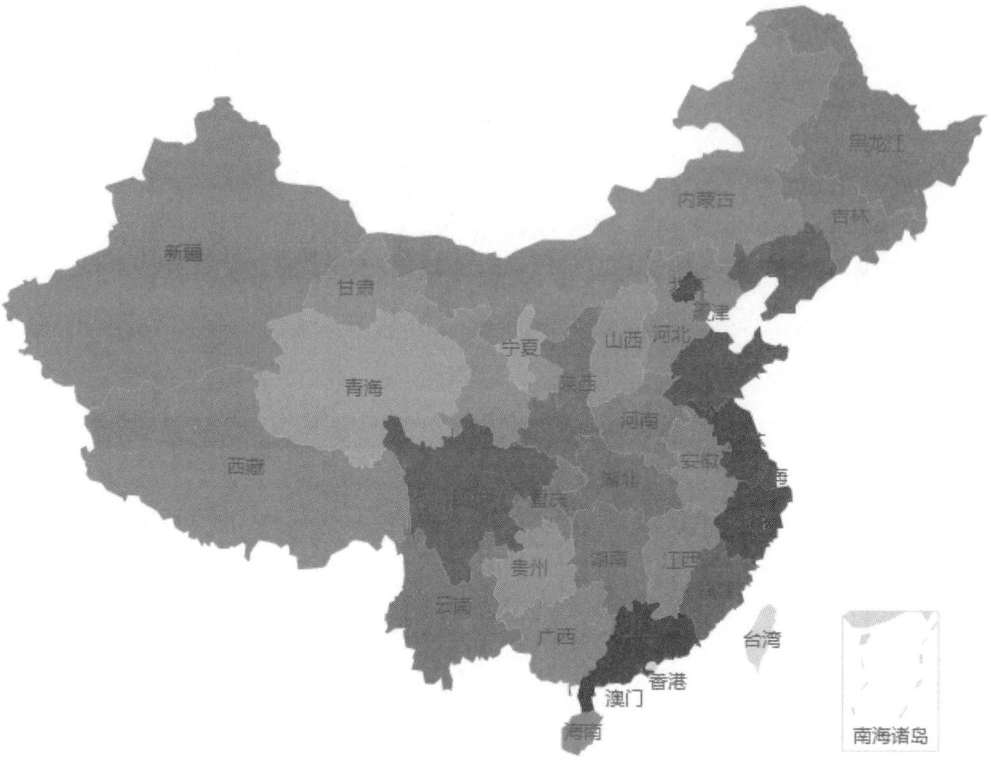

图 5　各省级行政区划美丽国家指数分布图

从图 5 中的形态可以看出，我国大部分省级行政区美丽国家指数得分总体上呈东南高、西北低的形态，东部沿海各省的美丽国家指数普遍优于西部内陆省份。这种分布与我国各省级行政区经济发展分布非常接近。从美丽生态指数排名上可以看出，生态环境总体来讲呈现与地理位置明显相关的态势。美丽生态指数比较靠前的几个省级行政区集中在西南、东北和长江以南地区，而华北和西北则是美丽生态指数比较靠后的区域，这个结论也对把握我国总体的生态环境态势有一定的参考价值。

（二）美丽国家指数在中国不同历史时期上的应用

除了上述横向比较应用之外，美丽国家指数体系还可以用来对我国不同历史时期在建设美丽国家方面的努力和成就进行研究和评判，从而方便我们更好地回顾历史，把握现在，开创未来。为此，我们针对新中国成立初期、改革开放初期、世纪之交和当前这 4 个具有代表性的关键时间点，对美丽国家指数的指标体系进行少量调整，从多种可靠渠道获取数据并进行分析，得到我国这 4 个历史时期美丽国家指数纵向比较的结果。

针对上述 4 个典型历史时期，本文从多种权威渠道获取了相关指标数据，数据来源主要有：中国政府网、国家统计局国家数据、国家林业局中国林业数据库等权威部门的门户网站，水利部水文局、国家林业局、国家统计局等权威部门发布的公报和年鉴，以及相关领域专家的专著和论文等。与美丽国家指数在各省级行政区划上的应用相比，由于指标时效性比较强，或者缺乏早期的权威数据，能源资源储量和顶尖大学数量两个指标被取消并将其权重按比例分配到其他指标。

由于早期数据的不完整，为了能够获得权威、详细的数据，本文将 4 个历史时期分别定为 4 个跨越数年的时间段：新中国成立初期的数据采用 1949 年或 1952 年的数据，改革开放初期数据采用 1978 年至 1982 年的数据，世纪之交的数据采用 2000 ~ 2004 年的数据，当前的数据采用 2013 年或 2014 年的数据。其中有部分特例：新中国成立初期的自然保护区覆盖率由于 1956 年前未设立自然保护区而赋值为 0，新中国成立初期的 GDP 增长率采用的是 1952 ~ 1957 年的 GDP 增长率，改革开放初期的人均水资源采用的是水利水电部水文局 1987 年出版的第一次全国水资源评价的结果，改革开放初期的人均废气 (SO_2) 污染物排放量采用的是 1985 年首次公布的数据，改革开放初期的国内专利申请授权量采用的是专利法实施次年（即 1986 年）的数据。使用相同的计算方法，计算了我国不同历史时期的美丽国家指数以及各项分指数，结果见表 7。

表 7　我国不同历史时期的美丽国家指数及各项分指数

历史时期	新中国成立初期	改革开放初期	世纪之交	当　前
1.1 生　态	40.52	32.9	45.79	64.62
1.2 资　源	67.44	23.46	20.18	34.54
1.3 环　境	77.56	14.55	49.59	59.67
1 美丽生态指数	59.2	24.79	39.42	54.39
3.1 经济实力	0	0.7	19.86	100
3.2 经济增长性	58.26	0	55.43	52.66
3 美丽经济指数	26.22	0.39	35.87	78.7
4.1 教　育	0	33.69	62.64	100
4.2 文化影响力	0	5.15	51.26	100
4.3 创新能力	0	0.1	4.6	100
4 美丽文化指数	0	12.43	39.03	100
5.1 卫　生	0	46.18	53.59	100
5.2 社会发展	0	17.63	50.08	100
5 美丽社会指数	0	29.59	51.55	100
美丽国家指数	25.16	17.53	41.24	80.37

针对我国不同历史时期的美丽国家指数以及各项分指数，绘出了我国不同历史时期美丽国家指数及其分指数趋势图（图 6）。从趋势图中我们可以看出，美丽文化指数和美丽社会指数这两个分指数从新中国成立初期到当前一直表现为明显的上升趋势，这表明了在文化和社会方面的所有指标都随着时间的推移而不断得到改善，这种坚持不懈的努力带来的是今天我国人民的美好生活。

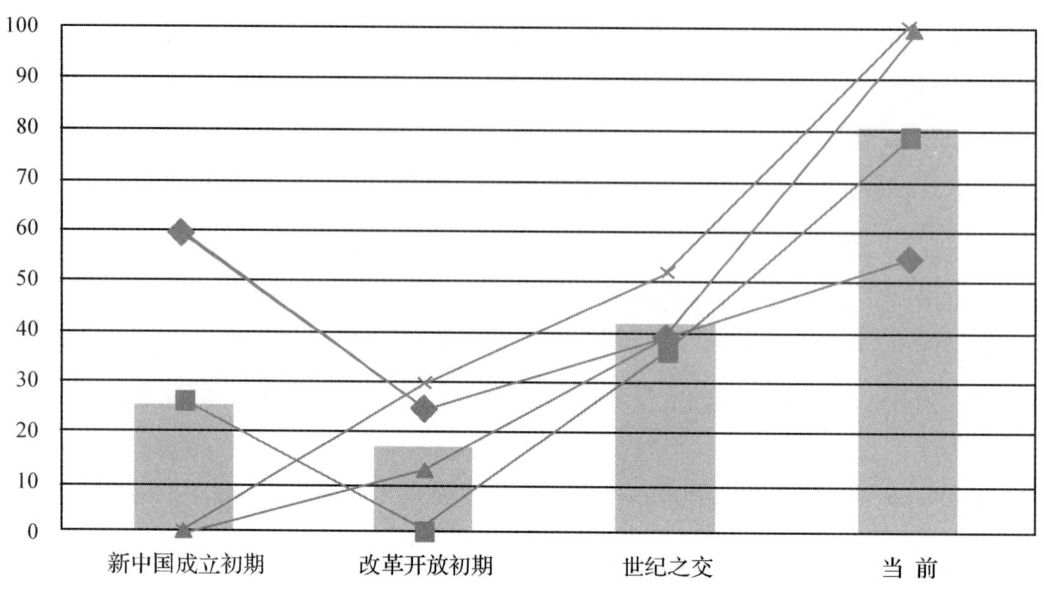

图 6 我国不同历史时期美丽国家指数及其分指数趋势图

与美丽文化指数、美丽社会指数不同，美丽经济指数的趋势则显示出先下降后上升的态势，改革开放初期的美丽经济指数处于 4 个历史时期的低谷。从美丽经济指数的两个侧面来分析，在改革开放初期，虽然总体的经济实力比新中国成立初期有着一定的增加，但由于 10 年浩劫的破坏，当时的经济处于百废待兴的状态，经济增长性的表现非常糟糕，以至于该时期的美丽经济指数处于 4 个时期的最低点。随着改革开放的不断深入，经济的持续发展带来了经济实力的不断增强和第三产业的不断繁荣，美丽经济指数也随之不断提高。

美丽生态指数的发展趋势和美丽经济指数类似，呈现先下降后上升的态势。但与美丽经济指数不同的是，当前的美丽生态指数仍然未能超过新中国成立初期的美丽生态指数，这表明当前我国在生态环境的保护恢复方面依然任重道远。从美丽生态指数的 3 个侧面来看，由于受到人口不断增长等客观因素的影响，资源方面的恢复是最为缓慢的；而受益于生态环境保护意识的不断增强和国家在生态环境保护方面的大力投入，我国在生态环境方面已经得到了明显的恢复和改善。例如，当前我国的森林覆盖率为 21.63%，远远高于新中国成立初期的 8.6%，GDP 单位能耗也从新中国成立初期的 7.17 吨标准煤/万元下降到了 0.64 吨标准煤/万元。相信随着我国经济实力的进一步提升和生态环境保护意识的进一步增强，我国的美丽生态指数也一定能够得到进一步的恢复和提高。

最后，从美丽国家指数的趋势来看，我国的美丽国家指数在 4 个历史时期呈现出先下降后上升的态势，从新中国成立初期的 25.16 分到改革开放初期的 17.53 分，再到世纪之交的 41.24 分和当前的 80.37 分。这种趋势在体现了我国改革开放前“大跃进”“文化大革命”等诸多天灾人祸带来的恶劣影响的同时，也充分反映了新中国成立 60 多年来，尤其是自改革开放30多年来，在建设美丽国家方面做出的艰苦努力与取得的令人瞩目成就。随着改革开放的进一步深化、经济社会的快速发展和生态环境保护意识的日益提升，相信我国将在建设美丽国家的历史进程中取得更多丰硕的成果，将我国建设成为富强、民主、文明、和谐、美丽的社会主义现代化国家，实现中华民族伟大复兴和永续发展。

五、美丽国家建设的战略对策

推进美丽国家建设，观念转变是前提，生产发展是基础，制度建设是保证，科技发展是动力，协同推进是途径和方略。美丽国家建设要树立尊重自然、顺应自然和保护自然的理念，把经济规律、社会规律与自然规律统一起来；推动绿色发展、低碳发展和循环发展，发展生态经济；推进法律制度建设，建设法治国家、法治社会、法治政府；坚持科教兴国战略和人才强国战略，充分发挥科技在美丽国家建设中的作用；整体、协同和统筹发展，把国内发展与国际合作相结合，走和平发展、合作共赢之路。总之，要实行德治、法治、金治、科治、共治等五大战略。

（一）实行德治战略，打造生态思维

1. 转变传统发展观念，树立美丽国家意识

美丽国家建设要尊重自然规律、社会规律，要处理好人与自然、人与人、人与社会之间的关系，要走全面协调可持续发展之路，要走绿色低碳循环发展模式，需要全球全社会共同合作，实现这些转变，理念和意识转变是前提。其中，树立生态伦理意识、提升规则意识和树立永续发展理念等是理念和意识转变的重点。

2. 抓好顶层设计，确定“生态兴国”方针

“生态兴则文明兴，生态衰则文明衰”。为推进生态文明建设，我国应确立生态兴国的战略方针。一是确认“改善生态”为基本国策，形成“节约资源，保护环境，改善生态”三位一体的生态文明建设基本国策。二是增列建设“生态安全型”社会，形成“资源节约型、环境友好型、生态安全型”三位一体型社会。三是制定《全国生态保护与建设规划》行动计划。

3. 加强领导，优化生态文明建设体制机制

一是优化生态保护和建设的监督管理体制。组建统一的生态保护建设管理部门，主要负责所有国土空间生态保护建设职责，统管森林、草原、湿地、荒漠等陆地生态系统关于植树造林、植被保护、湿地保育、水土保持、生物多样性保护和景观建设等方面的生态保护监管工作，对山水林田湖进行一体化保护和建设，确保生态环境的健康和活力。为此，可以考虑以国家林业局为基础，将环保、水利、海洋、旅游、建设等有关部门的生态保护建设职能集中整合起来，建成生态保护建设部。抑或设立协调部门间和地区间关系的协调机构。在部门之间，可建立高位阶的部门协调机构，如在中央或国务院设立

生态保护建设委员会或生态文明建设委员会。二是健全生态保护和建设的配套机制。包括协调（联动）机制、监督机制、考评机制。三是完善生态保护建设的市场机制和社会机制。四是矫正（纠错）机制以及问责机制，保障生态保护和建设工作的顺利实施。

（二）实行法治战略，推进美丽国家治理法治化

1. 推进生态文明立法建设，健全生态文明法律体系

制定生态保护和建设的基本法——《中华人民共和国生态安全法》。完善生态保护和建设的配套性立法，制定和修改有关法律，制定和修改有关行政法规，制定和修改相关技术规范。加强对传统立法的生态化改造，运用生态系统管理的理念，对我国《宪法》《民法》《行政法》《刑法》《经济法》和《社会法》等传统部门法进行生态化的改造，确认和保护生态利益，使所有的法律都握指成拳，形成生态文明法治建设的整体合力。

2. 依法行政，建设法治服务型政府

坚持依法行政，规范执法行为，严格执行生态建设和资源管理的法律、法规，严厉打击破坏生态环境的犯罪行为。加大执法力度，提高执法效果，实行重大生态环境事故责任追究制度，坚决改变有法不依、执法不严、违法不究的现象。克服并纠正生态环境执法中的地方和部门保护主义，遏制行政干预执法的现象，打击权法交易、钱法交易行为，维护生态法制的统一和尊严。建设法治型服务政府，强化生态环境保护法律执行力，应该坚持行政首长负总责，实行生态环境责任问责制。

3. 加强生态文明司法建设，推动生态文明建设的法制化

随着生态保护纠纷案件的增多，特别是生态环境侵权案件的增多，可以在司法处理程序中，将生态环境纠纷案件从一般的民事案件中区分出来，设立专门审理生态环境保护案件的合议庭，由经过生态环境法律专门培训的法官担任审判员，并注意总结生态环境诉讼的经验。法院在审理专业性较强的案件时，视案情需要，还可以聘请生态环境保护领域的专家担任人民审判员。这样，更能加大执法力度，提高执法水平。建立生态环境领域的法律援助制度。污染受害者往往是弱者，国家需保护弱势群体的利益，开设权利保护中心，建立生态环境维权律师援助队伍，帮助受害者维权，实现社会的公平与公正。诉讼制度需要增加生态环境公益诉讼的规定。

（三）实行金治战略，优化财政货币政策

1. 运用税收手段促进绿色低碳循环发展

对与低碳经济发展相关的行业实行增值税和企业所得税的结构性减税。完善消费税制度，扩大消费税征税范围，将部分严重污染生态环境、大量消耗资源的产品纳入征收范围，适当提高污染生态环境产品的消费税税率，并对不同产品根据其对生态环境的影响程度，设计差别税率。进一步推进资源税改革，扩大资源税的征税范围，把森林、湖泊、牧场、土地、海洋等都列入征税范围，按对生态环境的污染程度实行累进税率。制定必要的鼓励资源回收利用、开发利用替代资源的税收优惠政策，提高资源的利用率。

开征与生态环境保护建设相关的生态环境税种。

2. 加大绿色产业的财政投入力度

实施政府绿色购买制度政策，提高政府绿色产品采购比例。实施政府绿色投资政策，增加绿色产业项目投资比重。实施绿色产业补贴，促进社会资本绿色产业投资。

3. 加大向生态建设的财政转移力度

增强纵向转移支付，增加税收返还，提高税收返还系数，考虑未来在部分地区获得的生态环境税（或碳税）全部留给地区专款专用于生态恢复与建设。建立生态补偿的横向转移支付制度。

4. 开展绿色信贷，促进企业的绿色化转型

发展绿色信贷，强化绿色理念。发展绿色信贷，促进绿色低碳产业的稳步发展。发展绿色信贷，打造绿色产业，最终达到共建绿色美丽家园的目的。

（四）实行科治战略，坚持科教兴国

1. 提高自主创新能力，建设创新型国家

提高全社会的创新意识，加大科技创新的资金投入，为自主创新的发展提供物质保障；完善科技创新奖励机制；对各行各业中为创新作出贡献的组织和个人给予奖励和表彰，提高科技创新积极性；从国家长远需要出发，制定符合实际的科技发展规划；防止创新民族主义，应具有国际化的战略眼光，有选择地引进各国先进技术，增强自主创新能力，重视运用最新技术成果，实现技术发展的跨越。

2. 加强基础研究，推动基础与应用科学同步发展

基础研究是科学之本和技术之源，也是技术创新的根本驱动力，加强基础研究是推进我国科技进步、实现国家发展战略目标的重要途径。基础研究是关键技术突破的先决条件，是应用研究的先决条件和催化剂。切实增加基础研究持续、稳定的投入，促进基础研究和人才培养紧密结合。完善研究项目体系，提高经费的使用效益。加强实验室等国家科学基础设施建设，以及大科学工程的前期培育。

3. 加强科技伦理建设，推动科技的绿色化转型

建设美丽家园是一项长期而稳定的战略，不仅需要科技的支撑，更需要伦理的保障。在加强科技伦理建设方面应该注意对科技工作者、管理决策者进行科技伦理理念的培养，树立正确的科技伦理观念；充分发挥公众的监督作用，提高公众的参与，并进行科技伦理宣传；通过正确的政策和科学的管理、加强科技立法等方式促使科技的绿色化转型，使人类社会和自然生态环境协调发展，使科学、技术、经济、社会协调发展，最大限度地减弱和避免在科学技术的实际应用中可能带来的负面效应。

4. 坚持人才强国战略，发挥人力资源的优势

在创造社会财富的要素中，人才是其中最重要的资源。坚持人才强国战略，应该真正秉承以人为本的核心理念，坚决破除行政本位主义和精英主义意识形态，坚持党一贯倡导的相信群众、依靠群众、走群众路线，彻底放开绿色教育，降低绿色教育办学门槛，发动群众，真正依托社会力量和民间资本，以市场机制为基础，面向社会、面向世界、面向未来，大力发展多层次、多元化的绿色教育，实现绿色人力资源市场一体化有效配置，从而使美丽中国建设全面、协调、可持续发展自始至终建立在扎实的人力资源支撑能力基础上。开发、培养和塑造出一大批绿色科学技术人才、绿色技术工人、绿色企业家和职业经理人队伍。

5. 推进科技体制改革，创造健康有序的科技生态环境

科技体制改革关系到我国科技事业发展的长远和大局，是一项复杂的系统工程。坚持政府为主导，提高科技投入、完善法律法规建设，完善社会监管机制。发挥高校、科研机构的学术权威作用，推进产学研一体化发展。提高个人、企业、社会团体等多元主体的积极参与，发挥群众的智慧，更好地推进科技体制改革。科技体制改革过程中，应注重与政治体制、经济体制、教育体制相协调，遵循市场经济的原则，区分政府与市场在科技发展中的职能作用，整合各种社会资源进行有效的配置。

（五）实行共治战略，共同应对全球问题

1. 全球思维与世界视野，共同应对国际生态环境问题

首先，不断增强对生态环境问题的国际合作意识，为国际生态环境合作提供思想基础。第二，建立健全国际生态环境法律体系，为国际生态环境问题的解决提供法律依据。第三，不断提高生态环境科学技术，为国际生态环境合作提供技术支撑。第四，积极发展国际生态环境组织，为国际生态环境合作提供行为主体。从这几个维度来看，经济全球化不断深化的时代，各国唯有开拓国际思维，放眼世界，通过国际生态环境合作，才能真正实现全球生态环境的治理。对世界各国来说，国际生态环境合作是现实美丽国家的必由之路。

2. 坚持共同但有区别原则，积极履行国际责任

全球问题日益增多，尤其是全球生态环境问题。世界范围内的生态环境状况日益恶化，一方面使得国际生态环境政治关系日趋紧张，另一方面也使得共同但有区别责任原则的作用不断凸显，成为处理国际生态环境问题的重要原则之一。各国的国情不一，尤其是发展中国家和发达国家所处的阶段和历史背景存在着巨大的差异，使得这一原则在运行的过程中遇到了种种障碍。为更好地发挥该原则的重要作用，各国需要对它重新进行认识，以便更好地理清各自在国际生态环境中的职责，为美丽国家建设做出应有的贡献。

3. 坚持和平发展与合作共赢原则，加强国际合作

和平与发展仍是当今时代的两大主题，但国际生态环境的复杂化，影响这两大主题的不确定因素越来越多。面对国际生态环境的新变化，我们要对和平发展和合作共赢进行重新的定位与思考。第一，科学技术的迅猛发展和全球化进程的推进，使得世界各国的共同利益逐渐增多、各国之间的相互依赖程度也逐步加深，为国际合作奠定了时代背景。发展事关各国人民的切身利益，也事关消除全球安全威胁的根源。没有普遍发展和共同繁荣，世界难享太平。经济全球化趋势的深入发展，使各国利益相互交织、各国发展与全球发展日益密不可分。经济全球化应该使各国特别是广大发展中国家普遍受益，而不应造成贫者愈贫、富者愈富的两极分化。这更加说明各国只有加强合作，才能实现双赢、多赢，推进共同发展。第二，全球性问题日益增多，加强国际合作势在必行。在全球问题当中，以全球生态环境问题尤为突出。这对国际合作提出了新的要求，各国应在平等协商的基础上，共同制定国际合作的原则、探讨国际合作的新型方式，拓宽国际合作的渠道，实现国际合作的最大效益。

4. 维护世界和平与促进共同发展，建立国际政治经济新秩序

第一，尊重主权国家的意愿、保护各国人民决定自己命运的权利是建立国际政治经济新秩序的核心。第二，国际生态环境问题是建立国际政治经济新秩序的一大亮点。第三，不同社会制度与意识形态国家之间的平等对话是建立国际政治经济新秩序的重要途径。在建立国际政治经济新秩序的道路上，我们要尊重不同文明之间的价值，坚持政治上互相尊重，经济上互相促进，文化上互相借鉴，在和平发展的前提下，推进国际政治经济新秩序的建立。

调 研 单 位：国家林业局信息化管理办公室　清华大学　北京林业大学
执　笔　人：李世东　王继龙　黄震春　林　震　陈应发　高兴武

林业生态安全指数重大决策问题调研报告

【摘　要】生态问题日益突出，生态安全已经引起国际社会的普遍关注。林业生态系统在生态安全维护过程中发挥着至关重要作用，因此，建设功能强大的林业生态体系是维护生态安全的有力措施。西藏、内蒙古自治区既是我国林业大省，又是重要的边疆生态保护屏障。本研究利用实地勘察、调查问卷、访谈、数据收集等方法手段，对两地林业生态环境特征、林业生态安全面临的问题及已有的相关政策进行定性分析，并通过林业生态安全指数评价系统进行定量研究。调研结果表明：①西藏、内蒙古林业生态安全状况水平一般且安全状况在逐渐恶化；西藏林业生态安全状况优于内蒙古。②林业生态安全指数评估系统适合省域生态安全评价；③西藏、内蒙古林业生态安全指数评价结果与实际情况基本相符。结合实践调研的定性、定量研究，给出西藏、内蒙古两地提高林业生态安全水平的政策建议：①全面推行林业生态安全指数评价系统；②建立和完善林业生态系统安全预警机制；③继续提升森林资源的质和量；④健全林业立法体系建设，强化林业执法；⑤增加对林业生态安全建设的财政投入。

一、调研背景与意义

在党的十八大报告中首次论述生态文明，并提出“把生态文明建设放在突出地位，融入经济建设、政治建设、文化建设、社会建设各方面和全过程，努力建设美丽中国，实现中华民族永续发展。”把生态文明建设摆在总体布局的高度来论述，可见生态安全问题在我国受到前所未有的重视。

林业生态安全指数研究将通过建立囊括森林生态系、湿地生态系统、荒漠生态系统的林业生态系统，从林业生态系统自身“状态”和承受的社会“压力”两个层面出发，构建林业生态安全评估指标体系。通过计算某地区林业生态安全指数判断其林业生态安全历年动态变化情况及目前状态的优劣，对当地林业生态安全情况进行实时监测，对保护当地林业生态安全具有积极推动作用。

西藏和内蒙古是我国林业大省，分别位于我国西南部和北方边疆地区，因两地独特的地理位置成为我国边境重要的生态防线和生态屏障。受地形、气候、社会经济等各种自然、人为因素的影响，西藏和内蒙古生态环境较为脆弱，且一旦林业遭到破坏则恢复较为困难，因此，建设和保护好西藏和内蒙古的生态环境，不仅对促进两个自治区经济社会可持续发展，保持边疆长治久安具有重要意义，而且对维护东北、华北、西北乃至全国的生态环境都具有举足轻重的作用。

二、调研目的

林业生态安全指数研究经过前期理论研究，展开了对西藏、内蒙古两自治区的实践调研，此次调研，一方面为了全面了解西藏、内蒙古林业生态安全历史与现状，为两自治区未来林业生态安全保护工作提出建议；另一方面旨在通过实际调研论证林业生态安全指数评估体系在实际运用中的可行性。

三、调研结果分析

（一）西藏自治区林业生态安全现状分析

西藏位于欧亚大陆中部的青藏高原，总面积约 120 多万平方公里，平均海拔在 4000 米以上，其中海拔在5000 米及其以上的地区，约占其总面积的45. 6%，是世界上面积最大、海拔最高、形成时间最新的高原，常被人们喻为“地球第三极”。由于区域位置的特殊性，使这一区域不仅拥有广阔的草原，而且还拥有在其他区域无法比拟的林业资源和林业生态环境系统，从而为西藏发展林业经济提供了极其特殊、极其丰富的资源条件。森林、湿地、荒漠生态系统作为林业生态系统的重要组成部分，在西藏应对全球气候变暖、维护地球生态平衡中发挥着不可替代的作用。西藏林业具有独特的高原特征，是全球独一无二、不可复制的生态体系，是国家生态安全的重要基础与保障，对于人类的生存和发展价值巨大，是西藏的“绿色名片”。

1. 西藏林业生态环境面临的问题

（1）荒漠化。西藏风沙活动历史久远，特别是全球气候变暖的影响下，出现局部地区草地退化、沙化等自然退化现象。西藏高原的沙质荒漠化土地属于高原干旱型，广泛分布与高原各地。根据全国第三次荒漠化、沙化土地监测结果，西藏是全国荒漠化和沙化土地扩展的3 个省份之一。

（2）生物多样性遭受威胁。近年来由于盲目开发湿地、乱砍滥伐、刀耕火种使得野生动植物栖息环境逐渐缩小。乱捕滥猎、乱采滥挖威胁许多珍稀濒危保护动植物的生存和繁衍，使许多动植物种群数量锐减，导致和加剧了这些植物的濒危速度及灭绝速度。根据西藏自治区资源科学调查所积累的大量资料初步统计，西藏现有 20 多种陆栖脊椎动物、约 100 余种野生植物处于濒危状态。

（3）植被覆盖率下降。2000 年实施天然林保护工程之前，西藏东南原始森林林区遭到大规模工业化的采伐。在交通方便的公路沿线，坡度在30°以下、人口密集地区的森林与灌丛已经基本采伐殆尽，部分沙漠化地区的天然原生灌木植被遭到持续性采挖，引发了部分地区的泥石流、公路塌方。

(4)水土流失。西藏自治区地质年代轻、山体不稳、表土发育松散粗残，大风日数较多，受风力、放牧、雨水、气候的热胀冷缩等作用的影响，极易产生水土流失。西藏土壤侵蚀类型多，既有自然侵蚀类型，同时又有人类活动造成的人为加速侵蚀类型，集水力、风力、冻融和人为加速侵蚀为一体。

(5)森林火灾。西藏部分地区，例如林芝，森林植被覆盖率较高，每年干旱的季节都会出现大小规模的森林火灾，森林火灾不仅烧死、烧伤林木，直接减少森林面积，而且严重破坏森林结构和森林环境，导致森林生态系统失去平衡，森林生物量下降，生产力减弱，益兽益鸟减少，甚至造成人畜伤亡。高强度的大火，能破坏土壤的化学、物理性质，降低土壤的保水性和渗透性，是某些林地和低洼地的地下水位上升，引起沼泽化；另外，由于土壤表面碳化增温，还会加速火烧迹地干燥，导致喜光杂草丛生，不利于森林更新或造成耐极端生态条件的地价值森林更替。

2. 西藏林业生态安全指数评价实证研究

基于前期评价指标体系和研究方法，计算 1999 ~ 2013 年西藏自治区林业以及森林、湿地、荒漠生态系统生态安全综合指数，并对指数年际变动进行分析。

(1)综合指数。从表 1 中可以看出 2009 年西藏自治区林业生态安全综合评估值为 0. 57442，相对于全国其他各省份而言处于上游水平，而自 1999 ~ 2009 这 10 年之中西藏自治区的生态安全综合指数呈现下降的趋势，而且呈加速下降的趋势。可见近年西藏自治区的生态安全在逐渐恶化，因此需对西藏自治区进一步采取措施扭转这种林业生态安全恶化的局面。

表 1　西藏自治区林业生态安全综合指数及变动指数表

	1999	2000	2001	2002	2003	2004	2005	2006	2007	2008	2009	2010	2011	2012
1999	0. 59397													
2000	100	0. 59396												
2001	99. 98	99. 99	0. 59388											
2002	99. 94	99. 95	99. 96	0. 59364										
2003	99. 97	99. 98	99. 99	100. 03	0. 59382									
2004	99. 94	99. 94	99. 96	100	99. 97	0. 59361								
2005	99. 95	99. 95	99. 96	100	99. 97	100. 01	0. 59366							
2006	99. 93	99. 93	99. 95	99. 99	99. 96	99. 99	99. 98	0. 59356						
2007	99. 92	99. 92	99. 94	99. 98	99. 95	99. 98	99. 97	99. 99	0. 5935					
2008	99. 91	99. 91	99. 93	99. 97	99. 94	99. 97	99. 96	99. 98	99. 99	0. 59344				
2009	99. 91	99. 91	99. 92	99. 96	99. 93	99. 97	99. 96	99. 98	99. 99	100	0. 59342			
2010	99. 9	99. 9	99. 92	99. 96	99. 93	99. 96	99. 96	99. 97	99. 98	99. 99	100	0. 59339		
2011	99. 9	99. 9	99. 91	99. 95	99. 92	99. 96	99. 95	99. 97	99. 98	99. 99	99. 99	99. 99	0. 59336	
2012	99. 9	99. 9	99. 91	99. 95	99. 92	99. 96	99. 95	99. 97	99. 98	99. 99	99. 99	100	100	0. 59337

注：灰色部分数据为各年的西藏林业生态安全综合指数。

(2)变动指数。

①以起始年为基期的变动指数分析：通过观察以研究期的起始年(1999 年)作为基期，剩余年份为报告期计算得出的林业生态安全变动指数可知，最大值为 2000 年的 100. 00(1999 年 = 100)，最小值为 2010、2011 和 2012 年的 99. 90(1999 年 = 100)。说明西藏林业生态系统在 1999 和 2000 年时是达到研究期内的最佳状态，之后便开始呈现恶化的状态，在这之间有过些许起伏，但总体趋势还是呈下降状，可见在研究期内西藏的林业生态环境并没有改善，反而出现了恶化。虽然研究期内林业生态安全综合指数有上涨的年份，但下跌时的幅度较大，使得整个西藏的林业生态系统安全状况在研究期内仍以恶化为主要趋势。

②以上一年为基期的变动指数分析：再观察以上一年为基期，当年为报告期的林业生态安全变动指数，可知最大值出现在 2005 年，为 100. 01(上年 = 100)，最小值为 2002 年的 99. 96(上年 = 100)。表明 2005 年是研究期间内林业生态安全状况改善幅度最大的一年，而 2002 年则是恶化程度最高的一年。从以起始年为基期的林业生态安全变动指数可知，2005 年是林业生态安全状况最好的一年，说明 2005 年时林业生态系统的安全状况有一定程度的改善，但 2006 年却未持续这种改善趋势，林业生态安全综合指数出现了下滑。不过之后 2007 年后变动指数又开始呈上升的趋势，使林业生态系统安全状况得到些许恢复。

整个西藏层面的森林生态安全综合指数及变动指数计算结果见表 2。

表 2　西藏自治区森林生态安全综合指数及变动指数表

	1999	2000	2001	2002	2003	2004	2005	2006	2007	2008	2009	2010	2011	2012
1999	0. 70815													
2000	99. 67	0. 70584												
2001	98. 88	99. 2	0. 70034											
2002	98. 59	98. 91	99. 7	0. 69827										
2003	98. 23	98. 56	99. 35	99. 64	0. 6958									
2004	97. 64	97. 96	98. 75	99. 04	99. 4	0. 69167								
2005	97. 35	97. 67	98. 45	98. 75	99. 1	99. 7	0. 68961							
2006	97. 04	97. 36	98. 14	98. 43	98. 78	99. 38	99. 68	0. 6874						
2007	97. 11	97. 43	98. 21	98. 5	98. 85	99. 45	99. 75	100. 07	0. 68791					
2008	97. 18	97. 5	98. 28	98. 58	98. 93	99. 53	99. 83	100. 15	100. 08	0. 68844				
2009	97. 21	97. 53	98. 31	98. 61	98. 96	99. 56	99. 86	100. 18	100. 11	100. 03	0. 68866			
2010	97. 26	97. 58	98. 36	98. 66	99. 01	99. 61	99. 91	100. 23	100. 16	100. 08	100. 05	0. 689		
2011	97. 35	97. 67	98. 45	98. 75	99. 1	99. 7	100	100. 32	100. 25	100. 17	100. 14	100. 09	0. 68964	
2012	97. 39	97. 71	98. 49	98. 79	99. 14	99. 74	100. 04	100. 37	100. 29	100. 22	100. 18	100. 13	100. 04	0. 68993

注：灰色部分数据为各年的西藏森林生态安全综合指数。

（1）综合指数。由表2 可知，整个研究期内整个西藏森林生态安全综合指数是呈现下降的趋势，森林生态系统的安全性没有提高反而是减弱的。

（2）变动指数。

①以起始年为基期的变动指数分析：通过观察以研究期的起始年 1999 年作为基期，剩余年份为报告期计算得出的森林生态安全变动指数可知，最大值为 2000 年的 99. 67（1999 年 =100），最小值为 2006 年的 97. 04（1999 年 = 100），整个西藏的森林安全性表现出一个不稳定的现象，上涨和下跌相互交替。

②以上一年为基期的变动指数分析：再观察以上一年为基期，当年为报告期的森林生态安全变动指数，可知最大值出现在 2011 年，为 100. 09（上年 =100），最小值为 2001 年的 99. 20（上年 =100）。综合两种角度的观察结果可知，整个西藏的森林安全状况时好时坏，在总体趋势是呈一直缓慢上升的状态，西藏森林安全状呈现改善的趋势。

整个西藏层面的湿地生态安全综合指数及变动指数计算结果见表 3。

表 3　西藏自治区湿地生态安全综合指数及变动指数表

	1999	2000	2001	2002	2003	2004	2005	2006	2007	2008	2009	2010	2011	2012
1999	0. 59076													
2000	100. 01	0. 59078												
2001	100. 01	100	0. 59078											
2002	99. 97	99. 97	99. 97	0. 59084										
2003	100. 01	100. 01	100	100. 04	0. 5908									
2004	99. 99	99. 98	99. 98	100. 02	99. 98	0. 59073								
2005	100	100	99. 99	100. 03	99. 99	100. 01	0. 59079							
2006	99. 99	99. 99	99. 99	100. 02	99. 98	100	99. 99	0. 59077						
2007	99. 98	99. 98	99. 97	100. 01	99. 97	99. 99	99. 98	99. 99	0. 59075					
2008	99. 97	99. 96	99. 96	100	99. 96	99. 98	99. 97	99. 98	99. 99	0. 59074				
2009	99. 96	99. 96	99. 96	99. 99	99. 95	99. 98	99. 96	99. 97	99. 98	99. 99	0. 59065			
2010	99. 96	99. 95	99. 95	99. 99	99. 95	99. 97	99. 96	99. 97	99. 98	99. 99	99. 99	0. 59066		
2011	99. 95	99. 95	99. 94	99. 98	99. 94	99. 96	99. 95	99. 96	99. 97	99. 98	99. 99	99. 99	0. 5906	
2012	99. 95	99. 95	99. 94	99. 98	99. 94	99. 96	99. 95	99. 96	99. 97	99. 98	99. 99	99. 99	100	0. 5906

注：灰色部分数据为各年的西藏湿地生态安全综合指数。

（1）综合指数。由表3 可知，在整个研究期内整个西藏湿地生态安全综合指数城乡呈现基本持平状态，伴有略微的细小波动。

（2）变动指数。

① 以起始年为基期的变动指数分析：以研究期的起始年（1999 年）作为基期，剩余年份为报告期计算得出的湿地生态安全变动指数可知，最大值为 2000、2001 年和 2003 年的 100. 01（1999 年 =100），最小值为 2011 和 2012 年的 99. 95（1999 年 =100）。2000 到 2005 年之间涨幅波动，在 2005 年之后就处于不断下降的趋势。

② 以上一年为基期的变动指数分析：再观察以上一年为基期，当年为报告期的湿地生态安全变动指数，可知最大值出现在2003年，为100.04(上年=100)，最小值为2002年的99.97(上年=100)。从图中数据可知，2005年湿地安全变动指数上升为100.01，是为第二高峰点，但2005年后下降到100.00以下，到2012年才上升到100.00。从研究可以看出，西藏地区的湿地生态安全状况在长期来看并没有得到改善，一直在波动起伏。

整个西藏层面的荒漠生态安全综合指数及变动指数计算结果见表4。

表4　西藏自治区荒漠生态安全综合指数及变动指数表

	1999	2000	2001	2002	2003	2004	2005	2006	2007	2008	2009	2010	2011	2012
1999	0.54324													
2000	100.26	0.54467												
2001	98.35	98.09	0.53434											
2002	98.66	98.4	100.31	0.53596										
2003	97.76	97.5	99.4	99.09	0.53115									
2004	97.67	97.42	99.31	99.01	99.91	0.5307								
2005	95.3	95.05	96.9	96.6	97.49	97.57	0.51784							
2006	92.39	92.15	93.94	93.65	94.5	94.59	96.94	0.50208						
2007	93.77	93.53	95.35	95.05	95.92	96.01	98.4	101.5	0.50960					
2008	96.19	95.93	97.8	97.5	98.39	98.48	100.93	104.11	102.57	0.53368				
2009	90.66	90.42	92.18	91.9	92.74	92.82	95.13	98.13	96.68	94.26	0.49277			
2010	95.87	95.62	97.48	97.18	98.07	98.15	100.6	103.77	102.24	99.67	105.74	0.521		
2011	94.08	93.84	95.66	95.37	96.24	96.32	98.72	101.83	100.33	97.81	103.77	98.14	0.51134	
2012	92.35	92.11	93.9	93.61	94.47	94.55	96.9	99.96	98.48	96.01	101.86	96.33	98.16	0.50197

注：灰色部分数据为各年的西藏荒漠生态安全综合指数。

(1)综合指数。由表4可知，综合指数在2004~2007和2008~2009年期间出现明显下降。整个研究期内我国荒漠生态安全综合指数变化幅度较大，总体呈恶化态势。

(2)变动指数。

① 以起始年为基期的变动指数分析：通过观察，以研究期的起始年1999年作为基期，剩余年份为报告期计算得出的荒漠生态安全变动指数可知，最大值为2000年的100.26(1999年=100)，次大值为2002年的98.66(1999年=100)；最小值为2009年的90.66(1999年=100)，次小值为2006年的92.39(1999年=100)。这说明2000年开始，整个西藏地区荒漠生态安全就开始恶化，到2009年达到了最差状态，虽然2008年得到一定恢复，但又马上恶化。但在2010年最差状态得到了改善，但之后荒漠生态安全并没有一直处于改善的状态，并没有恢复到研究期间的安全最优水平。

② 以上一年为基期的变动指数分析：再观察以上一年为基期，当年为报告期的荒漠生态安全变动指数，可知最大值出现在2010年，为105.74(上年=100)，次大值为2008的102.5(上年=100)；最小值为2009年的94.26(上年=100)，次小值为2006年的96.94(上年=100)。表明2010是研究期间内荒漠生态安全状况改善幅度最大的一年，而

2009 年则是恶化程度最高的一年。可以发现整个研究期间虽然西藏荒漠生态安全性有很大提高的阶段，但总体上来看还是处于恶化的状态。

3. 小　结

实证研究表明，1999 ~2009 年西藏自治区森林和湿地生态安全综合指数相对较高，而荒漠生态安全综合指数较低。但从 1999 ~2009 年之间呈明显的下降趋势，且下降速度在不断地加快，这与近年来西藏自治区交通便利程度提高，经济发展加速，外来人口涌入是密切相关的。西藏作为我国大江大河的发源地，生态安全至关重要。由于其特殊的地域条件决定了生态脆弱，破坏后恢复速度慢、周期长的特点，西藏自治区政府应在开发的过程中采取有效的政策措施，保护生态安全健康。

（二）内蒙古自治区林业生态现状分析

1. 内蒙古自治区林业生态系统现状

第七次全国森林资源连续清查统计的结果显示，内蒙古自治区的林业用地面积为 4393. 33 万公顷，森林面积 2486. 67 万公顷，均居全国第一位；其中，天然林面积为 1401. 20 万公顷，居全国第二位；活立木总蓄积 14. 8 亿立方米，居全国第五位；森林覆盖率也达到了 21. 03%，可见内蒙古是森林资源大省。由于自治区大部分处于干旱半干旱地区，生态环境十分脆弱，沙地、沙漠和具有明显沙化趋势的土地广泛分布，且林业重点工程中种植的沙区植被总体上仍处于恢复阶段，自我调节能力较低，具有脆弱性、不稳定性和反复性。加之过度开垦、放牧和不合理利用水资源等人为因素加剧了土地荒漠化、水土流失等生态问题。因此内蒙古自治区的林业生态安全仍然受到来自于土地荒漠化的巨大威胁，其生态保护和建设任务艰巨、责任重大。

2. 内蒙古自治区林业生态安全面临的问题

（1）造林质量低。近年来，内蒙古造林面积虽然每年都超过 66. 6 万公顷，但造林质量和成效还存在较为突出的问题，人工造林成活率和保存率较低，飞播封育成效率和成林率不高，林分质量距离国家标准还有差距。近几年内蒙古人工造林平均成活率为 71. 7%，5 年新增人工林 120 万公顷，保存率仅为 43%。同时，内蒙古林业建设中还存在着造林树种较为单一、树种结构不合理等问题，对成林率以及成林后森林生态系统的稳定性、抵抗外界侵袭能力和自我恢复能力等造成极大影响。

（2）旱灾频发。内蒙古地区属于温带大陆性气候，使得该地区降水少，降水年际和季节变化大，蒸发力度大。而且森林资源的减少也使得气候的天然调节器和天然的保护屏障受损，致使旱灾频发。旱灾的频繁发生会进一步加剧土地荒漠化和沙化和湿地面积的减小，加大林业生态建设的难度，对林业生态安全造成极大威胁。

（3）土地荒漠化和沙化。据第四次中国荒漠化和沙化状况公报显示，截至 2009 年年底，虽然内蒙古的荒漠化土地面积和沙化土地面积均有大幅度的减少，并且减少幅度排名全国前列。但内蒙古的荒漠化土地和沙化土地的面积仍十分巨大，现均位居全国第二位，分别达到61.77万平方千米和41.47万平方千米，并且内蒙古的具有明显沙化趋势的土地分布在全国各省份中最广。

(4)湿地保护形势严峻。第二次湿地资源调查结果显示全自治区的湿地面积达601.06万公顷，居全国第三。从近十年之中，气候干旱、降水量减少，加上补水不足，湿度总的资源总体是在减少，湿地环境受到污染，以及过度的捕捞、围垦、基建占用，这方面的威胁逐渐在增大。实际上，内蒙古自治区处在干旱半干旱地区，降水量较少，而且还遭遇了长期持续的干旱天气，导致许多河流断流，湖泊沼泽萎缩干涸，水位下降，湿地面积大幅度减少，严重影响当地湿地生态系统安全水平。

(5)水土流失。受地质、地貌、气候、地面组成物质、植被等因素的影响，内蒙古自治区生态环境脆弱，且内蒙古矿产资源丰富，是重要的矿产资源开发区。在自然因素和开矿等人类行为的共同影响下，导致内蒙古水土流失严重，是全国水土流失最严重的地区之一。

3. 内蒙古自治区林业生态安全指数评价实证研究

内蒙古自治区林业生态安全综合指数及变动指数的计算结果见表5。

表5 内蒙古林业生态安全综合指数及变动指数表

	1999	2000	2001	2002	2003	2004	2005	2006	2007	2008	2009	2010	2011	2012
1999	0.42984													
2000	100.04	0.43002												
2001	100.00	99.96	0.42985											
2002	99.98	99.94	99.98	0.42976										
2003	99.97	99.92	99.96	99.98	0.42969									
2004	99.90	99.86	99.90	99.92	99.94	0.42942								
2005	99.81	99.77	99.81	99.83	99.85	99.91	0.42903							
2006	99.73	99.69	99.73	99.75	99.76	99.83	99.92	0.42868						
2007	99.60	99.56	99.60	99.62	99.63	99.70	99.79	99.87	0.42812					
2008	99.58	99.54	99.58	99.60	99.61	99.68	99.77	99.85	99.98	0.42803				
2009	99.40	99.36	99.40	99.42	99.44	99.50	99.59	99.67	99.80	99.82	0.42727			
2010	99.39	99.35	99.39	99.41	99.42	99.49	99.58	99.66	99.79	99.81	99.99	0.42721		
2011	99.39	99.34	99.38	99.40	99.42	99.48	99.57	99.65	99.79	99.81	99.98	100.00	0.4272	
2012	99.19	99.15	99.19	99.21	99.23	99.29	99.38	99.46	99.59	99.61	99.79	99.80	99.80	0.42636

注：灰色部分数据为各年的内蒙古林业生态安全综合指数。

(1)综合指数。整个研究期内内蒙古林业生态安全综合指数呈逐年下降趋势，林业生态系统的安全性受到较大威胁，安全状况呈恶化态势。

(2)变动指数。

①以起始年为基期的变动指数分析：变动指数的最大值为2010年的100.04，最小值为2012年的99.19，小于100，说明内蒙古整体林业生态安全状况在研究期并不乐观，未来需要有力有效的生态建设措施。

②以上一年为基期的综合变动指数分析：变动指数最大值出现在 2000 年，为 100.04，最小值为 2012 年的 99.8。最大值与最小值间虽然相差较小，但是最小值出现在最近年份。说明虽然每年森林生态安全变动指数的恶化幅度不大，但恶化态势一直持续到研究期末年。同时还可计算得出内蒙古林业生态安全变动指数的均值为 99.94(上年 = 100)，由此可知在整个研究期内内蒙古的林业生态安全状况总体呈现恶化趋势，与综合指数的分析结果相吻合。

内蒙古自治区森林生态安全综合指数及变动指数的计算结果见表 6。

表 6 内蒙古森林生态安全综合指数及变动指数表

	1999	2000	2001	2002	2003	2004	2005	2006	2007	2008	2009	2010	2011	2012
1999	0.56391													
2000	100.06	0.56425												
2001	99.96	99.90	0.56371											
2002	99.72	99.66	99.75	0.56231										
2003	99.30	99.24	99.33	99.58	0.55994									
2004	99.06	99.00	99.10	99.34	99.76	0.55861								
2005	98.93	98.87	98.96	99.21	99.63	99.86	0.55785							
2006	98.59	98.53	98.63	98.87	99.29	99.53	99.66	0.55597						
2007	98.45	98.39	98.48	98.73	99.14	99.38	99.52	99.85	0.55515					
2008	98.29	98.23	98.33	98.57	98.99	99.22	99.36	99.70	99.84	0.55428				
2009	98.67	98.61	98.71	98.95	99.37	99.61	99.74	100.08	100.23	100.38	0.55641			
2010	98.93	98.87	98.97	99.21	99.63	99.87	100.01	100.34	100.49	100.65	100.26	0.55788		
2011	99.20	99.14	99.24	99.49	99.91	100.15	100.28	100.62	100.77	100.93	100.54	100.28	0.55942	
2012	99.58	99.52	99.62	99.86	100.29	100.52	100.66	101.00	101.15	101.31	100.92	100.66	100.38	0.56154

注：灰色部分数据为各年的内蒙古森林生态安全综合评估值。

(1)综合指数。整个研究期内内蒙古森林生态安全综合指数变动幅度较大，1999 年到 2008 年逐年下降，表示在这一时期，其森林生态安全状况呈现恶化态势；2008 ~ 2012 年，森林生态安全评估值逐年上升，表明在这一时期，其森林生态安全状况有所改善，生态安全建设卓有成效。

(2)变动指数。

①起始年为基期的变动指数分析：变动指数的最大值为 2000 年的 100.06，最小值为 2008 年的 98.29，小于 100，说明内蒙古整体林业生态安全状况在研究期起伏较大，且在 2008 年出现最小值。2012 年变动指数为 99.58，小于 100，说明内蒙古生态安全状况未恢复到研究初期良好水平。

②上一年为基期的变动指数分析：变动指数最小值为 2003 年的 99.58，最大值出现在 2009 年的 100.38。在最近的 2009 年到 2012 年，综合指数均大于 100。说明内蒙古自治区森林生态安全状况虽然有过较大幅度的恶化，但是近几年在逐渐改善。

内蒙古自治区湿地生态安全综合指数及变动指数的计算结果见表 7。

表7　内蒙古湿地生态安全综合指数及变动指数表

	1999	2000	2001	2002	2003	2004	2005	2006	2007	2008	2009	2010	2011	2012
1999	0. 42908													
2000	100. 02	0. 42916												
2001	100. 02	100. 00	0. 42915											
2002	100. 04	100. 02	100. 02	0. 42924										
2003	100. 02	100. 00	100. 01	99. 99	0. 42918									
2004	100. 01	99. 99	99. 99	99. 97	99. 98	0. 42911								
2005	100. 04	100. 02	100. 02	100. 00	100. 02	100. 03	0. 42925							
2006	100. 02	100. 00	100. 00	99. 98	100. 00	100. 01	99. 98	0. 42916						
2007	99. 95	99. 93	99. 93	99. 91	99. 93	99. 94	99. 91	99. 93	0. 42887					
2008	99. 99	99. 97	99. 98	99. 96	99. 97	99. 99	99. 95	99. 97	100. 04	0. 42905				
2009	99. 93	99. 91	99. 92	99. 90	99. 91	99. 93	99. 89	99. 91	99. 98	99. 94	0. 42879			
2010	100. 00	99. 98	99. 98	99. 96	99. 97	99. 99	99. 96	99. 98	100. 04	100. 00	100. 06	0. 42906		
2011	100. 00	99. 98	99. 98	99. 96	99. 97	99. 99	99. 96	99. 98	100. 05	100. 00	100. 07	100. 00	0. 42907	
2012	100. 01	99. 99	99. 99	99. 97	99. 98	100. 00	99. 97	99. 99	100. 06	100. 01	100. 07	100. 01	100. 01	0. 42911

注：灰色部分数据为各年的内蒙古湿地生态安全综合评估值。

(1)综合指数。整个研究期内内蒙古湿地生态安全综合指数波动幅度较大。在2009年达到最小值，2005年达到最大值；此外，2004年，2007年为两个明显的极小值；2002年、2008年、2012年为三个明显的极大值。由此可知，内蒙古湿地生态安全状况很不稳定，但是近些年呈改善态势。

(2)变动指数。

①起始年为基期的变动指数分析：变动指数的最大值为2000年，2005年的100. 04，最小值为2009年的99. 93，小于100，说明内蒙古整体林业生态安全状况在研究期起伏较大，且在2000～2008年有较大幅度的恶化态势。在2012年变动指数为99. 53，小于100，说明内蒙古生态安全状况未恢复到研究初期良好水平。

②上一年为基期的变动指数分析：变动指数最大值出现在2000年，为100. 06，最小值为2007年的99. 93，由此可以看出湿地综合指数的起伏。此外在最近的2010～2012年，湿地变动指数均大于100，说明内蒙古自治区森林生态安全状况虽然有过较大幅度的恶化，但是近几年在逐渐改善。

内蒙古自治区荒漠生态安全综合指数及变动指数的计算结果表8。

表8　内蒙古荒漠生态安全综合指数及变动指数表

	1999	2000	2001	2002	2003	2004	2005	2006	2007	2008	2009	2010	2011	2012
1999	0. 18983													
2000	96. 73	0. 18363												
2001	95. 19	98. 40	0. 1807											
2002	94. 97	98. 18	99. 77	0. 18029										

（续）

	1999	2000	2001	2002	2003	2004	2005	2006	2007	2008	2009	2010	2011	2012
2003	101. 39	104. 81	106. 51	106. 75	0. 19246									
2004	97. 31	100. 60	102. 23	102. 46	95. 98	0. 18473								
2005	98. 37	101. 69	103. 34	103. 58	97. 03	101. 09	0. 18674							
2006	95. 57	98. 80	100. 40	100. 63	94. 27	98. 21	97. 16	0. 18143						
2007	88. 90	91. 90	93. 39	93. 60	87. 68	91. 35	90. 37	93. 01	0. 16875					
2008	94. 76	97. 96	99. 55	99. 78	93. 47	97. 38	96. 33	99. 15	106. 60	0. 17989				
2009	92. 47	95. 59	97. 14	97. 37	91. 21	95. 03	94. 00	96. 75	104. 02	97. 58	0. 17554			
2010	92. 40	95. 52	97. 07	97. 29	91. 14	94. 95	93. 93	96. 68	103. 94	97. 50	99. 92	0. 1754		
2011	92. 78	95. 92	97. 47	97. 69	91. 52	95. 34	94. 32	97. 08	104. 37	97. 91	100. 34	100. 42	0. 17613	
2012	97. 66	100. 95	102. 59	102. 82	96. 32	100. 35	99. 27	102. 18	109. 85	103. 05	105. 61	105. 69	105. 25	0. 18538

注：灰色部分数据为各年的内蒙古荒漠生态安全综合评估值。

(1)综合指数。整个研究期内内蒙古荒漠生态安全状况呈波动起伏态势。在2003年达到最大值，之后出现较大程度恶化直到2007年达到最小值；此外，内蒙古荒漠生态安全状况在2009～2011年处于一个稳定但低水平状态，之后才有较大程度改善。由此可知，在近几年内蒙古的荒漠生态安全状况水平并不高，但是从2011年起有较为明显的改善。

(2)变动指数。①以起始年为基期的变动指数分析：变动指数的最大值为2003年的101. 39，最小值为2007年的88. 9，两个值之间相差较大，说明内蒙古荒漠生态安全状况非常不稳定，且在2007年恶化程度很高。

②上一年为基期的变动指数分析：变动指数最大值出现在2003年，为106. 75，最小值为2007年的93. 01，最小值在90以上说明内蒙古自治区在采取相关措施控制生态安全状况的恶化情况。此外，在最近两年，变动指数均为100以上，也即近两年内蒙古的荒漠生态安全状况得到了控制，且在逐年改善。

（三）提升西藏、内蒙古自治区林业生态安全水平的政策建议

目前西藏、内蒙古自治区的林业生态安全面临着许多威胁，这些问题严重威胁该地区林业生态系统的平衡与稳定，给林业生态系统安全造成消极影响。为了更好地维护两个自治区的林业生态安全，结合两地实际情况，现提出如下建议：

1. 推广林业生态安全指数评价体系

对林业生态安全优劣情况有科学、清楚的认识是进行生态环境保护的前提。现有林业生态安全指数评价体系可以对全国省域及县域的林业生态安全及森林、湿地、荒漠生态系统的安全现状及指数变动情况进行全面分析，可以帮助政府等部门制定林业生态安全保护决策提供依据。所以应该向西藏、内蒙古自治区乃至全国推广林业生态安全指数评价体系，建立林业生态安全监测机制。

2. 继续提升森林资源的质和量

森林资源是保证森林生态安全的基础，而森林生态系统是林业生态系统的最主要的组成部分，因此应当继续实施退耕还林等林业生态工程，加大造林的力度，提高森林资源总量，为提升森林生态系统安全水平打下基础。在造林的同时，不仅要提升森林覆盖率，还应遵循因地制宜、适地适树的造林原则，不能盲目地展开造林活动。并且在造林时应尽量避免树种、结构单一的人工林，充分注重林种的合理搭配和植被层次结构的合理配置，增强森林的抗干扰、应对气候变化和自然灾害的能力，提升森林资源的质量，保证森林生态系统的结构多重性、功能多样性和复杂性。最后，应加强对森林资源的保护力度，尤其是增强对天然林的保护，防止人为原因造成的森林资源破坏。

3. 建立和完善森林生态系统安全预警机制

为了防止和避免出现森林灾害或其他不利于森林生态安全的警情，须对森林资源进行全方位、综合的监测，并据此建立全国森林生态安全信息数据库及预警实施系统，从而及时发现警情、确定警源，才能根据实际情况，快速有效地采取相应措施，保证森林生态安全。

4. 增加对林业生态安全建设的财政投入

资金的支持是开展一切生态建设活动基础，尤其是目前大规模林业生态工程的开展需要源源不断的资金投入和财政的大力支持。同时，由于森林资源生长周期长，且在国家政策的限制下，我国的森林经营带有浓重的公益性，使得林农的获益十分有限，且承担较大的风险。为此国家建立生态效益补偿机制，但目前的补偿力度尚不足以支撑森林经营的大规模、长期投入，需加大补偿力度，才能保证林农的正常生活水平，并激发林农对生态安全建设的积极性。而在湿地保护方面，目前据实地调查保护区及示范区建设、污染治理、执法手段与队伍建设等方面还缺乏专门的资金支持。并且由于资金的紧张，对非保护区湿地资源保护力度严重不足，因此必须加大对湿地保护、恢复和治理资金的投入。

5. 加快林业科技创新，加强林业科技推广

加快林业科技创新，是建设生态林业、加快森林资源培育、提升森林资源质量的重要支撑，而林业科技推广是林业科技支撑林业发展的桥梁和纽带。因此应充分发挥现有林业高等院校、各级林业科研单位以及企业研发机构的科研实力，加大扶持力度，构建林业科技创新和资源共享平台，提升林业科技自主创新能力，为保障林业生态安全提供强有力的科技支撑。同时建立健全林业技术和产品质量标准的制定，建立健全由国家标准、行业标准、地方标准和企业标准组成，覆盖林业各个专业领域的林业技术标准体系，提升林业科技创新效率。林业科技创新不应只停留在学术层面，更应运用到实际，发挥其应有的作用。因此必须建立和完善省、市、县、乡镇四级林业科技推广机构，稳定林业技术推广队伍，加强林业科技示范推广，提高技术推广服务水平。

6. 健全林业立法体系建设，强化林业执法

建立健全林地保护、森林保护、湿地保护和野生动物保护相关法律文件，加快非保护区湿地认定工作，将非保护区湿地也纳入到政府保护的范围之中。同时加大执法力度，做到执法必严，严厉打击各类破坏林业生态安全的行为，对猎杀野生动物、违法采集野生植物、乱砍滥伐、乱占林地、非法占用和破坏湿地等行为，严格按照法律法规程序给予严厉打击，使对林业生态安全的维护真正落到实处。

7. 加强环保宣传工作，提高民众生态安全意识

公众是生态环境保护的主体，中国林业生态安全水平的提升在很大程度上取决于公众和管理决策者对生态安全重要性的认识和观念的转变。为此，必须通过一系列强有力的宣传教育和培训措施，提高公众对森林、湿地各种功能和效益，以及荒漠化的危害等方面的认识，增强公众的森林、湿地保护意识，进而形成有利于林业生态安全维护的良好氛围。并借助电视、广播、报纸和网络等媒体的广泛宣传，使公众及时了解到森林、湿地资源利用和保护的信息，进而提高公众参与林业生态保护和管理的积极性。同时还可通过一定的奖励措施来提高公众的参与度，提升公众对林业生态安全保护的积极性，打击、遏止破坏林业生态安全的行为。

8. 加大自然湿地的保护力度

自然湿地的生态系统相对于人工湿地，其自然演化的状态比较明显，系统中的自然演变过程(如湿地的自身发展、湿地植物的演替等)较为平缓，水的自净能力更强，自然湿地资源丰富，系统内食物链长，食物网复杂，营养结构均衡，生物多样性水平高。相对而言，自然湿地的生态系统稳定性能更好，生态和环境功能更强大。因此应当充分认识到自然湿地的重要性，加强对自然湿地的保护，而不能抱着“自然损失人工补”的思想。

四、林业生态安全指数评价体系全面推广的 SWOT 分析

(一)优　势

SWOT 分析，即基于内外部竞争环境和竞争条件下的态势分析，就是将与研究对象密切相关的各种主要内部优势、劣势和外部的机会和威胁等，通过调查列举出来，并依照矩阵形式排列，然后用系统分析的思想，把各种因素相互匹配起来加以分析，从中得出一系列相应的结论，而结论通常带有一定的决策性。

目前，林业生态安全问题日益引起中国乃至国际社会的广泛关注，构建林业生态安全指数评价系统，定量的分析林业生态安全问题至关重要。林业生态安全研究涉及面广、研究对象复杂，所以依靠现有研究与技术构建的林业生态安全指数评价系统有其内部优点和弱点；受社会、经济、环境等多方面的影响，构建林业生态安全指数评价系统又面

临着外部环境提供的机遇及挑战。

1. 指标选取

林业生态安全指数研究工作开展了近两年，通过前期大量阅读文献、收集资料、咨询专家，已确定了一套较为全面、有效的林业生态安全指标评价体系，通过西藏、内蒙古的重点调研和浙江、吉林、贵州、青海、湖北5个省15个试点县的实际调研，又从指标数据可操作性角度出发对原有指标体系进行完善。通过文献理论研究，结合实际调研情况，目前确定的林业生态安全指标评价体系更全面、科学且实际操作中切实可行。

2. 指数计算方法

林业生态安全指数计算方法综合运用数理方法、统计方法、计量模型、GIS技术和动态数据库等技术方法，并结合研究区域大小范围确定熵权，更为准确的计算当地林业生态安全指数。该方法通过前期省域及县域范围林业生态安全指数研究的检验和调整，日趋准确、完善，可以运用于日后林业生态安全指标评价体系中。

3. 动态数据库

通过阅读文献发现，已经有大量关于森林生态健康和森林生态安全的研究，但这些研究往往只有少数年份的数据，进行生态安全现状的研究。林业生态安全指数评价体系利用动态数据库，将1999～2014年的相关数据都囊括进数据库，不仅可以准确计算当前某地区林业生态安全指数，还可以计算出以往年份的林业生态安全指数，并且可以分析该地区林业生态安全的动态变化。对林业生态安全历史情况及现状的清晰把握，有利于结合当地林业发展情况更加全面的分析林业生态安全问题，制定林业生态安全维护的相关决策。

4. 数据可获性

林业生态安全指数评价体系中使用的数据绝大多数为统计年鉴的数据，极少部分通过资源二类清查等数据可以获得。统计年鉴数据具有规范性、准确性和易获性的特征，降低了林业生态安全指数研究的难度，在实践中切实可行。

5. 研究范围

林业生态安全指数评价体系既可以从全国、省域这类大的研究区域出发研究林业生态安全问题，又可以从市级、县域等小的研究区域出发进行林业生态安全指数评价，从宏观和微观两方面研究林业生态安全问题，针对地区不同的发展情况给出林业生态安全保护的政策建议，弥补了已有研究多数为宏观层面的不足。

6. 多方位指数计算

林业生态安全指数评价体系既可以对林业生态安全总指数进行计算，又可以结合地区林业生态系统发展情况单独计算森林、湿地、荒漠3个子系统的林业生态安全指数；既可以计算压力指数，又可以计算状态指数。通过不同生态系统和多方位指数的计算，可以进一步发现威胁某地区林业生态安全的具体问题所在，进而采取针对性的措施保护当地林业生态安全。

（二）劣　势

数据使用：考虑到数据可获性，林业生态安全指数评价体系运用统计年鉴中的数据，但统计年鉴数据研究问题范围大，林业生态安全研究指标体系中涉及的具体林业问题所需数据不够严谨，只有林业相关监测数据才能更切合问题研究所需。

（三）机　遇

1. 生态安全问题得到普遍关注

近年来，经济快速发展引起的环境破坏、生态威胁问题日益严重并引起国际社会的普遍关注，因此，关于生态安全问题的研究也逐渐增多、深入，这为林业生态安全指数研究奠定了大量的理论基础。国际社会对于生态环境问题的关注也使得林业生态安全指数研究更具有现实意义，在实际研究过程中更容易获得相关人员、机构的支持与积极参与。

2. 林业生态安全研究相对缺乏

已有研究涉及生态安全问题的多方面，与林业相关的生态安全问题研究集中于森林生态健康和森林生态安全问题研究，通过构建森林、湿地、荒漠生态系统为一体的林业生态系统，进行林业生态安全问题的研究几乎没有。林业生态安全指数研究可以弥补生态安全研究领域的空白，从理论和实践两方面充实相关研究。

3. 生态环境监测体系日趋完善

林业生态安全指标体系中涉及的例如土壤中氮、磷、钾的含量，生物多样性指数等许多指标都需要生态环境监测数据，由于生态环境问题日益引起重视，生态环境相关的监测站逐渐建立完善，因此，生态安全相关监测数据在未来数量会变多且更为准确，可以满足林业生态安全指数研究的需要。

4. 林业生态安全指数研究人员构成

随着林业生态安全指数研究问题的逐渐深入，越来越多的不同学科研究学者加入，现有科研队伍人员专业涉及林业管理学、生态学、林学、数学、统计学、地理信息、计算机等多学科，未来通过与国家林业局合作召开林业生态安全指数研究国际会议，从指标系统构建、评估方法等多方面与国内外专家讨论，必将使研究更加科学、规范。

5. 国家林业局支持

林业生态安全指数研究项目自研究初期就得到了国家林业局计财司的大力支持，并在前期理论研究阶段、西藏、内蒙古重点调研阶段及浙江、吉林等5省15各县试点调研阶段的工作给予指导和成果验收。随着林业生态安全指数研究项目的逐渐深入，国家林业局会继续给予人力、财力、物力支持，未来项目会由试点县推向浙江等5个省份的全部县，进而向全国各省的所有县域进行推广，形成全国范围内林业生态安全指数评估体系。

(四)威　胁

1. 县域数据收集难度较大

县域林业生态安全指数研究中，数据收集是非常关键的一步。从浙江、吉林等5个省15个试点县实际调研情况看，由于县域数据不仅涉及统计部门，还涉及林业、环保、水利等多部门，各部门的配合协调难度较大，单一由林业局工作人员跨部门收集数据较为困难，对未来林业生态安全指数推向全国造成威胁。

2. 地区经济发展与环境保护矛盾

经济发展与环境保护是一对长期存在的矛盾，从国内外发展历史看，许多国家和地区都走了先发展经济再治理环境的道路。在中国这样的全球最大发展中国家，许多地区都是重视经济发展，甚至以破坏环境为代价来支持经济发展。固有社会发展模式导致上至政府机构，下至人民百姓都对经济发展的重视度高于环境保护，经济发展与环境保护的矛盾处理不恰当，将会对未来林业生态环境保护构成威胁。

综上所述，林业生态安全指数评价系统在向全国推广的过程中面临的优势、劣势、机遇与挑战，但总体来说，评价系统自身优势多于劣势，外部环境面临的机遇多于挑战。

通过分析林业生生态安全指数评价系统的内外部影响因素，结合前期理论与西藏、内蒙古两自治区的调研，结合SWOT模型分析结果可以看出，林业生态安全指数评价体系可以向全国范围推广，用于各地林业生态安全监测管理工作。

五、林业生态安全指数评价体系全国推广存在的问题与规避

通过林业生态安全指数评价系统SWOT分析可知，该系统可以向全国大范围推广，但实践调研中发现评价系统存在某些问题，为了保障系统推广的顺利进行，先对存在的问题进行分析并提出规避建议。

(一)存在的问题

(1)个别指标定义不明确：在实际调研收集数据时发现，部分指标定义不明确，如森林当期物种数、森林当期濒危物种指标，定义不明确导致收集数据存在难度与误差。

(2)指标体系科学论证不足：调研中在与林业局工作人员交流林业生态安全指数指标体系构建问题时发现，现有指标体系仍有不科学之处，内在机理论证不够充分。

(3)跨部门数据收集难度大：林业生态安全指数评价体系所需数据不仅涉及统计部门，还涉及林业、环保、水利等多部门，数据收集过程中各部门的配合协调难度较大，单一由林业局工作人员跨部门收集数据较为困难。

(4)数据收集尚未规范化：西藏、内蒙古两自治区的数据收集工作是在调研通过统计部门、林业部门及水利、环保部门的走访实际展开的，如果将林业生态安全指数评价体系推向全国，单靠实际走访是不可行的，必须有规范的数据收集渠道与方法。

（二）规避建议

（1）明确指标定义，规范指标界定标准。对指标定义不明确的指标，如森林当期总物种，应明确其物种的范围；对界定标准不统一的指标，如森林当期濒危物种指标，可统一参照国际或国内濒危物种名录，并将濒危物种名录予以公布。

（2）探寻林业生态系统内在机理，科学规范指标体系。系统研究林业生态安全内在机理，构建林业生态系统物理模型和人类社会行为模型，并以此为基础全面梳理林业生态安全指标，科学规范指标体系，为评估系统和工作奠定坚实的科学基础。

（3）政府统一协调收集数据。为方便将林业生态安全评估工作向全国推广，应该由县政府统一协调，规范数据收集与管理，保障数据的可获性与真实性。

（4）建立林业生态安全评估发布制度。在基层行政单位建立年报制度，收集林业生态安全指数研究所需数据；把林业生态安全指数分别编入《中国统计年鉴》和《中国林业统计年鉴》，保障数据收集渠道正规并提高数据准确性；构建发布平台，将林业信息通过平台公开发布全国尺度的生态安全指数，充分展现林业信息的开放性和透明性，让公众了解到我国的林业生态系统发展水平，并参与到林业生态系统的保护工作中，更利于促进林业生态系统的可持续发展。

（5）建立培训机制。通过大面积的培训工作，使地方林业工作者能够从宏观上了解"林业生态安全指数研究"项目，了解项目中所有指标体系及所需数据，熟知《项目所需数据表》的填写要求，熟练操作林业生态安全综合指数评价系统，同时对工作人员的工作方式和工作态度进行培训和考核，保障林业生态安全指数评价系统的全面推广工作顺利开展。

调 研 单 位：北京林业大学
调研组成员：张大红　米　锋　顾艳红　鲁莎莎　高显俊
吕　楠　邵权熙　吴卫红　马龙波　杨　玲
李亚云　王金龙　祝凌云　姚　月　冯　彦
刘婷婷　才　琪　张　勤　谭增豪迪

我国林业人才队伍老化断层危机调研报告

【摘　要】通过对东北、内蒙古重点国有林区四大森工集团、青海省和湖南省等省份林业人才队伍状况的调查，研究发现林业人才老化断层问题主要体现在当前林业人才总量不足、结构不尽合理、高层次专业技术复合型人才短缺、林区人才引进困难和流失严重等几个方面。这些问题产生的原因有现行体制机制、政策、林业单位、教育培训机构和个人层面等多方面的原因。为此从机构设置、政策制度体系、教育培训供给、技术方案实施和保障体系建设等不同方面提出对策建议，为科学编制"十三五"林业人才发展规划和有效破解林业人才老化断层危机困境提供参考。

林业是事关国家经济社会可持续发展的根本性事业，具有基础性、公益性、发展周期长等特点。林业后继有林，必须后继有人。建设生态文明、增强生态林业和民生林业发展内生动力，迫切需要大力发展林业教育培训事业，全面增强科技支撑和人才保障能力。然而，林业人才队伍老化断层问题日益突出，现已成为影响建设和发展民生林业与生态林业的瓶颈之一。开展林业人才老化断层专项课题研究具有十分重要的现实意义。

林业人才断层主要是指林业人才队伍在各级林业部门人员中，在年龄结构、学历结构、专业结构和职称结构等方面存在结构不合理现象，进而会影响到现代林业建设和林业人才队伍的可持续发展。林业人才老化断层突出表现在年龄断层和知识断层两个方面。年龄断层是指林业部门从业人员年龄结构在老、中、青比例上不合理，尤其是中青年人员比重偏低，造成人才队伍的老龄化。知识断层是指组织成员专业知识结构不合理，造成不适应岗位需求的人员相对较多，而适应岗位需求人员相对紧缺。

国家林业局林业人才问题重大调研项目课题组（以下简称项目组）在 2014 年 8 ~ 12 月期间，选取东北重点国有林区、青海省和湖南省作为代表，就林业人才老化断层问题进行了专题调研。调研组选取四大森工集团的 8 个林业局（根河、莫尔道嘎、加格达奇、漠河、东京城、柴河、三岔子、泉阳），青海省的 7 个林业局（西宁市湟中县林业局、海南藏族自治州贵德县林业环保局、海东市林业局机关、海东市循化县林业局、海北藏族自治州林业局机关、海北藏族自治州祁连县环林局、青海省林业厅）和湖南省的 4 个林业局（衡阳市林业局、韶山市林业局、浏阳市林业局、湘潭市林业局）作为样本。调研方式以开展座谈会与问卷调查的形式，了解以四大森工集团为代表的东北、内蒙古重点国有林区、青海省为代表的西北部地区以及以湖南省为代表的南部地区的林业人才队伍现状与问题，积极听取基层林业职工意见，探讨解决人才断层危机的办法。

通过调研共获取了195份有效问卷，包括四大森工集团有效问卷86份，青海省的有效问卷81份和湖南省的有效问卷28份。本次调研地点的选择遵循“省—市—县”三级林业局全面覆盖原则，调查样本涵盖林业行业各个部门岗位，既包括森林资源管理保护、病虫害防治、森林防火、林木种苗培育、林业调查规划、林业技术推广、林政执法、湿地保护与利用等林业行业一线重要岗位，也涉及办公室、财务、档案管理、党建工作等行政后勤岗位。其中林业行业一线重要岗位的比例达到73%。通过座谈会了解总体情况和问卷调查摸清个体特征相结合的方式，分析林业人才现状，挖掘林业系统人才队伍存在问题、成因和探究解决对策。

一、研究背景

（一）研究目的

《新时期我国林业人才队伍老化断层问题及对策研究》是针对目前我国林业人才在年龄结构、学历结构、专业结构、高级职称结构方面出现老化断层、高级人才更新速度过慢的现象，系统分析造成我国林业人才结构失衡问题产生的深层次原因。重点以林业人才队伍中的党政管理人才、专业技术人才为研究对象，探讨从国家体制机制、政策制度、专项经费投入、社会与行业环境的协同保障出发，加大林业教育培训的支持力度，从而让学林干林知林懂林的人去兴林治林，以有效破解林业人才老化断层困境。

（二）研究意义

（1）加强政府对林业人才的储备调控，为国家各级林业主管部门提供决策依据。林业不仅是重要的基础产业，更重要的是公益事业，林业人才仅靠市场配置不行，政府应该采取有效调控。本研究从这一矛盾点入手，旨在提高林业部门吸纳人才的效率，改善我国林业人才老化断层的现状，提高林业人才的整体素质，为国家林业局党组和教育主管部门出台人才政策提供决策参考依据。

（2）能够有效对接涉林高校人才培养，是指导林业教育改革的紧迫要求。1949年10月19日林业部（林垦部）成立，1950年开始办教育，建立林业教育体系，不断培养出林业人才，保证了林业科技、专业技术与管理人才代代相传。直至1987年、1988年到20世纪90年代初的末批经统一分配的林业院校毕业生，培养了一批又一批的林业建设业务骨干。但在90年代两次变革下，林业院校的生存发展面临严重挑战，林业科技、专业技术、管理人才呈严重的下降趋势。林业院校和林业机构之间的“人才对接”却出现严重问题，导致“学林不干林，干林不懂林”。本研究的开展，调整林业教育培养的顶层设计，紧迫解决林业人才老化断层的危机困境问题，社会现实意义深远。

（3）能够促进林业专业化队伍建设，是实施林业人才战略储备的客观要求。林业专业化程度是人才队伍素质的基础和根本。随着林业事业的迅猛发展，林业机构和职能增加很多，加之新老交替，近十年，源源不断地进入林业系统大量人员。1993 年之前，进入林业系统人员专业化的数量、质量都比较高，但是从 1993 ~ 2014 年，林业专业化人员比例大幅下降。林业的新定位、新使命对林业人才提出了新的更高要求。目前林业人才的老化断层已经成为我国林业发展的瓶颈之一，通过调研提出有效解决的建议，将优化林业人才队伍结构，更为有效地执行林业人才储备战略决策。

二、林业人才老化断层现状分析

(一)林业人才概念及其界定

林业人才是在林业行业具有一定专业知识或专门技能，进行创造性劳动并对社会作出贡献的人。专门林业人才队伍包括大专、本科和研究生学历，以及无学历但获得了各种职称的从业人员。

(二)林业人才老化断层概念及其界定

林业人才断层主要是指林业人才队伍在各级林业部门人员中，在年龄结构、学历结构、专业结构和职称结构等方面存在结构不合理现象，进而会影响现代林业建设和林业人才队伍的可持续发展。林业人才老化断层主要可以表现在年龄断层和知识断层两个方面。年龄断层是指林业部门组织成员年龄结构在老、中、青比例上不合理，尤其是中青年人员比重偏低，造成人才队伍的老龄化趋向，从正常年龄结构上来看，人才年龄分布应呈金字塔形。知识断层是指组织成员专业知识结构不合理，造成不适应岗位需求的人员相对较多，而适应岗位需求人员相对紧缺。

(三)个人基本情况

1. 年龄结构

按照人力资源理论，年龄分布应呈金字塔形，30 岁以下应是年龄层次结构的塔基。本次调查数据显示在职林业职工平均年龄已达 45 岁。其中，30 岁及以下的职工比例为 3%，31 ~ 40 岁的职工比例为 20%，41 ~ 50 岁的职工比例为 62%，50 岁及以上的职工比例为 15%(图 1)。

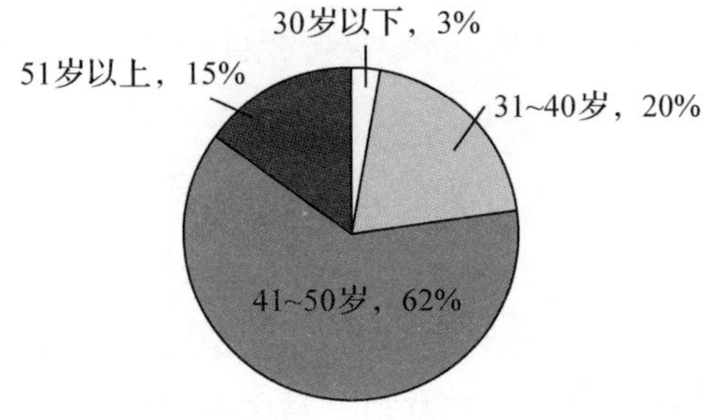

图 1 各地区林业职工年龄结构

四大森工集团林业职工年龄主要集中在 41 ~ 50 岁之间，30 岁及以下的比例为 0，31 ~ 40 岁之间的比例为 13%，51 岁以上的人数比例为 10%(图 2)。

青海、湖南省林业职工年龄同样主要集中在 41 ~ 50 岁之间，30 岁及以下的比例为 5%，31 ~ 40 岁之间的比例为 26%，51 岁以上的人数比例为 19%(图 3)。

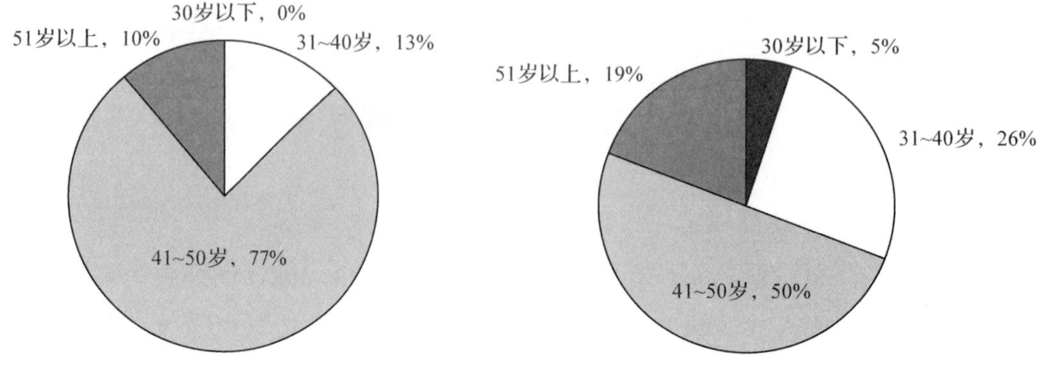

图 2 四大森工集团林业职工年龄结构 **图 3 青海、湖南林业职工年龄结构**

从以上三个图中可以看出，在职林业职工年龄结构明显不合理。作为塔基的 30 岁以下在职职工总体上仅占 3%，尤其是四大森工集团年龄在 30 岁以下的比例为 0，年龄分布呈现两极颠倒趋势，近似于倒金字塔。此外，处于 31 ~ 40 岁这一最具创造力年龄段的职工数仅占林业职工总数的 20%，可见林业人才年龄结构老化断层问题相当严重。通过预测不难发现，若对现有林业职工年龄结构问题不加以重视并及时调整，在不久的将来，我国林业职工总量将出现巨大缺口，甚至陷入无人可用的窘境。

2. 学历结构

本次调研各地区林业职工学历水平表现大体一致，以本科和大专学历为主，总体上分别占在职林业职工总数的 55% 和 33%。其余按所占比例高低依次大致为中专 6%，研究生 4%，高中和初中各占 1%(图 4)。

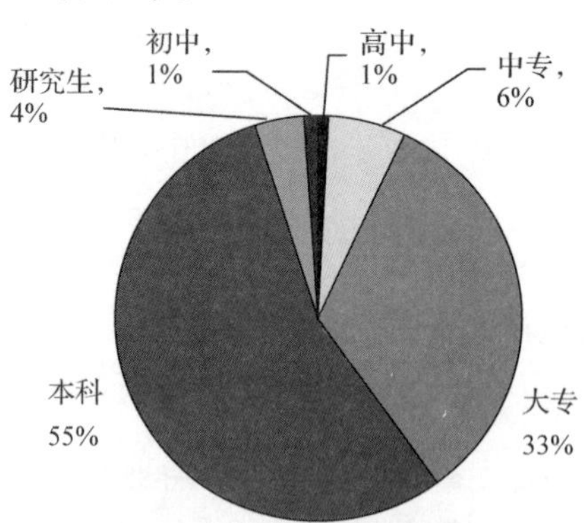

图 4 各地区林业职工学历结构

四大集团在职职工学历结构比例见图 5。

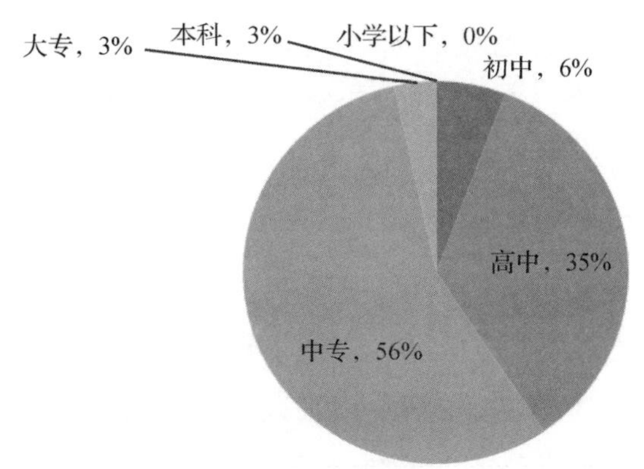

图5 四大集团林业职工学历结构

青海、湖南在职职工学历结构比例见图6。

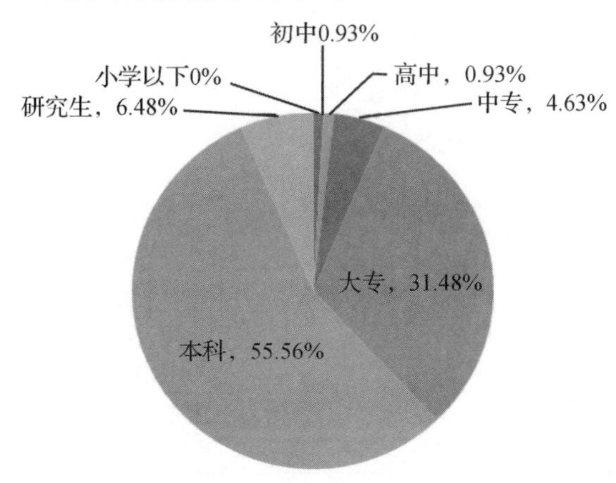

图6 青海、湖南林业职工学历结构

具有本科和大专学历的职工其初始学历以中专或高中为主，其中，绝大多数职工是通过函授、专升本等在职进修的方式完成本科或大专阶段的学习。当前我国林业职工的学历水平通过公开招考和在职教育等方法已经得到很大改善，但在职职工以进修拿到学历为主要目的，课时安排、课程要求不同，教学质量参差不齐。

3. 职称结构

从抽样调查情况来看，林业系统具有中高级职称专业技术人才比例偏低，远远不能满足建设生态文明和实现美丽中国对林业发展的需求。从各区域比较来看，高级职称以上林业人才分布很不均衡，东部、中部地区林业专业技术人才的高级职称数量明显高于西部地区。通过对荒漠生态系统、森林病虫害防治、林木种苗、国有林场、森林公园、森林防火、自然保护区等领域所做专门调查发现，在专业技术人才队伍中获得高级职称的人员比例仅为5%左右。

4. 专业结构

当前林业职工的专业构成丰富，但与本职工作匹配度低，非林业相关专业占58%，部分专业人才匮乏。调查样本中林业职工专业构成十分丰富，涉及5个类别、36个专业。经济管理类专业 6 个，包含财政管理、会计学、财务管理、经济管理、工商管理、经济学。行政管理类专业 8 个，包含行政管理、公共管理、文秘、法律、法学、师范、汉语言文学、英语。公安管理类专业 2 个，是公安管理和刑事侦查。农林类专业 12 个，包括林学、森林保护、森林经理学、园林、林业生态工程管理、治沙、农学、畜牧、农业经济管理、农业水利工程、环境科学、生物技术。其他专业 8 个，分别是临床医学、高等护理、化学、历史、热能与动力工程、自动化控制、音乐学、机械制造。而在涉林专业中专业结构比较单一，林学专业占到 90% 以上，包括野生动植物保护、风景园林、自然保护区管理等其他涉林专业分布非常缺乏。

5. 职业技术证书情况

林业职业技能证书是表明在职职工具有从事林业相关工作必备学识和技能的有效证明，但当前我国林业在职职工中所具有林业职业技能证书的人数却并不多。

四大集团在职职工学历结构比例见图 7。

青海、湖南在职职工学历结构比例见图 8。

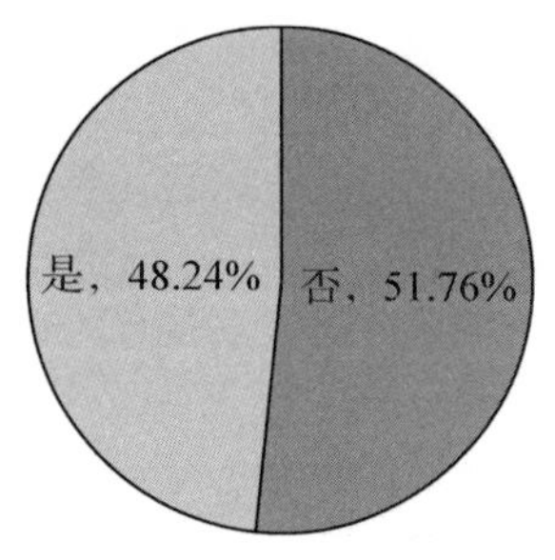

图 7　四大集团林业职工是否具有职业技能证书

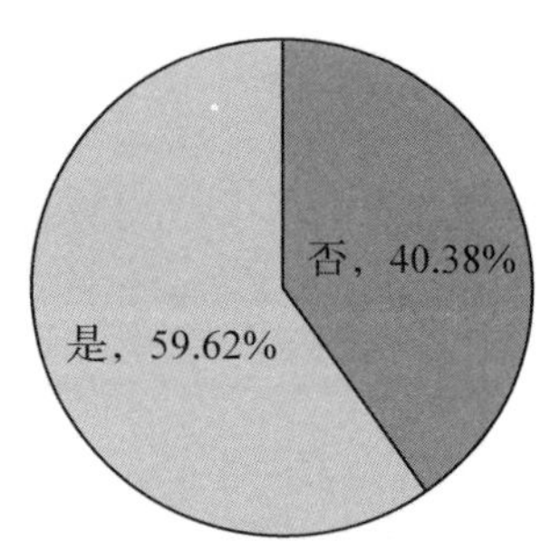

图 8　青海、湖南林业职工是否具有职业技能证书

本次调研中，具有林业职业技能证书的职工仅占职工总数的 50%，且多为林业相关业的毕业生。而专业既非林业相关且入职后尚未考取林业相关职业技能证书的约占职工总数的 21%。四大森工集团具有职业技能证书职工的比例比青海、湖南省偏多一些。由此可见，林业在职职工专业技术能力薄弱，专业素质较低的问题亟待解决(图 9)。

(四)职业发展状况

1. 任职时间

根据东北重点国有林区四大森工集团抽样调查结果，林业职工在该岗位上的工龄分布在 0.2 年到 27 年之间，跨度较大。其中，63.5% 的职工的岗位工作时间在 5 年以下，人数多达 54 人，工龄在 5～10 年间的职工人数为 25 人，比例为 29.4%，岗位工作时间超过 10 年的职工数量仅为 6 人，所占比例不足 10%。统计结果表明，林业职工岗位工作时间差距较大，总体上在某一专业岗位的服务年限偏短，这不利于林业工作的高效进行。

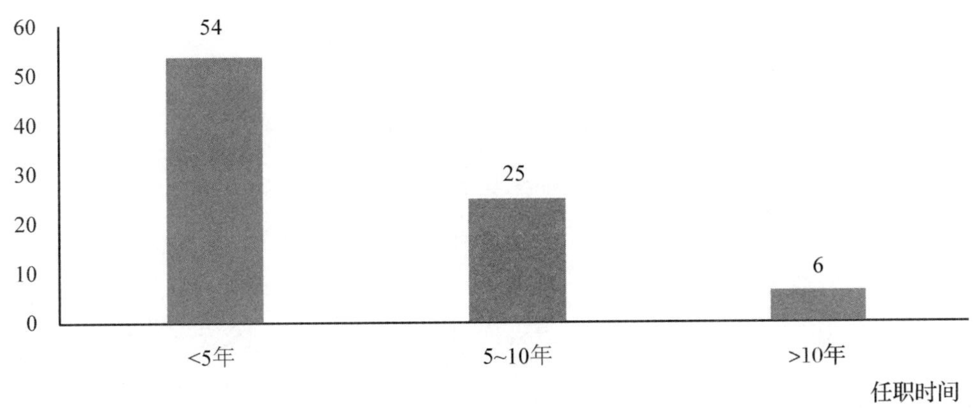

图 9　四大森工集团职工任职时间分布情况（人）

由图 10 则可以看出，湖南与青海两省林业职工在该岗位上工龄分布情况具有显著差异。湖南省职工岗位工作时间在 5 年以下和 5～10 年间的人数均为 10 人，超过 10 年的人数为 8 人，所占比例分别为 35.7%、35.7% 和 28.6%。青海省职工在岗任职时间在 5 年以下和 5～10 年间的人数均为 24 人，超过 10 年的人数为 33 人，所占比例分别为 29.6%、29.6% 和 40.8%。这一结果表明，湖南省林业职工不同任职工龄段人数分布较为均匀，较长任职工龄人数相对较少。青海省任职工龄大于 10 年的职工数量超过 40%，长任职工龄人数相对较多。

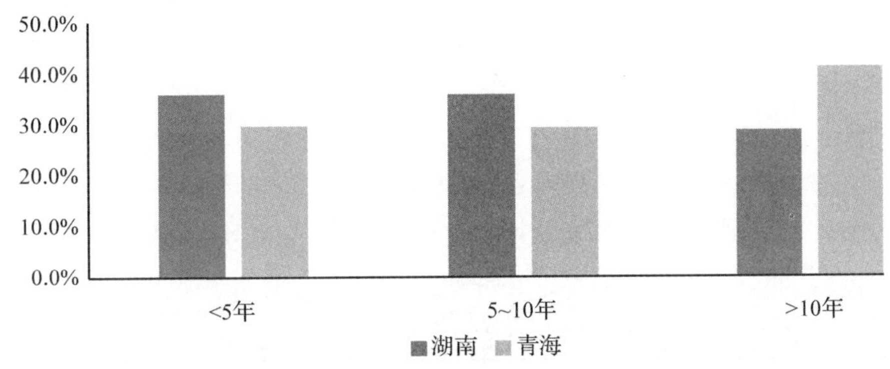

图 10　湖南、青海两省职工任职时间分布情况（%）

抽样调查结果显示，除青海省长任职工龄职工人数相对较多，四大森工集团和湖南省都存在职工任职工龄较短的情况。职业倦怠理论指出，任职工龄短的人群更易产生职业倦怠，原因在于工龄短的劳动者工作经验较少，工作能力需要进一步提高，同时事业方面也渴望获得成就，工作任务较重，在工作中面临着激烈的竞争和极大的挑战性，此外，刚开始工作的个体对工作有着过高的期望，现实与理想之间的巨大差距往往容易造成工作积极性的降低，导致工作效率不高。人才的培养需要经历一个漫长的过程，当前林业系统亟需技术过硬与心理成熟的林业人才。

2. 岗位类型

在岗林业职工平均工龄在 23 年左右，在工作年限内平均任职 3 个岗位。根据轮换岗位的性质和不同岗位的从业年限将在岗人员分为 4 类。A 类(技术型)：参加工作至今轮换的岗位均是或主要是技术岗，掌握营林、种苗、防火专业技术知识或财务专业知识。B 类(党政型)：主要负责机关内党政或行政工作，从业至今未接触过林业专业技术型岗位工作。C 类(综合型)：在林业局内部即从事过技术岗位也经历过党政岗位，对林业行业专业技术知识有所了解同时掌握一定行政管理技能。D 类(调岗型)：从林业行业以外的其他单位或部队转业调入林业行业工作。

由表 1 可以看出，技术型人才占比 55.1%，党政型人才 18.2%，综合型人才占比 9.7%，调岗型人才占比 17%。当前的林业职工专业化水平和技术型人才占比仍然不高，包括党政型人才和调岗型工作人员在内的 35.2% 的林业职工没有林业专业背景知识或者林业一线重要岗位的从业经历。加强这部分的岗位相关培训教育尤为重要。

表 1 岗位类型

地 区	项 目	工 龄				总 计
		技术型	党务型	综合型	调任型	
青海省	人 数	45	18	10	8	81
	比 例	55.6%	22.2%	12.3%	9.9%	100%
四大森工集团	人 数	46	12	6	20	84
	比 例	54.8%	14.3%	7.1%	23.8%	100%
合 计	人 数	91	30	16	28	165
	比 例	55.1%	18.2%	9.7%	17.0%	100%

3. 培训次数

当前林业从业人员的专业背景和专业知识水平等方面与现代林业生态建设的需求还存在明显的差距，不能适应林业产业结构调整和林业又好又快发展的需求。为适应新时期林业跨越式发展的需要，对林业从业人员加强林业专业技能培训尤为重要。

四大森工集团调查结果显示，有 68% 的林业职工仅接受过一次培训或没有接受过培训，接受过 3 次以上培训的职工仅占总人数的 3%(图 11)。

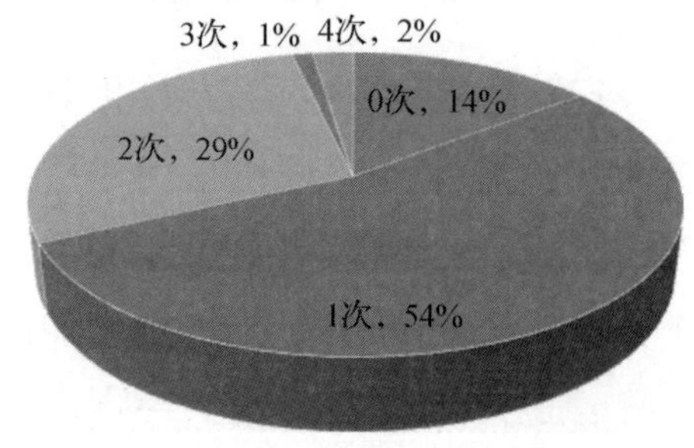

图 11 四大森工集团职工培训次数

由图 12 可以看出，湖南、青海两省职工培训的次数基本一致，但也存在一些差异，湖南省接受过 3 次以上培训的职工占总人数的 14%，高于青海省 3% 的比例。调查结果表明无论是四大森工集团还是湖南青海两省，林业职工接受培训的程度远远不够，这就使职工素质与社会发展相脱节，不能适应未来林业的发展需要。

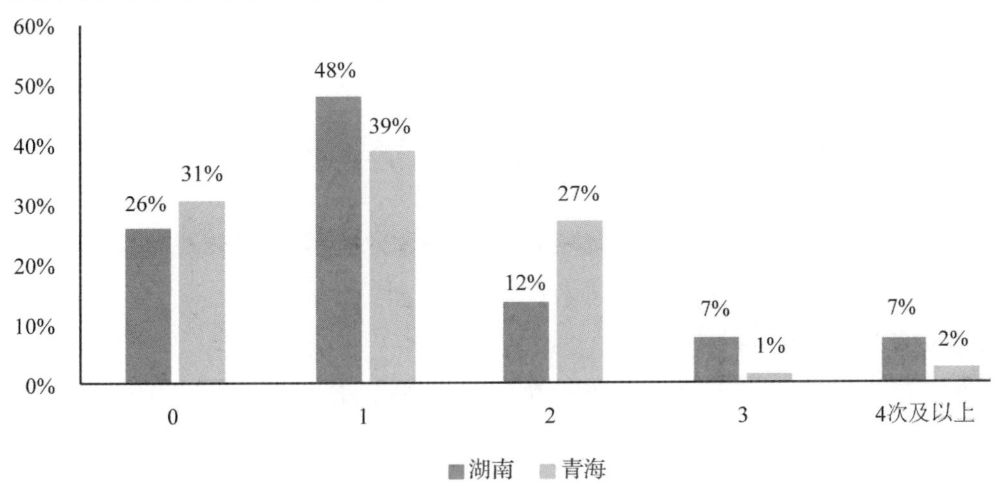

图 12　湖南、青海两省林业职工培训次数

三、存在问题及成因分析

林业系统人才老化断层现象很严重，高层次、高技能创新及复合型人才极度短缺，基层关键岗位党政管理人才和专业技术人才老化断代突出，不同区域和不同人才队伍的结构存在差异，专业化水平低，双高人才流失严重。当前林业行业人才断层危机的现状已得到系统内部人员的广泛共识。

（一）存在问题

1. 年龄结构断档，老龄化现象严重

据调研得知，各年龄段林业职工分布不均，职工新老交替断层现象非常突出，由此造成关键岗位人员的紧缺和断档。30 岁及以下和 31 ~ 40 岁的年龄层次人数较少，所谓断层主要是指在 40 岁（含 40 岁以下）这个档次人才严重不足。而 31 ~ 40 岁这个年龄层次是人才最有创造力的年龄段。调研省份林业关键岗位人才平均年龄基本都在 46 岁以上，很多都超过 50 岁，特别是市级和县级林业部门的老龄化问题尤为突出。比如青海省循化县林业局自 2001 年大中专院校毕业生分配机制取消、采取自主择业后，十多年来从未招进过一名大中专院校毕业生，更谈不上招聘专业对口的人才，导致专业技术人员年龄偏大，知识结构老化，林业人才队伍青黄不接，断层严重。再如三江源自然保护区森林公安局，该机构共 46 人，下辖 14 个派出所，分布在青海各地，最远的扎多森林公安派出所离西宁 1100 千米。46 人中大于 47 岁的 4 人，小于 28 岁的 42 人，林业职工的年龄断层 20 年，情况十分严峻。

2. 学历水平和高职称结构比例偏低

通过调研了解林业高学历、高职称和高技能人才紧缺且分布不均。各级林业部门职工的学历结构存在较大差异，拥有研究生学历的职工几乎全部集中在省级林业部门。基层林业部门的学历水平偏低，县级林业部门中专及中专学历以下占比高达 33%。在县市级单位正高或副高级职称的专业技术人才、管理人才断层短缺严重。如青海省林业工程系列的最高职称是高级工程师(副教授)，没有正高级职称，这与青海省自然条件严酷、工作条件艰苦、生态保护任务繁重的现实情况不相称。而且基层林业单位高工岗位设置的数量很少，由此很难充分调动专业技术人员的积极性。

3. 专业结构不合理，知识结构欠缺

专业结构不合理，内蒙古和龙江森工集团林业职工中的非林专业比例过高，专业大多数为经济管理类专业。在青海省调研发现涉林专业中，专业构成也较为单一，像果树栽培、湿地保护专业等部分新兴学科的专业人才几乎没有，专业错位情况严重，非涉林专业的在岗人员比重过半。森林资源的稀缺性和林业产业周期长的特点决定了从事林业行业的职工必须具有很强的专业技能和充分的专业知识储备。大量党政工作、其他非专业岗位人员调任至关键岗位工作，与岗位所需掌握的技能知识不匹配。重点岗位人才知识结构老化，知识技能与岗位需求不匹配，知识更新缓慢滞后于林业生态环境建设的需求，由此难以胜任本专业关键岗位工作。

4. 机构设置不健全，人员编制过少

在调研中，林业单位内设机构不健全，人员编制紧缺。比如青海省海东市林业局，局机关现有干部职工 9 名，其中局长 1 名，副局长 1 名，农口纪检组组长 1 名，调研员 2 名，副调研员 1 名，工作人员 3 名。下设办公室和业务科，人员严重不足，办公室实际在编人员 1 人，业务科实际在编人员 2 人，只能借用森林公安局和林业工作站人员。内设机构设置不细，业务科承担着植树造林、林业资源管理，并与绿委办、林改办、退耕办、天保办等机构合署办公。市南北山绿化指挥部办公室为常设机构，目前暂无编制人员。青海省海东林业工作站同样存在着机构设置不合理、人员编制少的问题。海东林业工作站成立于 1981 年 7 月，属财政全额拨款的事业单位，林业工作站编制 11 名。现海东市林业工作站与市森林病虫害防治检疫站、市林业调查规划设计队、市野生动物保护管理站、市林木种苗站合署办公，为一套人马，五块牌子。

5. 培训环节薄弱，工学矛盾突出

据调研，在一年的时间周期内，31% 的职工没有接受过任何培训，接受过一次培训的占比 38%，接受过两次培训的占比 27%。林业行业一线重要岗位的培训情况较好，73% 的林业职工接受过一次或一次以上的培训。一线重要岗位对职工的专业背景和技术要求较高，依托于天保工程、自然保护区建设项目等重点工程和项目，开展培训工作较规范。如病虫害防治站、森林防火站等部门每年均会组织一到两次培训。相对来讲行政后勤类岗位如林业财务岗位培训机会很少，41%的职工一年内未接受过任何培训。培训机会在不同行政级别的单位之间也存在较大差距。省级林业部门的培训机会明显高于县级林业部门。县级林业部门中，32%的职工一年内未接受过任何形式的培训，30%的职工接受过一次培训，32%的职工接受过两次培训(表2)。

表2　各级林业部门职工业务培训状况　　单位：%

	总　体	一线重要岗位	行政后勤岗位	省	市	县
0次	31	27	41	14	45	32
1次	38	39	36	64	45	30
2次	27	29	23	21	9	32
3次	1	2	0	0	0	2
4次	2	3	0	0	0	4

(1)培训总量不足。每年仅有部分业务部门的少量工作人员参加少量的短期培训，培训的供给量不及需求量，且培训的工学矛盾严重，工作任务重的骨干员工反而没有时间参加培训。例如在青海省，立业工作任务繁重，全省林地面积1.68亿亩，湿地面积1.2亿亩，森林面积6618万亩，森林覆盖率6.1%，为宁夏森林面积的7倍多，活立木蓄积量6008.9万立方米，每年营造林150万亩左右；而全省林业在编人员约4600人，工作任务繁重，系统培训工作难以落实。培训力度的不足，使得林业职工对当前林业热点问题和紧缺知识了解远不够，接受林业转型所需专业技能知识更新滞后，导致林业在岗人员专业素养偏低，林业各项生态环境建设任务和产业发展存在压力和隐患。

(2)培训方式单一。林业职工参加培训学习主要的方式为属地集训，占总培训人次的52%。28%的林业职工通过外出培训的方式完成学习。当前培训方式中脱产学习的已经非常少见，仅为1%。无论从时间成本、经费开支还是考虑到工学矛盾问题方面，属地集训都具有较大优势，但属地集训在师资力量和调动职工积极性上竞争力较差，如何提高属地集训的效果是今后培训考虑的重点。

(3)培训供需脱节。随着林业部门工作重心从林木产品生产加工到生态环境保护的转变，众多岗位工作目标与日常工作内容发生变化。现代社会知识经济和网络信息技术飞速发展，尤其是病虫害防治、森林资源调查、野生动植物保护与湿地保护等岗位都需要很高的专业背景与专业技能，由此林业职工对与岗位相关的专业知识培训需求日益扩大。根据调研结果，对岗位相关的专业知识培训需求最高，占比64%；其次是领导管理知识，占比30%；培训需求最低的是计算机办公知识，占比6%。将岗位相关专业知识进行细化，调研了解培训需求排序如下：林业法规和最新政策解读>森林资源的清查与保护>林木病虫害防治>突发事件预防与处理>湿地生态系统保护与恢复>林木种苗培育与场圃建设>森林防火>野生动植物保护与自然保护区管理>水土保持与荒漠化治理

>林木产品加工和经济开发。目前开展的培训很多缺乏前期调研，培训重点不突出，缺乏针对性，培训内容更新滞后。供需脱节存在现象，不能适应新时期对林业发展的新定位和新要求。

6. 人才引进困难，流失现象严重

长期以来，各级林业机构和林业事业单位引入高学历、高职称科技人才比较困难，尤其是从国外引进科技人才的能力差，具有博士学位和高级职称的林业科技人才很少，基层单位引入高素质科技人员更为困难。基层林业部门工作条件相对艰苦，科技人才向高层与国外流动趋势明显，尤其是随着其学历、职称等级的升高，其流失率不断增加。比如青海省海东市林业局在 1984 ~ 2011 年之间，局里就没有通过招聘方式招进过毕业生，这也导致局机关人员的年龄结构偏大，目前 55 岁(含)以上员工 2 人，50 岁(含) ~ 55 岁员工 2 人，40 岁(含) ~ 50 岁员工 5 人，而 40 岁以下的员工一名也没有，人才队伍严重老化断层。

(二)成因分析

1. 国家教育管理体制改革和毕业生统一分配制度取消

在国家教育管理体制改革和毕业生统一分配制度取消之前，林业教育紧紧围绕林业工作的开展需要，定向为林业单位培养和输送了大批专业人才。但是，自改革和统一分配制度取消后，各林业院校为了适应社会经济发展对人才的需求，从增强自我发展能力、社会适应能力和自主办学能力出发，对传统林业专业进行了调整、改造、拓宽和转向，从原来单纯的为林业行业服务改为社会通用的宽口径专业。林业行业由于缺乏地区之间、行业之间人才引进及人才流动的渠道，难以摆脱对计划性分配就业模式的依赖，造成吸引人才、招聘人才困难，及目前人才断层的局面。

2. 受限于国家人事制度改革和林业用人单位编制约束

近几年在林业人才队伍建设上加大了改革力度，不断深化劳动人事制度改革，规范林业行业岗位责任的制定和考核，且制定了一系列配套政策。即行业自身机制的改组，贯彻执行国家人事劳动部门关于人事制度改革的精神，简化机构、减编人员。但是这也是部分地区的林业部门单位内设机构不健全、人员编制过少根本原因。行业内人力资源开发的局限性与国家人事制度的改革难以协调。行业内人力资源开发必然要考虑林业行业自身的性质，人力资源开发只能局限于行业内政策的完善和手段的强化。但这些做法都无法把林业人力资源开发同市场经济和国家人事制度改革完全协调起来，行业之间的人才流动依然存在界沟。这些既影响国家人事制度改革在行业内的进展，又严重地制约着林业人力资源的开发利用。

3. 林业用人单位的职工录用和调配制度不完善

长期以来，林业用人单位的新进入从业人员主要依赖国家和地方一年一度的大中专分配渠道。大中专毕业生统一分配制度取消后，根据国家人才招聘制度改革的精神，行业内实行公开招聘制度，从政策和制度上吸引人才。近年来，林业用人单位虽然在人事制度中实行了精简编制与严把用人关的政策，但全面依托人才市场的调节机制尚未形成。林业单位新增人员的录用缺少科学的论证依据，既不能同林业建设的实际需要相协调，又没有考虑国家和地方在未来林业生态建设方面的布局和宏观调控。在百万林业从业人员中，近十几年来，林业基层管理机构和事业单位新录用人员真正学林的所占比例小，录用全日制林业院校毕业生少，专业对口率不高等问题日益突显。如三江源自然保护区森林公安局为例，近几年由于批量招录森林公安，该机构共 46 人，小于 28 岁的 42 人，且专业分布不一，跨越近 40 个各类不同专业。为社会林业和非公有林业服务的林业技术中介机构尚未建立，人员调配系统缺乏灵活性，无法适应林业未来跨越式发展的需要。

4. 激励机制不健全造成自我满意度低与提升动力不足

由于选人、育人、用人政策体制不配套、机制不活，林业基层岗位对毕业生吸引力不足，毕业生到林业基层岗位难，在基层岗位稳定发展难，导致涉林毕业生就业难的结构性矛盾突出。为此课题组专门设计问卷调研分析林业人才对工资待遇的满意度和岗位工作的满意度。

(1)对工资待遇的满意度：据调查总体来看，林业职工对现任岗位工资待遇的满意度不高。45% 的林业职工表示满意，41% 的林业职工表示一般，对工资待遇不满的占比为 15%。按岗位类别看，林业一线重要岗位职工的满意度高于行政后勤岗位，分别为 49% 和 32%，满意度水平均不到一半。两类岗位职工对工资待遇水平的不满意程度一致，占比在 15% 左右。从职工所在单位的行政级别考虑，县级林业职工的满意度最高，达到 49%；其次是省级林业职工满意度为 43%；满意度最差的是市级林业职工，仅为 27%。林业职工对现任岗位工资福利待遇的满意度评价与月平均工资的相关系数为

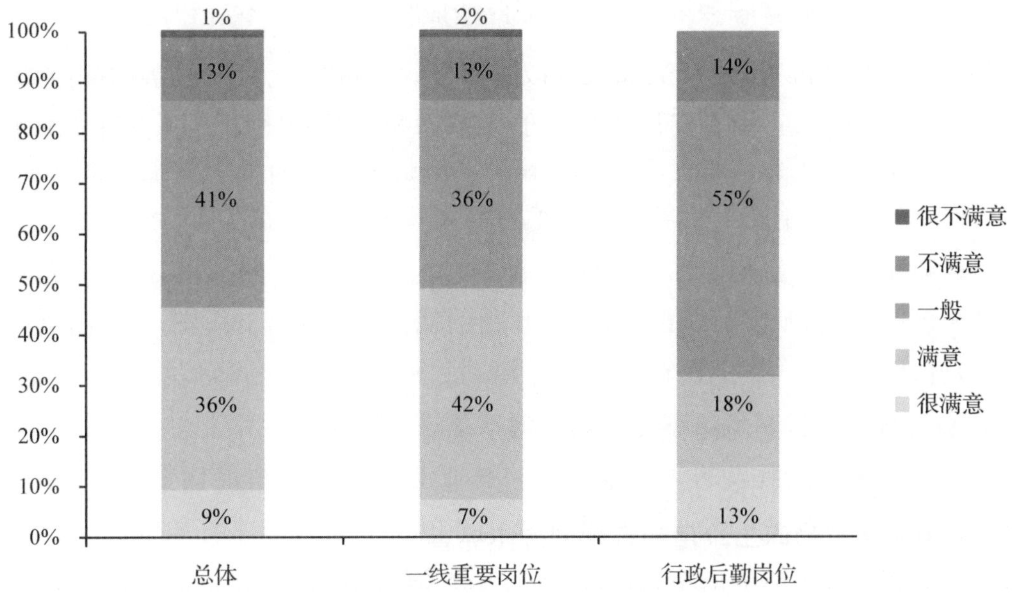

图 13 林业职工对工资待遇满意度(%)

0.26，两者之间不存在明显相关关系。影响工资待遇满意度评价可能与工作内容、工作环境与工作压力等多种因素相关，同时来源于与横向或者纵向的比较(图13)。

(2)对岗位工作的满意度：林业职工对岗位工作的满意度明显高于对工资待遇的满意度。总体满意度为65%，一线重要岗位满意度为67%，行政后勤类岗位满意度为54%，与工资待遇满意度相比，分别高出20%、18%和22%。仅有4%的林业职工对现任岗位工作表示不满意。这说明林业职工对工作持积极向上的态度，绝大部分非常热爱本职工作(图14、表3)。

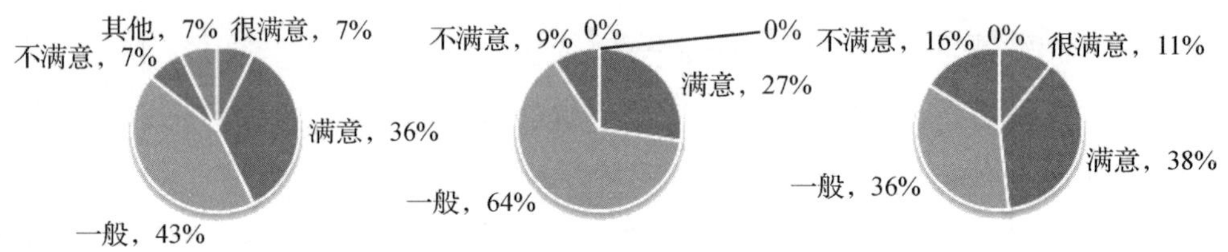

图14 省、市、县级林业职工对工资满意度(%)

表3 林业职工对岗位工作的满意度 单位:%

	总 体		一线重要岗位		行政后勤类	
	工资待遇	岗位工作	工资待遇	岗位工作	工资待遇	岗位工作
很满意	9	9	7	8	14	9
满 意	36	56	42	59	18	45
一 般	41	32	36	29	55	41
不满意	14	4	14	3	14	5
很不满意	1	0	2	0	0	0

人员的激励是提高和开发人力资源最主要的手段，由于林业系统的特殊性，缺乏激励的基本条件，即物质基础和精神基础，因此造成林业人才引不进和留不住的双重压力。林业行业一方面需要专业技术人才和劳动力，而另一方面又大量减员，使劳动者的工作条件难以保障，更谈不上激励。使得林业从业人员工作满意度很低，工人缺乏基本生活条件，干部缺少晋升机会。晋升难带来的直接后果就是员工易出现事业发展中的“天花板效应”，即组织机构扁平化导致员工在组织内的晋升机会大大减少时，很多员工发现并感觉自己的职业发展停滞且稳定在一个时点上，也即到达一定程度后就很难再有发展；而此时正是人创造力旺盛时期，如果没有晋升激励就很难使员工的积极性和创造性得到最大限度的发挥。

5. 林业高等学历教育供给不足和培训体系建设不健全

目前我国林业院校所设的林业学科少，林业专业课程所占的比例少，学林的人少，直接导致在林业系统就业的人少，林业人才培养的源头教育体系在萎缩，林业教育供给严重不足。据调研，青海省的涉林院校的专业设置较陈旧，青海省的湿地面积居全国首位，但是湿地保护管理的专业人才却非常紧缺，难以适应林业工作的需求。

目前林业行业的培训体系建设不完善，尤其是职业培训和专业技能培训，目前还没有建立系统化、专业化的林业培训组织，培训师资和培训教材短缺，培训内容与岗位需求脱节，培训的针对性和实践性偏差，既影响培训效果又加大培训成本。据调研青海海西州近3～4年壮大发展起来的枸杞产业，建立了“柴达木枸杞绿色产业示范基地”“全国高寒区枸杞种植产业知名品牌创建示范区”“国家级出口枸杞质量安全示范区”等，以高品质的枸杞逐步立足国际高端市场。但是海西州枸杞种植方法都是相关人员自己摸索出来的，目前还没有相关专业的人才引进和接受系统培训，有效培训缺口大。

6. 林业工作条件艰苦和传统的择业观念影响

林业行业无力提供与林业工作环境艰苦、工作任务繁重相适应的薪酬待遇是主要原因之一。林业行业的从业人员近年来整体收入偏低、福利待遇差。在市场经济条件下，工资收入作为个人和家庭生活的主要经济来源和自身价值的体现，已成为人们谋职的主要取向，林业行业微薄的工资待遇显然无法吸引人才、留住人才。由于林业行业长期处于低水平的运作，无力实现劳动力价格的市场化运作，没有实力从外部人才市场以相对合理的待遇招聘到单位急需的人才，而已有的人才又受人才市场较高待遇的吸引而离职另谋高就，从而造成了单位招人难、留人难及人才断层的困境。

四、林业人才老化断层的对策建议

在当前林业系统人才总量不足、青黄不接、专业结构不尽合理、高层次专业技术人才、复合型人才和高技能人才短缺、林区人才流失严重的大背景下，我们从加强组织领导、加大财政专项投入、完善相关政策制度、健全教育培训体系等多方面，针对性提出如下对策建议，破解林业人才老化断层危机困境。

（一）成立全国林业系统人才工作领导小组

解决林业人才老化断层危机问题，涉及人力资源和社会保障部、教育部、财政部、国家林业局等多个部委，政策性强，涉及面广，实施周期长、任务繁重。应从国家层面加强宏观指导和有效调控。建议成立全国林业系统人才工作领导小组，由国家林业局主要领导任组长，成员由国家林业局人事司、人才中心等相关司局单位、各省林业厅局、中国林业教育学会、中国林业产业联合会、部分重点涉林高等院校、科研院所和大型林业企业的主要领导参与，形成政产学研用相结合的高层次领导机构，负责全国林业系统人才工作顶层设计，加强宏观指导规划，落实高位协调推动。领导小组下设办公室挂靠局人才中心，承担日常事务。领导小组每年召开一次人才工作联席会议，研究部署年度林业人才工作的目标、任务和措施，并将林业人才工作纳入本地区、本部门一把手政绩考核指标之一。

（二）做好林业人才开发与储备的长远战略规划

人才储备是建设人才队伍的基础工程和系统工程。要实现林业的可持续发展，就必须具有战略眼光，制定“人口—教育—就业—培训—可持续发展”一体化的人力资源开发战略，把充分开发和利用林业人力资源作为经济持续发展的一项基本政策。针对当前林业人才老化断层的现象，各级林业主管部门要做好本地区人才需求预测、培养储备，逐步建立林业人才数据库系统，推进实施前瞻性的人才招揽、选拔、储备与开发并行的策略，以保证林业后继有林必先后继有人。当前要重点做好《全国林业人才发展专项规划（2015～2030年）》和本地区《林业人才发展“十三五”规划》，并与当地林业整体发展规划同步规划、同步实施。

（三）设立林业人才开发专项资金，确保稳定的资金投入

要建立政府和社会力量投入、以政府投入为主的林业人才开发专项投入机制，将人才开发经费和培训体系建设等所需资金，纳入各级政府财政预算和基本建设投资计划，不断加大人才工作的资金投入力度，用于人才开发培养的基础设施和能力建设，用于基层林业人才、关键岗位人才和高层次人才在职培训；从基本建设渠道加大林业培训基地建设、林农培训体系建设、职业教育实训基地建设和职业技能鉴定体系建设投入。各项林业重点工程项目也要确保必要的人员培训经费，鼓励有条件的员工积极参与各类学习培训，取得相应证书后应尽快体现出工资待遇的差别。

（四）制定林业人才“四大关口”优惠激励政策

（1）源头培养关。建议国家制定为林学专业学生免费培养政策，试点实施增加林业重点大学招收农村学生比例政策，增加招收林业基层场站大学生定向培养计划，引导林业毕业生到基层一线工作。争取林业院校一定的招生自主权和宽松政策，批准林业行业部分专业实行“对口单招”。涉林高校学科设置要突出涉林学科，根据林业用人单位的需求，及时调整林业院校的专业设置及相应的招生计划，特殊专业可酌情减免学费。

（2）选拔入口关。要切实把好用人入口关，从严落实凡进必考、专业对口。同时，考虑林业行业特殊性，在基层特殊岗位人才招聘条件上，建议可适当放宽学历至大专学历。同时，制定人才引进计划和高层次人才引进目录，加强与林业发达地区相关机构和高校、科研院所的沟通交流，从刚性引进人才和定期合作交流培养方面实施引进计划。

（3）评价用人关。坚持以能力和业绩为导向，建立以岗位绩效考核为基础的事业单位人员考核评价制度，打破专业技术职务终身制，深化职称改革，实行评聘分开，对从事林业一线工作的科技人才，破除英语、计算机等方面的考试限制，对能力和业绩特别突出的优秀青年科技人才，其职称评定不受学历、资历的限制。建立以工作业绩和技能水平为标准的林业技能人才评价体系，完善职业技能鉴定社会化管理体系，推进高级技师、技师考评制度改革。

（4）做好激励留人关。对于引进的急需的紧缺专业人才，应执行与其他专业人员不同的工资待遇，在住房、生活福利、子女上学等方面解决他们的后顾之忧。在编制不足的情况下，对拥有职称的员工暂时不能得到聘任，但可以享受与被聘任岗位一样的工资待遇。落实事业单位收入分配改革制度，建立更加灵活有效的分配激励机制，落实绩效工资制，做到一流人才、一流业绩、一流报酬。

（五）构建完备的林业教育体系，确保人才储备和可持续供给

要逐步恢复重点林业高校的学科特色和设置，加强高校涉林类招生、就业、学科设置的指导与协调，加大涉林重点实验室、重点学科、重点实训基地支持、扶持力度。林业高等教育在试点省份、试点高校设置专项招生计划，定向招录林业基层场站大学生，实行就读期间学费和生活费全额补助，毕业后到试点省区林业基层场站或者林业科研推广机构工作，服务期为5年。加强地方林业高校建设，根据需要设置专业，确定培养方向，尤其面向生源地，多培养土生土长的实用人才，能够做到留得住、用得上，深入生产第一线，成为名副其实的“复合型”实用人才。

加强林业职业教育，满足林业发展的基层一线人才需求，例如目前林业系统缺乏的湿地人才、林业规划设计人才、专业软件使用人才等，职业教育应加大这些方面的教师和资源投入。另一方面，职业教育应不断调整计划、内容和形式，与林业的发展方向相契合，并做到与基础教育相衔接。在基础教育培养良好素质基础上，培养学生较高的专业技能和技术水平，为其就业奠定基础。

（六）加强林业在职培训体系建设，加快实施人才知识更新工程

在职教育培训是提高其专业技能和综合素质的必要手段。加强林业培训体系建设，一是各级林业主管部门要分别制定在职教育培训年度计划；二是要建立一批布局合理的全国骨干培训实训基地，加强培训基础设施和现代化培训手段建设；三是加强和完善培训师资队伍建设，建立培训师资库；四是根据岗位职责需要编写相应实用教材；四是加强在职培训管理，创新培训模式，科学选择培训时间与培训方式，让业务骨干能够有机会参与培训学习。培训的开展方式要多样化，比如委托培训、单位定期培训、上门培训、依托工程开展培训、交流培训等。积极与高校合作培养人才。林业单位可以主动与一些林业院校长期建立合作培养人才的模式。林业院校学生可以到相关部门实践，这样既能暂时缓解林业部门的人手不足问题，也有助于在校学生的学习和实践，同时林业院校实践教学提供必要的实习场所，并支付一定数额的工资，借此让学生进一步了解林业、熟悉林业、融入林业，缓解林业单位的人才短缺问题。

结合“天保工程”“退耕还林工程”等重点工程和国有林区、国有林场改革等重大改革，针对不同人才队伍，明确培训需求，有针对性进行标靶式培训，本着先急后缓，分类实施的原则，重点基层专业技术人才、基层关键岗位党政管理人才，急需短缺专业人才和高技能人才，加快实施林业人才知识更新专项工程。

调 研 单 位：国家林业局人才开发交流中心

调研组成员：黄正秋　李淑艳　于　波　吴成亮　李华晶　蒋月亮
李永慧　路永斌　文世峰　陈　建　王尚慧　吴学瑞
李　伟　吴秀平　何乐观

关于木本粮油支持政策评价调研报告

【摘　要】运用对山东、湖南等7个木本粮油主产省份典型案例和大样本农户调查数据，从资金补贴政策、科技支持政策和市场开发支持政策等三方面对发展木本粮油产业进行实证分析。研究发现，木本粮油补贴政策对2008年以来木本粮油种植规模的扩大具有决定性作用，推动木本粮油新型林业生产经营主体的发展和木本粮油种植规模的集聚，在需求和产量双增长的背景下维持了木本粮油价格的整体稳定。但是，在“重种植轻抚育”经营方式下，导致补贴政策对木本粮油生产效率提高的作用有限。现有科技支持政策效果显著，但力度明显不足；技术培训明显供给不足，农户对技术培训需求强烈：希望培训时间选择在采摘前后，偏向注重栽培管理和以修剪、土肥水管理与病虫害防治为主的培训内容。政府行为显著提高了社会对木本粮油价值认知、推动了木本粮油企业发展，但需要强化对木本粮油企业监管和信息披露。最后，提出了优化当前木本粮油支持政策的政策建议。

一、研究背景

保障粮油安全问题已成为世界各国最为重要的社会问题之一。近年来中国在解决粮油安全问题上取得了巨大的成就，粮食产量“十连增”为保障国家粮食安全提供了有力支撑，为实现社会和谐稳定奠定了坚实基础。但学术界一直为我国粮油安全问题担忧：农村劳动力老龄化与粮食“结构性增长”；农业增产潜力的局限与需求增加、食用植物油自给率远远低于安全警戒线水平；人均耕地面积仅为世界人均水平的40%，而经济社会发展所带来的城市规模扩大、农田的无序占用和自然环境恶化所导致的水土流失都进一步造成耕地面积的逐年递减，必将导致粮食、油料等食物自给率下降。与此同时，人口的增长和居民膳食结构的转变将带来粮油和动物源性食物消费需求的增加，从而引起粮油消耗总量的刚性增长。相对于耕地资源强约束的显现和粮油争地等矛盾的突显，我国林地资源发展空间相对广泛，适宜木本粮油物种资源丰富，具有补充高品质粮、油生产的巨大潜力。近年来，中央和地方政府站在粮油安全战略高度上，对木本粮油在缓解我国粮油安全问题的认识上形成了高度一致，出台了多项政策措施支持我国木本粮油产业的发展：2007年，国家林业局印发的《林业产业政策要点》明确要鼓励包括木本粮油在内的名特优新经济林基地的建设，2009、2010、2012年三个中央1号文件都明确提出要大力发展木本粮油产业，国家“十二五规划”将油茶、核桃、板栗、枣、柿子和仁用杏等木本粮油定为战略性干果产业，2012年国务院在《关于加快推进农业科技创新持续增强农产品供给保障能力的若干意见》中，强调了发展木本油料产业的重要意义，中央财政部决定整合、统筹资金，加大对木本油料产业的支持，2014年出台《全国优势特色经济林发展布局规划(2013～2020年)》进一步明确了包括木本粮油在内的优势特色经济林发展布局规划和政策支撑。

中国的木本粮油产业发展在中央和地方出台的各项政策如生产补贴、技术扶持下已经经历了一个较为稳定的时期，具备了分析这些政策效果的时间基础。本研究拟在2013年分析木本粮油主要品种生产消费情况的基础上对有关政策进行绩效评价，一方面探讨现有政策在支持我国木本粮油产业发展中的作用，另一方面有利于进一步完善相关支持政策。整体上看，我国出台木本粮油产业发展政策可以概括为三类：生产经营补贴政策、生产经营科技支持政策和市场开发支持政策。基于此，本研究的结构安排如下：首先从调研区域选择和调研方法两个方面介绍该调查报告的研究方法；其次分别从生产经营补贴政策、生产经营科技支持政策和市场开发支持政策三个方面对现有的政策实践和绩效进行分析和探讨；最后，概括本研究的结论，并提出政策建议。

二、研究方法

(一)研究界定

木本粮食是指森林植物的某个部分(包括果实、种子、根、皮、叶、花等)含有较多淀粉、单糖、低聚糖或者蛋白质，能代替粮食食用的植物的总称，包括枣、柿子、板栗等。木本食用油料植物是指木本植物的果实、木本种子等含油脂8%以上或在现有条件下出油率达80%以上的木本植物总称。本研究所指的主要木本粮油种类具体包括油茶、核桃、板栗、大枣等。

(二)调研区域的选择

从我国木本粮油政策实践情况来看，不同品种和不同地区呈现出较为明显的差异。部分木本粮油品种(如油茶)国家层面制定并实施了全国产业发展规划，且一些主要的油茶主产省份或地区还出台了配套的支持政策，政策支持较为稳定；部分品种如柿子、大枣等则整体上既没有国家层面的政策支持，也较少受到地方政府的青睐；还有一部分品种(如核桃等)虽然没有国家层面明确的政策支持，但是获得了地方政府的专项政策倾斜，或是将其统筹纳入退耕还林、防沙治沙、“三北”等重点区域防护林生态工程建设规划和年度计划进行支持。因此，为了较为全面地反应木本粮油的政策实践，也为了更好地通过对比分析对政策实践绩效进行评价，本研究选择的调研的区域包括河南、云南、福建、湖南、山东、河北和北京，其中河南主要是调查核桃和大枣，云南和北京主要是调查核桃，山东主要是调查核桃、板栗，湖南、福建和江西主要是调查油茶，河北主要是调查板栗。

（三）调查方法

调查方法主要是通过典型调查、半结构式访谈和大样本调查的方式获取数据。大样本调查主要是调查北京核桃种植户对核桃栽培管理技术的需求，其他省份的调查都是运用半结构式访谈的方式进行典型案例调查。典型调研的对象包括各省林业厅、样本县林业局、生产企业、合作社、农户等（表1）。对调查资料的具体分析，主要选取了归纳法和比较研究法。归纳法的应用主要是通过对典型案例数据的概括分析提出一般化结论，比较研究法则主要用于对不同品种、不同区域的比较分析。

表1　各类调查样本介绍

类　型	受访对象名称	调研方法	样本量
林业行政相关部门	福建省林业厅相关部门、福建省尤溪县林业局相关部门、福建省政和县林业局相关部门、湖南省林业厅相关部门、湖南省浏阳市林业局相关部门、湖南省桃源县林业局相关部门、山东省林业厅相关部门、山东省乐陵市林业局相关部门、山东省费县林业局相关部门、云南省林业厅相关部门、云南省大姚县林业局副局长、河南省林业厅相关部门、河南省新郑市林业局相关部门、河南省卢氏县相关部门、河北省林业厅相关部门	小组访谈为主、个体访谈为辅	15
木本粮油龙头企业	湖南林之神生物科技有限公司、湖南省常德文源林业开发有限公司、湖南省康多利油脂有限公司、湖南省博邦农林科技股份有限公司、福建省沈郎食用油有限公司、云南大姚广益发展有限公司、河南三门峡华阳食品有限公司、河南三门峡龙泉保健品有限公司、河南新郑好想你股份有限公司、山东济南华鲁食品有限公司、山东乐陵市德润健康食品有限公司、山东德州市百枣纲目科技有限公司、山东乐陵市万家食品有限公司、山东临沂蒙禾加工生产有限公司、山东费县金秋绿叶有限公司	小组访谈为主、个体访谈为辅	15
合作社	湖南省浏阳市聚康油茶专业合作社、河南省卢氏县利民核桃专业合作社、河南新郑市好想你专业合作社、山东省费县绿源核桃专业合作社、福建省益康山油茶合作社、福建省政和县镇前高山山油茶专业合作	个体访谈为主、小组访谈为辅	6
种植户	湖南省浏阳市和桃源县油茶种植户、福建省尤溪县油茶种植户、福建省政和县锥栗种植户、云南省大姚县核桃种植户、河南省卢氏县核桃种植户、河南省新郑市红枣种植户、山东省乐陵市红枣种植户、山东省费县核桃种植户、北京核桃种植户	北京为大样本调查、其他均为小组访谈或个体访谈	278

三、木本粮油的补贴政策评价与分析

（一）木本粮油补贴政策的主要内容

随着社会经济的发展和居民膳食营养结构的变化，我国农业受“地少水缺”的资源环境约束逐渐显现、粮油品种结构矛盾突出、食用油进口依存度高等问题引发人们对粮油安全的再思考。对发挥林业食物供给能力是解决粮食安全问题的有效途径取得共识，并在中央及各部门相继出台了一系列扶持木本粮油政策措施。从国家层面看，自2006年国家林业局出台《关于发展油茶产业的意见》和2007年国务院办公厅出台《关于促进油料生产发展的意见》以来，国家从保障粮油安全战略的高度制定了相关的支持政策，包括：国务院批准了《全国油茶产业发展规划2009～2020》，意味着木本粮油产业首个专项产业发展资金得到批准；诸多国家层面的综合项目如国家发展改革委和农业部现代农业示范项目、财政部农业综合开发林业项目、农业部农业产业化示范基地项目、财政部和国家林业局造林补贴、低产林改造补贴、林木良种补贴、林业科技推广示范补贴等项目等都开始向木本粮油特别是木本油料倾斜(表2)。同时，木本粮油作为林业产业的一个重要组成部分，本身就享有行业优惠政策，如农业部、财政部农业机械购置补贴专项。从地方层面看，诸多地方政府站在响应中央号召，为维护粮油安全、提高农民收入、促进山区发展的高度，也相应出台或加大对木本粮油产业的资金支持：如油茶种植大省湖南、江西、广西、福建、安徽等都设立了油茶产业发展专项资金；许多核桃种植大省如云南、山东等也设立了核桃产业发展专项资金；一些市、县级政府如河南洛阳市、福建尤溪县还专门拿出财政资金对核桃、油茶等木本粮油种植、园区基础设施建设进行补助，部分省份如河南省则通过退耕还林、防沙治沙、重点区域防护林建设和生态效益补偿等项目间接支持木本粮油产业的发展(表3)。总之，随着中央和地方对木本粮油产业发展的重视，木本粮油特别是木本油料行业通过专项或一般项目倾斜、直接或者间接的方式获取了资金补贴。

表2 中央涉及木本粮油的补贴项目基本情况

补贴项目名称	开始时间	是否专项	具体事项	补贴对象	补贴标准	补贴方式	政策类型
农业部农业产业化示范基地项目	2011	否	区域特色果品(包括核桃、大枣)	农业产业化龙头企业、农业产业化园区	平均20万～40万/个	现金补助	生产补贴、市场发展支持
发改委、农业部现代农业示范项目	2010	否	其他经济作物类产业(包括木本油料)	农民、龙头企业	2014年补贴标准为200万～2亿/个	补贴农民和生产环节企业：以奖代补、先建后补等形式；加工环节，原则上只采取贴息的方式	生产补贴
国家发改委油茶产业发展专项资金	2009	是	油茶新造、低产林改造补贴	种植户	300元/亩	种植、改造当年通过验收支付补贴额	生产补贴
财政部农业综合开发林业专项	2011	否	名优经济林示范项目(包括木本油料)	农民专业合作社、农业产业化龙头企业，以及林场、苗圃、科研院所、大专院校等	单个不低于120万	申请成功后无偿一次性划拨	生产补贴
“三北”等重点区域防护林、防沙治沙、退耕还林等工程	1998	否	造林补贴、生态效益补偿，根据各省的政策偏好实施，不具有普遍性	工程中标造林户，林地划为国家和省级生态公益林的农户	平均100元/亩	工程验收合格后划拨	生产补贴

（续）

补贴项目名称	开始时间	是否专项	具体事项	补贴对象	补贴标准	补贴方式	政策类型
农业部、财政部农业机械购置补贴专项	1998	否	树木修剪机、树木移植机等	农场（林场）职工、农民合作社和从事农机作业的农业生产经营组织	通用类定额补贴，非通用类一般不超过三年平均市场价格的30%	差价购机	生产补贴、技术支持
财政部、国家林业局造林补贴、低产林、改造、抚育补贴	2009	否	造林补贴、低产林、改造、抚育补贴	国有林场、农民和林业职工、农民专业合作社等造林主体	木本油料造林200元/亩，其他树种造林100元/亩（面积不小于1亩）；迹地人工更新、低产低效林改造100元/亩、国有林和集体与个人所有的公益林抚育补贴100元/亩等	自主申请，验收合格后补助	生产补贴
财政部林木良种补贴资金	2009	否	育苗、育种补贴	2009年将油茶纳入了良种补贴的范围，2010年实施林木良种补贴试点，国家认定的良种基地和试点省份国有育苗单位	种子园、种质资源库600元/亩，采穗圃300元/亩，母树林、试验林100元/亩。良种苗木培育补贴各试点省自行确定，平均为0.2元/株，油茶苗0.5元/株	主要模式是制定方案后先拨付50%，验收合格后，对国有育苗单位拨付补贴资金	生产补贴、技术支持

注：实施时间为涉及木本粮油项目的实施时间。

表3 样本区域涉及木本粮油的补贴项目情况

项目名称	实施年份	实施单位（部门）	补贴方式	支持对象	补贴标准
云南省核桃产业发展专项	2008	省财政厅	现金直补	新造和改造核桃林 农户	1.3亿元/年，30元/亩
福建省尤溪县油茶园区基础设施	2007	福建省尤溪县	现金直补	种植大户	园区道路2000元/km
河南省洛阳市核桃产业发展专项	2009	河南省洛阳市	现金直补	核桃种植户	300元/亩
河南省林木良种补贴	2007	河南省财政	苗木补贴	林木优质种苗培育基地	1200万元/年
山东省现代农业发展资金核桃项目	2011	山东省、市、县财政	现金直补	新型林业经营主体	总金额5000万元

在国家层面，为实施《全国油茶产业发展规划（2009～2020）》，国家发改委设立了油茶产业发展专项资金，明确规定油茶造林和低产林改造补贴标准为300元/亩；2009年财政部与国家林业局联合落实实施2008年国务院要求建立包括木本粮油在内的造林、抚育、保护等补贴制度，对木本油料造林200元/亩，灌木林120元/亩（内蒙古、宁夏、甘肃、新疆、青海、陕西、山西等省灌木林每亩补贴200元），其他树种造林100元/亩（面积不小于1亩），迹地人工更新、低产低效林改造100元/亩，国有林和集体与个人所有的公益林抚育补贴100元/亩等。造林、抚育等补贴原则上一个农户只能获得一项补贴，不能重复。农业部、财政部联合实施的农业机械购置补贴专项主要是针对农业机械，林业机械包括的项目较少，对于育种、种苗培育、造林、抚育、砍伐等森林经营过程中使用的林业机械基本没有纳入。其他项目的主要受益群体主要为企业等社会组织。从木本

粮油补贴政策的重点支持环节和方式看，主要扶持生产环节，以投入主导型补贴为主，尤其注重种植面积的扩大和良种苗木的使用。

（二）木本粮油补贴政策实施效果

1. 补贴对木本粮油种植规模扩大起了决定性作用

根据调研结果，从 2008 年开始，得益于补贴政策的实施，主要木本粮油种植地区实现了种植面积的大幅增加（表 4）：从 2008 年开始云南省连续 7 年从省财政中拿出 1.3 亿元财政资金用于补贴核桃种植户，新种核桃补贴 30 元/亩，使得云南省的核桃种植面积由 2007 年底的 1200 万亩左右增长到 2014 年的 4000 万亩，年平均增长核桃面积 400 万亩。山东省从 2011 年正式启动现代农业生产发展资金项目，项目总资金 2500 万元，主要扶持核桃项目。截至 2014 年，已新建优质核桃示范园 12 万亩，新建核桃种苗繁育基地 1760 亩，改造核桃低产园 3.2 万亩。河南省 2008 年开始着力推动木本粮油产业发展，通过将国家实施的各项补贴政策向木本粮油倾斜，实现了 2008 年以来每年新增木本粮油种植面积 45 万亩（主要是核桃），占河南省新增造林总面积的 14% 左右。湖南省浏阳市 2008 年以来在国家发改委油茶产业发展专项资金和省、市补贴政策的支持下新增油茶种植面积 12 万亩，占该市油茶总面积的 16.21%。福建省尤溪县在国家、省、县油茶补贴政策的支持下油茶种植面积从 2008 年的 19.34 万亩增加到 2014 年的 24.5 万亩，增长 21.06%。虽然调查结果反映市场需求是推动农户木本粮油种植积极性提高的重要因素，但各调查地区反映，在 2008 年后，各种木本粮油品种种植面积的扩大趋势，充分体现了政策扶持决定性的推动作用。

表 4　样本区域补贴及木本粮油规模扩大情况

投资单位（部门）	项目名称	投资额	2008～2014 年规模扩大（万亩）		
			新造林	低　改	其　他
云南省财政厅	云南省核桃产业发展专项	13000 万元/年	2800		
山东省、市、县财政	山东省枣、板栗、核桃产业发展专项	5000 万元	12	3.2	0.17
河南省财政厅	河南省核桃产业发展专项	1200 万元/年	270		
湖南省省、市、县财政	云南省油茶产业发展专项		200		
中央财政、福建省财政厅	福建省油茶产业发展专项	16400 万元	132		

2. 补贴政策推动了木本粮油新型林业生产经营主体的发展，合作社、公司基地的规模集中效应最为明显

国家层面，无论是农业部农业产业化示范基地项目、发改委、农业部现代农业示范项目还是财政部农业综合开发林业专项，都将合作社、龙头企业、产业园区等作为重点扶持对象。地方层面配合中央政策也出台了相应为符合条件的合作社、龙头企业实施补贴政策，使得种植木本粮油的新型林业经营主体数量显著增加，合作社、公司建基地，其规模集中效应明显。以福建省为例，尤溪县 2007 年以前形成的油茶林中单户经营规模

小于5亩的占88.5%，5～10亩的约占11.5%；2007年以后新植的油茶林主要集中于5～10亩(61.18%)，单户种植规模50亩以上的占5.43%，其中，尤溪县油茶龙头企业沈郎食用油有限公司自有种植基地约2万亩。政和县共有老油茶林1.2万亩，2009～2014年分别新造油茶林717亩、2918亩、3520亩、6260亩和970亩，新造油茶林合计1.44万亩，新造油茶林主要由2个合作社与农户合作造林，政策直接补贴对象为合作社。2009年成立的河南省卢氏县利民专业合作社经营核桃林面积3000亩，其中盛果期500亩，初产期500亩，产前期2000亩，种植规模大，种植集中，2013年产量和产值分别比2009年增长133%和140%。

从调研所反映出的经营主体，其木本粮油经营规模的扩大是补贴政策导向的直接效果，这反映了种植大户对新造林补贴政策的响应明显。但同时也反映出一系列的问题，例如，部分补贴项目对补贴条件设置太高、补贴申报手续繁琐等问题使普通农户难以进入补贴的范围，产生大量补贴资金主要集中于合作社和企业基地；另有部分农户反映补贴过程不透明，存在一定的寻租空间。调研地区的低产林改造补贴主要通过合作社实施，但低产林经营主要集中于分散的农户手中，最需要获得补贴的群体未能直接获得补贴，低产林改造补贴政策的初衷难以实现。

3. 现有补贴形式对提高木本粮油生产效果有限

通过木本粮油补贴政策扩大种植主体的生产积极性，增加木本粮油的供给是当前政策的重要目标。而木本粮油生产效率主要取决于优良品种的选用，新技术的实施和劳动、资金的投入密度。从调查结果看，当前的木本粮油补贴政策属于典型的投入导向型政策，大多数的补贴项目是根据种植面积进行资金补贴，缺乏对其他要素扶持投入。在实际经营中，木本粮油产品生产中单位面积产量差异很大，如低、中、高水平亩产茶油量分别为3千克、10千克和50千克。产量低所导致的低收益造成农户不愿意增加投入而开展抚育管理，进而导致产量更低的恶性循环。如油茶种植大县湖南省浏阳市74万亩油茶林中粗放经营面积占34万亩，占总面积的46%。改变各地粗放经营，提高低产林产量，其根本措施是加强抚育管理强度，即增加人力、物资投入。但当前补贴政策较少针对经营抚育环节，如新造林补贴只针对造林环节，验收合格进行补贴，对于后期的经营抚育缺少扶持与监管；低产林改造补贴只针对改造当年费用的一次性补贴，且接受过补贴的林地不能再纳入下一年的补贴范围，影响到补贴政策效果的持续性。

4. 补贴标准偏低且缺乏及时调整弱化了激励效果

当前具有较大适用范围的木本粮油补贴为新造油茶林补贴300元/亩和低产林改造200～300元/亩，而该标准基本上从2008年开始实施至今未调整过，难以完全满足木本粮油生产经营的需要。首先，造林补贴标准偏低。按照主要木本粮油品种造林成本测算，高标准的油茶林造林投入约3000元/亩，而当前的新造林补贴标准只占造林成本的10%，在德国、新西兰等国家的造林补贴一般占造林成本的20%以上，欧盟针对新造针叶林的补贴高达合格成本支出的80%。与农业补贴比较看，一般主要粮食作物的生产成本约400～450元/亩，农户能得到的补贴总额约为90元/亩，占成本的20%～25%。其次，生产资料和劳动力成本的提高，增加造林难度，但多年不变的补贴标准弱化了补贴政策的效果。2008年新造林300元/亩的补贴标准能较好地提高农户的种植积极性，但到2014年，相同补贴标准对农户的吸引力已大大下降。原因除了成本的提升外，农业补贴标准的不断提高也对林业经营产生了负向影响。如粮食直补已从2002年的10元/亩提高到20元/亩，而且农业生产中的农机购置补贴、良种补贴、农业保险补贴、农资综合直补等各类齐全的补贴已基本覆盖农业生产全过程，对农业产生了较强的生产动力。而林农本身收益不高、生长周期长、风险大，补贴对木本粮油生产经营成本的补助比例过小，将使农户经营林地的积极性提高程度有限，甚至有部分小规模种植户从经营林业向其他产业转移。

四、木本粮油科技支持政策效果与技术需求

科技是第一生产力，各种理论都认为它是经济增长的决定性要素，有研究表明它的贡献率已明显超过资本和劳动力的作用。为了缓解粮油自给率不断下降的困境，提高在粮油安全方面的贡献，林业生产、管理部门都非常重视科学技术的研发和应用。国家林业局、各级林业主管部门主持、协同科研、高校及实践部门，在科技生产力挖掘上取得了令人满意的成绩，充分体现了科学技术在粮油安全、木本粮油领域中的重要地位。

（一）科技对木本粮油的支持

按照科技成果转移形式，可以将科技划分为物化科技和非物化科技2种，物化科技是指科技成果实物化，实物成为科技成果转化的载体，如种子、肥料和设备；非物化科技是指那些无法通过实物转化的科技成果，只能以知识、经验的形式存在，如整地、剪枝、施肥等林间管理技术。

培育新型优良种子是重要的科技物化载体，是木本粮油产业链的起始端，对木本粮油产业发展影响长远，大量事实证明林木良种的增产率可达10%～30%。木本粮油品种可以分为全国性和地方性2种类型。气候条件、生态环境、土壤特性等对木本粮油生长、产量的影响较大，适合地域特征的地方性品种具有一定的优势，而开发适合2～3省甚至更多地区的全国性品种难度较大。调查发现，一套完善的品种开发体系至少包括育种目标、种质资源、育种团队、良种基地、品种示范和应用系统等6个子系统。只有将木本粮油育苗点、主产区、重点区域等统一起来，形成服务于产业目标的品种开发布局，才能有效地发挥科技生产力的作用。据调查，湖南省保存了2000多份油茶种质源，约占全国的26%，选育了110个“湘林”、“华硕”系列的木本粮油新品种，涵盖全国约65%的品种类型，获得国家和省部级科技成果17项、国家发明专利3项，较好地展现了科技对木

本粮油产业的支持。云南省经过林业科技工作者近30年的努力，培育出了一大批适宜云南自然环境的核桃良种系列。目前主要栽培的优良品种(品系)有云南大泡核桃(又称漾濞泡核桃、泡核桃、茶核桃)，大姚三台核桃(又称草果核桃)、细香核桃、圆菠萝核桃、小泡核桃、大白壳核桃等29个品种。其中，漾濞大泡核桃、大姚三台核桃、细香核桃等优良泡核桃品种统称“云南薄壳核桃”，为云南商品核桃的“品牌”，在花枝率、坐果率、单株产量、亩产量、抗病性等方面均高于北方核桃。云南省林业科学研究院经30余年努力培育出的早实杂交核桃新品种5个(云新301、云新303、云新306、云新高原、云新云林)。

设备是另外一项重要的物化科技载体，木本粮油苗木种植、抚育、果实采摘、籽壳分离、干燥等设备都处于实验阶段，尚未推广开。木本粮油的果实采摘设备整体发展较为落后，果实采摘仍以人工为主。油茶生产具有花果同期的特征，如何设计适合林间作业，又不损坏花朵的果实采摘设备是一项需要长时间探索的工作；不同的核桃品种其对采摘设备的要求不同，如云南省核桃主要种植的是当地品种，主要种植于田间地头，核桃树的树干高大，由于没有适合的采摘设备，当地的村民经常由于爬树采摘核桃发生伤亡事故。在加工领域，规模化的油茶、核桃等加工企业已经使用了籽壳分离、干燥等设备，对于那些规模小、刚进入油茶产业的小企业来说，这些设备的成本偏高。

非物化科技以政府的技术培训为代表。2008年开始，全国开始大力发展油茶、核桃等木本粮油产业，恢复老龄木本粮油林生产的技术有修剪、施肥等，新造木本粮油林有规划、整地、栽植等技术。这些技术不能通过实物来转化，而是采取技术培训的方式。在国家层面，通过实施林业科技推广示范项目补贴、阳光工程项目等方式，都促进了林业科技的推广。目前仅湖南省已建成县级以上林业科技推广机构137个，采用的技术培训形式有网络视频、集中教学、现场示范、热线电话等。调查显示，以县为单位，油茶非物化技术年均网络教学视频1~2次，集中培训6~10次，现场示范30余次，每年接受油茶科技指导、培训的林农超40000人次；河南省卢氏县林业科技推广和服务工作突出，通过核桃种植管理技术的培训，当地的核桃产量得到了明显提升，同时还组织大量专家为山东等省的核桃种植户进行培训，效果显著(图1)。

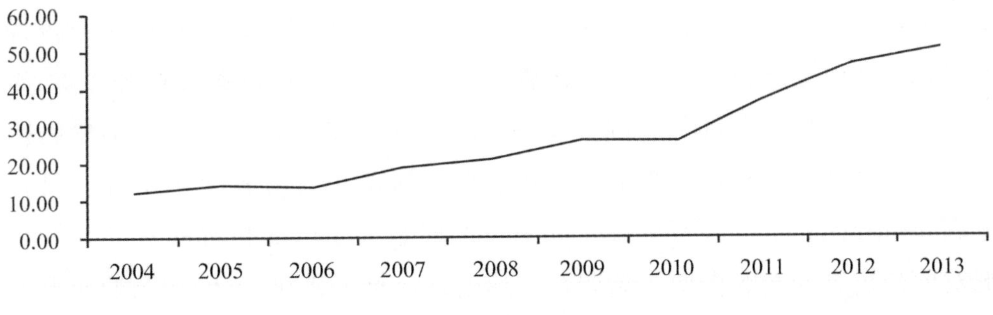

图1　河南省卢氏县2004~2013年核桃亩均产量(千克/亩)

（二）木本粮油科技支持政策的基本内容及效果评价

1. 木本粮油科技支持政策的基本内容

木本粮油科技支持在国家层面的政策数量较少，主要涵括于 3 个项目，启动于 2009 年的财政部、国家林业局联合实施的林业科技推广示范补贴项目、林木良种补贴项目和启动于 1998 年的农业部、财政部联合实施的农业机械购置补贴专项。这 3 个国家层面的项目中，前两个项目补贴对象主要是国有林场、科研单位等组织，后一个项目则直接通过采购差价的形式补贴农户。林业科技推广项目的具体补贴对象为承担林业科技成果推广与示范任务的林业技术推广站（中心）、科研院所、大专院校、农民专业合作社、国有森工企业、国有林场和国有苗圃等单位和组织，补贴金额根据项目的具体情况而定，2014 年单个项目的补贴数额定为 80 万 ~200 万元；林木良种补贴的基本情况见表 2。整体上看，国家对木本粮油的科技支持主要是科技应用推广。

2. 木本粮油科技支持政策的效果和评价

科技支持政策效果整体显著，但支持力度相比农业科技支持明显不足。优良苗木补贴政策的实施过程中，国家每年从林木良种补贴资金中划拨一块作为油茶苗木专项，同时，地方在实施优良种苗推广中对木本粮油也多有侧重，有力地支持了优良木本粮油苗木特别是油茶、核桃等良种苗木的推广使用。林业科技推广示范项目在一定程度上带动了农户对木本粮油良种的认识和使用率，通过示范带动提高了农户的木本粮油丰产栽培技术，但由于支持的项目数量和范围有限，项目实施过程中缺乏农户的参与，因而对木本粮油良种使用和丰产栽培的效果还不够显著。

3. 木本粮油科技贡献测算——以湖南省油茶为例

油茶良种技术以芽苗砧接为代表，精选砧木、穗条，注重接穗、定株等技术，较好地促进茶果产量和茶油品质的提高。油茶生产已经出现质量控制，库源调控、单果调控生产技术保证了茶油消费者的品质要求，高端客户得到了消费满足。在油茶种苗繁殖上，繁殖系数提高了 2 ~3 倍，配合适地施肥、修枝整形等技术，实现了油茶的规模繁殖和高效栽培。使用良种壮苗，在自然条件下可生产茶油 20 千克/亩，在高产示范林，9 年生亩产油可达到 75. 5 千克。

资本进入茶油生产领域后，大规模的工业设备得到了应用，这些物化科技设备同样促进了产量和质量的双增长。与传统工艺相比，现代工艺生产的茶油增强了除色、祛味、脱水等工序，延长了成品茶油的存放时间，改善了茶油的色泽、口感。另外，传统作坊式土榨炼油逐步已被机榨和浸提炼油方式所取代，提高了出油率，每 50 千克油茶籽出油率普遍提高 3 ~4 千克。

根据对农户、合作社和企业的调查，并结合前文补贴政策分析，可以将 2008 年以来油茶产业的变化解释为，受补贴政策和市场变化的影响，更多的资本进入油茶产业领域，带动较多的劳动力投入，在新技术和新造林综合因素推动下的增长。

4. 农户对木本粮油栽培管理技术的需求实证分析——以核桃为例

木本粮油产业的发展需要研制和推广优质的种苗、专用肥、专业机械等，同时也需要大力推广科技的支撑，即丰产栽培管理技术。很多研究表明，栽培管理技术落后是限制我国现有木本粮油产量提高、品质提升的重要因素，对技术的需求成为农民对木本粮油政策支持的一个关键需求。为了了解农民对木本粮油栽培管理的技术需求，从而促进政府为农民提供先进的栽培管理技术培训，提高木本粮油生产效率。项目组借助北京林学会组织的核桃种植户栽培管理技术培训会议，向参加培训的228名核桃种植户进行了问卷调查，回收问卷228份，问卷回收率100%。

(1)样本户户主基本特征和核桃种植基本情况。被调查的228名核桃种植户以男性为主，占样本总量的60.94%；种植户主要是老年劳动力，处于50岁及以上的人数占57.02%，其次是40岁及以上50岁以下的人数占26.32%。农户种植的核桃以小规模为主，10亩以下的农户占77.63%；农户种植品种以早实品种为主，占53.70%；农户种植的核桃处于初产期的占40.95%，盛产期的占26.67%，幼树期和衰退期的占32.07%；农户核桃管理主要是自主管理，其农户为209户，占91.67%；农户核桃管理方式主要是每年管理1~2次，占60.59%；农户种植核桃亩均产量主要处于100千克以下，占46.39%，亩产水平总体较低；核桃收入占农户总收入的比例主要处于20%以下，占46.93%(表5)。

表5 样本农户种植核桃基本特征

	树龄分布				核桃品种			
	产前期	初产期	盛产期	衰退期	早实品种	晚实品种	麻核桃	其　他
人　数	57	129	84	44	138	30	13	63
占比(%)	25.00	56.58	36.84	19.30	60.53	13.16	5.70	27.63

	种植面积				管理方式		
	1~3亩	3~10亩	10亩以上	不清楚	自主管理	雇佣管理	不清楚
人　数	94	83	43	8	209	13	6
占比(%)	41.23	36.40	18.86	9.80	91.67	5.70	2.63

	核桃收入占总收入比例				管理水平		
	20%以下	20%~50%	50%以上	不清楚	粗放管理	每年管理1~2次	精细化管理
人　数	160	43	21	4	45	139	44
占比(%)	70.18	18.86	9.21	1.75	19.74	60.96	19.30

	平均每亩产量(kg/亩)				
	[0, 100]	[100, 200)	[200-400]	[400-500]	不清楚
人　数	107	73	34	9	5
占比(%)	46.93	32.02	14.91	3.95	2.19

注：树龄分布和核桃品种是多选题，因此总和数大于样本总数。

(2)农户接受栽培管理技术培训的现状。被调查农户中，认为“缺乏技术”是核桃经营主要困难的农户数最多，占样本总体的 63.16%，其次是病虫害防治和缺乏资金，依次占比 53.15% 和 46.05%，说明核桃栽培管理技术等因素严重制约着我国核桃产量和品质的提升(表 6)。被调查农户中认为核桃栽培管理技术培训很必要的农户占样本 93.42%，说明农户对核桃栽培管理技术培训具有迫切的需求。被调查农户中，有固定技术指导员的核桃种植农户仅占样本总体的 35.53%，说明当前的核桃技术培训总体处于供给不足的状态。平均每年参加技术指导次数选择 0 次和 1 ~ 2 次的分别为 36.84% 和 37.72%，合计占样本总体的比例为 74.56%，进一步印证了当前核桃栽培管理技术培训不足的现状。

表 6　样本农户核桃栽培管理状况

	核桃经营主要困难				技术培训必要性		
	缺资金	缺技术	病虫害	销售难	很必要	一般	没必要
人　数	105	144	122	80	213	13	2
比例(%)	46.05	63.16	53.51	35.09	93.42	5.70	0.88

	是否有固定技术指导员			平均每年接受技术指导次数				
	有	没　有	不清楚	5 次以上	4 ~ 5 次	1 ~ 2 次	0 次	不清楚
人　数	81	145	2	11	45	86	84	2
比例(%)	35.53	63.60	0.88	4.82	19.74	37.72	36.84	0.88

备注：“核桃经营主要困难”是多选，因此各项之和大于样本总数。

(3)农户对核桃栽培管理技术需求的分析。被调查农户中，明确表示愿意参加技术培训的农户数 183 户，占样本总体的 80.26%，而明确表示不愿意参加技术培训的仅 1 户，说明基本上所有的农户都愿意参加技术培训，农户对核桃栽培管理技术培训的需求意愿非常强烈(表 7)。农户对参加技术培训的时间具有非常明确的意愿，86.41% 的农户对培训时间偏好集中于 8 月中上旬和 9 月中下旬，8 月中上旬正好是处于核桃青果逐渐裂开成熟的时期，这个时间段防治病虫害非常关键，而 9 月中下旬则正处于核桃销售时期，如何以较高的价格销售核桃成为了农户的主要关注。对于技术培训的方式，53.07% 的农户选择实地指导和讲座相结合的方式，其次 42.98% 的农户选择实地指导的形式。当下的技术培训主要是采取讲座的方式开展，与核桃种植户的实际需求不一致，因此需要调整技术培训的方式。对技术培训内容，农户最需要的是修剪、土肥水管理，有 32.35% 农户需要病虫害识别防治。说明农户当前难以解决的核桃经营管理技术困难主要是修剪、土肥水管理和病虫害识别防治，技术培训要重点围绕这两个方面展开。关于有关技术培训的建议，样本户表达最多的建议是多开展培训和实践指导。

表 7 样本农户栽培管理技术培训需求

	参加技术培训的意愿			参加培训的时间			
	愿 意	看时间	不愿意	8 月中上旬	9 月中下旬	其 他	不清楚
人 数	183	46	1	109	88	28	3
比例(%)	80.26	20.18	0.44	47.81	38.60	12.28	1.32

	希望技术培训的形式				
	讲 座	实 践	二者结合	其 他	不清楚
人 数	7	98	121	1	1
比例(%)	3.07	42.98	53.07	0.44	0.44

	希望技术培训的内容				
	品种特性介绍	建园栽植技术	修剪、土肥水管理	病虫害识别防治	其 他
人 数	53	61	181	143	4
比例(%)	11.99	13.80	40.95	32.35	0.90

	有关技术培训的建议						
	多指导、培训	多进行实操训练	着重管理技术培训	加强病虫害防治培训	打开销路提高售价	增加政府资金支持	加强理论知识培训
人 数	71	23	19	14	21	10	9
比例(%)	42.51	13.77	11.38	8.38	12.57	5.99	5.39

注：“希望技术培训的内容”是多选，因此各项之和大于样本总数。“有关技术培训的建议”并非所有的样本都有进行回答，因此各项合计总数小于样本总数。

根据核桃生产主要问题来看，缺技术和病虫害是制约核桃生产发展的主要原因，因此80%的核桃种植户愿意通过培训的方式，得到专家指导，学习栽培、病虫害防治技术。但20%的核桃农表示是否参加培训要看时间再定，说明培训的举办应该考虑到农忙和农闲的时间，尽量不妨碍核桃农进行生产经营。

五、木本粮油市场支持政策研究

促进木本粮油产业发展，一方面需要政府从增加资金投入和技术指导等方面支持木本粮油的生产，另一方面也需要着力推动木本粮油产业的市场发展，促进消费者对木本粮油认知和消费的提高。木本粮油产业持续健康的发展需要同时兼顾生产和消费，不可偏废，否则就难以为继，更不用说实现缓解我国粮油安全问题的重要战略部署。当前我国核桃产业之所以能够快速发展，除了政府在生产上的政策支撑外，一个重要因素就是市场需求的增加，而同为木本粮油的板栗则由于市场需求不足产生了种植面积和加工的萎缩。

(一)市场发展的界定

衡量产品市场发展的程度可以从人口数、购买欲望和支付能力 3 个维度来衡量，每一个维度的提高都能够促进市场的发展：人口数短期内主要受市场半径的影响，购买欲望主要取决于产品是否能够满足消费者的需要，受到消费者对产品价值认知、信任和产品开发的影响，支付能力则与消费者的收入水平和产品的价格有关。因此，影响市场发展的因素，包括：市场半径、消费者对产品的价值认知、消费者对市场产品的信任、产品开发程度（包括种类和加工水平）、消费者收入水平、产品价格等。

（二）政府在促进木本粮油市场发展方面的政策选择

按照经济学理论，当产品或服务市场存在垄断、市场失灵、外部性和信息不对称时，市场失灵将会发生，政府干预市场就具备了必要性和合理性。对木本粮油的价值认知，消费者和生产者存在着较为严重的信息不对称，同时提高消费者对木本粮油的价值认知具有公共产品属性，通过某个企业采取措施提高对木本粮油价值认知的消费者可能会选择购买其他企业木本粮油，因此提高消费者对木本粮油的价值认知需要政府供给。提高消费者对市场上木本粮油产品的信任，需要生产者提高木本粮油的产品品质，也可以建设地理标志和产品品牌，但同时还需要加强木本粮油产品信息披露和监管，防止出现劣货驱逐良货，木本粮油产品信息披露和监管属于政府职能。产品开发需要依托高新技术企业，木本粮油作为林产品具有创新易被模仿的特征，新产品开发具有明显的技术溢出效应，正外部性显著，再加上中国的知识产权保护体系还不够健全，需要政府支持企业进行技术创新，特别是支持龙头企业。最后，在目前木本粮油市场整体处于起步阶段的状况下，需要政府支持企业的市场开拓。因此政府在支持木本粮油市场发展方面的政策选择包括提高消费者对木本粮油的价值认知、提高消费者对市场产品的信任、促进产品开发。

（三）政府在促进木本粮油市场发展的政策效果分析

（1）国家和地方层面普遍持续开展的促进木本粮油产业发展相关活动，提高了社会民众对木本粮油的价值认知。尽管没有明确的政策提高消费者对木本粮油的价值认知，但政府部门努力提高木本粮油产业发展的诸多举措间接地对提高消费者对木本粮油价值认知起到了非常重要的作用。以茶油为例，在国家林业局大力推动油茶产业发展以前，市场对茶油价值的认知局限于传统的油茶种植区域。随着国家大力支持对油茶产业的发展，社会对茶油的价值认知得到了显著提高。国家林业局从2008年开始每年坚持召开一次全国油茶产业发展现场会，至2014年已持续7年。会议的参会人员有：国家发展改革委、财政部、国家农业综合开发办公室和国家林业局等有关部门和单位，各相关省（自治区、直辖市）林业厅（局）、14个油茶省（自治区、直辖市）油茶办，以及部分企业、科研院所的代表，参会人数达100多人。全国油茶产业发展现场会结束后，14个油茶省（自治区、直辖市）于当年组织各省的油茶产业发展现场会，使得国家和地方行政事业单位人员逐渐认识了茶油的价值认知，并产生对油茶价值的自发宣传扩大社会对茶油价值的认同，最终推动整个社会公众对茶油知名度和价值认知的提高。

（2）国家和地方政策对木本粮油企业的支持推动了木本粮油企业的发展，但整体发展仍较缓慢。近年来，中央和地方政府对木本粮油特别是木本油料产业化的支持，使得诸多木本粮油企业受益。政策措施主要有，通过项目资金奖励、补助，扶持木本粮油加工企业发展；鼓励、支持木本粮油企业申请无公害、绿色、有机食品认证和省级或国家级知名商标；统一组织木本粮油企业到各地展销会推广产品，搭建木本粮油生产企业的信息共享平台等。通过这些政策措施的实施，促进了木本粮油企业的发展。以山东省为例，近几年，山东省及各地扶持发展了一批干果深加工龙头企业，有力地带动了干果规模化发展和品牌创建；干果年加工能力达到46.1万吨，占干果总产量20%，其中，规模以上干果加工贮藏企业60多家，年产值39亿元，年出口干果11.17万吨，创汇2900万美元；涌现出20多个知名品牌，干果的知名度和影响力不断扩大。福建的沈浪乡茶油企业在政府的支持下逐渐由一个县级企业发展为省级龙头企业。整体上看，由于木本粮油龙头企业的培育是一个市场主导的过程，政府本身能够发挥的作用有限，而木本粮油产业整体水平相对较为落后，市场整体上还处于培育阶段，木本粮油产品的消费主要是以原果消费为主，加工产品相对较少，因而，木本粮油企业的发展仍然是一个漫长的过程。

(3)政府对木本粮油企业生产产品的监管不够严格，信息披露不足，降低了消费者对市场销售木本粮油产品的信任。由于木本粮油企业正处于市场培育阶段，多受到地方政府的保护和支持，担心监管过严会扼杀企业的成长，许多地方政府都持有产业发展初期监管要宽松的思维，导致木本粮油的产品监管不够严格，发现产品质量问题后也多采取隐瞒的方式，对木本粮油产品质量问题的信息披露不足，而一旦某个企业产品质量不良信息被市场获知后，就可能会危及整个行业的声誉。以湖南省金浩茶油为例，由于监管不足，导致利用劣质原料生产了致癌物质严重超标的茶油流入市场，当市场反应销售的金浩茶油致癌物质超标时，湖南省质检部门并没有正面回应，时隔半年之后，到2010年9月才被消费者获知，而金浩茶油作为全国茶油企业的领头羊其产品仍含有大量的致癌物质使得整个社会消费者对市场茶油的品质持有不信任和不安全的态度，监管部门事前监管的缺失和事后信息披露的不及时严重影响了整个市场对茶油的消费信心。同时，据业内人士透露，目前茶油掺水是普遍的现象，且掺水率低于10%时监管部门基本识别不了，因而产生了大量消费者选择托亲朋好友从农民手中购买原油而不是就近从市场上购买的怪相。

六、主要结论和政策建议

(一)主要结论

本研究通过对山东、湖南等7个木本粮油主产省份各级林业部门、典型木本粮油生产县(市)、典型龙头企业、合作社和大样本核桃种植户的调研，从补贴政策、科技支持政策和市场开发支持政策等三方面对中央包括部分地方层面实施的木本粮油产业支持政策进行实证分析。主要结论如下：

对木本粮油补贴政策实证分析的结论包括：①木本粮油补贴政策对2008年以来木本

粮油种植规模的扩大具有决定性作用。②木本粮油补贴政策推动了木本粮油新型林业生产经营主体的发展，促进了合作社、公司基地木本粮油种植规模的集聚。③当前的木本粮油补贴项目设置和补贴标准偏低使补贴政策对木本粮油生产效率的提高有限。④只针对种植面积的木本粮油补贴政策可能不利于提高木本粮油生产效率。

对木本粮油科技支持政策的研究主要结论包括：①现有政策主要的科技支持方式包括种苗的培育和推广、专业机械的设计和推广、栽培管理技术的推广。②科技支持政策效果显著，但相比农业力度明显不足。③现有栽培管理技术培训明显不足，农户对木本粮油栽培管理的需求强烈，偏向注重实践的培训方式，希望培训的内容以修剪、土肥水管理和病虫害防治为主。

对木本粮油市场开发政策的研究发现：①林业等部门连续多年开展的促进木本粮油产业发展诸多活动显著提高了社会对木本粮油的价值认知。②国家和地方政策对木本粮油企业的支持推动了木本粮油企业的发展，但整体发展仍较缓慢。③政府部门对木本粮油企业监管不够严格和产品质量信息披露不及时，降低了消费者对木本粮油产品的信任。

(二)完善木本粮油支持政策的建议

1. 逐步对林业补贴政策由造林补贴为主向抚育管理补贴倾斜调整

造林补贴政策的成功，扩大了木本粮油种植规模，但由于缺乏有效的监管，种植面积扩大的同时单位面积产量增长有限。山东省部分地区甚至出现了由政府出资造好红枣树而农户却弃管的现象，造成了资源的浪费。而产量的提高不仅要靠面积的扩大，同时也要靠单位面积产量的提高。从低、中、高水平的木本粮油产量水平可知，我国木本粮油产品单位面积产量提升的潜力很大。因此，逐步把补贴政策从以造林为主向抚育管理补贴调整，通过提高单位面积产量，增加市场供给，同时也增加农民收入，获得“双赢”。

2. 丰富补贴政策种类，增强补贴政策导向性

根据分析结果，木本粮油补贴政策对扩大种植规模起到决定性的作用，尤其对刺激种植大户的投资效果明显。由于木本粮油造林成本高，前期投入成本大，较大的经营规模也将使经营者后期抚育的可能性更大。因此，新造林补贴继续指向大规模种植户对木本粮油种植面积扩大的效果将高于一视同仁的补贴政策。而当前的低产林改造补贴主要通过合作社、企业生产基地等形式展开，建议进一步提高补贴的连续性，进一步向小规模种植户倾斜，减化补贴申请和验收程序。此外，在林权抵押贷款中扩大经济林的贷款可获得性，满足木本粮油种植户的信贷需求。尽快推进对经济林保险的保障措施，杜绝保险公司以“保树不保果”等借口拒保。

3. 扩大资金来源渠道，提高补贴标准

当前木本粮油补贴资金来源主要是中央财政和部分地方财政，资金来源渠道单一，补贴标准较低。发展木本粮油产业保障粮油安全战略的重要举措，可适度考虑把木本粮

油纳入我国农业粮油生产补贴的范畴，积极争取从事木本粮油生产的农民享受“粮食直补、良种补贴、农资综合补贴”等国家农业补贴政策，提高补贴标准，缓解林业财政的压力。

4. 通过补贴条件设置引导适度规模经营

研究结果显示，大规模种植户的生产效率不一定高于小规模种植户，这与调查实际结论相符。当木本粮油林单片经营规模太大时将导致病虫害加剧，而木本粮油林对经营抚育措施要求较高，规模太大可能导致抚育管理措施跟不上，从而产生“重造轻管、重采轻抚”的结果而降低生产效率。此外，过度强调规模经营将使工商资本大规模进入林业生产环节，势必产生工商资本挤占农户投资，机械化生产代替人工投入等不利于林业就业需求的结果。多地调查结果显示，木本粮油树种单片经营 20～30 亩是比较适合的。因此，补贴条件设置时面积门槛不应设置太高，鼓励木本粮油种植户适度规模经营。

5. 鼓励木本粮油专用机械开发，将木本粮油专用机械纳入农业机械购置补贴目录

研究结果表明，现有的技术支持政策对开发木本粮油专用机械的支持不足，而木本粮油无论是种植、抚育还是采摘环节都对林业机械具有较大需求，且随着劳动力成本上升和现代林业的建设，需求会更加强烈，但当前适合木本粮油生产使用的专业机械还较少，因此需要采取鼓励措施引导企业和科研机构对木本粮油专用机械开发，可以通过补助一定开发成本或奖励的方式进行。同时需要逐步争取将木本粮油专用机械纳入农业机械购置补贴目录，从而使得农户不仅买得到，还能买得起。

6. 增强直接服务于农户的木本粮油栽培管理的技术培训，优化技术培训方式

农户对木本粮油栽培管理技术需求强烈而政府供给严重不足，政府出台的林业科技推广示范基地项目因农户参与面窄，不能充分满足广大农户需求，迫切需要出台能够服务于广大农户的木本粮油技术推广项目。一方面可以考虑将现有的林业科技推广示范基地项目进行调整，通过与农户合作、扩大农户参与进行示范推广，另一方面鼓励出台专门服务于农户的木本粮油栽培管理技术项目，并改变当前以讲座为主的模式，更多地结合实践，到田间地头去推广，根据农户的需求设计推广内容，科学安排推广时间。

7. 加大对木本粮油市场开发的政策支持，重点培育木本粮油龙头企业

当前的政策主要是促进木本粮油供给能力的提升，同时，在维护木本粮油稳定发展尚需要木本粮油市场容量的不断扩大，因此，政府同样需要加快支持发展壮大木本粮油市场。首先，鼓励木本粮油企业申请生产环节的无公害、绿色、有机认证和加工环节 HCPP 等认证，提高企业产品质量和知名度；其次，对那些已经具有一定知名度企业进行重点扶持，鼓励充分利用好国内外两个市场发展木本粮油。

8. 加强对木本粮油企业的监管和信息披露，提高市场对木本粮油企业产品的信任度

木本粮油市场整体上处于培育阶段，消费者对木本粮油产品消费主要以原果为主，加工企业整体水平较落后，规模较小，市场对于经过加工的木本粮油产品整体信任度较低，需要提高消费者对市场销售木本粮油产品的信任度。首先要加强对木本粮油企业的监管，防止因为“个别事件”被放大损害到整个行业的声誉；其次要加强信息披露，提高消费者对市场销售木本粮油产品的认知，降低生产者和消费者之间的信息不对称。

调 研 单 位：福建农林大学经济学院

调研组成员：刘伟平　冯亮明　洪燕真　董加云　史若昀　江晓敏
陈翠苕　王　震　翁　凝　时小琳

我国可造林地及适应性造林方式研究报告

【摘　要】本研究是国家林业局2014年开展的林业重大问题专题研究之一。研究工作在深入部分省份开展调查研究的基础上，充分利用国家森林资源清查成果资料，按照点、面结合的方法，分析得出我国可造林地①面积6065万公顷；参照《造林技术规程》中的造林分区，对其中的8个分区的可造林地进行了立地质量综合评价，立地质量等级为好和较好的占23%，可造林的总体质量较差；充分考虑可造林地类和立地质量评价等级，分别各造林分区确定可造林地适应性造林方式，适宜人工造林(含飞播造林)的面积4603万公顷，占76%；适宜封山育林(含人工促进天然更新)的面积1462万公顷，占24%。针对可造林地立地条件和适应性造林方式，以及人工造林成本，提出摸清可造林地状况、增加造林投入、加强科技造林、强化造林质量、注重造林后管护等方面的政策建议。

一、研究工作情况

2014年国家林业局围绕林业发展重大理论和热点问题，开展了涉及生态文明和林业体制改革研究、生态林业和民生林业研究、生态文明和林业建设基础研究等重大领域24个专题的研究工作。本研究是24个专题研究之一，旨在全面了解我国可造林地面积及其分布情况，系统掌握这些土地适宜的造林方式，为编制营造林规划、计划，科学推进我国造林绿化工作提供参考依据。国家林业局调查规划设计院接到调研任务后，院领导高度重视，成立了院长王忠武、书记刘国强任组长的调研工作组，制定了研究方案，明确了调研内容，并分赴东北、西北、西南和南方集体林区开展调研工作。之后，结合当地调研的情况，并充分利用国家森林资源清查资料，对全国宜林地、疏林地、灌木林地以及其他可用于造林的土地面积及其分布进行了深入分析。

研究分析的主要内容包括：①全国及各省(自治区、直辖市)宜林地、疏林、灌木林地，以及其他可用于造林土地的面积和区域分布。②全国可用于造林地的水热条件和立

① 本报告所指可造林地，特指通过人工措施或依靠自然力，在较短时间(30年)内可以恢复森林或灌木植被的土地，包括年降水量大于200毫米、海拔小于3500米、坡度小于45°，成片面积大于1亩的宜林地、疏林地、一般灌木林地、无立木林地以及陡坡及严重沙化耕地，不包括林冠下造林地，以及城市、乡镇、村屯、矿区、公路、铁路、河渠湖库周边、农田林网等需要造林绿化的土地。

地质量情况，以及恢复乔灌植被的难易程度。③全国及各省(自治区、直辖市)可用于造林的土地，适宜的造林方式及造林用工量和有关成本费用等。

调研工作采取资料收集与座谈方式相结合的方式开展。收集的资料包括各省(自治区、直辖市)宜林地、疏林、灌木林地，以及其他可用于造林土地的面积，以及这些土地适宜的造林方式等；通过到当地座谈的方式，了解当地近几年造林方面的情况，包括造林方式、造林成活率和成林率，以及造林技术、造林成本等方面的情况。

研究报告充分利用了国家森林资源清查的资料，从宏观上统计分析我国可造林地的数量和区域分布；通过点面结合，针对不同造林区可造林地的水热条件和林地质量情况，系统分析各区可造林地适应性造林方式和造林成本，从摸清可造林地状况、增加造林投入、加强科技造林、强化造林质量、注重造林后的管护等方面提出了建议。

本报告涉及的数据是根据国家森林资源清查资料分析得出的，由于受清查抽样精度的限制，有些数据特别是数量较小的数据，可能与实际有较大的出入，因此报告分析的数据仅供参考。

二、全国潜在造林地的基本情况

林地中的宜林地、疏林地、一般灌木林地(除纳入森林覆盖率计算的特殊灌木林地以外的灌木林地)、无立木林地，以及陡坡及严重沙化耕地等地类将是我国造林绿化的主要对象。根据第八次全国森林资源清查结果，全国(除台湾省、香港和澳门特别行政区)林地中宜林地面积 3958 万公顷，疏林地面积 401 万公顷，一般灌木林地面积 1828 万公顷，无立木林地面积 1025 万公顷。根据《全国造林绿化纲要(2010～2020)》，结合国家森林资源清查固定样地资料分析估算，全国陡坡及严重沙化的耕地面积约 1050 万公顷。

上述宜林地、疏林地、一般灌木林地(除纳入森林覆盖率计算的特殊灌木林地以外的灌木林地)、无立木林地，以及陡坡及严重沙化耕地等 5 类面积合计，我国潜在造林地总量为 8262 万公顷，这是我国今后开展生态建设、恢复林草植被、提高森林覆盖率的主战场，主要分布在西北的甘肃、陕西、青海、新疆，华北的内蒙古、山西、河北，以及西南的云南、四川、贵州和西藏等 11 省(自治区)，各省面积均超过了 300 万公顷；11 省(自治区)合计 6476 万公顷，约占全国潜在造林地总量的 78%(表 1)。

表 1　潜在造林地主要分布省份及面积统计表　　单位：万公顷

统计单位	合　计	宜林地	疏林地	一般灌木林地	无立木林地	陡坡及严重沙化耕地
合　计	6476.05	3301.79	291.79	1389.32	677.51	815.64
内蒙古	1706.35	1370.12	56.62	43.51	222.90	13.20
云　南	763.44	229.88	34.55	176.59	77.69	244.73

（续）

统计单位	合　计	宜林地	疏林地	一般灌木林地	无立木林地	陡坡及严重沙化耕地
四　川	700.26	133.99	43.70	396.76	30.15	95.66
甘　肃	604.20	294.88	16.57	125.25	71.94	95.56
山　西	495.96	242.63	17.96	140.68	65.10	29.59
陕　西	456.46	145.85	25.60	108.13	62.71	114.17
青　海	401.54	301.89	7.43	41.21	43.13	7.88
新　疆	379.44	321.19	34.02	4.07	10.92	9.24
贵　州	325.09	73.98	18.57	37.81	60.20	134.53
河　北	322.23	142.21	11.71	81.30	27.01	60.00
西　藏	321.08	45.17	25.06	234.01	5.76	11.08

（一）宜林地

全国宜林地面积3958万公顷，约占全国潜在造林地总量的48%。占全国的比例超过3%的省份，有分布在华北的内蒙古、山西、河北，西北的新疆、青海、甘肃、陕西，以及西南的云南、四川等省（自治区），9省（自治区）合计3183万公顷，约占全国宜林地面积的80%（表2）。

表2　宜林地主要分布省份及面积统计表

统计单位	宜林地（万公顷）	占全国比例（%）
合　计	3182.64	80.4
内蒙古	1370.12	34.6
新　疆	321.19	8.1
青　海	301.89	7.6
甘　肃	294.88	7.5
山　西	242.63	6.1
云　南	229.88	5.8
陕　西	145.85	3.7
河　北	142.21	3.6
四　川	133.99	3.4

（二）疏林地

全国疏林地面积401万公顷，约占全国潜在造林地总量的5%。占全国的比例超过3%的省（自治区、直辖市）有分布在华北、西北的内蒙古、新疆、陕西、山西、甘肃，西南的四川、云南、西藏、贵州、重庆，以及福建等省（自治区、直辖市），11省（自治区、直辖市）合计307万公顷，约占全国疏林地面积的77%（表3）。

表 3　疏林地主要分布省份及面积统计表

统计单位	疏林地(万公顷)	占全国的比例(%)
合　计	307.03	76.6
内蒙古	56.62	14.1
四　川	43.70	10.9
云　南	34.55	8.6
新　疆	34.02	8.5
陕　西	25.60	6.4
西　藏	25.06	6.3
福　建	20.43	5.1
贵　州	18.57	4.6
山　西	17.96	4.5
甘　肃	16.57	4.1
重　庆	13.95	3.5

(三)一般灌木林地

全国一般灌木林地面积 1828 万公顷，约占全国潜在造林地总量的 22%。占全国的比例超过 3% 的省(自治区)，有分布在西南的四川、西藏、云南，华北、西北的山西、甘肃、陕西、河北，以及湖北、河南、湖南等省(自治区)，10 省(自治区)合计 1440 万公顷，约占全国一般灌木林地面积的 79%(表 4)。

表 4　一般灌木林地主要分布省区及面积统计表

统计单位	一般灌木林地(万公顷)	占全国的比例(%)
合　计	1440.19	78.8
四　川	396.76	21.7
西　藏	234.01	12.8
云　南	176.59	9.7
山　西	140.68	7.7
甘　肃	125.25	6.9
陕　西	108.13	5.9
河　北	81.30	4.5
湖　北	63.67	3.5
河　南	57.74	3.2
湖　南	56.06	3.1

(四)无立木林地

全国无立木林地面积 1025 万公顷，约占全国潜在造林地总量的 12%。占全国的比例超过 3% 的省(自治区)，有分布在华北、西北的内蒙古、甘肃、山西、陕西、青海、宁夏，西南的云南、贵州，以及广西、广东、黑龙江、湖南等省(自治区)，12 省(自治区)

合计836万公顷，约占全国无立木林地面积的82%（表5）。

表5 无立木林地主要分布省份及面积统计表

统计单位	无立木林地(万公顷)	占全国的比例(%)
合　计	835.87	81.6
内蒙古	222.9	21.8
云　南	77.69	7.6
甘　肃	71.94	7.0
广　西	65.87	6.4
山　西	65.10	6.4
广　东	63.82	6.2
陕　西	62.71	6.1
贵　州	60.2	5.9
青　海	43.13	4.2
黑龙江	40.80	4.0
湖　南	31.05	3.0
宁　夏	30.66	3.0

(五)陡坡及严重沙化耕地

全国陡坡及严重沙化耕地面积约1050万公顷，占全国潜在造林地总量的13%。占全国的比例超过3%的省(自治区、直辖市)，有云南、贵州、陕西、四川、甘肃、河北、重庆、广西、湖北、湖南等省(自治区、直辖市)，10省(自治区、直辖市)合计906万公顷，约占全国陡坡及严重沙化耕地面积的86%（表6）。

表6 陡坡及严重沙化耕地主要分布省份及面积统计表

统计单位	陡坡及严重沙化耕地(万公顷)	占全国的比例(%)
合　计	905.94	86.3
云　南	244.73	23.3
贵　州	134.53	12.8
陕　西	114.17	10.9
四　川	95.66	9.1
甘　肃	95.56	9.1
河　北	60.00	5.7
重　庆	51.18	4.9
广　西	44.18	4.2
湖　北	33.27	3.2
湖　南	32.66	3.1

三、全国可造林地立地质量评价

全国潜在造林地总量 8262 万公顷，由于其所处的水热条件、立地状况的差异，恢复森林植被的难易程度不同。年降水量、海拔高、坡度是决定土地水热条件分配状况的主导因素，直接影响林草植被恢复难易程度，直接关系到林草植被恢复方式。为此，我们对全国现有潜在造林地，分别按年降水量、地貌类型、坡度级等环境因子进行了分析，确定我国可造林地面积；并在此基础上划分水热条件相对一致的单元，根据地形、土壤因子，建立立地质量等级评价模型，利用国家森林资源清查固定样地资料，对可造林地立地质量进行初步评价。

（一）潜在造林地按环境因子分析

1. 按年均降水量分析

全国潜在造林地总量 8262 万公顷中，年均降水量 200 毫米以下的面积 1080 万公顷，占 13%；年均降水量 200～400 毫米的面积 1804 万公顷，占 22%；年均降水量 400 毫米以上的面积 5378 万公顷，占 65%。

从地类看，24% 的宜林地分布在年均降水量 200 毫米以下区域，面积达 947 万公顷，分布在年均降水量 200 毫米以上区域的宜林地面积 3011 万公顷。其他各地类分布在年均降水量 200 毫米以下区域的比例较小，其中无立木林地占 8.5%，疏林地占 7.5%，陡坡及严重沙化耕地占 1.5%。各地类面积按年均降水量统计见表 7。

表 7 潜在造林地按年均降水量统计表

潜在造林地	项 目	年降水量			
		合 计	200 毫米以下	200～400 毫米	400 毫米以上
合 计	面积（万公顷）	8261.72	1079.90	1803.49	5378.33
	所占比例（%）	100.0	13.1	21.8	65.1
宜林地	面积（万公顷）	3957.61	946.66	1298.09	1712.86
	所占比例（%）	100.0	23.9	32.8	43.3
疏林地	面积（万公顷）	400.68	30.13	85.89	284.66
	所占比例（%）	100.0	7.5	21.4	71.1
一般灌木林地	面积（万公顷）	1828.55			1828.55
	所占比例（%）	100.0			100.0
无立木林地	面积（万公顷）	1024.75	87.38	310.64	626.73
	所占比例（%）	100.0	8.5	30.3	61.2
陡坡及严重沙化耕地	面积（万公顷）	1050.13	15.73	108.87	925.53
	所占比例（%）	100.0	1.5	10.4	88.1

2. 按地貌类型[①]分析

全国潜在造林地总量8262万公顷中，分布在高山的面积647万公顷，占8%；分布在中山的面积3205万公顷，占39%；分布在低山的面积1814万公顷，占22%；分布在丘陵的面积1473万公顷，占18%；分布在平原的面积1123万公顷，占13%。

从各地类看，有6%的宜林地分布在高山（海拔3500米以上），面积227万公顷；分布在中山、低山、丘陵和平原的宜林地分别占32%、18%、23%、21%。有11%的疏林地分布在高山，面积44万公顷；分布在中山、低山、丘陵和平原的疏林地分别占39%、27%、14%、9%。有18%的一般灌木林地分布在高山，面积336万公顷；分布在中山、低山、丘陵和平原的一般灌木林地分别占49%、26%、6%、1%。分布在中山、低山、丘陵和平原的无立木林地分别占33%、22%、27%、15%；分布在高山的面积只占3%。分布在中山、低山、丘陵和平原的陡坡及严重沙化耕分别占53%、27%、10%、9%，分布在高山的比例为1%。各地类面积按地貌类型统计见表8。

表8 潜在造林地按地貌类型统计表

潜在造林地	项目	地貌					
		合计	高山	中山	低山	丘陵	平原
合计	面积(万公顷)	8261.72	647.30	3204.65	1813.40	1473.08	1123.29
	所占比例(%)	100.0	7.8	38.8	22.0	17.8	13.6
宜林地	面积(万公顷)	3957.61	226.72	1250.05	728.15	932.90	819.79
	所占比例(%)	100.0	5.7	31.6	18.4	23.6	20.7
疏林地	面积(万公顷)	400.68	44.09	156.96	109.59	53.64	36.40
	所占比例(%)	100.0	11.0	39.2	27.3	13.4	9.1
一般灌木林地	面积(万公顷)	1828.55	336.18	899.94	469.88	101.03	21.52
	所占比例(%)	100.0	18.4	49.2	25.7	5.5	1.2
无立木林地	面积(万公顷)	1024.75	28.68	343.95	223.67	273.74	154.71
	所占比例(%)	100.0	2.8	33.6	21.8	26.7	15.1
陡坡及严重沙化耕地	面积(万公顷)	1050.13	11.63	553.75	282.11	111.77	90.87
	所占比例(%)	100.0	1.1	52.7	26.9	10.6	8.7

3. 按坡度级[②]分析

全国潜在造林地总量8262万公顷，按坡度等级分，平坡面积2311万公顷，占28%；缓坡面积1170万公顷，占14%；斜坡面积1229万公顷，占15%；陡坡面积2073公顷，占25%；急坡面积966万公顷，占12%；险坡（坡度45°以上）面积513万公顷，占6%。

① 地貌类型包括1. 高山：海拔≥3500米的山地；2. 中山：海拔为1000～3499米的山地；3. 低山：海拔<1000米山地；4. 丘陵：没有明显的脉络，坡度较缓和，且相对高差小于100米；5. 平原：平坦开阔，起伏很小。

② 坡度级：Ⅰ级为平坡：<5°；Ⅱ级为缓坡：5°～14°；Ⅲ级为斜坡：15°～24°；Ⅳ级为陡坡：25°～34°；Ⅴ级为急坡：35°～44°；Ⅵ级为险坡：≥45°。

从各地类看，宜林地中险坡面积 68 万公顷，占 2%；疏林地中险坡面积 26 万公顷，占 6%；一般灌木林地中险坡面积 363 万公顷，占 20%；无立木林地中险坡面积 16 万公顷，占 2%；陡坡及严重沙化耕地中险坡面积 40 万公顷，占 4%。各地类按坡度级统计见表 9。

表 9　潜在造林地按坡度级统计表

潜在造林地	项　目	坡　度						
		合　计	平　坡	缓　坡	斜　坡	陡　坡	急　坡	险　坡
合　计	面积(万公顷)	8261.72	2310.50	1170.27	1229.13	2072.60	966.03	513.19
	所占比例(%)	100.0	28.0	14.1	14.9	25.1	11.7	6.2
宜林地	面积(万公顷)	3957.61	1723.04	720.98	614.85	558.23	272.32	68.19
	所占比例(%)	100.0	43.6	18.2	15.5	14.1	6.9	1.7
疏林地	面积(万公顷)	400.68	87.96	57.82	77.83	98.42	53.04	25.61
	所占比例(%)	100.0	22.0	14.4	19.4	24.6	13.2	6.4
一般灌木林地	面积(万公顷)	1828.55	86.77	167.47	342.25	484.91	384.25	362.90
	所占比例(%)	100.0	4.7	9.2	18.7	26.5	21.0	19.9
无立木林地	面积(万公顷)	1024.75	320.94	212.48	189.81	198.96	86.30	16.26
	所占比例(%)	100.0	31.3	20.8	18.5	19.4	8.4	1.6
陡坡及严重沙化耕地	面积(万公顷)	1050.13	91.79	11.52	4.39	732.08	170.12	40.23
	所占比例(%)	100.0	8.8	1.1	0.4	69.7	16.2	3.8

(二)可造林地面积及其立地质量评价

1. 可造林地面积及其区域分布

通过上述按年均降水量、地貌类型和坡度级分析，年均降水量 200 毫米以下地区、海拔 3500 米以上的高山地区以及坡度在 45°以上的区域，不适宜开展人为的营造林活动；全国潜在造林地扣除以上区域的面积后，适宜开展营造林活动的可造林地面积约为 6065 万公顷，占全国潜在造林地总量的 73%。此外，根据《全国造林绿化纲要(2010～2020 年)》和《全国矿区植被恢复规划》，全国还有城乡、通道及部门绿化土地约 1300 万公顷，矿区废弃地约 150 万公顷，可用于造林绿化，本报告的可造林地未包括这两部分。本报告立地质量评价以及适宜造林方式的研究分析主要针对 6065 万公顷可造林地进行。

全国 6065 万公顷可造林地按地类分，宜林地面积 2717 万公顷，占 45%；疏林地面积 306 万公顷，占 5%；一般灌木林地面积 1171 万公顷，占 19%；无立木林地面积 891 万公顷，占 15%；陡坡及严重沙化耕地面积 980 万公顷，占 16%。

从区域分布看，全国可造林地面积主要分布在华北、西北的内蒙古、山西、甘肃、陕西、河北、青海，5 省份合计 2976 万公顷，占全国的 49%；西南的云南、四川、贵州，3 省合计 1333 万公顷，占全国的 22%；以及湖南、广西、黑龙江、广东、河南，5 省合计 808 万公顷，占全国的 13%。上述 13 省(自治区)合计 5117 万公顷，占全国的

84%（表 10）。

表 10　可造林地主要分布省份统计表　　单位：万公顷

统计单位	合　计	宜林地	疏林地	一般灌木林地	无立木林地	陡坡及严重沙化耕地
合　计	5117.22	2410.22	224.69	872.69	768.50	841.12
内蒙古	1233.67	933.69	54.64	43.51	188.63	13.20
云　南	694.83	210.69	31.67	135.81	75.29	241.37
山　西	485.54	237.91	16.84	137.50	63.85	29.44
甘　肃	405.83	148.49	13.55	107.50	48.26	88.03
陕　西	403.02	139.13	23.36	71.97	61.11	107.45
四　川	345.66	94.20	20.38	118.41	21.40	91.27
河　北	300.38	140.77	11.71	77.77	26.85	43.28
贵　州	292.73	64.04	17.61	24.03	56.04	131.01
湖　南	210.41	98.64	9.94	40.36	29.45	32.02
广　西	187.36	63.87	2.88	14.88	63.47	42.26
黑龙江	155.04	94.77	9.27	9.56	40.48	0.96
青　海	148.05	97.34	2.23	20.79	20.33	7.36
广　东	131.46	30.69	7.20	23.03	62.38	8.16
河　南	123.24	55.99	3.41	47.57	10.96	5.31

2. 可造林地立地质量评价

参照全国气候区划，依据显著影响林木生长发育的积温、降水、干燥度等水热条件，按照主导性、差异性和一致性的原则，将全国划分为东部季风寒温带区、东部季风中温带区、东部季风暖温带区、东部季风亚热带区、东部季风热带区、西北半干旱区、西北干旱区、西北极干旱区、青藏高寒区等《造林技术规程（报批稿）》9 个造林区。由于可造林地中扣除了西北极干旱区的面积，为此以下分析按除西北极干旱区以外的 8 个区进行。在造林分区的基础上，利用国家森林资源连续清查的样地、样木资料，选取地形因子（地貌、海拔、坡向、坡位和坡度）、土壤因子（土层厚度、枯枝落叶层厚度和腐殖质层厚度），建立立地评价指数模型，按立地评价指数的大小，将可造林地的立地质量划分为差、较差、中等、较好和好 5 个等级。

全国 6065 万公顷可造林地中，立地质量评价等级为好的 256 万公顷，占 4%；较好的 1127 万公顷，占 19%；中等的 2625 万公顷，占 43%；较差的 1572 万公顷，占 26%；差的 485 万公顷，占 8%（表 11）。立地质量好和较好的占 23%；立地质量差和较差的占 34%。从各地类分析：宜林地中，立地质量好和较好的占 21%，立地质量差和较差的占 34%；疏林地中，立地质量好和较好的占 31%，立地质量差和较差的占 33%；一般灌木林地中，立地质量好和较好的占 23%，立地质量差和较差的占 38%；无立木林地中，立地质量好和较好的占 22%，立地质量差和较差的占 34%；陡坡及严重沙化耕地中，立地质量好和较好的占 26%，立地质量差和较差的占 28%。

表 11 可造林地面积按立地质量等级统计表

可造林地类	项 目	合 计	差	较 差	中 等	较 好	好
合 计	面积(万公顷)	6064.91	485.08	1572.23	2624.92	1126.63	256.05
	占比例(%)	100.0	8.0	25.9	43.3	18.6	4.2
宜林地	面积(万公顷)	2717.22	218.86	718.65	1217.97	473.29	88.45
	占比例(%)	100.0	8.1	26.4	44.8	17.4	3.3
疏林地	面积(万公顷)	305.99	25.05	76.48	109.68	67.26	27.52
	占比例(%)	100.0	8.2	25.0	35.8	22.0	9.0
一般灌木林地	面积(万公顷)	1170.77	112.75	326.57	458.10	221.30	52.05
	占比例(%)	100.0	9.6	27.9	39.1	18.9	4.5
无立木林地	面积(万公顷)	890.93	68.65	235.08	390.25	156.92	40.03
	占比例(%)	100.0	7.7	26.4	43.8	17.6	4.5
陡坡及严重沙化耕地	面积(万公顷)	980.00	59.77	215.45	448.92	207.86	48.00
	占比例(%)	100.0	6.1	22.0	45.8	21.2	4.9

表 12 各造林分区可造林地面积按立地质量等级统计表

造林分区	项 目	合 计	差	较 差	中 等	较 好	好
合 计	面积(万公顷)	6064.91	485.08	1572.23	2624.92	1126.63	256.05
	占比例(%)	100.0	8.0	25.9	43.3	18.6	4.2
东部季风寒温带区	面积(万公顷)	80.17	2.56	23.65	3.20	23.71	27.05
	占比例(%)	100.0	3.2	29.5	4.0	29.6	33.7
东部季风中温带区	面积(万公顷)	414.93	23.53	91.84	182.98	93.27	23.31
	占比例(%)	100.0	5.7	22.1	44.1	22.5	5.6
东部季风暖温带区	面积(万公顷)	993.46	139.74	357.04	302.30	185.16	9.22
	占比例(%)	100.0	14.1	36.0	30.4	18.6	0.9
东部季风亚热带区	面积(万公顷)	2552.18	177.70	581.00	1065.10	571.66	156.72
	占比例(%)	100.0	7.0	22.8	41.7	22.4	6.1
东部季风热带区	面积(万公顷)	91.87	7.19	24.93	34.79	17.76	7.20
	占比例(%)	100.0	7.8	27.1	37.9	19.3	7.9
西北半干旱区	面积(万公顷)	1584.61	115.97	390.60	882.28	188.75	7.01
	占比例(%)	100.0	7.3	24.7	55.7	11.9	0.4
西北干旱区	面积(万公顷)	85.95	3.84	11.90	67.17	2.00	1.04
	占比例(%)	100.0	4.5	13.8	78.2	2.3	1.2
青藏高寒区	面积(万公顷)	261.74	14.55	91.27	87.10	44.32	24.50
	占比例(%)	100.0	5.5	34.9	33.3	16.9	9.4

从造林分区看，东部季风亚热带区可造林地面积最大，面积为2552万公顷，占全国的42%；其中立地质量等级好和较好的占29%；立地质量等级差和较差的占30%。其次是西北半干旱区，面积为1585万公顷，占全国的26%；其中立地质量等级好和较好的占12%；立地质量等级差和较差的占32%。排在第三的是东部季风暖温带区，面积为993万公顷，占全国的16%；其中立地质量等级好和较好的占20%；立地质量等级差和较差的占50%。上述3个区可造林地面积合计5130万公顷，占全国的84%，因此东部季风亚热带区、西北半干旱区和东部季风暖温带区是今后一段时期我国造林绿化的重点区域。

四、全国可造林地适应性造林方式

可造林地适应性造林方式，取决于可造林地所处的水热条件、立地质量以及植被状况，具体确定原则：①因地制宜原则。依据不同造林分区水热条件，对于水热条件和立地质量较好的地段，应积极采取人工造林方式，促进林灌植被恢复；同时，有条件的地块，要充分依靠自然力作用，采取封山育林的方式恢复植被。②保护优先原则。充分保护好自然生境和现有植被，在不会引起水土流失、土壤沙化情况下，选取适宜的造林方式。特别是旱区造林，应以优先保护好现有植被为前提，确定造林方式。③先易后难原则。通过适当的人为促进措施，容易恢复森林或灌木植被的，应优先采取人工造林方式。

全国按积温、降水、干燥度进行造林分区后，各造林分区内水热条件可认为基本一致。根据上述原则，分别按造林分区，对适应性造林方式进行分析。本报告在分析中，将造林方式分为封山育林和人工造林两种，其中封山育林包括封育、人工促进天然更新等，人工造林包括植苗、播种（含飞播）、分殖等方式。

（一）东部季风寒温带区

东部季风寒温带区西北界和东北界为陆地国界线；东南界依据≥10℃年积温1600℃等值线；西南界依据400毫米降水等值线，≥10℃年积温1600℃等值线，并参照寒温性树种兴安落叶松的分布而定。范围包括黑龙江省西北部、内蒙古自治区东北部。

1. 自然概况

本区属大兴安岭北部山系，地貌类型以山地丘陵为主。气候属寒温带季风区，为显著大陆性气候。属于东西伯利亚植物区系，区内植物种类贫乏，寒温带明亮针叶林是本区的主体部分。本区≥10℃的天数<105天，≥10℃年积温<1600℃，降水量<450毫米，极端低温<−45℃。

2. 可造林地情况

东部季风寒温带区可造林地面积80万公顷。可造林地按地类分，宜林地31万公顷，占39%；疏林地26万公顷，占33%；一般灌木林地22万公顷，占27%；无立木林地1万公顷，占1%。按立地质量等级分，立地质量等级好和较好的面积51万公顷，占63%；

立地质量等级中等的面积3万公顷，占4%；立地质量等级差和较差的面积26万公顷，占33%（表13）。

表13　东部季风寒温带区可造林地按立地质量等级统计表　　单位：万公顷

可造林地类	合　计	差	较　差	中　等	较　好	好
合　计	80.17	2.56	23.65	3.20	23.71	27.05
宜林地	31.60	2.56	17.25	1.92	3.94	5.93
疏林地	26.25		4.48		9.23	12.54
一般灌木林地	21.66		1.92	1.28	10.54	7.92
无立木林地	0.66					0.66

3. 适应性造林方式

该区气候寒冷，生长季短，适宜封山育林或人工促进天然更新，不适宜大规模的人工造林。根据可造林地类、立地质量等级分别确定适应的造林方式。宜林地和无立地中，立地质量等级差宜采取封山育林；立地质量等级较差、中等、较好和好的宜采取人工造林。疏林地和一般灌木林地宜采取封山育林。东部季风寒温带区可造林地面积80万公顷中，适宜封山育林的50万公顷，占63%；适宜人工造林的30万公顷，占37%（表14）。

表14　东部季风寒温带区可造林地面积按适应造林方式统计表

可造林地类	合　计（万公顷）	封山育林			人工造林		
		立地等级	面积（万公顷）	比例（%）	立地等级	面积（万公顷）	比例（%）
合　计	80.17		50.47	63.0		29.70	37.0
宜林地	31.60	差	2.56	8.1	较差、中等、较好和好	29.04	91.9
疏林地	26.25	全部	26.25	100.0			
一般灌木林地	21.66	全部	21.66	100.0			
无立木林地	0.66	差			较差、中等、较好和好	0.66	100.0

（二）东部季风中温带区

东部季风中温带区西北界与寒温带区相接；东北界、东界为陆地国界线；南界走向基本按≥10℃年积温3400℃等值线；西部以海拉尔—齐齐哈尔—大兴安岭东麓一线为界与半干旱区相接。行政范围涉及黑龙江省、吉林省中东部、辽宁省、内蒙古自治区东北部。

1. 自然概况

本区地貌以山地丘陵和平原为主体，其中山地是东北中温带针阔叶混交林的主要分布区，本区的东北平原，又称松辽平原，由松嫩平原、辽河平原和松辽分水岭地带组成，是我国三大平原之一。本区气候具有海洋湿润型温带季风气候的特征。植物区系为长白植物区系分布区的核心部分，地带性植被为温带针叶落叶阔叶混交林，最主要的特征是由红松为主构成的针阔叶混交林，区内植被的垂直分布也较明显。本区≥10℃的天数

106～180 天，≥10℃年积温 1600～3400℃，降水量 400～700 毫米，极端低温 -45～-25℃。

2. 可造林地情况

东部季风中温带区可造林地面积 415 万公顷。可造林地按地类分，宜林地 271 万公顷，占 65%；疏林地 23 万公顷，占 6%；一般灌木林地 50 万公顷，占 12%；无立木林地 65 万公顷，占 16%；陡坡及严重沙化耕地 6 万公顷，占 1%。按立地质量等级分，立地质量等级好和较好的面积 117 万公顷，占 28%；立地质量等级中等的面积 183 万公顷，占 44%；立地质量等级为差和较差的面积 115 万公顷，占 28%。

表 15 东部季风中温带区可造林地面积按立地质量等级统计表 单位：万公顷

可造林地类	合 计	差	较 差	中 等	较 好	好
合 计	414.93	23.53	91.84	182.98	93.27	23.31
宜林地	271.01	15.14	60.31	121.08	61.07	13.41
疏林地	22.93	1.14	5.41	9.04	5.19	2.15
一般灌木林地	49.66	4.77	13.34	16.97	10.24	4.34
无立木林地	65.37	2.31	12.03	31.01	16.61	3.41
陡坡及严重沙化耕地	5.96	0.17	0.75	4.88	0.16	

（3）适应性造林方式。该区降水量较大，气候湿润，适宜森林植被恢复和生长。宜林地、无立地林地以及陡坡及严重沙化耕地中的可造林地，适宜采取人工造林方式，尽快恢复乔灌植被。疏林地和一般灌木林地中的可造林地，宜采取封山育林。东部季风中温带区可造林地面积 415 万公顷中，适宜封山育林的 73 万公顷，占 17%；适宜人工造林的 342 万公顷，占 83%（表 16）。

表 16 东部季风中温带区可造林地面积按适应造林方式统计表

可造林地类	合 计（万公顷）	封山育林			人工造林		
		立地等级	面积（万公顷）	比例（%）	立地等级	面积（万公顷）	比例（%）
合 计	414.93		72.59	17.5		342.34	82.5
宜林地	271.01				全部	271.01	100.0
疏林地	22.93	全部	22.93	100.0			
一般灌木林地	49.66	全部	49.66	100.0			
无立木林地	65.37				全部	65.37	100.0
陡坡及严重沙化耕地	5.96				全部	5.96	100.0

（三）东部季风暖温带区

东部季风暖温带区北界与中温带区和半干旱区相接；东界以海岸线为界线（含沿海岛屿）；南界基本按≥10℃年积温 4800℃等值线；西界基本按年降水量 400 毫米等值线。行政区域涉及辽宁、北京、天津、河北、山东、山西、陕西、河南、宁夏、甘肃、江苏、安徽 12 个省（直辖市）。

1. 自然概况

本区地处我国第三、第二阶梯上，从渤海、黄海之滨的海平面向西递升到黄土高原。从北到南分布着辽河、海河、黄河和淮河四大水系。地势是西高东低，由于地形的影响，温度东高西低、由海洋季风型气候向大陆季风型气候转变。总的特点是，春季干旱多风，夏秋炎热多雨，冬季寒冷干燥。山地、丘陵、盆地、平原并存，大部分地区光热条件较好，森林景观为冬季落叶的阔叶林。本区≥10℃的天数 181～225 天，≥10℃年积温 3100～4800℃，降水量 400～1000 毫米，极端低温 -25～-5℃。

2. 可造林地情况

东部季风暖温带区可造林地面积 993 万公顷(表 17)。可造林地面积按地类分，宜林地 412 万公顷，占 42%；疏林地 41 万公顷，占 4%；一般灌木林地 332 万公顷，占 33%；无立木林地 111 万公顷，占 11%；陡坡及严重沙化耕地 97 万公顷，占 10%。按立地质量等级分，立地质量等级好和较好的面积 194 万公顷，占 20%；立地质量等级中等的面积 302 万公顷，占 30%；立地质量等级为差和较差的面积 497 万公顷，占 50%。

表 17 东部季风暖温带区可造林地面积按立地质量等级统计表 单位：万公顷

可造林地类	合计	差	较差	中等	较好	好
合计	993.46	139.74	357.04	302.3	185.16	9.22
宜林地	412.26	49.55	145.94	119.54	95.64	1.59
疏林地	41.71	8.03	17.79	9.91	4.83	1.15
一般灌木林地	331.90	48.91	109.57	99.79	68.49	5.14
无立木林地	110.80	20.47	46.76	34.72	7.51	1.34
陡坡及严重沙化耕地	96.79	12.78	36.98	38.34	8.69	

3. 适应性造林方式

该区水热条件好。宜林地、无立地林地以及陡坡及严重沙化耕地中的可造林地，适宜采取人工造林方式，尽快恢复乔灌植被。疏林地和一般灌木林地中的可造林地，宜采取封山育林。东部季风暖温带区可造林地面积 993 万公顷中，适宜封山育林的 373 万公顷，占 38%；适宜人工造林的 620 万公顷，占 62%(表 18)。

表 18 东部季风暖温带区可造林地面积按适应造林方式统计表

可造林地类	合计(万公顷)	封山育林			人工造林		
		立地等级	面积(万公顷)	比例(%)	立地等级	面积(万公顷)	比例(%)
合计	993.46		373.61	37.6		619.85	62.4
宜林地	412.26				全部	412.26	100.0
疏林地	41.71	全部	41.71	100.0			
一般灌木林地	331.90	全部	331.90	100.0			
无立木林地	110.80				全部	110.80	100.0
陡坡及严重沙化耕地	96.79				全部	96.79	100.0

（四）东部季风亚热带区

东部季风亚热带区地处华东、华中、华南、西南以及青藏高原东南局部地区。西北界以森林分布线为主要指标与青藏高原相接，北界沿秦岭山脊向东至伏牛山主脉南侧，转向东南，沿分水岭至淮河主流，通过洪泽湖；东界为东南海岸和台湾岛以及所属的沿海诸岛屿；南界大致是在北回归线附近，根据8000℃积温线，以南岭南坡山麓、两广中部和福建东南沿海、台湾北部为界，与热带区相邻；西南界为陆地国界线。在行政区域上，本区共涉及西藏、青海、甘肃、陕西、河南、安徽、江苏、上海、四川、重庆、湖北、浙江、贵州、湖南、江西、福建、云南、广西、广东、香港、澳门、台湾22个省（自治区、直辖市、特别行政区）。

1. 自然概况

本区地貌的类型复杂多样，平原、盆地、丘陵、高原和山地皆有，北部和中部的地貌单元可分为秦岭、淮阳山地、四川盆地、青藏高原东南部、长江中下游平原和江南丘陵、东南沿海丘陵；南部的地貌单元可分为云贵高原、南岭山地和台湾山地、丘陵、平原及列岛。本区整体上属东亚的亚热带季风气候，在西部由于青藏高原、云贵高原强烈隆升，打乱了热量地带性分布规律，气候垂直变化明显，从低到高、从南到北依次出现高原亚热带、温带、寒带等气候类型。从整体上讲，东南部气候受海洋季风影响较大，越往西、北部，气候的大陆性越强，气温逐渐降低，降水逐渐减少，呈现出从温暖湿润逐步向寒冷干旱过渡的气候特征。本区春夏高温、多雨，而冬季降温显著，但稍干燥。区域降水量比较多，总的规律是由东、南向西、北逐渐减少。本区东部和中部属于中国湿润、半湿润森林带，亚热带东部湿润常绿阔叶林区域和亚热带西部半湿润常绿阔叶林区域。区系组成以中国、日本植物亚区的中国南部亚热带湿润森林植物区系为主，西部青藏高原东南部及云贵高原属泛北极植物区的中国—喜马拉雅森林植物亚区。本区中东部区域≥10℃的天数>226天，≥10℃年积温4800~8000℃，降水量1000~1700毫米，极端低温−10~10℃，而本区西北部位于青藏高原东南部区域，≥10℃的天数>50天，≥10℃年积温>3000℃，降水量>500毫米。

2. 可造林地情况

东部季风亚热带区可造林地面积2552万公顷（表19）。可造林地面积按地类分，宜林地721万公顷，占28%；疏林地152万公顷，占6%；一般灌木林地583万公顷，占23%；无立木林地374万公顷，占15%；陡坡及严重沙化耕地722万公顷，占28%。按立地质量等级分，立地质量等级好和较好的面积728万公顷，占28%；立地质量等级中等的面积1065万公顷，占42%；立地质量等级为差和较差的面积759万公顷，占30%。

表19 东部季风亚热带区可造林地面积按立地质量等级统计表 单位：万公顷

可造林地类	合 计	差	较 差	中 等	较 好	好
合 计	2552.18	177.70	581.00	1065.10	571.66	156.72
宜林地	721.21	56.99	166.17	270.68	172.40	54.97
疏林地	152.29	11.95	35.10	59.41	37.10	8.73
一般灌木林地	582.74	52.40	163.87	246.82	99.86	19.79
无立木林地	373.80	23.79	80.29	147.73	92.64	29.35
陡坡及严重沙化耕地	722.14	32.57	135.57	340.46	169.66	43.88

3. 适应性造林方式

该区降雨丰富，水热条件好，森林植被恢复快。宜林地、无立地林地、陡坡及严重沙化耕地中的可造林地，适宜采取人工造林方式，尽快恢复乔灌植被。疏林地和一般灌木林地中的可造林地，立地质量等级差、较差、中等的宜采取封山育林；立地质量等级较好和好的宜采取人工造林。东部季风亚热带区可造林地面积2552万公顷中，适宜封山育林的569万公顷，占22%；适宜人工造林的1983万公顷，占78%（表20）。

表20 东部季风亚热带区可造林地面积按适应造林方式统计表

可造林地类	合 计（万公顷）	封山育林			人工造林		
		立地等级	面积（万公顷）	比例（%）	立地等级	面积（万公顷）	比例（%）
合 计	2552.18		569.55	22.3		1982.63	77.7
宜林地	721.21				全部	721.21	100.0
疏林地	152.29	差、较差、中等	106.46	69.9	较好、好	45.83	30.1
一般灌木林地	582.74	差、较差、中等	463.09	79.5	较好、好	119.65	20.5
无立木林地	373.80				全部	373.80	100.0
陡坡及严重沙化耕地	722.14				全部	722.14	100.0

（五）东部季风热带区

东部季风热带区位于我国南方热带地区，北界与亚热带区相接，东、南、西界均为国界线。行政范围共涉及西藏、云南、广西、广东、海南和台湾6个省及南海诸岛。

1. 自然概况

本区处在我国地势的第二和第三台阶上，西高东低，明显分为东西两个不同的部分。地貌类型复杂多样，以山地、丘陵为主，大陆地区有雷州半岛和平原、台地、盆地、谷地等。属于热带季风气候，受东南季风和西南季风影响，气候高温多雨，与典型热带气候相比，具有明显的旱季。在植物地理分区中基本属于古热带植物区，其植物区系组成以热带东南亚成分为主体，其次是热带的其他成分和亚热带成分，温带成分极少，仅见于热带山地的高海拔处。地带性森林植被为热带季雨林、雨林。本区≥10℃的天数365天，≥10℃年积温>7500℃，降水量>1700毫米，极端低温10~18℃。

2. 可造林地情况

东部季风热带区可造林地面积 92 万公顷（表 21）。可造林地面积按地类分，宜林地 33 万公顷，占 36%；疏林地 3 万公顷，占 4%；一般灌木林地 6 万公顷，占 6%；无立木林地 17 万公顷，占 18%；陡坡及严重沙化耕地 33 万公顷，占 36%。按立地质量等级分，立地质量等级好和较好的面积 25 万公顷，占 27%；立地质量等级中等的面积 35 万公顷，占 38%；立地质量等级为差和较差的面积 32 万公顷，占 35%。

表 21　东部季风热带区可造林地面积按立地质量等级统计表　　单位：万公顷

可造林地类	合　计	差	较　差	中　等	较　好	好
合　计	91.87	7.19	24.93	34.79	17.76	7.2
宜林地	33.35	4.08	6.35	12.00	8.52	2.4
疏林地	3.36	0.48	1.44		0.96	0.48
一般灌木林地	5.86	0.47	2.28	1.79	1.32	
无立木林地	16.54	0.24	5.02	5.76	3.12	2.40
陡坡及严重沙化耕地	32.76	1.92	9.84	15.24	3.84	1.92

3. 适应性造林方式

该区降雨丰富，水热条件好，森林植被恢复快。宜林地、无立地林地以及陡坡及严重沙化耕地中的可造林地，适宜采取人工造林方式，尽快恢复乔灌植被。疏林地和一般灌木林地中的可造林地，立地质量等级差、较差、中等的宜采取封山育林；立地质量等级较好和好的宜采取人工造林。东部季风热带区可造林地面积 92 万公顷中，适宜封山育林的 7 万公顷，占 7%；适宜人工造林的 85 万公顷，占 93%（表 22）。

表 22　东部季风热带区可造林地面积按适应造林方式统计表

可造林地类	合　计（万公顷）	封山育林			人工造林		
		立地等级	面积（万公顷）	比例（%）	立地等级	面积（万公顷）	比例（%）
合　计	91.87		6.46	7.0		85.41	93.0
宜林地	33.35				全部	33.35	100.0
疏林地	3.36	差、较差、中等	1.92	57.1	较好、好	1.44	42.9
一般灌木林地	5.86	差、较差、中等	4.54	77.5	较好、好	1.32	22.5
无立木林地	16.54				全部	16.54	100.0
陡坡及严重沙化耕地	32.76				全部	32.76	100.0

（六）西北半干旱区

西北半干旱区年干燥度介于 1.5～3.5 之间，年降水量 200～500 毫米，且位于 4000 米高原面以东的地区，包括海拉尔—齐齐哈尔—大兴安岭东麓—燕山—太行山—陕北—甘宁南部一线以西，锡林郭勒—呼和浩特—贺兰山—日月山一线以东的广大地区。此外新疆北部天山山脉北麓、阿尔泰山脉、准噶尔盆地西部也属半干旱区。共涉及北京、天津、河北、山西、内蒙古、辽宁、吉林、黑龙江、山东、河南、四川、云南、西藏、陕西、甘肃、青海、宁夏、新疆18个省(自治区、直辖市)。

1. 自然概况

本区地貌呈以高原为主，山地、丘陵、平原和风沙地貌相间分布的复杂格局。本区深居内陆，全境属中温带大陆性气候，干旱少雨且时空分布不均，水资源短缺且地域分异突出，光热资源较丰富且过渡明显，风大风多且灾害严重。地带性植被与地理气候条件一样呈现明显的过渡性，分为森林草原地带和草原地带。植物区系以中亚东部成分和蒙古草原成分为主。本区≥10℃的天数106～180天，降水量200～500毫米，年干燥度1.5～3.5。

2. 可造林地情况

西北半干旱区可造林地面积1585万公顷(表23)。可造林地面积按地类分，宜林地1060万公顷，占67%；疏林地47万公顷，占3%；一般灌木林地85万公顷，占5%；无立木林地287万公顷，占18%；陡坡及严重沙化耕地106万公顷，占7%。按立地质量等级分，立地质量等级好和较好的面积196万公顷，占12%；立地质量等级中等的面积882万公顷，占56%；立地质量等级为差和较差的面积507万公顷，占32%。

表23　西北半干旱区可造林地面积按立地质量等级统计表　　单位：万公顷

可造林地类	合　计	差	较　差	中　等	较　好	好
合　计	1584.61	115.97	390.60	882.28	188.75	7.01
宜林地	1059.78	81.14	251.11	615.24	109.33	2.96
疏林地	47.22	2.86	10.43	25.67	7.60	0.66
一般灌木林地	84.36	2.46	21.01	45.94	14.23	0.72
无立木林地	287.06	18.00	79.47	153.84	33.84	1.91
陡坡及严重沙化耕地	106.19	11.51	28.58	41.59	23.75	0.76

3. 适应性造林方式

该区干旱少雨，水资源短缺，光热资源较丰富，植被恢复难度大。宜林地中的可造林地，立地质量等级为差的宜采取封山育林，立地质量等级为较差、中等、较好和好的宜采取人工造林。无立木林地和陡坡及严重沙化耕地中的可造林地宜采取人工造林。疏林地和一般灌木林地中的可造林地，宜采取封山育林。西北半干旱区可造林地面积1585万公顷中，适宜封山育林的213万公顷，占13%；适宜人工造林的1372万公顷，占87%(表24)。

表 24 西北半干旱区可造林地面积按适应造林方式统计表

可造林地类	合 计（万公顷）	封山育林			人工造林		
		立地等级	面积(万公顷)	比例(%)	立地等级	面积(万公顷)	比例(%)
合 计	1584.61		212.72	13.4		1371.89	86.6
宜林地	1059.78	差	81.14	7.7	较差、中等、较好、好	978.64	92.3
疏林地	47.22	全部	47.22	100.0			
一般灌木林地	84.36	全部	84.36	100.0			
无立木林地	287.06				全部	287.06	100.0
陡坡及严重沙化耕地	106.19				全部	106.19	100.0

(七)西北干旱区

西北干旱区年干燥度介于 3.5～20 之间，年降水量 100～250 毫米，且位于 4000 米高原面以北的地区，包括新疆的准噶尔盆地、塔里木盆地西北部、巴里坤山以北地区、天山、昆仑山，青藏高原北部，甘肃的河西走廊，宁夏北部以及内蒙古高原中西部。

1. 自然概况

本区属半荒漠地带，地域辽阔，地貌类型多样，高原、山地、沙漠、戈壁广泛分布，还有大面积发达的农业灌区。乔木林主要分布在山地，荒漠、半荒漠天然灌丛广泛分布。本区域东西、南北跨度大，包括暖温带、中温带、高原温带和高原亚寒带，气候相对复杂。太阳辐射强，昼夜温差大，夏季干热，冬季寒冷，大风日数多、沙尘暴频发。降水稀少、变率大，大部分地区年降水量在 100～250 毫米之间，降水主要集中在夏季，天然植被以灌木、草本为主，山地、河流两岸分布有乔木树种。本区≥10℃的天数 106～225 天，降水量 100～250 毫米，年干燥度 3.5～20。

2. 可造林地情况

西北干旱区可造林地面积 86 万公顷(表 25)。可造林地面积按地类分，宜林地 67 万公顷，占 78%；疏林地 3 万公顷，占 4%；无立木林地 12 万公顷，占 13%；陡坡及严重沙化耕地 4 万公顷，占 5%。按立地质量等级分，立地质量等级好和较好的面积 3 万公顷，占 4%；立地质量等级中等的面积 67 万公顷，占 78%；立地质量等级为差和较差的面积 16 万公顷，占 18%。

表 25 西北干旱区可造林地面积按立地质量等级统计表　　单位：万公顷

可造林地类	合 计	差	较 差	中 等	较 好	好
合 计	85.95	3.84	11.90	67.17	2.00	1.04
宜林地	67.08	3.00	10.97	51.37	1.08	0.66
疏林地	3.20		0.27	2.01	0.92	
无立木林地	11.62	0.84	0.66	10.12		
陡坡及严重沙化耕地	4.05			3.67		0.38

3. 适应性造林方式

该区降水稀少，蒸发量大，植被恢复难度极大。宜林地中的可造林地，立地质量等级为差的宜采取封山育林，立地质量等级为较差、中等、较好和好的宜采取人工造林，以恢复乔灌植被。无立地林地和陡坡及严重沙化耕地宜采取人工造林。疏林地宜采取封山育林。西北干旱区可造林地面积86万公顷中，适宜封山育林的6万公顷，占7%；适宜人工造林的80万公顷，占93%（表26）。

表26 西北干旱区可造林地面积按适应造林方式统计表

可造林地类	合　计（万公顷）	封山育林			人工造林		
		立地等级	面积（万公顷）	比例（%）	立地等级	面积（万公顷）	比例（%）
合　计	85.95		6.20	7.2		79.75	92.8
宜林地	67.08	差	3.00	4.5	较差、中等、较好、好	64.08	95.5
疏林地	3.20	全部	3.20	100.0			
无立木林地	11.62				全部	11.62	100.0
陡坡及严重沙化耕地	4.05				全部	4.05	100.0

（八）青藏高寒区

青藏高寒区北界、东界以4000米高原面与第二台阶分开；南界以森林分布带分开；西界为陆地国界线。本区范围包括青海省、西藏自治区大部分地区，新疆维吾尔自治区、甘肃省和四川省小部分地区。

1. 自然概况

本区是地球上最强烈的隆起区——青藏高原，有世界上著名的巨大山脉、江河、众多的湖泊和大面积的冰川，发育有高山、高原、盆地等各种地貌类型。属于高原气候，总体特征表现为，空气稀薄，日照充足，太阳辐射强，气温低，日较差大，年变化较小。植物区系属于泛北极植物区中的青藏高原植物亚区，由于环境条件限制了植物区系的发生与发展，通常由东南向西北地势愈高、种类愈少，区系起源愈年轻。本区的植被分布呈现明显的水平地带性规律，由东南向西北依次是：高寒灌丛（4000～4500米）、高寒草甸（4000～4500米）、高寒草原（4500～5000米）、高寒荒漠（5000米以上）。本区≥10℃的天数<50天，降水量<400毫米，海拔>4000米。

2. 可造林地情况

青藏高寒区可造林地面积262万公顷（表27）。可造林地面积按地类分，宜林地121万公顷，占46%；疏林地10万公顷，占4%；一般灌木林地94万公顷，占36%；无立木林地25万公顷，占9%；陡坡及严重沙化耕地12万公顷，占5%。按立地质量等级分，立地质量等级好和较好的面积69万公顷，占26%；立地质量等级中等的面积87万公顷，占33%；立地质量等级为差和较差的面积106万公顷，占40%。

表 27 青藏高寒区可造林地面积按立地质量等级统计表 单位：万公顷

可造林地类	合 计	差	较 差	中 等	较 好	好
合 计	261.74	14.55	91.27	87.10	44.32	24.50
宜林地	120.93	6.40	60.55	26.14	21.31	6.53
疏林地	9.63	0.59	1.65	4.06	1.52	1.81
一般灌木林地	93.99	3.74	14.49	45.09	16.53	14.14
无立木林地	25.08	3.00	10.85	7.07	3.20	0.96
陡坡及严重沙化耕地	12.11	0.82	3.73	4.74	1.76	1.06

3. 适应性造林方式

该区空气稀薄，日照充足，气温低。宜林地中的可造林地，立地质量等级为差和较差的宜采取封山育林，立地质量等级为中等、较好和好的宜采取人工造林。疏林地和一般灌木林地中的可造林地，宜采取封山育林。无立地林地和陡坡及严重沙化耕地宜采取人工造林。青藏高寒区可造林地面积 262 万公顷中，适宜封山育林的 171 万公顷，占 65%；适宜人工造林的 91 万公顷，占 35%（表 28）。

表 28 青藏高寒区可造林地面积按适应造林方式统计表

可造林地类	合 计（万公顷）	封山育林			人工造林		
		立地等级	面积（万公顷）	比例（%）	立地等级	面积（万公顷）	比例（%）
合 计	261.74		170.57	65.2		91.17	34.8
宜林地	120.93	差、较差	66.95	55.4	中等、较好、好	53.98	44.6
疏林地	9.63	全部	9.63	100.0			
一般灌木林地	93.99	全部	93.99	100.0			
无立木林地	25.08				全部	25.08	100.0
陡坡及严重沙化耕地	12.11				全部	12.11	100.0

（九）全国可造林地适应性造林方式概述

全国潜在造林地总量 8262 万公顷中，可造林地面积 6065 万公顷，占 73%。依据上述各造林分区可造林适应性造林方式分析，全国可造林地中，适宜人工造林的面积 4603 万公顷，占 76%；适宜封山育林的面积 1462 万公顷，占 24%（表 29）。

从可造林地类分析，宜林地中适宜人工造林的面积比例为 94%、封山育林的面积比例为 6%；疏林地中适宜人工造林的面积比例为 15%、封山育林的面积比例为 85%；一般灌木林地中适宜人工造林的面积比例为 10%、封山育林的面积比例为 90%。无立木林地适宜人工造林。陡坡及严重沙化耕地均宜通过人工造林进行退耕还林。

其中，青藏高寒区、东部季风寒温带区封山育林的比例相对较大，分别为 65% 和 63%；东部季风亚热带区、西北半干旱区和东部季风暖温带区人工造林面积较大，分别达到 1983 万公顷、1372 万公顷和 620 万公顷（表 30）。在 6065 万公顷的可造林地中，根据可造林地的水热条件和立地质量初步估计，适宜营造乔木林的面积约占 70%；适宜营造灌木林的面积约占 30%。

表 29 各地类按按适应性造林方式统计表

单位：万公顷

项目			合计	宜林地	疏林地	一般灌木林地	无立木林地	陡坡及严重沙化耕地
潜在造林地	合计		8261.72	3957.61	400.68	1828.55	1024.75	1050.13
	可造林地	小计	6064.91	2717.22	306.59	1170.17	890.93	980.00
		封山育林	1462.17	153.65	259.32	1049.20		
		人工造林	4602.74	2563.57	47.27	120.97	890.93	980.00
	暂不可造林地		2196.81					

表 30 各造林分区可造林地面积按适应造林方式统计表

造林分区	合计（万公顷）	封山育林		人工造林	
		面积（万公顷）	比例（%）	面积（万公顷）	比例（%）
全国	6064.91	1462.17	24.1	4602.74	75.9
东部季风寒温带区	80.17	50.47	63.0	29.70	37.0
东部季风中温带区	414.93	72.59	17.5	342.34	82.5
东部季风暖温带区	993.46	373.61	37.6	619.85	62.4
东部季风亚热带区	2552.18	569.55	22.3	1982.63	77.7
东部季风热带区	91.87	6.46	7.0	85.41	93.0
西北半干旱区	1584.61	212.72	13.4	1371.89	86.6
西北干旱区	85.95	6.20	7.2	79.75	92.8
青藏高寒区	261.74	170.57	65.2	91.17	34.8

五、造林成本

全国人工造林费用在 900～1328 元/亩，平均约 1056 元/亩，封山育林费用 100 元～200 元/亩，平均约 140 元/亩。人工造林费用中，苗木费约 200 元/亩，占 19%；造林用工费用约 830 元/亩，占 79%；管护费用约 26 元/亩，占 2%（表 31）。

表 31 各造林分区造林费用分析表

造林分区	人工造林费用（元/亩）	苗木费（元/亩）	造林用工费用（元/亩）	造林用工量（工日/亩）	劳动力工价（元/工日）	管护费用（元/亩）	每亩年管护费用（元/亩·年）	管护年限（年）	封山育林费用（元/亩）
全国平均	1056	200	830			26			140
东部季风寒温带区	900	150	720	6	120	30	6	5	100
东部季风中温带区	900	150	720	6	120	30	6	5	100
东部季风暖温带区	980	200	750	5	150	30	6	5	150
东部季风亚热带区	1108	190	900	6	150	18	6	3	200
东部季风热带区	1198	280	900	6	150	18	6	3	200
西北半干旱区	940	190	720	6	120	30	6	5	150
西北干旱区	1070	200	840	7	120	30	6	5	150
青藏高寒区	1328	230	1080	9	120	18	6	3	100

从各造林分区看，人工造林费用青藏高寒区最高，约为 1328 元/亩；其次是东部季风热带区，约为 1198 元/亩。封山育林费用东部季风热带区、东部季风亚热带区较高，

约200元/亩；其次是东部季风暖温带区、西北半干旱区、西北干旱区，约150元/亩。

六、结论与建议

(一)主要结论

1. 全国可造林地约6065万公顷，主要分布在我国华北、西北和西南省份

我国潜在造林地主要包括宜林地、疏林地、一般灌木林地、无立木林地以及陡坡及严重沙化耕地。根据第八次全国森林资源清查样地资料测算分析，5类面积合计，我国潜在造林地总量约8262万公顷，扣除年均降水量200毫米以下地区、海拔3500米以上的高山地区以及坡度在45°以上的区域等不适于开展人为营造林活动的面积，全国可造林地面积约6065万公顷。全国可造林地面积主要分布在华北的内蒙古、山西、河北，西北的甘肃、陕西、青海，以及西南的云南、四川、贵州，9省(自治区)可造林地合计4309万公顷，占全国的71%。今后一段时期我国人工造林的重点在华北、西北和西南地区。此外，根据《全国造林绿化纲要(2010～2020年》和《全国矿区植被恢复规划》，全国还有城乡、通道及部门绿化土地约1300万公顷，矿区废弃地约150万公顷。如果加上这两项，全国可用于造林绿化的土地估计为7500万公顷。

2. 我国可造林地立地质量较差，立地质量好的只占23%，造林难度越来越大

全国可造林地6065万公顷中，立地质量好和较好的占23%；立地质量中等的占43%；立地质量差和较差的占34%。特别是，西北半旱区可造林地立地质量更差，立地质量评价为好和较好的只占12%。随着我国人工造林的重点逐步向华北、西北和西南地区转移，造林难度越来越大。

3. 全国可造林地适宜人工造林的面积有4603万公顷、适宜封山育林的面积有1462万公顷

根据可造林地所在地的水热条件、立地质量和植被生长(地类)情况，分别造林分区确定可造林地适应性造林方式。全国可造林地6065万公顷中，适宜人工造林的面积4603万公顷，占76%；适宜封山育林的面积1462万公顷，占24%。其中，无立木林地和陡坡及严重沙化耕地均宜人工造林；宜林地适宜人工造林的面积比例为94%、封山育林的面积比例为6%；疏林地适宜人工造林的面积比例为15%、封山育林的面积比例为85%；一般灌木林地适宜人工造林的面积比例为10%、封山育林的面积比例为90%。

从造林分区看，东部季风寒温带区适宜人工造林面积30万公顷，适宜封山育林面积50万公顷；东部季风中温带区适宜人工造林面积342万公顷，适宜封山育林面积73万公顷；东部季风暖温带区适宜人工造林面积620万公顷，适宜封山育林面积373万公顷；东部季风亚热带区适宜人工造林面积1983万公顷，适宜封山育林面积569万公顷；东部季风热带区适宜人工造林面积85万公顷，适宜封山育林面积7万公顷；西北半干旱区适宜人工造林面积 1372 万公顷，适宜封山育林面积 213 万公顷；西北干旱区适宜人工造林面积 80 万公顷，适宜封山育林面积 6 万公顷；青藏高寒区适宜人工造林面积 91 万公顷，适宜封山育林面积 171 万公顷。

4. 各地人工造林成本大幅增加，国家对人工造林的补贴偏低

各地劳动力、苗木和管护等费用，与 20 世纪 90 年代比，有较大幅度增加，其中劳动力工价由每个工日 40～50 元增加到 120～150 元，苗木费用由每亩 80～180 元增加到 150～280 元，管护费用由每年每亩 3 元增加到 6 元。人工造林成本增加，每亩人工造林费用由 450～650 元增加到 900～1300 元，目前中央财政对人工造林补贴费用为 300 元/亩，不足造林成本的 1/3。随着我国造林绿化工作的推进，造林地的质量越来越差，造林难度不断增加，加上造林成本费用的增加，造林补贴偏低，致使各地苗木质量、整地和栽植质量难以保障，造林管护难以落实，这是我国造林成林率偏低的重要原因之一。

（二）几点建议

1. 尽快开展全国可造林地普查，全面摸清我国可造林地状况，科学落实造林任务

从本次调研的情况看，各地对可造林地的家底不清，填报的数据与全国森林资源清查分析的数据也有较大的出入，为此本报告中主要利用全国森林资源清查数据进行分析。由于全国森林资源清查是抽样调查的结果，对全国的宏观评价有一定的参考作用，但要准确地评估各地可造林地数量有其抽样精度的局限。为此，建议以全国林地一张图为基础，开展一次全国可造林地普查，将可造林地块及其立地质量逐一落实，为各地科学合理安排造林任务提供依据。

2. 提高人工造林的国家补贴标准，增加地方财政的投资力度，多渠道筹集造林资金，确保人工造林基本成本的投入

近 10 年来，苗木费用、用工费用、管护费用均有较大幅度提高，人工造林成本成倍增加。目前，国家补贴不足造林成本的 1/3，我国造林重点的西北和西南省份财政比较困难，地方配套资金难以落实，人工造林经费严重不足，致使苗木质量、栽植质量无法保障，这是造林成效偏低的重要原因。建议进一步提高国家造林补贴标准，增加地方财政投入，并制定优惠政策，积极吸纳民间资本，多渠道筹集造林资金，保证人工造林所需基本成本的足额投入。

3. 加强困难立地造林技术的研究，加大造林工作的科技支撑力度

目前我国可造林地绝大部分分布在华北、西北和西南省份，立地质量差，随着造林绿化进程的推进，今后造林难度越来越大。为了提高造林困难地区造林成林率，必须加强造林困难地区造林技术的科学研究，按照因地制宜，宜乔则乔、宜灌则灌，适地适树的原则，科学选择造林树种、造林方式，提高造林的科技支撑力度，确保造林成效。

4. 注重乡土树种造林，提高良种壮苗率，加强种苗、整地、栽植和验收全过程管理，确保造林工作质量

造林树种单一、良种壮苗率低，是影响各地造林成效的重要因素之一。乡土树种适应性强，造林易成活，造林后易形成稳定的森林植被群落，应大力提倡乡土树种造林，增加良种壮苗比重，提高造林成活率。同时，应进一步加强造林的质量管理，把质量管理的触角延伸到造林设计、种苗选择、整地栽植、后期管护等造林的各个环节，切实提高造林质量。

5. 重视和加强造林后补植补造和成林前的管护工作，确保栽一株活一株、造一片成一片

各地造林重视整地、栽植，造林验收后很少问津。由于造林地质量越来越差，造林成活越发困难，造林后的补植补造和成林前的管护往往是确保成林的关键环节，为此应重视和加强造林后补植补造和成林前的管护工作，确保造一片成一片，着实提高造林成林率。同时，应加强林地管理，加大林地保护力度，巩固造林成果，确保森林覆盖率目标的实现。

调 研 单 位：国家林业局调查规划设计院
调研组成员：王忠武 刘国强 张煜星 唐小平 黄国胜 杨学云 翁国庆 孙 涛
王军厚 王六如 党永峰 夏朝宗 程志楚 蒲 莹 陈新云 王雪军
杨 英 王红春 周洁敏 王国胜 昝国胜 付安民

世界林业机构研究报告

【摘　要】系统梳理了世界林业机构设置情况，研究了典型国家林业机构设置的决定因素，分析了中国林业发展面临的国内外形势以及中国林业发展定位和目标，总结了中国林业机构设置的特点，探讨了新形势下中国林业机构设置的优化调整思路，为优化林业部门组织结构、提高林业治理能力提供科学依据和决策参考。

一、国外林业机构设置研究

(一)各国林业机构的一般情况

世界上大多数国家林业管理部门职能仅限于狭义上的林业事务，即保护与发展林地、林木以及相关生态系统。仅有小部分国家林业部门除了上述职能外，还承担着保护、管理野生动物、湿地、荒漠生态系统、自然保护区的职能。

2011 年，联合国粮农组织首次从狭义角度分析了各国林业管理体制状况，该统计以森林资源管理主体为口径，发现全球 233 个国家中有 217 个国家设有林业管理部门，这些国家或者将林业部门单独设立，或者与其他机构合设，或者属于其他部委的二级机构，其中单设林业部(委、局)的国家有 13 个，合设部(委、局)的国家有 46 个，从属其他部(委、局)的国家有 113 个，另有 4 个国家由元首或国务大臣直接负责国家林业，而尚未建立全国性林业管理机构的国家有 57 个。

在合设部(委)的国家中，林业工作处于核心职能地位，如刚果林业经济部、摩洛哥水和森林及防治荒漠化高级委员会、加蓬水利森林和绿化部等。在从属其他部的国家中，林业工作实际上由几个部共同管理，如美国的国有林分别由农业部林务局和内政部的国土管理地局、鱼和野生动物管理局、国家公园管理局管理。此外，很多国家还成立了部级的国家林业(森林)委员会，协调国家林业政策执行，审议重大林业问题。

(二)样本国家林业机构行政隶属关系及管理体制

林业管理部门的行政级别和从属关系在很大程度上影响着该国林业政策施行的有效性。为了更好的说明林业机构的整体情况，有必要认真梳理各国林业管理部门的级别及隶属关系。本研究依据林地面积、森林覆盖率、林业产值等主要指标，从全球 233 个国家中选出了 33 个森林经营相对良好，林业发展相对稳定，林业产值占比较高、林业管理相对成熟的国家进行分析。33 个国家中，既有单设部委的国家，如印尼，也有将林业行政管理机构作为其他部委组成部门的国家，如美国、德国等，还有一些合设部委的国家，如印度、加蓬，考虑到各国不同的政治体制和林业产权结构，对33个国家林业管理部门的层级、隶属关系、管理体制和资金来源进行了整理，见表1。

表1 样本国家林业管理机构设置情况统计表

国家	国家结构形式	政治体制	林权结构	主要管理机构	隶属关系	管理体制	资金来源	其他相关管理机构（国家公园、自然保护区、湿地、荒漠、野生动植物管理）
哥斯达黎加	单一制	总统共和制	私有林占55%，公有林占45%	国家林业局	环境能源部	中央统筹，一些专门、非政府的组织（联合执行办公室、国家农场林业委员会）参与管理	财政资金和地方管理机构筹集	农业部
埃塞俄比亚	联邦制	议会共和制	国有林	森林管理局	农业部	中央设管理局，地方由农业部门负责林业管理	财政资金	环境部
肯尼亚	单一制	议会共和制	地方林（地方政府所有）为主，国有林占一部分	林务局；野生动物服务局	环境、水与自然资源部	中央到地方设林务局、保护区、工作站、办事处，垂直管理	中央和地方财政资金	
南非	单一制	总统共和制	公有林占60%，私有林占40%	林业与自然资源管理局	农林渔业部	中央设局，各省设处，共同管理国有天然林；人工林部分由国有林业公司负责经营	财政资金和私人资金	环境事务部
巴布亚新几内亚	单一制	议会制君主立宪制	私有（社区所有）为主	林业局	产业部	中央、省均设林业局		环境部
智利	单一制	半总统半议会制	私有林为主	国家林业公司	农业部	中央、大区、省（相当于我国的市）三级管理，国家林业公司下设15个区域办公室、35个省级办公室	财政资金	环境部（生物多样性）
巴西	联邦制	总统共和制	公有林（公共部门和社区所有）80%，私有林20%	林务局；环境和可持续自然资源管理局；奇科门德斯生物多样性保护局	环境部	联邦、州、市三级林业行政管理机构；国家林业委员会监督管理	财政资金、社区资金和私人经营资金	
加拿大	联邦制	议会制君主立宪制	公有林93%（省有林占77%），私有林7%	林务局	自然资源部	按照属地原则，由各省和地区管理辖区内森林，有独立的立法权和行政权；联邦政府仅负责制定宏观战略等	财政资金	国家公园局（中央和地方分设）

（续）

国家	国家结构形式	政治体制	林权结构	主要管理机构	隶属关系	管理体制	资金来源	其他相关管理机构（国家公园、自然保护区、湿地、荒漠、野生动植物管理）
美国	联邦制	总统制共和制	私有林占60%，公有林占40%	林务局	农业部	联邦、州、县、站四级管理	财政资金和私人经营资金	内政部的国土管理局、鱼和野生动物管理局、国家公园服务局
日本	单一制	议会内阁制	私有林占60%，国有占30%，公有占10%	林野厅	农林水产省	分类管理：林野厅管国有林，地方（主要是3级林农合作组织）管私有林，中央和地方属业务指导关系	财政拨款和私人经营资金	环境省（湿地、荒漠）
马来西亚	联邦制	君主立宪制	国有（国家、州政府共有）	半岛林业总局；木材工业局，木材认证委员会	自然资源与环境部；人工林产业与商品部	联邦和州共同管理，各自承担辖区内职责	财政拨款和地方林业税收	联邦政府、州政府
印度尼西亚	单一制	总统内阁制	国有为主	林业部	中央政府	中央、省、县三级垂直并有社区参与的管理体系 -	国家财政拨款	林业部
印度	联邦制	议会制共和制	国有为主（公共管理和社区管理）	环境和森林部	联邦政府	中央和各邦分设环境部，各司其职	中央和各邦的财政资金支持	农业部、农村发展部
瑞典	单一制	君主立宪议会制	私有为主（个人和企业），占81%	瑞典林业局	农村事务部	国家、县、区三级垂直管理	国家财政拨款	环境部，国家环保局
秘鲁	单一制	总统共和制	国有林为主	森林和野生动物局	农业部		财政拨款	环境部国家保护区管理局；亚马孙研究所、国家战略规划中心
韩国	单一制	总统共和制	私有林为主，国有林和公有林占1/3	政府山林厅	内务部	中央设厅，地方各市、道、郡、府均设森林管理科，共同管理；森林组合（协会组织）参与管理私有林	主要是中央财政拨款，地方负担10%	环境部
芬兰	单一制	半总统共和制	私有林52%，国有林占35%，还有8%的集体林	林业司林业发展中心；中央农林主联盟	农林部	农林部下设机构林业发展中心在13区域设有分中心，共同管理；中央农林主联盟负责私有林管理	财政税收和私人经营经费	农林部 森林和公园管理局
俄罗斯	联邦制	总统共和制	主要为国有	联邦林务局	自然资源与生态部	中央、州/边、大区分设林管机构，3级垂直管理	中央财政拨款	自然资源和生态部（国家公园、保护区、湿地）；农业部(荒漠）

（续）

国家	国家结构形式	政治体制	林权结构	主要管理机构	隶属关系	管理体制	资金来源	其他相关管理机构（国家公园、自然保护区、湿地、荒漠、野生动植物管理）
德国	联邦制	议会制共和制	私有林占46%，国有林（34%）和集体林（20%）为主	联邦林业管理局	消费者保护、食品与农业部	联邦、州、地区、基层设4级垂直管理；“政企分离”，国有林由国有企业经营，私有林由林业专业合作组织经营	财政资金和私有经营资金	国家公园管理处（各州政府）
奥地利	联邦制	议会制共和制	私有林占80%，公有林占20%	林业局	农林环保与水利部	私有林通过奥地利林主协会管理，公有林由林业局管理	财政资金，私有经营资金	农林环保与水利部
英国	单一制	议会制君主立宪制	私有林占2/3，公有林占1/3	大不列颠林业委员会（FC）；北爱尔兰农业厅	环境食品农村事务委员会环境食品与农村事务部	FC在中央下设3个委员会和2个森林企业，在地方设区域林业局和地方林业局	财政资金和私人经营资金	国家公园管理局（中央、地方分设）
法国	单一制	半总统共和制	私有林占74%，公有林占26%	林业、农村和马匹管理局	农业、食品和林业部；农业政策、农产品与农村地区总局	私有林由地区林主中心负责管理；公有林由国有林公司负责经营管理	公司经营资金、基金组织和私人资金	国家公园管理委员会（地方农林部门组成）
喀麦隆	单一制	总统制共和制	56%为国有，44%为企业和社区所有	森林与动物资源部	中央政府	森林与动物资源部下设机构遍布全国58个省份，集中统一管理	中央财政拨款和企业经营资金	环境与自然保护部
加蓬	单一制	总统制共和制	国有林	林业、水利、渔业、环境和自然保护部水利和森林总局	中央政府	中央集中管理	中央财政拨款	国家公园署
新西兰	单一制	议会制君主立宪制	80%为国有，20%为私有	部门政策理事会；资源政策理事会	初级产业部	分类管理（国有人工林公司化，天然林由保护局管理；中央专司政策司法）	国有企业出资和私人出资	自然资源保护部
澳大利亚	联邦制	议会制君主立宪制	私有林为主，占70%	林业司	林业、渔业和水产部长理事会	国有林主要由地方、各州经营管理	地方财政资金和私人资金	联邦政府自然保护局
刚果（布）	单一制	半总统制共和制	国有林	林业部	中央政府	中央设部，各行政大区设林业局，区下各省设林管区，各自负责辖区内林业管理	财政资金，国外援助	水利部和林业部牵头和监督的刚果造林局管委会

（续）

国家	国家结构形式	政治体制	林权结构	主要管理机构	隶属关系	管理体制	资金来源	其他相关管理机构（国家公园、自然保护区、湿地、荒漠、野生动植物管理）
摩洛哥	单一制	二元制君主立宪制	国有林占99%，私有占1%	水利和森林与荒漠化防治高级委员会－国家森林委员会	能源、矿产、水利和环境部际联合	中央设国家森林委员会，地方设省和地方委员会	财政资金	
白俄罗斯	单一制	总统制共和制	国有林	林业部	中央政府	中央设林业部，地方设林业生产协会，协会下设林场	财政资金，外商投资	总统办公厅
巴拉圭	单一制	总统制共和制	公有林占39%，私有林61%	国家森林研究所	中央政府	巴拉圭政府通过两个会议来进行森林统筹管理：一是国家林业圆桌会议，二是森林产品行业圆桌会议。由地方和大企业代表参加	财政资金和私人资金	
缅甸	联邦制	总统制共和制	国有林为主，极少数社区林	联邦林业部	中央政府	中央设部，地方设林业办公室，垂直管理	财政资金	联邦林业部
乌克兰	单一制	半总统共和制	国有林占98%，私有林占2%	林业部	中央政府	中央设部，地方设地方局、营林署、狩猎区和自然公园，垂直管理	财政资金	各级林业合作组织
墨西哥	联邦制	总统制共和制	公有林和社区林占80%，私有林占15%，国有林只占比5%	国家森林委员会	环境和自然资源部	各州独立分管其森林事务，国家森林委员会在各州另设有办事处，进行监督	财政资金和私人资金	联邦环境保护办公室；全国自然保护区委员会；国家生物多样性调查研究委员会

表1中，国家单设部委（直属局、院所）进行林业管理的有6个（印度尼西亚、刚果民主共和国、白俄罗斯、缅甸、乌克兰、巴拉圭），合设部委（直属局）有2个（印度、喀麦隆），合计8个，占样本总数的24.24%，这些国家多以国有林为主，私有林占比较低。其余25个国家，林业最高管理机构都是设置于中央某部委的下属单位，还有部分（英国、法国、摩洛哥）属于二级下属单位，共占样本总量的75.76%，但多数以林业局、林业总局、林业处等专门管理机构的形式开展管理，这些国家中私有林大多占有一定的比例，最高的接近90%。从统计数据看，归属其他部委的中央林业管理机构占多数，其中，归于农业部、环境部的占了90%以上，还有少量国家的中央林业管理机构具有自身特色，如新西兰、巴布亚新几内亚2个国家归口于产业部，澳大利亚、肯尼亚、摩洛哥等由多部委（以部际联合的形式）联合管理，还有一些国家实行林业管理机构的完全区域化，完全由地方林业管理机构向地方政府汇报，有的在地方设立办事处加以监督，如加拿大和墨西哥。这与FAO2011年对全球168个国家（森林面积占98%）负责林业政策制定和管理的最高机构的统计数据（归属农业部负责的占报告国的43%；归属环境部负责的

占报告国的33%）基本一致。从归属部委来看，大多数国家对林业的定位是自然资源储备、生态环境保护，产业开发和经济价值利用处于次要地位。

对管理体制进行分析，超过75%的样本国家遵循“中央—地方”分级垂直管理方式，在省（州）、地区（府）、市（县）、区（乡）各级设立相应的林业局、处、站等，与地方政府协调管辖区域内的森林管理，并监督检查和指导私有林的经营。有少部分私有林占75%以上的国家（奥地利、韩国、法国）对私有林的经营管理采取对外授权，由林主协会/中心/联盟等非政府的协会组织进行具体的管理工作。此外，加蓬、喀麦隆、白俄罗斯由于政治体制高度集权，在林业管理上实行中央统一管理，中央林业管理机构直接负责地方林业的具体管理工作，地方政府并不参与本地区林业管理。

（三）样本国家林业机构职能情况和管辖范围

表2所示，样本国家中央林业机构的职能主要包括十项职能，其中，70%以上的国家林业管理机构都具备制定林业政策战略规划、执行监督林业法规、林业科技与教育推广，调查森林资源情况以及木材资源开发利用的职能；林业管理体制为中央到地方垂直管理的国家倾向于在林业政策制定上发挥更多作用，管理体制为中央统筹、地方具体管理的国家倾向于在制定并执行林业法律法规以及政策的落实监督上发挥更多作用。以瑞典、美国、英国为代表的一些发达国家，遵照法律及政策规定在经济和技术上给予私有林主补贴和支持；马来西亚、俄罗斯、印尼、加蓬等林业产值所占比重较高的国家，林业管理机构还负责审批核定采伐限额，发放林业生产许可证；在一些私有林发展较为发达的国家如奥地利、芬兰等，林业管理机构还会为森林经营者提供经营规划、效益评估等有偿服务；此外，美国、日本、澳大利亚等森林景观较为发达的国家，林业管理机构还负责修建维护林间道路、游憩设施等基础设施以便更好地发挥森林的社会服务功能。综上所述，各国林业管理机构的主体职能基本上一致，同时结合各国不同的经济发展阶段、管理体制、林业发展需求，又有一些特色的林业管理职能。

表2 样本国家林业管理机构职能统计表

国家	制定林业政策、战略规划，监督林业政策执行	执行林业法规，监督森林保护和管理，确保可持续	林业科技推广、科研教育和国际合作	向地方、非政府组织、企业和个人提供资金和技术支持	管理国家公园、自然保护区等，保护珍稀野生动植物（生物多样性）	审批核定采伐限额、林业生产许可证等	提供森林经营规划、评估等有偿服务	调查掌握资源情况	木材和野生动植物资源开发利用，促进经济增长和就业	修建、维护林道等林间基础设施
哥斯达黎加		■	■	■	■		■	■	■	
埃塞俄比亚	■		■					■	■	
肯尼亚		■	■		■		■	■		
南非		■						■	■	
巴布亚新几内亚		■	■					■	■	
智利		■	■		■			■	■	
巴西	■	■	■		■			■	■	

（续）

国　家	制定林业政策、战略规划，监督林业政策执行	执行林业法规，监督森林保护和管理，确保可持续	林业科技推广、科研教育和国际合作	向地方、非政府组织、企业和个人提供资金和技术支持	管理国家公园、自然保护区等，保护珍稀野生动植物（生物多样性）	审批核定采伐限额、林业生产许可证等	提供森林经营规划、评估等有偿服务	调查掌握资源情况	木材和野生动植物资源开发利用，促进经济增长和就业	修建、维护林道等林间基础设施
加拿大			■					■		
美国	■	■	■	■	■			■	■	■
日本	■		■					■	■	■
马来西亚	■		■		■	■			■	
印度尼西亚	■				■	■			■	
印度	■		■	■	■			■		
瑞典		■	■	■	■		■	■		
秘鲁		■	■		■		■		■	
韩国	■	■	■		■		■	■	■	■
芬兰	■	■	■		■		■	■	■	
俄罗斯	■	■	■		■		■	■	■	
德国	■		■							
奥地利	■		■	■	■		■	■	■	
英国	■	■	■	■	■			■	■	■
法国	■		■					■		
喀麦隆		■	■		■					
加蓬	■	■	■		■	■		■	■	
新西兰	■		■	■				■		■
澳大利亚	■		■	■				■		■
刚果（布）	■	■	■		■	■		■	■	■
摩洛哥	■	■	■		■	■		■	■	■
白俄罗斯	■	■	■	■		■		■	■	■
巴拉圭		■	■					■	■	■
缅甸	■	■	■	■	■	■		■	■	■
乌克兰	■	■	■	■	■	■	■	■	■	■
墨西哥		■	■	■	■	■	■	■	■	■

注：■表示该国林业管理机构具备该职能，□表示该国林业管理机构不具备该职能。

从管辖范围看，33 个样本中有 70% 的国家中央林业管理机构管辖范围中包括野生动植物；有超过 30% 的国家中央林业管理机构管辖范围中包括自然保护区或国家公园；但仅有极少数国家的中央林业管理机构管辖范围中包括湿地（秘鲁、缅甸）、荒漠（美国）；而中央林业管理机构管辖范围中包括野生动植物、自然保护区、湿地、荒漠等生态系统，即与中国林业管理机构管辖范围较为一致的仅有两个国家（奥地利、智利）。从表 3 样本国家中央林业管理机构管辖范围的统计分析中可得：

表 3　样本国家林业管理机构管辖范围统计表

国　家	森林管理	野生动植物管理	湿地管理	荒漠管理	自然保护区/国家公园管理
哥斯达黎加	环境能源部；国家林业局	环境能源部；国家林业局		农业部	
埃塞俄比亚	农业部；森林管理局	农业部；森林管理局	环境部		
肯尼亚	环境、水与自然资源部；林务局	环境、水与自然资源部野生动物服务局	环境、水与自然资源部		
南非	农林渔业部；林业与自然资源管理局	农林渔业部；林业与自然资源管理局	环境事务部	环境事务部	
巴布亚新几内亚	产业部；林业局	环境部	环境部		
智利	农业部；国家林业公司	环境部 & 农业部；国家林业公司	农业部；国家林业公司	农业部；国家林业公司	农业部；国家林业公司
巴西	环境部；林务局；环境和可持续自然资源管理局	环境部；生物多样性保护管理局		环境部	
加拿大	自然资源部；林务局	自然资源部；林务局		自然资源部	国家公园局(中央和地方分设)
美国	农业部；林务局	内政部；鱼类和野生动物管理局	环境保护署 & 陆军工程兵团 & 内政部鱼类和野生动物管理局 & 国家海洋渔业管理局	农业部；自然资源保护署	内政部；国家公园管理局
日本	农林水产省；林野厅	环境省	环境省	环境省	环境省 & 农林水产省 & 国土交通省 & 文部科学省
马来西亚	自然资源与环境部；半岛林业总局；人工林产业与商品部；木材工业局，木材认证委员会	自然资源与环境部	自然资源与环境部		联邦政府 & 州政府
印度尼西亚	林业部	林业部	海洋与渔业部	农业部	林业部
印度	环境和森林部	环境和森林部	农村发展部	农业部	
瑞典	农村事务部；林业局	环境部	环境部		环境部；国家环境保护局
秘鲁	农业部；森林和野生动物局；亚马孙研究所、国家战略规划中心	农业部；森林和野生动物局；亚马孙研究所	农业部；水和土壤局		环境部；国家保护区管理局
韩国	内务部；政府山林厅	内务部；政府山林厅	环境部		环境部
芬兰	农林部；林业司林业发展中心；中央农林主联盟	环境部	环境部		农林部；森林和公园管理局
俄罗斯	自然资源与生态部；联邦林务局	自然资源与生态部；联邦林务局	自然资源和生态部	农业部	自然资源和生态部

（续）

国　家	森林管理	野生动植物管理	湿地管理	荒漠管理	自然保护区/国家公园管理
德国	消费者·食品与农业保护部；联邦林业管理局	消费者·食品与农业保护部	环境、自然保护和核安全部	环境、自然保护和核安全部	国家公园管理处（各州政府）
奥地利	农林环保与水利部；林业局	农林环保与水利部	农林环保与水利部	农林环保与水利部	农林环保与水利部
英国	环境食品与农村事务部不列颠林业委员会（FC）；北爱尔兰农业厅	环境食品与农村事务部不列颠林业委员会（FC）		环境食品与农村事务部	国家公园管理局（中央和地方分设）
法国	农业、食品和林业部；农业政策、农产品与农村地区总局；林业、农村和马匹管理局	生态、可持续发展与能源部	生态、可持续发展与能源部		国家公园管理委员会（地方农林部门组成）
喀麦隆	林业与动物资源部	林业与动物资源部；野生动物和保护区管理局	环境与自然资源保护部		林业与动物资源部；野生动物和保护区管理局
加蓬	林业、水利、渔业、环境和自然保护部（水森部）；水利和森林总局	水森部；水利和森林总局	水森部		加蓬国家公园署
新西兰	初级产业部；部门政策理事会，资源政策理事会	自然资源保护部	自然资源保护部		自然资源保护部
澳大利亚	林业、渔业和水产部长理事会 林业司	环境与遗产部	环境与遗产部		联邦政府自然资源保护局
刚果（布）	林业部	林业部	林业部		林业部
摩洛哥	能源、矿产、水利和环境部 & 国家森林委员会	能源、矿产、水利和环境部 & 国家森林委员会	能源、矿产、水利和环境部 & 水利和林业与荒漠化防治高级委员会	能源、矿产、水利和环境部 & 水利和林业与荒漠化防治高级委员会	
白俄罗斯	林业部	林业部		林业部	总统办公厅
巴拉圭	国家森林研究所	国家森林研究所			
缅甸	联邦林业部	联邦林业部	联邦林业部		联邦林业部
乌克兰	林业部	林业部			林业部
墨西哥	环境与自然资源部－国家森林委员会	国家生物多样性调查研究委员会	环境与自然资源部	环境与自然资源部	环境与自然资源部－全国自然保护区委员会

注：分号“；”表示指向下一级管理机构；和字符“&”表示并列关系，两部门共同管理。

第一，在林业部门不管辖国家公园、自然保护区的国家中，多在林业部门所属的大部委下设立单独的国家公园、自然保护区管理局（如芬兰、喀麦隆），从事专门的管理与保护工作；还有占相当比例的国家将国家公园、自然保护区纳入中央林业管理机构所属部委，如农业部、环境部等，设立并列的管理服务机构，相互配合，开展林业与自然保护管理工作(如秘鲁、墨西哥);此外,还有一些辖区内有区位重要、价值丰富的自然保护区,对自然资源相对较重视的国家(俄罗斯、美国、白俄罗斯等)将国家公园、自然保护区归入中央林业管理机构所属部委外的其他部委或组织,如单独设立的生态部,或自然保护委员会等,并入林业以外的其他部门开展管理保护。

第二,在林业部门不管辖湿地的国家中,大部分国家(如秘鲁、俄罗斯、墨西哥、摩洛哥)将湿地管理纳入中央林管机构所属同一部委的下属单位,与林业归口同一单位,共同管理;部分国家(如日本、美国)将湿地管理归入中央林管机构所属部委之外的其他部委(这些部委多同时承担野生动植物的管理与保护),多集中在环境、内政、保护部。

第三,在林业部门不管辖野生动植物的国家中,大部分(如加蓬、喀麦隆、英国、印度、墨西哥)将野生动植物的保护与开发纳入中央林管机构所属同一部委,这与野生动植物大多依附于森林相关;也有部分国家(美国、日本)将野生动植物的保护与开发归入中央林管机构所属部委之外的其他部委(这些部委多同时承担湿地管理与保护的职能),如农业部、环境部等,在各部委内另单设机构进行保护服务;此外,还有一些有珍贵、脆弱的生态区域或小型生态系统的国家(如秘鲁),将野生动植物保护以建立保护区的方式纳入国家级自然保护区、流域治理保护区等大的保护序列内,由专门的管理机构进行管理;统计中发现,也有个别国家(如智利)将濒危珍稀野生动植物纳入中央林业管理机构所属部委管理,而普通的野生动植物则放到自然保护区的管理机构内一并管护。

第四,从样本国家看,由林业机构管理荒漠的占极少数(如美国)。在林业部门不管辖荒漠的国家中,大部分(如日本、俄罗斯、哥斯达黎加、印度、印尼)将荒漠归入农业部或环境部进行管理,有部分沙产业较为发达的国家将荒漠纳入产业部进行管理。

目前,世界上大多数国家林业管理部门职能仅限于狭义上的林业事务,即保护与发展林地、林木以及相关生态系统。仅有小部分国家林业部门除了上述职能外,还承担着保护、管理野生动物、湿地、荒漠生态系统、自然保护区的职能。但从系统论角度讲,由于三大生态系统和一个多样性存在错综复杂的关系,由林业部门统一管理体现出对陆地生态系统管理的集中性和完整性,与习近平总书记“山水林田湖”的论述精神一脉相承,无疑是应对我国当前所面临的突出生态环境问题最有效的机制安排。

(四)样本国家林业机构设置的历史沿革和变动趋势

各国林业机构的设置随着林业发展的需要和社会经济发展的变化而进行着调整。根据其机构设置的变化情况,样本国家分成以下几个大类:

第一类,由中央集权的管理方式逐步向简政放权、权力下放到地方的管理方式转变。如哥斯达黎加、英国、德国、俄罗斯等国林业机构的变动主要体现在中央由高度集权转为设立跨部委的专业委员会,进行林业资源的战略调控;地方设立区域内的林业管理机构,全权管理辖区内的林业相关事务,在符合中央大的林业政策前提下,向当地政府负责。行政职能重心下移,主要由州政府承担,地方重点实施营造林管理。另外,还有少数国家出现了完全区域化的林业管理机构，林业管理的权力几乎全部下放到地方，由地方林业部门向地方政府汇报，中央仅负责大的林业发展规划、政策的制定。

第二类，由政府集权的管理方式逐步转向权力向社会放开，走向民主化。通过政府林业部门与地方社区、社会团体签订协议等形式，由当地村民、社会组织参与森林的经营管理活动，并分享森林收益。如印度、印尼实行联合森林管理的机制，鼓励社会林业和参与式资源管理方式。政府的职责由林业唯一管理人转向负责协商、推动森林的管理，将具体的职责分配给专门的、非政府的组织。林业管理体制的转变使得森林资源利用更加高效、制度结构更加合理和民主化，同时政府咨询服务质量也获得了提高。

第三类，由经营管理一体化模式向分类经营转变。从 20 世纪 90 年代开始，大部分国家(如新西兰)开始实践各种形式的分类管理，由中央统一制定政策规程，国有天然林归政府林业管理部门(局机关或协会组织)保护，国有人工林归林业公司(国有)负责经营，实现分类经营，目前运行效果良好。样本中南非、智利、马来西亚等国通过设立国有控股的林业公司，或者通过商务部或产业部，专门进行国有人工林的经营利用，以此保障可持续利用；而对国有天然林则由政府机构统一管理，侧重林业政策制定与保护的实施，重点发挥生态功能。

第四类，由单一的林业管理机构融入国家自然资源与生态保护机构，如肯尼亚、奥地利、加拿大林业管理机构的变化。这个变化又可以分为两种形式，一种是由林业部专管林业转变为林业部与土壤、大气、水利、矿产合并为自然资源与环境保护部，实行自然资源的统一管护，统一协调；另一种形式是由林业部专管林业转变为与农业、水利、渔业合并为农林水产部，实行农、林、渔业的统筹发展和利用。两类政府的职能均趋于综合管理和统筹协调。

第五类，管理内容由以采伐审批利用为主转向以保护更新和可持续经营为主(如巴拉圭、缅甸)。随着各国经济形势和资源情况的变化，为了扭转毁林和滥采滥伐及转变森林经营方式，建立科学的森林经营计划和土地利用规划，改革完善与林业相关的政治法律框架，加大对现有森林、湿地及野生动植物资源的保护和可持续利用，推动当地社区和公众居民积极地参与林地的保护管理和经营利用，成为现阶段世界各国林业机构功能转变的一大趋势。

(五)样本国家林业机构设置的决定因素

政府职能同政府机构设置密切相关。职能是机构设置和改革的重要依据，判断一个政府机构是否撤销、合并、调整，主要看其是否承担充分合理的行政管理职能。当前，全球性气候变化和生态危机使得绝大多数国家高度重视林业，生态环境保护等公共事务的管理职能日益突出，由森林破坏引起的灾害和突发性事件的管理也日益受到重视。从职能上来说，大多数国家林业的职能都处在扩大过程中。当前对林业机构的改革更多源于政府对生态环境管理体制的重视，以及围绕生态建设和保护来推进经济和社会管理体制的改革，因此，理应在国家行政机构整体配置中给予林业更大的份额。发达国家如美国、日本等也在扩大林业部门职能，虽然表面上这些国家林业局设置在其他部门，比如美国设置在农业部。但是在世界各国普遍缩减机构的情况下，各国林业局的机构和职能实质上是扩大了。这些国家的政治、经济、社会的管理改革已经基本完成，其林业部门的设置是在这种背景下进行的。而我国当前经济、社会管理体制还处于改革期间，林业机构和发达国家的设置的背景区别较大，林业部门需要承担的任务还很多。从33个国家的林业机构职能情况和管辖范围来看，单独设立部委(直属局、院所)国家的林业机构职能情况和管辖范围要比合设或者从属于某个部委的职能和管辖范围要广，比如刚果民主共和国、白俄罗斯、缅甸、乌克兰等国林业机构的职能要远远超出德国、法国、巴布亚新几内亚等国。

根据表1中的国家结构形式、政治体制、技术结构的不同，对林业机构调整的影响因素分别作如下分析。

1. 国家的结构形式不同，在一定程度上影响着林业管理机构的设置级别

(1)联邦制国家，联邦政府与州政府实行分权制：对公有林，联邦政府机构负责管理联邦政府所有林，州政府机构负责管理州政府所有林，两级林业管理机构没有领导关系；对私有林的管理主要由州政府机构负责。此类国家，联邦政府林业部门的主要职责是管理联邦林，同时研究制定全国林业发展战略、组织协调和对外交流，通过林业项目宏观指导各州林业发展。由于职能单一、管理层级单一，联邦制国家林业行政管理机构大多作为其他部委的组成部门。如加拿大、美国、德国、埃塞俄比亚、巴西、印度等。

(2)单一制国家，中央林业管理机构的职责范围覆盖全国，林业的发展由中央统筹指导，层层贯彻，与地方林业管理机构存在较强的领导关系。此类林业大国，一般单独设部委，即使与其他行政管理部门合设部委，林业行政管理机构也具有很大的独立性，自成体系。例如：印度尼西亚是世界上第七大森林资源丰富国家，91%的森林国家所有，中央、省、地方分设林业部、林业厅、林业局实行三级管理，此外在中央还设置部际林业委员会，协调制定与森林管理相关政策；巴布亚新几内亚森林覆盖率达63%，是南太平洋最大的木材出口国，95%的国土归传统土地所有者拥有，1993年成立林业部，负责保护和抚育国家森林资源，指导和管理各级林业部门和森林工业局。还有一些国家实行林业机构的完全区域化，如加拿大和墨西哥，这些国家的地方林业管理机构权力较大，向地方政府负责，国家只在地方设立办事处加以监督，承担监督职能，因此这些国家林业部门属于其他部委的二级机构。

2. 从政治体制来看，在林业管理机构的设置也不相同

议会制国家的林业行政管理机构大多作为其他部委的组成部门，资金主要是来自财政资金，主要职责是管理公有林，如埃塞俄比亚、肯尼亚、巴布亚新几内亚、加拿大、日本、印度、德国、奥地利、英国、新西兰、澳大利亚等。在总统共和制国家的林业管理机构基本上是独立的部门，或者是政府组成机构或者是直属机构，这些国家包括印度尼西亚、韩国、喀麦隆和加蓬。在半总统半议会制的国家，私有林占比要高于国有林，林业管理机构基本上隶属于其他部门，主要是农业部，代表性国家有智利、芬兰和法国。从集中力量办大事来看，必须有个强有力的部门主导才能完成浩大的生态建设工程建设，加蓬、喀麦隆、白俄罗斯由于政治体制高度集权，在林业管理上实行中央统一管理，中央林业机构直接负责地方林业的具体管理工作，地方政府并不参与地区林业管理。

3. 从林权结构上看，以国有林为主和以私有林为主的国家数量基本相当，还有少数以社区及企业所有为主

一是森林公有产权集中的国家，林业一般实行垂直管理，林业管理机构的级别也较高。俄罗斯、印尼、加蓬等国，国有林占绝对主导地位，国家强化政府对森林资源的管理职能，见表2。二是私有林占比较高的国家，林业管理机构往往隶属于其他部门，主要是农业部，如日本、芬兰、瑞典、英国、澳大利亚，但是也有部分国家的林业局单独设立，比如韩国虽以私有林为主，但主要林业管理机构山林厅隶属于内务部。尤其是以瑞典、美国、英国为代表的一些发达国家，其私有林主在选举时有很大的投票权，因此政府更关注私有林主的利益，往往通过制定法律及政策在经济和技术上给予私有林主补贴和支持。

4. 从国家发展阶段来看林业机构设置也有所不同

一是发达国家林业法律制度健全、产业发达，已经实现了森林可持续经营，林业从大规模的资源培育和生态治理，转向资源可持续利用、生态保护和维护生物多样性，林业机构设置相对稳定，多与其他行业合设或作为组成部门，但在业务领导、预算安排、组织构架、人事管理等方面保持独立性。二是发展中国家，其林业仍处于发展的较低层次，林业在推进自身建设的同时，承载农村发展、社会就业、生态保护、环境治理等职责，如印度尼西亚、巴布亚新几内亚等国设置独立的部委加强林业建设，许多国家还成立由部长兼任或者国家元首任命组建的国家林业（森林）委员会（理事会）。三是新型经济体林业大国，其林业机构不稳定，但总体上处于不断强化的趋势。俄罗斯2000年起将联邦林务局划归俄联邦自然资源部，2008年又划归俄联邦农业部，属二级局。经历了2010年夏天的特大森林火灾后，俄罗斯决定强化联邦林业部门统一协调管理的职能，从2011年起将联邦林务局改由中央政府直接管辖。巴西于2006年强化了林业行政管理机构的管理协调职能，由原来在环境部下设环境与可更新资源署，转变为成立独立的巴西联邦林务局，同时设立全国森林发展资金，专门用于恢复森林、减少毁林，在治理亚马逊流域雨林毁林方面取得了明显成效。

二、中国林业发展面临的国内外形势及目标定位分析

随着全球化进程加快、生态环境保护日益受到重视，我国林业发展面临更加复杂的

国际、国内形势，其肩负的职责与目标也随着发生深刻改变。

(一)中国林业发展面临的国际形势分析

1. 林业全球化进程日益加快

一是林业规则的全球化。1992 年，里约热内卢联合国环境与发展大会通过了《关于森林问题的原则声明》，签署了《关于环境与发展的里约宣言》《21 世纪议程》《联合国气候变化框架公约》和《联合国生物多样性公约》等涉及森林问题的国际文书。2007 年 12 月，第 62 届联大审议通过了《国际森林文书》。这些国际公约和国际文书形成了林业全球化的基本规则框架。二是林业投资、贸易的全球化。经济全球化推动了林业资本的全球性流动和林产品贸易的不断扩大。发达国家林业跨国公司的资本不断向发展中国家流动，从事资源培育、森林开发和木材加工以及木材产品销售；发展中国家的大型企业也不断增加海外投资，进行海外森林开发，配置资源。参与林产品贸易的国家日益增加，全球林产品贸易总量和贸易金额不断增长，贸易种类增加。各国在林产品贸易政策进行调整，特别是进出口关税的调减，改变着林业生产和林业投资的方向和速度，改变了发达国家从发展中国家进口木材原料和向发展中国家出口木材产品的单向贸易模式，形成了木材原料和木材产品同时在发达国家和发展中国家双向流动的新模式。

2. 世界森林资源竞争日益加剧

随着林产工业的快速发展，世界对以森林资源为原料的林产品需求量越来越大。尽管需求量在增加，但可利用的森林资源的供给量却越来越少。其原因主要包括两个方面：一方面森林面积仍呈现下降趋势。根据联合国粮农组织(2011)的报告，1990～2000 年期间，世界每年森林面积净减少 830 万公顷；2000～2010 年期间仍呈现下降趋势，估计每年净减少 520 万公顷(大致相当于哥斯达黎加的国土面积)。另一方面，随着环境生态保护意识的加强，各国加强了森林资源的保护，越来越多的国家对外国林业投资和原木、锯材等初级林产品出口采取限制措施。这些因素造成了世界森林资源供需缺口，加剧了主要林产工业大国的资源短缺和彼此之间的竞争。

3. 绿色增长受到高度重视

绿色增长既是一条低排放、低能耗、低污染的发展道路，又是一种资源节约、环境友好、人与自然和谐的发展模式，体现着社会经济可持续发展的理念。联合国 2012 年举办的可持续发展大会把绿色增长作为大会主题。在此大会上，联合国秘书长潘基文呼吁，各国应促进绿色增长，致力于修复全球经济的自然生态系统。2012 年 5 月，世界银行集团发布报告《包容性绿色增长：可持续发展之路》，敦促各国政府加强绿色意识。当前，欧、美、日等主要发达国家及一些发展中国家，利用 2008 年爆发的全球金融危机中的机遇，制定和推进短期内刺激经济复苏、中长期以向低碳经济转型为核心、以应对气候变化为目标的绿色发展规划，通过绿色经济和绿色新政，在新一轮经济发展进程中促进经济转型，实现自身的可持续发展。

4. 气候变化问题引起世界各国政府高度关注

当前，全球范围内正在发生以气候变暖与极端天气增多为主要特征的气候变化，不但深刻影响着经济社会的可持续发展，而且直接威胁着人类的生存，已成为世界各国共同面临的重大问题。气候变化关乎每个国家、每个行业、每个公民。应对气候变化涉及人类社会生产方式和生活方式以及生存空间和发展空间的变化，既是生态环境问题，也是国际政治问题，又是社会经济问题。因此，引起世界各国政府的广泛关注和高度重视。联合国秘书长潘基文认为，气候变化对人类安全的威胁极其严重，与战争带来的破坏影响一样。从应对气候变化的手段看，一是减缓，指通过减少排放和增加碳汇，降低大气中温室气体浓度，进而降低气候变化速度和频率；二是适应，指采取一系列措施，趋利避害，减轻气候变化带来的负面影响。在这两个方面，林业都可以有所作为。

5. 林业在国际政治议程中的地位不断提高

林业在国际政治议程中的地位不断提高，森林问题被纳入了国际社会的政治议程，得到国际社会的普遍关注，成为全球生态建设、环境治理、社区发展、荒漠化防治、生物多样性保护、水资源治理、应对气候变化等主要途径之一，也成为实现联合国《千年发展目标》的主要手段之一。林业已经走出单一的木材生产时代，走向国际政治和外交舞台，成为政治、经济、生态、环境、主权等重要问题的结合体和全球性的社会公益事业。

（二）中国林业发展面临的国内形势分析

1. 打造生态文明新常态迫切需要加快林业发展

走向生态文明新时代，打造生态文明新常态，建设美丽中国，是实现中华民族伟大复兴的中国梦的重要内容。改革开放以来，我国经济长期高速发展，目前经济总量已经位居世界第二，但与此同时，许多地方、不少行业盛行粗放式发展模式，以无节制消耗资源、破坏环境为代价换取经济发展，导致能源资源、生态环境问题越来越突出。发达国家曾经发展一两百年才出现的环境问题，在我国 30 多年来的高速发展中集中显现。这种经济发展模式若再不改变，则资源环境将难以支撑我国社会经济的可持续发展。习近平总书记就此指出：“我们在生态环境方面欠账太多了，如果不从现在起就把这项工作紧紧抓起来，将来会付出更大的代价”。我国要实现四化同步发展，必须走出一条新的发展道路。党的十八大以来，党中央高度重视生态环境这一生产力的要素。习近平总书记也多次强调，要正确处理好经济发展同生态环境保护的关系，树立保护生态环境就是保护生产力、改善生态环境就是发展生产力的理念，不以牺牲环境为代价去换取一时的经济增长，积极推动绿色发展、循环发展、低碳发展。在 2015 年全国林业厅局长会上，国家林业局局长赵树丛表示，加快制定全国天然林保护实施方案，力争把所有天然林都保护起来。林业是生态建设和保护的主体，承担着保护自然生态系统的重大职责，在治理环境污染与提高陆地生态环境承载力方面扮演着重要角色。习近平总书记特别指出，“山水林田湖是一个生命共同体，人的命脉在田，田的命脉在水，水的命脉在山，山的命脉在土，土的命脉在树”。历史经验反复证明：森林兴则生态兴，生态兴则文明兴。因此，在打造生态文明新常态过程中，迫切需要林业有所作为。

2. 构筑国土生态安全屏障迫切要求林业加快发展

我国生态状况依然十分脆弱，生态文明建设与可持续发展面临着严峻挑战。一是生存发展空间不容乐观。全国沙化土地面积174万平方千米，占国土面积的18.1%，还有石漠化土地面积12.96万平方千米，并且以年均2%左右的速度扩展。二是土地质量严重下降。全国水土流失面积达356万平方千米，占国土总面积的37.1%，每年流失土壤45亿多吨。我国中西部地区现有坡耕地约2000万公顷，每年造成的水土流失占全国的30%以上。三是生物多样性面临严重威胁。全国已有233种脊椎动物濒临灭绝，36种野生植物的种群数量仅存1000株以下。四是天然湿地急剧减少，蓄水调洪能力和净水功能下降。生态问题已成为我国经济社会可持续发展最大的障碍之一，生态产品已成为我国最短缺的产品之一，生态差距已成为我国与发达国家的最大差距之一。林业作为生态建设的主体，解决生态问题迫切需要加强林业建设，加快构筑国土生态安全屏障。

3. 保障和改善民生迫切需要发挥林业就业和增收潜力

保障和改善民生是我国加快扶贫开发、实现全面小康社会的重要途径。我国山区占国土总面积的69%，山区人口占全国总人口的56%，这些地区贫困人口相对集中，经济社会发展相对滞后，民生问题更为突出。我国现有林地面积是耕地面积的2.3倍，解决“三农”问题最现实的选择是调整农村产业结构，充分挖掘林地潜力，不断提高林地单位面积产出率，通过积极发展林产品加工业、森林旅游业等，促进农林牧副渔结构合理、协调发展，对农民就业形成“磁吸效应”，对农民增收形成“倍数效应”。同时，集体林权制度改革盘活了农户经营的林地和林木资产，释放了林地生产力，也为增收就业创造了有利条件。另外，我国林业产业包涵了国民经济一、二、三产业门类，产业链条长、涵盖范围广、产品种类多，能提供大量的就业岗位。因此，发展林业是缓解社会就业矛盾、促进增收的最现实、最直接、最可行的渠道。拉内需、促就业、保民生需要充分发挥林业就业蓄水池和增收保障作用。

4. 经济结构战略性调整迫切需要发挥林业维护资源和粮油安全功能

经济结构战略性调整是我国加快转变经济发展方式、实现科学发展的主攻方向，树立绿色、低碳发展理念，大力发展循环经济，加强资源节约和管理，保障国家粮油安全和加强现代能源产业体系建设是经济结构战略性调整的重要内容。一是我国经济社会快速发展，对木材和林产品的需求日益增大。根据国家林业局编制的《林业发展“十二五”规划》，到“十二五”末，木材及林产品总需求将达到3.86亿~4.32亿立方米，届时国内木材供给量约为2.46亿~2.72亿立方米，供需缺口达1.4亿~1.6亿立方米，折合森林蓄积达2亿多立方米。同时，我国经济林产品、林化产品和食用菌等林副产品需求不断增长，到“十二五”末，缺口约达3000万吨。因此，保障我国木材、林产品等资源安全迫切需要林业增强战略资源储备能力。二是林业拥有约 3 亿公顷的林地，荒山荒地面积约 0.5 亿公顷，适宜栽植木本粮油树种的面积约 0.3 亿公顷。发展木本粮油产业潜力巨大，是立足自给、增强后备粮油储备能力、保障粮油安全的形势需要。三是森林就其能源当量而言，是仅次于煤、石油、天然气的第四大能源，而且具有清洁安全、可再生、可降解、不与农争地、不与人争粮等优点，为维护国家能源安全，迫切需要将林业生物质能源作为我国新能源开发的重点。

5. 推动文化大发展迫切需要繁荣生态文化

生态文化是我国传统文化的重要组成部分，是支撑生态文明的基础。繁荣生态文化的目的是全社会形成亲近自然、热爱自然、呵护自然的良好风尚，引导公民更加自觉地保护生态、爱护环境、节约资源能源。大力发展生态文化，积极引导公民熟悉生态知识，树立生态伦理与崇尚生态文明的价值观。林业在繁荣生态文化中扮演着主要角色，自然保护区、森林公园、湿地公园、荒漠公园、园林博物馆等是生态文化传播的重要阵地，能够为丰富文化内涵、提升全社会生态文明观念发挥积极作用。

6. 推进国家治理体系和治理能力现代化迫切需要林业有所作为

党的十八届三中全会提出了“推进国家治理体系和治理能力现代化”的改革总目标。林业治理体系是国家治理体系的重要组成之一。面对生态文明体制改革的深入推进和林业全球化的深入发展，面对林业参与主体的多元化和利益诉求的多样化，需要林业部门按照推进生态文明制度建设的总体要求，把推进林业治理体系和治理能力现代化作为全面深化三大林业改革的总目标，稳步推进各项林业改革，创新林业治理体系，使林业的体制机制更加成熟、更加定型，更加适应生态林业、民生林业发展的需要，更加符合我国特色社会主义制度的要求。

（三）中国林业发展目标定位

目标就是方向，确立林业发展目标，就是确立林业今后的发展方向。但在确定林业发展目标之前，首先需要把握我国林业在国际、国内中的地位。

1. 林业的地位

中国林业为全球林业可持续发展和应对气候变化做出了突出贡献。1992 年以来，我国政府持续加大对林业建设力度，累计投入近 1 万亿元人民币，启动实施了天然林保护、退耕还林、京津风沙源治理等一系列生态建设工程，并开展全民义务植树，强化森林资源管理和生物多样性保护。如今，在全球森林资源持续减少的大背景下，我国实现了森林面积和蓄积量的双增长，为全球的林业可持续发展做出了贡献。同时，我国政府高度重视应对气候变化，把发展林业作为战略选择。近 10 年来，中国政府已投资 700 多亿美元，大力开展植树造林、植被恢复，推进森林可持续经营；通过合理控制采伐、减少毁林、防控森林火灾与病虫害，减少源自森林的碳排放；发展生物质能源，实现部分替代化石能源，降低碳排放；高度重视应对气候变化科技支撑工作，加大陆地生态系统定位研究网络建设，积极开展森林服务功能评估和相关研究工作。

中国林业在国民经济和社会发展全局中占据重要地位。2009 年中央林业工作会议指出：“在贯彻可持续发展战略中林业具有重要地位，在生态建设中林业具有首要地位，在西部大开发中林业具有基础地位，在应对气候变化中林业具有特殊地位”，“实现科学发展必须把发展林业作为重大举措，建设生态文明必须把发展林业作为首要任务，应对气候变化必须把发展林业作为战略选择，解决‘三农’问题必须把发展林业作为重要途径”。2013 年，党的十八大将生态文明建设纳入中国特色社会主义事业“五位一体”总布局，赋予林业新的历史使命。2015 年中央一号文件在深化林业改革方面重点聚焦国有林场和国有林区的体制机制改革，文件要求“稳步推进国有林场改革和国有林区改革，明确生态公益功能定位，加强森林资源保护培育。”2015 年中央 6 号文件进一步提出了《国有林场改革方案》与《国有林区改革指导意见》。由此可见，林业具备的生态、经济、社会、碳汇和文化等多重功能，在全社会进一步达成了共识，林业在国民经济和社会发展全局中的地位更加凸显。

2. 林业发展目标定位

林业建设要紧紧围绕建设美丽中国、实现中华民族永续发展的宏伟目标，按照中央提出的“要把发展林业作为建设生态文明的首要任务”的要求，到 2020 年实现森林覆盖率达到 23% 以上，森林蓄积量达到 150 亿立方米以上，湿地保有量达到 5333 万公顷以上，自然湿地保护率达到 60%，新增沙化土地治理面积达到 20 万平方千米，林业产业总产值达到 10 万亿元，义务植树尽责率达到 70%，构筑坚实的生态安全体系、高效的生态经济体系和繁荣的生态文化体系，切实担当起生态文明建设赋予林业的历史使命。

三、中国林业机构设置现状及特点

（一）中国林业管理机构现状

目前，中国的林业行政管理机构按照从上到下分为四级行政管理机构，分别是国家林业局、省（自治区、直辖市）林业厅（局）、市林业局以及县林业局。具体来看，国家设立国家林业局，是国务院的直属机构，负责全国林业经济方针、政策、计划、重大建设项目和经济业务的指导组织、监督和控制。各省（自治区）、市、县成立林业管理部门，领导和组织林业基层单位的生产建设。对重点国有林区分布较多的省份，由国家批准、省政府成立独立的管理机构进行管理或由省林业厅进行管理。如内蒙古、东北重点国有林区的管理体制是由省成立单独的机构进行管理，这些机构有的与省林业厅同级，有的隶属于当地林业厅管理。对全省以集体林为主的地方造林、经营活动如大面积次生林的经营管理，则由各省林业厅、专署和县林业机构进行管理。

（二）中国林业机构职能与管辖范围

1998年，国办发〔1998〕81号文件对国家林业局的职能进行了调整，一是划入了新的职能，将原由水利部承担的在宜林地区以植树、种草等生物措施防止水土流失的政府职能，交给国家林业局承担；二是将部分职能下放，将林地调查、定级、估价工作，交给事业单位承担；三是取消了部分职能，包括：对木材生产、木浆造纸、森林旅游、木本药材、林木花卉等林业产业的管理；组织提报统配木材的分配资源，参与和协调统配木材的分配、调拨工作；管理非统配木材和松香（含松脂）的经销；规划指导林产品市场建设；协调森工企业（集团）与国家有关部门、地方人民政府之间关系以及出现的重大问题；指导林业经济体制改革；配合有关部门做好农村能源发展、农村综合开发和扶贫等组织指导工作；指导全国林业教育改革。

2008年，国办发〔2008〕93号文件进一步对国家林业局的职能进行了调整。一是取消已由国务院公布取消的行政审批事项。二是加强保护和合理开发森林、湿地、荒漠和陆生野生动植物资源，优化配置林业资源，促进林业可持续发展的职责。加强全国湿地保护、荒漠化防治工作的组织、协调、指导和监督的职责。三是加强组织指导林业改革和农村林业发展，依法维护农民经营林业的合法权益的职责。目前，中国林业机构主要负责围绕着森林、湿地、荒漠化土地以及生物多样性保护这“三个系统一个多样性”的保护、合理开发以及生态系统修复的职能。

（三）中国林业机构设置的特点

1. 中国林业行政管理机构变革多

中国早在元朝时期就设置了大司农管理农林事物，到了明清时期又设林苑，民国时期成立农林部林政司。新中国成立后，成立了林垦部管理全国林业经营和林政工作，对林业占重要地位的大行政区设立农林部下属的林业总局。

1951年中央人民政府将林垦部改为林业部，林业经济管理权主要集中在大行政区的林业主管部门。1954年撤销大行政区，林业经济管理权集中到林业部以及各省（自治区、直辖市）的林业管理部门。

1956年，经全国人民代表大会常务委员会决定，成立中华人民共和国森林工业部，主管全国的森林工业，下设10个司局。同时保留林业部，主管全国造林营林和林场生产，林业部内设7个司局。林业与森工的分立，实质是将林业生产经营这一有机整体人为地分割为两个独立的过程，导致资源保护与利用的矛盾重重。

1958年，中国进行了经济体制改革，开始下放管理权力，扩大各省（自治区、直辖市）的管理权限。林业也因为高度集中的管理体制，导致中央对各地实际的林业发展情况了解甚微，造成很多计划和安排不能因地制宜。因此在国家经济体制改革的大背景下，林业部调整了高度集中的林业管理体制，将很多直属林业企业下放给各省、自治区、直辖市管理，扩大地方对林业的管理权限。这次下放扩大了企业管理权限，但在左的错误思想指导下，企业自主权并没有真正得到落实和体现，企业生产出现停滞状态。这一时期的林业机构设置并没有考虑到国内实际情况，而是更多的模仿前苏联管理体制，因此实践效果并不理想，特别是造成采伐森林和培育森林之间的很多矛盾。同时，森工和营林的分离导致森林资源保护利用之间的矛盾进一步加深。

1958 年 2 月 11 日第一届全国人民代表大会第五次会议又将森林工业部和林业部合并为林业部。虽然两个部合在一起，但并没有解决森林采育之间的问题，留下了森林资源保护和利用失调的问题。1978 年 4 月 24 日，中央政府成立了国家林业总局。接着在 1979 年 2 月 16 日，中共中央、国务院决定撤销农林部，单独成立农业部和林业部。各省（自治区、直辖市）的林业、农林厅（局）也相继恢复或者重建，逐渐形成了从中央到地方的林业行政机构。1998 年，为了适应“建立社会主义市场经济体制”的要求，中国进行了国务院机构改革，撤销了所有计划经济体制下产生的“专业经济部门”，按照统一安排部署。

1998 年 3 月 10 日，九届全国人大一次会议通过国务院机构改革方案，将林业部改为国家林业局，为国务院直属机构。虽然中国在 2003、2008 以及 2013 年，先后经历了三次大的政府机构改革，但都没有对林业机构再做调整。国家林业局作为中央级的林业行政机构一直延续至今。可以看出，林业行政管理机构历经多次变革，导致林业管理多次出现危机，导致森林资源退化。

国外大多数林业机构的特点是保持政府林业机构的长期独立和相对稳定，无论是单设林业部、合设一个部，还是林业行政机构从属于其他的部，均以立法为依据，受法律保护。例如，英国在 1919 年森林法中规定设立林业委员会，保持了 80 年未变化。日本的林野厅虽然设在农林水产省，但实质上在机构和预算等方面都具有独立自主性。

2. 中国林业管理机构的职能完整，边界清晰

中国林业行政机构的职能围绕着陆地的三大生态系统和一个多样性展开，即森林生态系统、湿地生态系统和荒漠化生态系统以及生物多样性。根据这些职能，中国林业机构的部门设置涵盖了包括森林、湿地、荒漠化以及生物多样性的管理部门，体现出对陆地生态系统管理的集中性和完整性。而在有些国家，这些职能分属于不同的部门管理。例如，美国的森林、湿地、野生动植物保护、荒漠化土地治理、生态文化建设分别隶属于不同的部门管理。

3. 中国林业行政管理机构的职能日益远离农业传统职能，和环保也有区别

中国林业机构的职能扩展，逐渐远离农业机构的传统职能，更多地侧重于资源保护和节约利用、生态建设和环境保护，近几十年来，更与全球气候变化和碳汇减排等相联系，而农业的职能日益向解决粮食供需缺口和维护粮食安全等职能转变。也就是说，林业和农业的职能在向不同的方向转变。

虽然林业与生态建设和环境保护的联系日益紧密，但在职能上却与环保部门有较大区别。中国环境保护部门的主要职责是围绕着解决环境污染问题而展开的，如水域污染、空气污染、土壤污染、核污染和辐射污染等的防治和治理为主，和林业部门在生态保护方面有职能交叉，但具体业务不同：环保部门主要是负责生态保护工作的指导、协调和监督，林业部门主要是负责具体的建设和管理。

4. 中国林业机构的职能扩展，职务与地位不对等

目前，中国林业保护和监管着占国土面积一半以上的林地、湿地、沙地；由林业部门牵头执行或参与的法律有16部、行政法规21部，负责的行政审批项目76项；由国家林业局牵头、多个正部级部门参加的协调议事机构有7个。党的十八大将生态文明建设纳入中国特色社会主义事业"五位一体"总布局，赋予了林业新的历史使命。林业管辖的范围广，职能多，需要有相应的管理机构做保障，才能完成时代赋予林业的新任务。但是目前林业管理机构只是一个副部级单位，地位与职务不对等，导致林业部门压力重重。

5. 地方林业机构地位得到提升

1998年中华人民共和国林业部改组为国家林业局后，地方林业机构也都受到重创，或者降格，或者被并入其他政府部门。但随着林业在生态建设等方面的重要性逐渐显露出来，为了保证生态建设，地方政府都强化了对林业的组织领导和机构建设，很多省都将林业局恢复为林业厅，如湖北、广东等7省均将林业局恢复为林业厅，青海省由正处级设置直接升格为林业厅，目前，全国28个省(自治区、直辖市)单独设立了正厅级建制的林业行政管理机构。地方林业机构的地位得以提升，而作为中央级林业管理部门的国家林业局却始终只保存着副部级单位的地位。

6. 地方林业行政管理机构受到双重管理

中国林业管理体制实行垂直管理，从中央到地方设立了不同级别的林业行政管理机构，但是地方的林业行政管理机构实际上却是受双重管理，即下级林业行政管理机构既受到上级林业部门的管理，同时各级林业行政机构作为同级人民政府的职能部门，也受到同级人民政府的统一领导，即国家林业局属国务院的直属机构，地方各级林业行政机构分别作为同级人民政府的组成部门，在人事、编制、经费上受同级人民政府的安排，受到各级人民政府的领导。这与世界其他国家略有不同。例如，德国的森林管理机构由联邦级、州级、地区级和基层级四级构成，各级森林管理机构均属垂直隶属关系，与地方政府行政隶属无关，避免了森林管理中的地方政府干预。

四、中国林业机构设置的未来取向探讨

在政府机构改革中，每一个国家的历史、经验、现实情况不同，各国的改革也不可能一样。只有从国情出发，才能保证改革取得成功。中国幅员辽阔、人口多，作为发展中国家，人均国内生产总值还比较低，仍处于社会主义初级阶段，实行的是以公有制为

主体的社会主义经济制度，政府承担着对公有制财产的保值增值责任等，这决定了我国政府的职能比西方国家要复杂得多，决定了我国的行政改革必须从国情出发。否则，再好的改革设想也是空中楼阁，没有实用价值。

改革政府组织，建立强而精的政府，实质上是改变传统的行政管理方式，从而实现更高效的公共服务和公共产品。以往追求的经济优先单一目标带来了一系列政府目前亟待解决的社会问题。解决这些问题的关键是政府职能的转变，政府经济职能的目标包括宏观调控、提供公共产品和服务、市场监管、调节收入分配职能。中国林业行政机构自建立以来，经历了多次的变革，目前的林业机构有一定的优势，我们一方面应该看到林业机构调整或者被合并可能造成的困境，另一方面，也应该清醒的认识到强化林业行政管理机构职能对于实现国家赋予林业的历史重任的重要性。

(一)中国林业机构调整需要考虑的几个问题

1. 保持林业机构独立性的五大优势

一是外部经济性。政府在划分维护和服务基本职责时要区分对待，对于全体民众受益的公共服务如国防、外交、治安等应统一由中央政府负责。对于以特定区域民众为服务对象的公共服务如消防、治安等则由地方政府负责。对于外部性是跨区域的公共服务如环保、生态、部分社保，则应该由中央政府和地方政府共同负责。林业属于公共产品，具有外部经济性，由于外部经济性存在着受益或影响范围的差异，从而就存在一个事权分布的最适度。国家林业局作为中央政府的直属机构，统一负责生态建设这一公共服务是符合政府事权划分原则的。

二是信息有效性。与其他部门相比，林业部门更加了解民众对于生态服务的特定偏好和不同需求。面对不同生态产品所对应的不同信息分散分布情况，林业的监督成本尤其是信息成本较其他部门要低。同时，林业的垂直体系有利于解决信息不对称和处理基层较为复杂的事项，这样能够有效地避免委托代理问题。当前，林业以现代信息技术为基础，建立了自我控制、外部推动、专家咨询、国际交流等多种形式的网络构架，保证了研究机构在业务专业方面的支持。推广共同利用有效和有限的资源，分享管理工作中的经验和教训，形成了非政府组织之间的互援合作，提高了信息的透明度。

三是激励相容性。林业三个生态系统和一个多样性，事权由林业局承担，有效地保障了权力责任的匹配，减少了林业局内设机构之间的要权却不担责、互相扯皮推诿的现象，能够自上而下的很好的执行诸多政令，将政策目标很好地落实到位，使参与林业的各个主体按照自身的目标和利益动机去运作，发挥了中央和地方的两个积极性，从而实现激励相容，实现整体利益的最大化。

四是主体能动性。在建设生态文明的新形势下，林业的职能越来越重要，使命越来越光荣，任务也越来越艰巨。但是，作为生态文明建设的主力军，林业部门担负着防沙治沙、湿地保护、濒危野生动植物保护、国际贸易、应对气候变化等重要的作用。近年来，林业部门一直着眼于林业组织保障能力建设，各级政府间事权逐渐明确，基层管理工作不断加强，林业合作组织等非政府组织逐渐成长，林业企业、林业科学研究与林业部门管理结合日益紧密，最大可能地动员、利用、组合、发挥了林业各类建设主体的能动性，在生态文明建设中异军突起，未来能够更好地发挥主力军的作用，同时能够更好地带动其他部门的生态文明建设。

五是人才的专有性。改革开放以来，我国林业系统培养了大批优秀人才，尤其是林业行政和事业单位积累了一支数量充足、素质优良、门类齐全、结构合理的拔尖人才、紧缺人才、实用人才，这些人才党性强、综合素质好、群众公认、热爱林业、乐于奉献、纪律严明，在林业建设中发挥着专家智库作用，成为林业机构的大脑，为实现务林人的全面进步和林业治理能力的快速提升奠定了坚实基础。

2. 强化和提升林业管理机构的必要性

一是有利于充分发挥林业的作用。当前生态环境治理和保护刻不容缓，鉴于林业在生态文明建设中的重要地位，客观要求林业部门的调整方向只能是强化职能，而不是削弱，更不能被合并。唯有强化林业行政管理部门的职能，才能更快速和强有力的发挥林业部门的作用，加快生态环境治理和保护的进程，提升我国在国际上的形象地位。

二是有利于提高林业行政部门的效率。在国务院各部门和机构中，国家林业局具有相对独立的地位，与主管部委的职责联系不强。若通过整合职能，形成“部管局”，将造成一体两制问题，制约“1 + 1 > 2”效应的实现。大部集决策、执行、监督于一身，职能更宽，权力更大，监督失控将会加大新的超级大部门风险，造成不同部门“形合而神分，同体不并轨”，难以发挥一体化效应。因此，在提升林业行政管理机构的地位时，最佳的途径是保持林业的独立性。这样可以确保以往形成的自上而下机构系统的稳定，充分发挥林业部门的职能作用，快速的传播林业管理方面的创新方式，提升林业管理水平，增强组织全国林业生态建设工作的权威性。

三是有利于提高林业部门的组织保障能力。组织保障能力建设在贯彻林业可持续发展战略中具有重要地位，但林业组织保障能力还面临较多的现实问题。一是林业行政机构任务繁重，但组织力量相对薄弱。林业组织协调、林业执法监管、林业体制改革等任务十分繁重，但由于国家林业局机构规格低、人员编制少、协调能力弱的状况并未有实质的改变，整个林业系统的地位和影响力明显削弱，不少领域仍在沿用主要针对农业、耕地制定的法律法规和政策。二是林业部门行政管理职能的转变明显滞后于经济管理职能的转变，上下级政府之间及其部门之间的关系不顺、职责不清的问题尚未完全解决，政府部门之间的“上侵、下夺、左挤、右占”等现象依然突出。三是基层林业经营组织发育不良。林业专业合作经济组织尚处于初级发展阶段，存在法律地位不明确、规模较小，服务功能单一，组织不规范，利益分享机制不健全等；四是林业非政府组织缺乏规范引导和有效利用，难以发挥社会服务能力。通过强化和提升林业行政管理部门机构，可以不断巩固和加强组织保障能力，解决上述问题。

四是有利于加强林业人力资源建设。无论是国家六大林业重点工程建设、集体林权制度改革、国有林场改革等，还是林业生态文明建设都急需要人才支撑，尤其是对高素质技术人才和管理人才的需求量巨大。经过多年人才强林战略的实施，我国已初步形成了一支规模宏大、能力素质较高的林业人才大军，这些人才涉及林业改革、工程建设、资金管理、资源管理、森林培育、防沙治沙、森林防火、木材加工、新兴产业、经济林果、行政管理及电子政务等各个方面。如果机构合并，将会打破原来林业机构的序列，这些林业人才在整合过程中会被过度庞大的系统稀释，导致人才零散化现象发生，积累的林业知识技能不能对口应用，造成人才资源的巨大搁置和浪费。另外，专业的相似性、相容性和关联性需要长时间磨合，这不能适应林业生态文明建设任务的紧迫性。因此，只有提升林业机构，才能保持原来的林业人才不会被碎片化，同时还可以进一步规范化、专业化林业人才队伍，另外还能吸收各行业人才投身林业建设事业，充分发挥这些新鲜血液的作用，为林业发展注入活力。

3. 历史经验证明，林业机构越强，组织越有力，林业发展就越好、越快

回顾新中国成立以来的林业发展历程，在设置林业部期间，我国林业始终保持着快速发展的态势。“文化大革命”期间，特别是1970～1978年，林业部和农业部合并为农林部，我国森林覆盖率由12.7%下降到12%。1979年恢复林业部，一直到1998年的20年间，我国森林覆盖率从12%持续上升到16.55%。1998年林业部改组为国家林业局后，中央和地方政府林业机构再次受到严重削弱。1998年特大洪灾过后，中央前所未有地加大了资金投入和政策支持力度，各地也努力维护省级林业机构不降格、“不出阁”，其中17个省份保留了林业厅、8个省份将林业厅降格为正厅级架构的林业局，随后又陆续恢复为林业厅；江苏、青海和海南等原先没有独立林业机构的3个省份，反而新设立了独立的林业厅(局)，这些机构的设置降低了中央林业机构降格带来的负面影响，森林覆盖率从2000年的16.55%上升到2010年的20.36%。

(二)新形势下中国林业机构设置的优化调整策略

在中国，林业担负着众多的责任，从宏观层面来讲，林业是国家生态建设的主力军，是生态文明建设的重要载体；从中观层面来讲，林业是山区开发、扶贫的重要途径；从微观层面来讲，林业是农民脱贫致富的重要保障，也是提供就业，吸纳剩余劳动力的重要途径。从生态建设任务来看，林业部门承担着建设森林生态系统、保护湿地生态系统、治理荒漠化生态系统和保护野生动植物及生物多样性的重要职责。林业部门负责管理的自然生态系统涉及的面积为676.81万平方千米，占国土总面积的70.3%，是国家自然生态系统保护与修复的主体管理部门，设有国务院林业行政主管部门、省(自治区、直辖市)林业厅(局)、市县林业局、乡镇林业站的组织管理架构，还有6万多名森林警察和2万多名森林武警部队，已经形成了完整的森林、湿地、荒漠生态系统和野生动植物资源管理体系。国家林业局现在承担的职能，在美国由 5 个副部级机构承担，美国占全国森林 40% 的国有林由林务局负责管理，湿地由陆军工程兵团负责管理，野生动物由鱼和野生动物管理局负责管理，土地荒漠化防治由自然资源保护署负责管理，国家公园由国家公园局负责管理，美国这 5 个副部级机构的职能，还不及中国国家林业局的职能多。

随着林业地位的逐步提升和发展目标的日益多元化，林业机构地位与其职责不对等的矛盾不断凸显。从林业的机构地位和承担的职责来看，是“小马拉大车”；从中央林业机构和地方林业机构的对比来看，是“头小身子大”。“小马拉大车”、“头小身子大”的格局常常遭遇力有不逮的尴尬。党的十八大将生态文明建设纳入中国特色社会主义事业“五位一体”总布局，赋予了林业新的历史使命。随着林业战略地位的不断提升，林业部门承担的责任更加重大，特别是在维护生态安全、发展生态经济与建设生态文明等方面任务更加繁重，迫切需要不断强化林业主管部门指导、协调和综合管理职能。

为保障国家生态文明建设目标的顺利达成，为了给国家生态建设与保护注入更强劲的动力，为尽快实现我国人民对美好生态环境“天蓝、地净、水清、山绿”的期盼，按照习总书记“山水林田湖”综合治理的指导思想，建议在统合自然资源统一管理和职能完整的基础上，将农业部的草原生态治理(草原防火)、水利部的水土保持、环境保护部的生物多样性保护、住房城乡建设部的风景名胜区和城市绿化等划归林业部门管理，以林业部门为主成立国家森林与生态建设部。但考虑到组织变革的难度较大，可以先将国家林业局从副部级单位恢复至原来的正部级单位或将国家林业局升格为国家林业总局，赋予其与所承担的自然生态系统保护与修复职能主体相对应的地位，统一管理自然资源和生态建设，再逐步由此过渡为成立国家森林与生态建设部。

未来林业管理机构的主要职能包括：

(1)生态资源的保护与修复。围绕着森林、湿地、草地、荒漠化土地和野生动植物保护，制定生态资源保护、治理与修复政策，建立健全生态资源监管制度和生态效益补偿制度；动态监测各类生态资源，建立健全生态监测评价制度。组织实施重大生态修复工程。建设和管理风景名胜区、国家公园、林业国家级自然保护区等。

(2)重要生态资源的监督管理。一是对事关国家安全的重大生态资源，代表国家行使所有权，并进行直接管理。包括重点国有林区、国际重要湿地及湿地公园、典型湿地保护区、典型意义国家级自然保护区、重要风景名胜区、珍稀和濒危林木种子基因库等生态资源以及部分经专家认可、党中央和国务院批准的重大生态资源，进行组织管理、执法和监管。二是管理和监督中央政府所有的国有林区森林资源和草地资源。三是管理监督国家级重点公益林。

(3)推进生态文明建设。建立健全相关生态资源资产产权制度和用途管制制度。组织划定、落实生态保护红线，制定生态保护红线管制办法。编制自然资源资产负债表。指导、监督各类主体功能区生态保护与建设工作，承担生态补偿制度建设等工作。制订国土生态空间保护制度。

(4)组织指导林业改革。组织指导集体林权制度改革、国有林场改革和国有林区改革等林业改革工作。

(5)森林草地防火、有害生物防治、森林公安等。承担组织、协调、指导、监督全国森林草地防火工作、承担国家森林防火指挥部的具体工作。指导全国森林公安工作，监督管理森林公安队伍，指导全国林业重大违法案件的查处。指导全国林业和草地有害生物的监测、防治、检疫工作。

(6)组织开展国际合作和生态公约的履约工作，指导管理涉林非政府组织，承担亚太地区森林恢复和可持续管理网络、国际竹藤组织建设相关工作。

(7)应对气候变化。制定林业碳汇政策，推进碳交易平台的建设。

(8)直属事业单位的管理。对直属的事业单位进行指导和管理。

(9)生态产业宏观调控。合理规划森林资源开发利用，满足社会对木材等木质林产品的需求。组织开展非木质林产品的第三方认证，满足社会对绿色生态食品——非木质林产品的需求。

(10)组织指导全国林业及生态建设的法制、科技、人才教育工作。

调 研 单 位：中国林业科学研究院林业科技信息研究所
调研组成员：陈绍志　赵　荣　周海川　张　英　宁攸凉　赵晓迪

全国木材需求趋势及对策研究报告

【摘 要】当前，我国经济发展进入“新常态”，GDP 增速调减、经济结构调整、消费需求变化等都将对我国木材需求产生深远影响。同时，全球林产品竞争加剧、我国木材加工业劳动力成本国际竞争优势逐渐丧失、全球生态保护政策增强、欧美传统市场长期萎靡等一系列重大因素，也深刻影响我国木材需求走势。党的十八大报告提出，“要牢牢把握扩大内需这一战略基点，加快建立扩大消费需求长效机制，释放居民消费潜力，保持投资合理增长，扩大国内市场规模。”我国要改善木材需求结构、充分挖掘内需、着力解决林业产业原料需求，更好地促进国家经济结构战略性调整。未来一段时期，受到上述宏观经济形势变化和一些重大结构性因素影响，我国建筑、造纸、家具三大产业的木材需求，将呈增长放缓趋势，居民木材需求收入分层化特征将更加明显。针对木材需求新形势新情况，亟须树立和实施国家木材安全新战略、进一步调整优化林业产业结构、增加高品质木材产品供给、转变国际贸易方式，方能确保木材供需走向新平衡。

一、引 言

(一)背 景

当前，经济全球化、生态政治化深刻影响整个世界，林业发展面临诸多新挑战。在许多国家，木材作为国家发展的重要战略性资源，已从单纯的资源利用问题，转变为生态环境问题和经济政治问题。组织开展全国木材需求趋势及对策研究，旨在适应国内外经济社会发展的新形势，着力解决新时期森林资源的利用、配置、保护和治理等重大问题。这些问题集中表现在四方面：

1. 木材供需矛盾突出，森林资源压力大

21 世纪以来，国内木材需求快速增加、消费结构不断升级，进口持续增长，对外依存度不断攀升，保障木材供需结构平衡的难度越来越大。木材消费量由 2002 年的 1.83 亿立方米猛增到 2012 年的 4.95 亿立方米，对外依存度达到 45% 以上。到 2020 年我国经济总量将再翻一番，木材年需求量还将大幅度增加。要用占全球 5% 的森林面积和 3% 的森林蓄积，来支撑占全球 20% 的人口对木材的需求，我国森林资源面临巨大压力(赵树丛，2014)。同时，一些境外组织长期指责我国大量进口木材加剧了国际非法采伐及相关贸易。

2. 国家深化改革和“依法治林”的深入推进

党的十八大以来，中央对林业建设高度重视，习近平总书记关于“林业要为实现中国梦创造更好生态条件”等系列重要论述，确立了林业在实现“两个一百年”奋斗目标中的重要地位，这些重要论述，高瞻远瞩，思想深邃，内容丰富，包含了林业地位、功能作用、指导方针、发展道路等诸多重大问题，赋予了林业新使命、新任务，对我国木材供需将会产生重大影响。

3. 全球贸易形势和贸易格局深刻调整

当前，以发达国家为中心的贸易格局保持不变，其通过开展区域贸易合作和控制多边贸易体制，在国际贸易中获得了大部分利益。全球木材贸易形势不断演进：一是国际分工的范围和领域不断扩大，逐渐由产业间分工发展为产业内分工，进而演进为产品内分工，形成了“全球价值链分工”体系[①]。二是来自双边自贸区的冲击。据 WTO 统计，目前签订并实施的自贸区已经达到 247 个。亚太地区，最有代表性的是《跨太平洋伙伴关系协议》。2013 年，欧盟和美国着力打造跨大西洋自由贸易区。这些贸易形势演变对我国的木材需求产生了一系列贸易效应以及贸易转移效应。

4. 避免掉入“中等收入陷阱”的转型发展

巴西、阿根廷等国的发展经验表明，传统粗放的资源利用模式，容易导致产业升级缓慢、资源环境恶化、社会矛盾增多，容易落入“中等收入陷阱”，影响现代化进程。我国木材资源的利用和保护，必须要从数量增长、粗放利用向提升质量、打造品牌转变，这种转型演变也将对木材需求产生深刻调整。

(二) 目的和意义

木材供需平衡是事关林业发展、事关生态资源保护和利用的重大战略问题。分析木材需求现状和趋势，并基于木材供需预测，制定科学有效的规划和政策，有利于维护木材贸易格局、保证国家就业安全、促进森林资源可持续利用，对于深化林业改革、提升治理能力、制定“十三五”林业规划、磋商国际生态公约、拟定林业战略具有重大意义。

二、全球木材需求趋势和主要政策

(一) 全球木材需求趋势概况

一是 21 世纪以来，全球木材需求持续增长(表 1)。主要特点是：亚太地区木材需求较快增长，该地区人口密度大，是全球人造板、纸与纸板的主要消费地。欧美地区，受金融危机、欧债危机和低结婚率等因素影响，处于木材加工业调整优化阶段(表 2)。热带雨林地区，REDD + 、打击盗伐等行动使森林资源“外交砝码”的政治化倾向十分明显，

① 全球价值链主导全球贸易格局深层次改变，http：//www. chinairn. com/news/20140120/151324117. html。

对全球木材消费带来结构调整的资源新配置。

二是木材能源利用快速增加。由于全球倡议更多地使用可再生能源，木质能源消费高速增长，欧洲尤为突出。2013 年，欧美地区生产的木质燃料达到1.94 亿立方米，其中60%左右在欧洲消耗。木材用于能源生产，尤其是大规模商业化生产纤维素生物燃料，给林业带来前所未有的影响。

表 1　2013 年全球林产品产量及进出口贸易

项目 产品	产量				出口量			
	2013	与各年变化百分比			2013	与各年变化百分比		
		2012	2000	1980		2012	2000	1980
原木(百万立方米)	3591	1%	4%	15%	137	13%	16%	46%
木质燃料(百万吨)	1854	0%	5%	10%	8	2%	129%	
工业用原木(百万立方米)	1737	2%	3%	20%	128	14%	12%	38%
锯木(百万立方米)	413	5%	9%	0%	124	5%	10%	77%
人造板(百万立方米)	358	8%	92%	253%	77	3%	36%	374%
单板及胶合板(百万立方米)	146	13%	119%	233%	29	2%	30%	256%
木质碎料板及纤维板(百万立方米)	212	5%	77%	269%	49	3%	40%	490%
木质纸浆(百万吨)	174	0%	2%	38%	58	4%	50%	172%
非木纤维纸浆(百万吨)	14	-15%	-10%	87%	0	-6%	20%	87%
回收纸及纸板(百万吨)	215	0%	50%	326%	56	-6%	125%	910%
纸及纸板(百万吨)	398	0%	22%	135%	109	1%	12%	213%
林产品贸易额(十亿美元)					246	5%	70%	334%

来源：FAOSTAT—林业数据库。

表 2　2009～2013 年主要地区工业原木、锯材等消费情况

项目	2009	2010	2011	2012	2013	2012～2013 年		2009～2013 年
						变化	%	%
欧洲								
工业原木(千立方米)	341263	384946	385343	374730	383288	8588	2.3	12.3
锯材(千立方米)	92677	102769	102232	97482	95565	-1917	2	3.1
板材(千立方米)	63955	65845	66217	64659	65982	1323	2	3.2
纸张与纸板(千公吨)	88115	94371	93168	89724	88562	-1161	1.3	0.5
独联体								
工业原木(千立方米)	100916	126271	127486	173690	176513	2823	1.6	74.9
锯材(千立方米)	17130	17045	19024	19729	21518	1789	9.1	25.6
板材(千立方米)	10531	12568	16046	17852	18553	701	3.9	76.2
纸张与纸板(千公吨)	8466	9363	9674	9357	8868	-489	5.2	4.7
北美洲								
工业原木(千立方米)	398388	414253	433392	426000	424102	-1898	0.4	6.5
锯材(千立方米)	81068	89332	88369	91619	97394	5775	6.3	20.1
板材(千立方米)	46261	47261	46254	46800	49331	2530	5.4	5.2
纸张与纸板(千公吨)	78443	83266	79721	73977	74247	269	0.4	-5.3

来源：FAOSTAT—林业数据库。

三是木材贸易持续扩大，规模化、多样化的需求得以实现。过去20多年里，全球木材贸易规模不断扩大，林产品价值链不断延伸，多样化需求得到满足，而这种需求的满足更多来自于人工林。

(二)主要国家木材需求特点

从面上看，欧美国家木材需求主要有三个特点。

(1)经济衰退、主权债务危机和低结婚率制约欧美住房市场，木材需求中小幅回升。2009年经济危机发生以来，欧洲、独联体以及北美的木材年均产量均低于危机发生前4年(2004～2007)的水平。2013年，独联体与北美市场略有复苏，但欧洲市场依旧低迷。北美地区住宅市场回暖对木材需求有所拉动，但仍处在1963年以来的谷底。

(2)贸易协定、建筑标准和森林认证成为影响木材需求的政策亮点。欧盟木材法规、和跨大西洋贸易和投资伙伴关系(TTIP)等政策的影响显现。2011～2014年，认证森林的工业原木产量以每年2000万～3000万立方米增长，其年产量占全球的30%。至2014年5月，FSC和PEFC认证的森林面积合计为4.4亿公顷。

(3)木质纤维等新兴产品成为木材需求新的增长点。木制纤维已占到全球纺织品市场的6%，成为第二大纺织原材料，且发展趋势看好，预计未来生产规模还将继续扩大。

从需求结构看，欧美主要国家木材需求呈现六个特征。

(1)木质原料需求连续增长。2009～2013年，欧洲工业原木生产和消费连续五年保持增长，北美原木产出和消费小幅增加。2013年，欧洲森林工业原木消费3.8亿立方米。中国、日本、中东和北非软木锯木市场的发展，是拉动北美、欧洲和独联体地区原木生产增加的主因。全球原木几大流向是，德国从邻国进口软木原木、芬兰从俄罗斯进口软木和硬木、瑞典从挪威进口软木、中国从新西兰、俄罗斯和美国进口原木。值得注意的是，2013年新西兰超过俄罗斯成为全球最大的原木出口国。

(2)硬木锯材美国增长快速，欧洲低迷。2013年，欧美地区硬木锯材总需求3150万立方米，比2012年增长5.1%。欧洲硬木锯材产量下降了4%，跌至1260万立方米。北美硬木锯材消费增长11.9%，达到1700万立方米。

(3)软木锯材需求受住房市场影响显著，北美攀升欧洲减少。2013年，由于住宅房建设、修缮和改造的增加，北美软木锯材消费增长了5.2%，达到8033万立方米。其中美国消费量增长了7.1%，达到6595万立方米，加拿大因房产市场放缓跌至1438万立方米，欧洲由于经济衰退，软木锯材消费下降了1.7%。

(4)欧美人造板需求持续增长，中国在国际市场扮演重要角色。2013年，北美房产市场复苏拉动人造板消费强劲增长(5.4%)，欧洲虽然整体经济不景气，但人造板消费增长了2%。中国在人造板国际贸易中扮演重要角色，占全球胶合板出口的34.3%和纤维板出口的15.8%。

(5)家具贸易增长迅猛，亚洲制造对美国市场影响巨大。2013年，全球家具生产价值达4300亿美元，木地板产量9.25亿平方米。2012年全球家具中国生产比重占到了28%，超过德国成为主要生产国。

（6）木质能源消耗部门间调整，欧洲增长显著。木质能源消耗在工业部门略有下降，在住宅和电力部门逐渐扩张。欧盟是全球最大的木质颗粒燃料市场。2013年，欧盟木质颗粒燃料需求量达470万吨，其中450万吨来自进口。俄罗斯木质颗粒燃料年产量150万吨，加拿大170万吨，美国400万吨，而支持可再生能源项目相关法规的陆续出台，将会进一步促进木质能源领域的投资，加大木质能源的产能。

3. 影响全球木材需求趋势的主要政策

（1）国际贸易政策。2013年，欧盟一方面和美国着手打造跨大西洋自由贸易区，另一方面与加拿大谈判降低或消除关税和非关税壁垒，改进法规和标准的相容性，建立全面的经济和贸易协定。2013年生效的欧盟木材法规，禁止欧盟成员国使用非法采伐木材。加拿大国内有关各方正试图延期针叶林管理协议。同年，俄罗斯加入世贸组织，调整了原木出口配额法规以及《2013～2020年国家林业发展规划》。

（2）生态环保政策。2013年，世界经认证的森林面积比重首次突破10%。森林认证有助于促进森林可持续经营，但部分机构为攫取利润排斥竞争森林认证价格居高不下，对木材利用和消费也产生了一些负面影响。此外，欧盟新的建筑产品法规（EU Construction Product Regulation）和标准（EN 15804），强制要求环境产品声明（environmental product declarations）要提供必要信息，满足一定的要求和指标，以支持建筑业使用可持续产品。美国木材委员会也对软木胶合板等部分木质产品出台了环境产品声明。环保标签、建筑标准和环境产品声明有利于木材的负责任贸易和绿色建筑，有利于规范木质产品生产和经营，促进科技创新，提升产品质量，但也会增加成本负担，改变木材产业格局。

三、中国木材需求现状和影响因素分析

（一）木材需求现状分析

1. 木材需求总量分析

木材作为一种要素是许多社会经济活动的基础，与社会经济活动密切相关，并一定程度反映出国家社会经济发展的势头。从木材消费需求与国民经济发展的关系、木材消费趋势、木材消费“峰值”、进口材地位以及人均消费趋势等方面看，现阶段，我国木材需求总量表现出五个特征：

第一，21世纪以来，全国木材消费总量保持两位数增长，并几次突破亿立方米大关，2013年达到52247.42万立方米。木材消费需求迅猛增长与我国宏观经济背景密不可分（图1）。中国目前已成为世界第二经济体、世界第一大出口国和第二大进口国，2013年进出口总值达到4.16万亿美元。而开放型经济体系逐步形成以及城镇化和工业化快速

推进，势必拉动木材消费需求的进一步增长。木材消费需求的扩大，一方面，反映出我国宏观经济发展的良好势头，另一方面，庞大的木材消费也增加我国保供给压力。

第二，木材消费总量与几个主要经济、人口指标保持同步增长（图2），当前和未来一段时间，我国木材消费保持“刚性增长”的基本面没有改变，主要原因是国内经济持续向好和人口缓慢攀升。1999年，我国木材消费总量9180万立方米。2013年，行业消费、农民烧材和出口材三项合计已达52247.42万立方米。同期，GDP从8.97万亿提高到56.88万亿。此外，木材消费随人口、城乡人均收入水平、主要行业投资以及汇率变化亦保持同步趋势（图3、图4）。

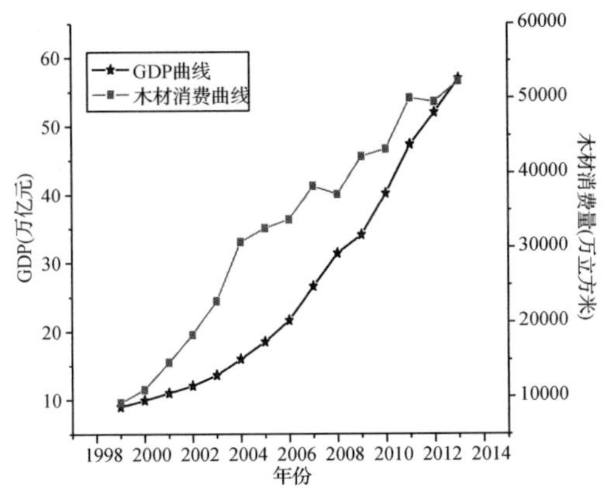

图1 1999～2013年木材消费量与GDP变动趋势

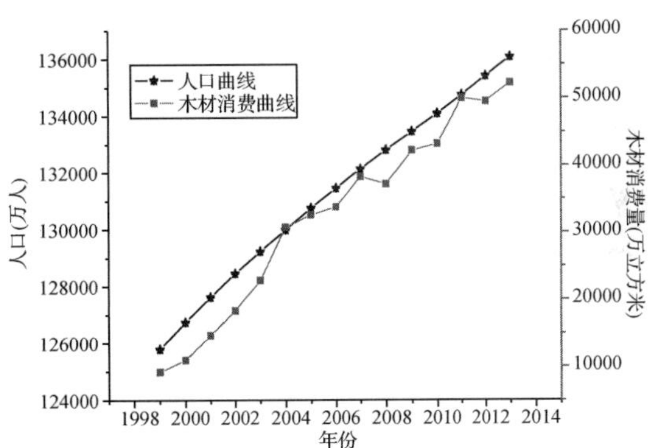

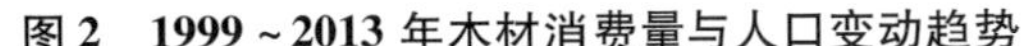

图2 1999～2013年木材消费量与人口变动趋势

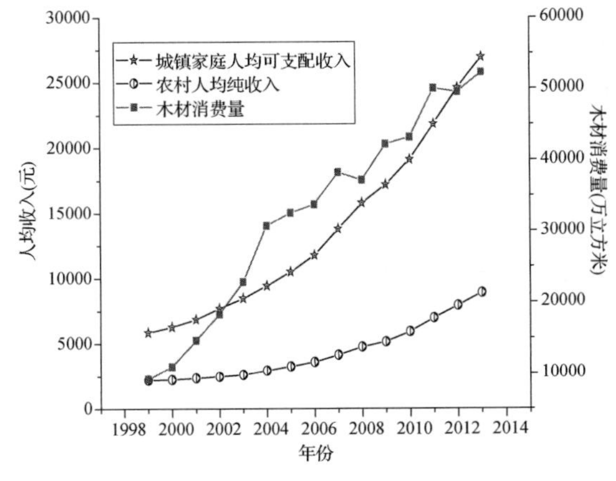

图3 1999～2013年木材消费与人均收入变动趋势

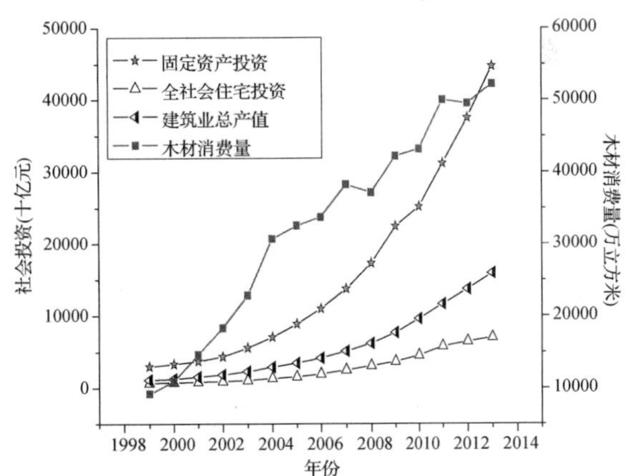

图4 1999～2013年木材消费与社会投资变动趋势

第三，木材消费需求“刚性增长”态势短期不会改变，但增速会趋于下降。21世纪以来，我国木材消费大致可分为两个阶段：一是持续高速增长阶段（2000～2007年），主要特征是连续快速攀升，年均增长19.53%；二是波动式增长阶段（2008～2013年），主要特征是“增减”交叉，波动式攀升，年均增长7.1%。预计今后一段时间，木材消费年均增长率还会进一步下降。主要原因是：①资源环境约束和经济增长放缓。随着国内经济规模扩大、人口红利消失、经济结构调整和国际经济复苏缓慢等因素影响，中国经济增长有所减缓，我国木材消费规模难以再像前期迅猛增长。②金融危机、欧债危机，以及欧盟和美国有关木材法案的影响。当前，全球经济复苏乏力，国际木材市场需求增长缓慢，人造板增速大幅回落，木片出口甚至从 2004 年的 109.42 万吨下降为 2013 年的 69 吨。欧盟、澳大利亚、美国有关木材法案以及反倾销、反补贴调查，也对我国木材出口需求造成影响。③国内战略调整。当前，生态文明纳入国家“五位一体”战略布局，生态安全纳入国家战略，国家对木材等生态资源的管控制度将不断完善，保护力度将进一步加强，木材资源利用的成本将进一步增加，部分低端消耗型木材需求将会受到抑制。

第四，木材需求约 43% 依赖于进口，未来还会略有提升但或趋于稳定。我国建筑、家具、包装和木制品等用材以进口材为主，供给很大程度上依赖于进口材。2002 ~ 2013 年，我国进口材占全国木材总消费的比重维持在 35% ~ 52% 之间(图 5)，平均占比约 42.79% 。从我国进口材增长率与全国木材总消费增长率变化趋势看，近几年，进口增长率高于总消费增长率，但两条增长率曲线趋于接近和一致，表明进口材比重将趋于稳定，并将保持在一半略低的水平波动。

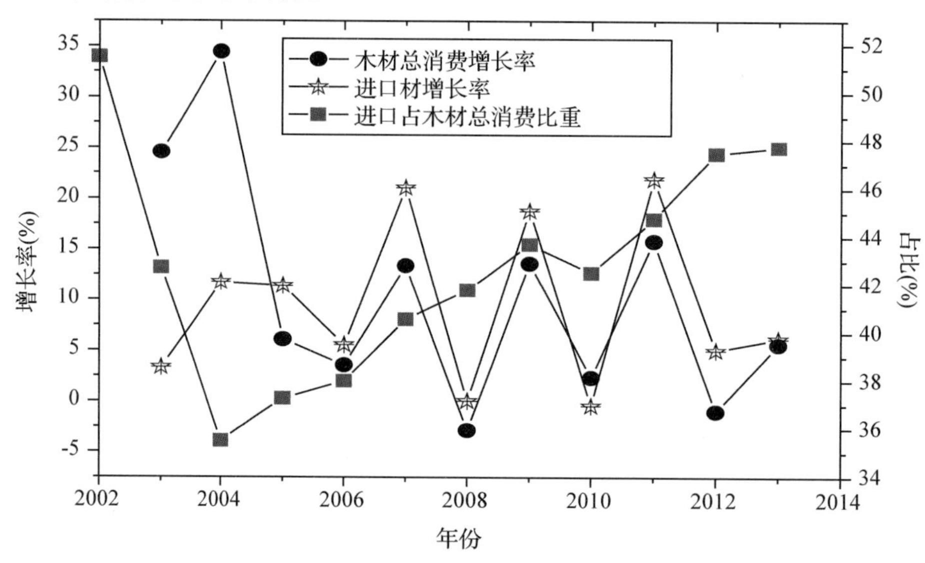

图 5　进口材占比情况及其增长率变动趋势

第五，我国人均木材消耗呈现“阶梯式”的攀升趋势，但攀升势头有所放缓。21 世纪以来，我国人均木材消耗逐年增加，从 2002 年的 0.14 立方米，增加到 2013 年的 0.38 立方米，增长了 171.4% ，但其增长势头减弱(图 6)。从全球来看，人均木材消耗已较为稳定，维持在 0.66 立方米左右，总体上呈现“平台式”的运行状态。从我国与世界平均水平消耗量的差距看，2002 年我国为世界的 23.8% ，2013 年为 57.2% ，在具备一定的制度、经济和政策条件下，我国的人均消耗量可能会追上全球平均水平，这种消费量的增长空间大约为 3.6 亿 ~ 3.8 亿立方米。但这个增长空间能否完全释放，以及释放速度如何，既取决于全球资源供给，更取决于宏观经济形势和居民消费偏好的变化。

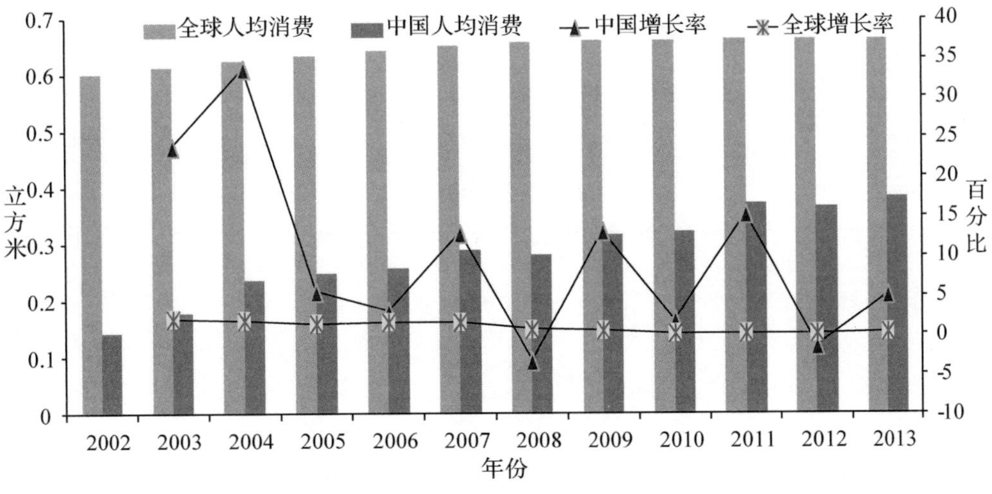

图 6　我国和全球人均木材消耗及其增长率变动趋势

2. 木材需求结构分析

随着木材需求量的不断增长，我国木材需求结构也在发生变化，表现出四个特征：①木材需求以工业和建筑用材为主，占全国木材总消耗的比重接近于八成，这也表明优质木材特别是大径级材的消费比例仍占很大比重。②需求结构从 2002 年的工业和建筑用材、农民自用材和烧材为主，转变为 2013 年的工业和建筑用材、出口用材为主。增长最快的是出口用材，年均增长 19.7%。③农民自用材和烧材总体上呈波动降低趋势，随着农村能源结构以及住宅建筑新材料的应用，其占比还会继续小幅减少。④造纸业需求是我国产业部门用材增长最快的部门，2013 年已达 15031.42 万立方米，年均增长 25.7%（表 3、图 7）。

表 3　木材消费需求结构构成和变化趋势　　单位：万立方米

	1. 工业和建筑用材	1.1 建筑业用材	1.2 家具用材	1.3 造纸用材	1.4 煤炭用材	1.5 车船制造、铁路等用材	2. 农民自用材和烧材	3. 出口用材	4. 木材总消耗
2002	12376.85	8838.01	1402.8	963	734.9	438.14	4905.2	1058.53	18340.43
2003	17127.66	8381.03	1259.22	6433.02	601.3	453.09	3562.56	2152.78	22843
2004	22482.69	10984.12	2780.66	7539.48	832.4	346.03	4286.2	3941.5	30710.47
2005	23090.18	9438.48	3478.32	8477.28	927.29	768.81	4585.55	4900.3	32576.1
2006	24496.96	8478.68	4234.97	9701.82	957.91	853.58	2993.17	6248.7	33738.83
2007	28202.58	9392.53	495.82	12016.92	990.38	845.93	1540.14	6888.49	38249.42
2008	27640.13	8287.6	4477.78	13014.77	1042.17	817.81	1789.97	5833.94	37144.73
2009	32516.47	11664.15	5009.42	13884.55	945.24	1013.11	3199.83	6473.18	42189.48
2010	31726.53	10221.21	6493.24	12773.12	1019.26	1219.59	3662.19	7788.33	43177.04
2011	38907.77	12801.08	9252.06	14491.6	1061.79	1301.23	2951.85	8580	49991.91
2012	37801.94	14347.39	6148.72	14796.38	1063.91	1445.53	3969.88	8855.68	49491.59
2013	39985.05	16283.62	6100.53	15031.42	1032.42	1537.05	4550.67	9173.65	52247.42
年均增长率	6.9%	5.2%	13.03%	25.7%	2.87%	11.03%	-0.6%	19.7%	9.1%

（续）

	1. 工业和建筑用材	1.1 建筑业用材	1.2 家具用材	1.3 造纸用材	1.4 煤炭用材	1.5 车船制造、铁路等用材	2. 农民自用材和烧材	3. 出口用材	4. 木材总消耗
年均占比	74.05%	29.89%	10.69%	27.45%	2.61%	2.37%	10.57%	15.11%	
两阶段趋势变化	下降	提高	提高	下降	下降	下降	提高	下降	下降

注：两阶段增长势头变化指的是以 2008 年为界划分为两个阶段后，木材消费的年均增长变化趋势。2008 年既是 2002 ~ 2013 年的中点，也是金融危机和"四万亿"投资等重大事件和重大政策实施的元年。

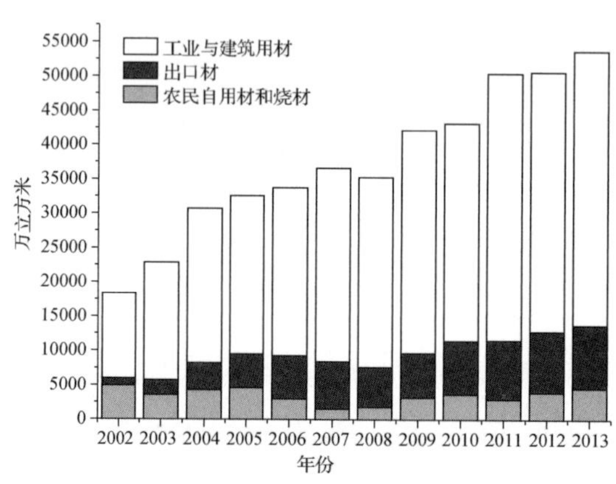

图 7 我国木材消费三大用途

根据我国木材消耗的主要用途分类，即：工业与建筑用材、出口、农民自用材和烧材(图 8)，2013 年，工业与建筑用材已达 39985.05 万立方米，占我国木材消费比重的 76.5%，是我国木材消费需求的主体，解决好工业和建筑行业的木材消费问题就抓住了木材需求问题的关键。但从变化趋势看，2002 ~ 2008 年，工业与建筑用材年均增长 14.32%，2009 ~ 2013 年，年均增长 5.3%，增长率趋于下降，增长空间有限。现从以下三方面分析木材消费需求结构特征。

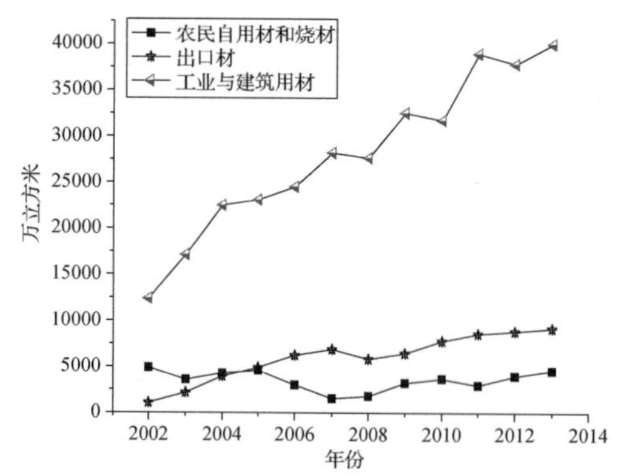

图 8 我国三大木材消费用途变动趋势

——行业需求的特征

我国主要木材需求行业是建筑业、造纸业、家具业、煤炭业、其他产业等五大行业部门(图 9)。21 世纪以来，五大部门用材绝对量和相对量变化趋势各不相同，主要表现出以下特征：

第一，建筑业用材和造纸业用材是我国产业部门木材需求的两大“主力军”，两者合计约占木材总消费的60%。其中，建筑业用材在行业中数量最大，占木材消费总量的比重在30%左右。2002~2013年，中国建筑业用材数量的变动特征可以概括为“两个陡坡”“一个洼地”（图10）。2002~2004年为第一个陡坡，2004年首次突破亿立方米大关，达到10984.12万立方米；其后经历了2005~2008年的下降“洼地”，降至8287.6万立方米，甚至低于2002年的用量；2009~2013年，建筑业用材数量不断攀升，2013年达到16283.62万立方米。

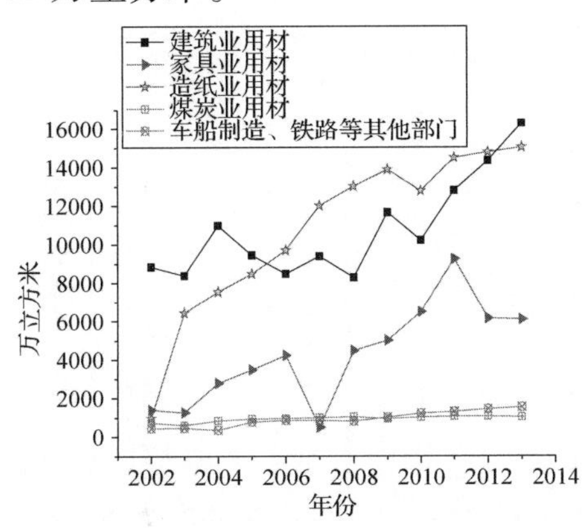

图9 我国行业木材需求的构成情况及其变化趋势

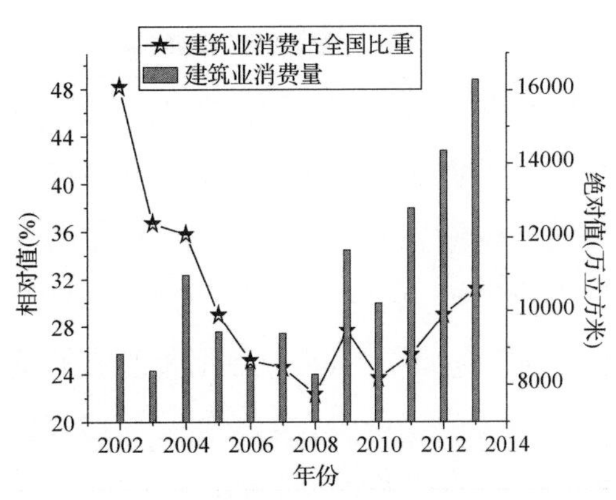

图10 建筑业用材绝对量和相对量变化趋势

第二，21世纪以来，我国造纸业用材需求跃居第二位，约占全国木材需求的28%。2013年我国造纸业用材达15031.42万立方米，是2003年的2.33倍，11年间年均速为25.7%（图11）。随着国内外形势变化，目前造纸行业正面临增速减缓、要素成本不断上升，资源、环境、能源约束不断增强等问题，预计这一领域的用材需求或将保持稳定。

第三，受多种因素影响，家具业木材消费总量趋于下降。2002~2011年，家具业木材消费快速增加，2011年达9252.06万立方米，为2002年的6.6倍，之后开始回落，2013年减少为6100.53万立方米（图12），预计未来还将延续这一趋势。

另外，铁路、煤炭部门曾经也是木材的消耗大户，但到了21世纪，随着替代品的发展，这些部门木材消耗趋于稳定。

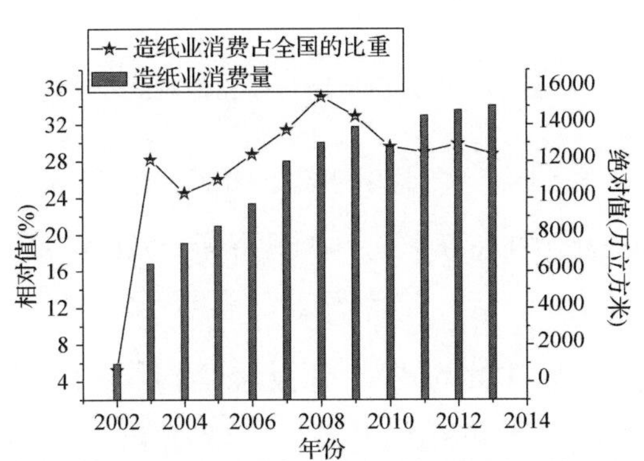

图11 造纸业用材绝对量和相对量变化趋势

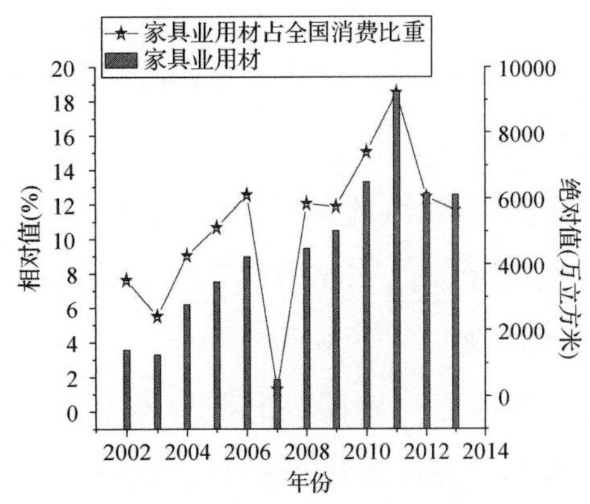

图12 家具业用材绝对量和相对量变化趋势

——居民需求的特征

居民木材需求主要包括城市居民的家具、厨具木材需求和农村居民的自用材和烧材需求，由于居民木材消费较为分散且不连续，并与建筑市场的需求存在一定程度的重复，难以完全统计城乡居民木材总需求，因此，本报告仅提供调查数据和定性描述。据调查，城乡居民的木材消费需求有以下三个特征：一是收入越高，收入增减变动对木材需求的敏感性越高。消费者的收入越高，其木材消费档次越高。据我们在四川省针对 20 户居民的调查，数据分析显示居民收入增幅的提高对居民消费木材支出的影响具有较高的敏感性。二是居民预期收入的降低和预期支出的增加制约了木材消费需求。住房、医疗、教育等方面的改革走势的难以准确预期，也在一定程度上导致多数人群仍以储蓄为主要动机，木材消费需求的潜力释放受到抑制。三是农村居民用材总量趋于稳定接近于“饱和”，其占全国总需求的比重趋于下降。图 13 表明，农村居民木材消费需求总量虽有波动，但一直维持在 4500 万立方米左右，其占全国木材总需求的比重处于不断下降的趋势，从 2002 年的 26.75% 减少为 2013 年的 8.71%。

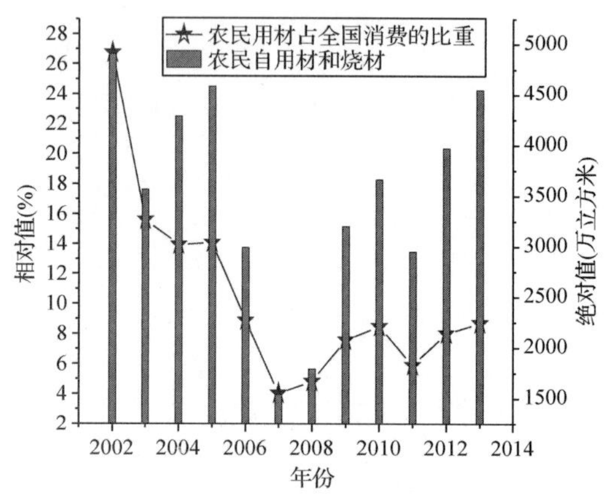

图 13　农民用材绝对量和相对量变化趋势

——出口需求的特征

我国越来越多的国产材和进口材以成品和半成品、纸张和木片的形式出口，出口材占木材总消费的比重不断增长。2013 年木材衍生产品出口量的原木当量是 2002 年的 8.67 倍，达到 9173.65 万立方米(图 14)。出口额中，家具份额最大，占 40.32%，纸及纸浆占 33.15%，人造板和单板占 14.28%。出口地中，美国、日本、中国香港和英国为主要市场，其中美国占 22.23%，日本占 9.19%，中国香港占 6.53%，英国占 4.13%。

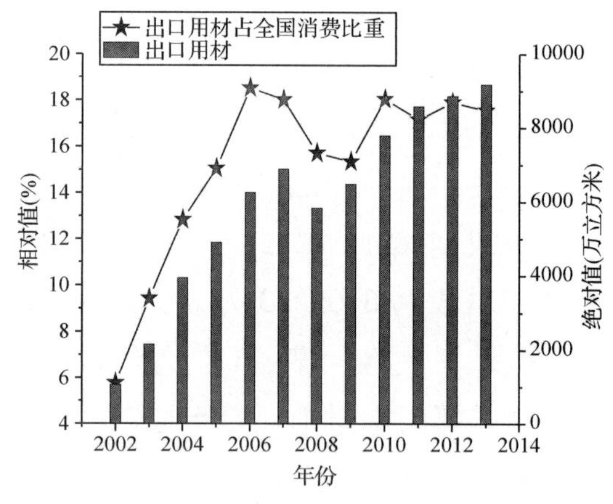

图 14　出口用材绝对量和相对量变化趋势

2013 年，纸和纸制品出口 762.23 万吨(按木纤维浆比例折合值)，出口额达到 159.86 亿美元，比 2012 年增长 18.55%。出口地集中在美国、中国香港、日本和澳大利亚。

人造板主要出口国为北美、欧洲和中东市场，出口量约占人造板总出口量的 60% ~ 70%，其中，胶合板最大出口市场是美国，纤维板出口市场以北美、俄罗斯和中东为主，中东市场份额下降，俄罗斯份额提高，刨花板出口以俄罗斯和亚洲市场为主，中东市场的份额有大幅提高。

木家具出口主要以木框架坐具和卧室用木家具为主，其中木框架坐具占 36.32%、卧室用木家具占 15.74%、厨房用木家具 5.34%、办公用木家具 4.6%、其他木家具 38%。木家具出口集中在北美、亚洲和欧洲市场，其中，北美份额为 38.34%、亚洲 32.96%、欧洲 16.99%，但欧洲市场的份额持续下降，北美市场份额进一步提高。

随着能源、人工费等成本上涨，我国出口产品的成本越来越高，相比越南、印度、马来西亚、印度尼西亚等出口国，低成本的优势不再甚至呈现劣势，只有提高出口产品附加值，才能在国际市场的竞争中胜出。同时，主要林产品消费国的其相关贸易的政策，也对我国木材出口造成很大影响。据研究，《欧盟木材法规》的实施将使国内中小型出口企业产品成本提高 5% ~15%。值得指出的是，一些新兴市场成为我国木材出口需求的增长亮点，如东盟市场的快速成长，马来西亚、印尼、新加坡等国的木家具市场对中国的需求显著增加。

（二）影响我国木材需求的主要因素及其变化趋势

1. 常态因素

第一，GDP 增长趋势。改革开放 30 多年间，我国经济实现了年均 9.8% 的增长，但从 2011 年开始增长速度出现回落，由 2010 年的 10.4% 下滑到 2013 年的 7.7%，发展方式也从规模速度型粗放增长转向质量效率型集约增长。

第二，固定资产投资。过去 10 多年来，我国固定资产投资快速增长，2013 年达到 44.71 万亿元，约为 1999 年的 15 倍，直接拉动木材需求快速增长。其中房地产业固定资产投资 2013 年完成 99159.31 亿元，是 2003 年的 7.5 倍。同时，我国现有住宅存量是新建住宅的十多倍，随着房产二级、三级交易市场活跃，这部分房屋的翻新、改造和装修对木材的需求也大幅增长。党的十八大后，房地产市场调控的方向是住房市场要回归到居住功能上来，特别是随着“房产税”等调控政策的出台，在今后一段时间，住宅建设仍会增长但趋势难以再像从前迅猛，木材需求增长势头也会减缓。

第三，人均收入水平。人均收入水平与木材消费需求存在密切的弹性关系，在收入较低时，木材需求通常表现出富有弹性，随着收入水平提高，木材需求弹性减小。从时间变化看，我国木材消费与居民收入间基本同比增长。2013 年，我国城镇居民家庭人均可支配收入和农村人均纯收入分别是 2002 年的 3.5 倍和 3.6 倍，木材消费量则是 2.7 倍；从空间分布看，北京、上海、山东等经济发达地区的人均消费高于欠发达地区，城市居民的人均消费量高于农村的人均消费量；从家庭收入分层看，2012 年城镇最高收入家庭组（10%）的人均住房消费现金支出①是最低收入组（10%）的 8.6 倍；2012 年农村居民高

① 指的是用于住房的直接支出，包括房租、房屋维修支出、物业管理费、房屋装潢支出。

收入户(20%)人均居住总支出[①]是低收入户(20%)的 3.1 倍。

第四，木材价格和消费偏好。木材市场价格分化走势显现，一般档次的木材价格趋于稳定，高档木材价格上涨的趋势愈发明显，主要原因是市场需求巨大、产材国持续加大严控政策和经营成本不断攀升。但高档木材价格走高，并未明显影响其需求，主要是消费偏好和收入水平的提高，仍然固化着一部分群体维持高档木材消费。

第五，人口变化。我国人口从 1999 年的 125786 万人增长到 2013 年的 136072，净增加 1 亿多人，在人均消费量不变甚至不断提高的情况下，人口越多，木材消费规模就越大。此外，人口性别、年龄结构、职业、教育程度等对木材消费也产生影响。但我国人口增长趋势趋于放缓，从这个角度看，木材消费也趋于稳定。

第六，外向型经济。2013 年货物进出口总额达 258212.3 亿元，是 1999 年的 8.6 倍。外向型经济的发展，也带动了木材需求市场，其中家具及其零件出口 2012 年达到 488.17 亿美元(约 3070 亿元人民币)，是 2002 年的 18 倍。

外向型经济给我国木材需求带来了多方位、全天候的影响：①直接刺激出口需求，但随着世界经济发展速度放缓，日本市场购买力下降，国际家具市场竞争激烈等因素，近期出口需求有所放缓。②国际资本介入深刻影响着国内需求。国际产业资本介入有助于资源优化配置、洗牌重组形成新的竞争力和龙头企业，但另一方面，国际资本制定的定价政策和利润控制分享规则，也将对木材需求产生深远的影响。③资源进口和产品出口是需求能否实现的重要因素。我国是全球最大的原木进口国之一，资源进口的实现程度，深刻影响着国内需求的满足程度。另一方面，我国出口木材尤其是人造板面临严峻的竞争形势，出口难度越来越大。

第七，城市化。中国现有 657 个设市城市，建制镇 19600 多个，还有 17000 多个乡镇，城镇人口 7 亿左右。2013 年中国城市化率仅为 54%，发达国家如美国可以达到 80% 以上。现有的城市规模已经构成一个庞大的木材需求市场。十八大后，中国城镇化将从投资推动型向需求型和管理型转变，既注重量的增长，也注重质的提升，城市化水平对木材需求会从以前“量的巨大释放”向“量的释放和结构调整并重”格局转变。

2. 非常态因素或重大事件

国内，营改增加剧地方收入压力，房产税日益临近。十八届三中全会将房产税改革上升为房地产税体系建设，提出加快房地产税立法并适时推进改革。房产税可能影响整个建筑行业以及木材、家具加工等建筑行业关联产业的发展。国际，联合国将于 2015 年年底在巴黎举行谈判通过气候变化新协议。目前的谈判案文表现出“普适性”增强、共同责任分担增强、保护自然生态系统应对气候变化增强的趋势，新兴大国承担减排义务或

---

① 指的是与农村住户居住有关的所有支出。包括新建(购)房屋、房屋维修、居住服务、租赁住房所付的租金、生活用水、生活用电、用于生活的燃料等支出。

不可避免，将林业活动纳入国家战略促进国家减排行动的趋势增强。这一趋势表明，全球木材贸易或将受到影响，国内木材需求或面临调整。另外，其他一些改革因素、气候变化以及能源和生态环保政策也会对木材供需产生重要影响。

我们对全国木材产销大区广西的调研表明，这些常态和非常态因素正从三方面深刻改变木材需求趋势(专栏)。

专　栏

三因素制约产销大区木材需求亟待政策破解

广西是全国著名的木材产销大区。2013 年，全区森林覆盖率61.8%，森林面积2.18亿亩，人工林近1亿亩，其中速丰林4000万亩，桉树3000万亩；活立木蓄积量6.62亿立方米。2013年木材产量2480万立方米，居全国第一位；人造板产量2860万立方米，居全国第三位。林业产业总产值3020亿元。

木材加工业是广西当地的木材需求主体。截至2013年年底，全区有各类林业企业两万多家，其中木材加工经营企业1.74万家，规模以上企业1200家。但是，目前广西木材加工业的木材需求表现出疲软趋势，主要原因有以下几点：

首先，经济增长放缓是抑制木材需求继续增长的主要原因。广西当地的加工业主要以向浙江、广东的企业提供中高密度纤维板、桉木旋切单板等半成品为主。近两年，中国经济增速迎来换挡期，从高速增长期向中高速平稳增长期过渡。它不仅仅是速度的换挡，还带来增长动力和发展方式的转换。受宏观经济增长趋势减缓影响，我国房地产业需求不及往年，2014 年 1 ~ 9 月份，全国房地产开发投资68751亿元，同比名义增长12.5%(扣除价格因素实际增长11.7%)，增速比1 ~ 8 月份回落0.7个百分点；1 ~ 9 月份，商品房销售面积77132万平方米，同比下降8.6%。另一方面，房地产业和家装业的需求进入调整期，人们对人造板、家具环保和品牌概念认识不断深入和塑造起来。调研发现，宏观经济趋势对不同加工企业的木材需求有不同影响，对于纤维板行业来说，由于产能相对过剩，而房地产业等下游需求并未跟上，导致许多生产企业开工率降低，木材需求疲软。

其次，结构性矛盾突出是抑制木材需求增长并导致需求下降的重要原因。随着经济社会发展和人们生活水平的提高，国内外市场对人造板提出了更高的质量要求，功能化的特种人造板需求逐年攀升，低档人造板产品市场需求下降。广西人造板产品低端同质化严重，胶合板和纤维板产能仍在不断扩大，高品质人造板却始终是短板。据统计，目前广西全区木质家具产值占整个木材加工业产值的比重不足10%，而锯材、木片、普通人造板产值占到75%左右。加之，近年来国内经济正发生增速放缓的转折性变化和人民币升值等不利因素，中低端人造板市场持续低迷，广西加工企业产品滞销，库存压力增大，许多企业出现亏损，只能被迫减产、停产。市场供给不能及时适应市场需求变化造成的结构性矛盾十分突出。

最后，木材加工业经营管理和产业分布现状，也是值得重视的因素。加工业需求整体不旺，针对大型、小型加工业进行的调查发现，一个重要因素是这些企业在产权管理、产业分布、竞争秩序等方面不适应市场需求，反过来导致木材需求压抑，集中表现在：①产权管理不适，一些大型企业的木材需求增长呈下降趋势。广西一部分大型加工业企业属于国有企业性质，它们每年释放大量的木材需求，但由于其在决策机制、管理体制、科技创新等方面难以及时对市场需求变化作出跟进调整，导致市场份额出现萎缩，企业木材需求逐步减少。②产业链两头挤压，小企业的木材需求增长持续性大幅降低。广西多数小加工企业对产业链存在严重依赖，一方面是对资源的依赖，另一方面是对半成品采购商的依赖。近年来，其桉木原料采购价格维持在800元/立方米左右，且无降价趋势，其生产成本受到挤压、调整空间十分有限。而其产品销售又受到浙江、广东下游收购商的挤压，无“定价权”，有的处于弱势的小加工企业甚至自掏腰包支付运输成本。两头挤压之下，小企业效益不断下滑现状堪忧，其木材需求陷入颓势。③市场竞争无序，资源过度竞争导致一些小企业需求长期得不到满足。许多木材加工业因其规模较小，更加明显地受到成本、资金、技术方面的制约。一些小企业，其资源采购必须保持在一定的半径内才能确保盈利可能。但是，前几年，小加工企业过度扩张，在一定的小尺度范围内聚集了过多的产能，大家过度争夺就近的原料资源，长期下来，导致一些企业的需求得不到满足。这是在一些县城周边的小型企业遇到的共同问题。

根据上述分析，我们认为解决广西木材需求问题的主要手段是结构调整，一方面要适应市场需求结构性变化趋势，加强加工业技术改造升级、加速淘汰落后产能；另一方面要优化布局，采取合并、入股等形式，减少企业数量、提高企业质量，减少在资源采购、产品销售等方面的无序竞争。

四、中国未来木材需求预测：趋势和挑战

（一）木材需求趋势预测的方法和结果：一个简要综述

我国大致从20世纪80年代开始木材供需预测研究。王恺、侯知正（1984）采用产值法预测到2000年全国木材需求为2.69亿立方米。胡明形等（1993）采用部门法预测到2000全国木材需求为2.08亿～2.11亿立方米。近几年，预测研究增多，谢佳利等（2011）采用人均耗材、总量回归、消耗结构法三种方法预测到全国木材需求为2020年8.5亿～9.5亿立方米。张丽娜（2012）用供需系统联立方程研究局部地区辽宁省到2015年的木材需求为0.2096亿立方米（表4）。

这些研究为我们提供了基础、拓宽了视野，很难准确比较和判定各研究的准确性。

因为，即使有的预测值很接近现实发展的结果，但由于模型设定中缺乏对重要因素的考虑和真实情况的模拟，预测不算很成功。这一点，恰好是以前预测研究中存在的薄弱环节，也是研究方法的缺乏。国内的预测方法或模型大都从GDP、产值等因素出发，不可否认这是影响木材需求最重要的因素，但在目前的形势下，这一因素本身已出现“新常态”的变化，这可能是研究者们在几年前难以察觉和认识的。更为重要的是，许多非常态的因素，正以有力趋势影响国内乃至全球木材需求，如国内的改革和反腐、全球应对气候变化，这些也是以前预测中较少考虑或完全没有考虑到的重大因素，所以说缺乏对非常态影响因素数据挖掘研究。另外，由于数据获取的完整性、统计口径的差异，也影响到预测的精度。这些问题，都是未来预测需重点关注的地方。

表4 木材需求趋势预测方法和结果比较 单位：亿立方米

方 法	预测年份	需求量	预测范围	研究者和年份
定量(产值法)	2000	2.69	全国	王恺、侯知正(1984)
定量(部门法)	2000	2.08~2.11	全国	胡明形等(1993)
定量(人均耗材、回归、消耗结构法三种方法)	2020	8.5~9.5	全国	谢佳利等(2011)
定量(系统动力学)	1、2020 2、2030 3、2050	1、4.55 2、5.82 3、9.49	全国	谭秀凤(2011)
定量(供需系统联立方程)	2015	0.2096	辽宁	陈珂等(2012)
定量(消耗方程)	2020	2020年造纸木材消费量将达到1.72	全国	李珍等(2013)
定量(系统动力学)	1、2015 2、2020	1、6.6 2、7.6	全国	刁钢(2014)
定量(部门法)	2010	0.6475	内蒙古、东北地区	朱洪革(2008)
定量(供需系统联立方程)	2015	0.2096	辽宁	张丽娜(2012)

(二)木材需求趋势预测

1. 总量法预测

随着城市化进程的推进和人们生活水平的提高，人均木材年消耗量迅速增长。2013年，全国人口为13.7亿，人均木材年消耗量为0.38立方米，全球人均木材消耗量为0.65立方米。根据联合国人口司的预测，中国在2020年全国人口预计为14.2亿，按届时我国木材年消耗水平达到世界平均水平的90%，则木材需求将上升到83070万立方米。

2. 部门法预测

用消耗结构法预测木材需求量，是以当下的木材需求量为基础，再分析各国民经济部门木材消耗的现状，分析各部门单位产品木材消耗指标的变化，预测国民经济各部门需求木材的机构和总量。它的主要公式为：木材需求量=预测期产品数量×木材消耗强度。

(1)建筑和装饰用材。建筑业消耗的木材主要用于营建房屋建筑，按房屋建筑的主要用途可分为生产建筑、公共建筑和住宅三类。建筑用材需求量取决于各类建筑的竣工面积及其木材消耗强度。2013 年我国真实的城镇人均住房建筑面积为 34. 66 平方米。住房与城乡建设部表示，近期我国的建筑业会保持快速发展的趋势。随着城市化进程的推进，未来 7 年会有大量农村人口转移到城市，将会促进产生大规模的城市基础建设和住房建设，需要大量的木材支撑，如果按 2% 增长速度测算，2020 年人均住房建筑面积为 39. 81 平方米(世界发达国家 20 世纪 90 年代人均建筑面积为 35 ~45 平方米)。据中国房地产研究协会预测，今后 7 年我国每年新增建筑面积约 14 亿平方米。建筑业的木材消耗强度，参考陈伟伟研究中的 0. 025 立方米/平方米，为了实现 2020 年单位增加值比 2005 年降低 40% ~60% 的国家目标，今后 7 年中，单位增加值能耗必须保持年下降 10%，在预测中使用修正值 0. 0225 立方米/平方米。由此预测到 2020 年，建筑业木材用量增加 3150 万立方米。在建工程及桥梁、水利等构筑物的用材量按建筑用材总量的 2% 来估计，到 2020 年约需用 383. 67 万立方米。根据中国室内装饰协会专业人士估计，建筑装饰装修木材消耗系数约 0. 0325 立方米/平方米，2020 年 14 亿平方米的建筑面积装饰用材为 4500 万立方米。综合上述预测结果，2020 年建筑和装饰业木材需求量将比 2013 年增加 7713 万立方米，达到 23996. 62 万立方米。

表 5　2020 年木材需求预测汇总表　　单位：万立方米

方　法	2020 年
按人均消费	83070
消耗结构法合计	82942. 6
其中：建筑与装饰业	23996. 62
家具业	10730
造纸业	38340
煤炭	1144. 59
其他工业和建筑	231. 39
农民自用材	1920
出口(不包括家具和纸)	6580

(2)家具业。根据中国产业信息网公布的数据，2013 年，我国生产木质家具 2. 36 亿件。业内人士指出，受到欧美经济复苏乏力以及来自越南等国家参与欧美市场竞争影响，今后我国的家具市场发展空间主要是在国内，每年约 1000 万对新人结婚，1800 万人出生带来的刚性需求，还有生活水平提高、人均居住面积增加提供的国内市场。预计今后 7 年我国家具产值和家具产量保持每年 2% ~5% 的增长速度。按 3% 的增长速度推算未来 7 年的木质家具产量，得到 2020 年我国生产木质家具 2. 90 亿件。根据中国家具产业协会预测，国内目前每生产一件家具木材消耗大约 0. 37 立方米，2020 年的木质家具生产需要用材 10730 万立方米(表 5)。

(3)造纸业。业内普遍认为，中国对于纸张和纸板的需求以及国内的生产，在未来一段时间内会继续以非常快的速度扩大。预计到2020年人均纸及纸板消耗量将达到150千克左右，纸及纸板消耗总量将达到2.13亿吨，按每吨纸及纸板消耗木材1.80的水平推算，则2020年我国造纸业需用材38340万立方米(表5)。

(4)煤炭业。随着国家加大经济结构、能源结构调整力度，实施房地产调控、节能减排等相关政策，在一定程度上将抑制煤炭需求，煤炭消费的增长可能明显趋缓，煤炭市场供大于求的压力加大。中国工程院能源战略研究指出：基于科学产能和用能的能耗目标，2020年能源消耗总量控制在40亿吨标准煤左右，煤炭在能源结构中应控制在70%左右。根据2009年煤产量29.73亿吨和木材消耗量945.24万立方米，采用相同的消耗强度，可预测我国的煤炭业2020年需用木材为1144.59万立方米(表5)。

(5)其他工业与建筑用材。其他文体用品、车船制造、化工化纤及铁路部门等消耗的木材量较少，根据2002~2009年的情况，这部分占工业建筑消耗的比例基本在2.7%~3.7%的范围内波动，取该阶段的平均值3.0%，再根据上述预测结果，则2020年这部分需用材为231.39万立方米。

(6)农民自用材和烧柴。农民自用材中约90%左右用于农民建房，已经包括在建筑用材消耗中。这里只估算其他自用材和烧柴的消耗量。根据部分用材统计量和农村人口推算发现，考虑到农村节能设施和非薪材能源的推广，预计2020年人均年消耗量会下降到0.03立方米。根据届时的农村人口预测，可以推算农民自用材和烧柴需求为1920万立方米。

(7)出口。家具业和造纸业的出口所需木材包含在上述预测中，这里只考虑原木、锯材、单板、刨花板、纤维板和胶合板的出口所需木材。根据各类的比例折合成原木当量。原木和锯材折合比例为1:1，单板、刨花板、纤维板和胶合板为0.9:1。计算结果发现从2002~2009年，这部分出口耗材量从270万立方米增长到936万立方米，年增长率为19.4%。这里对年增长率不做修正，那么2020年这部分出口将达到6580万立方米。

3. 结果与分析

两种预测方法得到的预测结果较为接近，我国2020年的木材需求量大致在8.3亿立方米。家具业和造纸业发展迅速，消耗的木材成倍增长，建筑与装饰业虽增长速度不快，但因基数较大，在总需求中依旧占据较高的比重，上述三行业成为木材消耗最主要的部门，而其他部门的木材消耗量则比较稳定。

(三)未来需求：趋势判断和挑战分析

1. 趋势判断

一是需求规模仍将处于稳中推进态势，但增长速度或较前10多年有所下降。现状分析和趋势预测表明，我国木材需求2013年达到5.22亿立方米，但在未来几年，由于经济增速的调减等因素影响，木材需求增速将趋于减缓，预测到2020年全国木材总需求为8.3亿立方米。

二是行业需求分化明显，传统部门需求规模庞大但需求增长潜力趋缓。行业需求的差距将进一步拉大，造纸业、建筑业的需求将远远超过其他行业需求，成为未来木材需求的主要行业，两者需求将达到木材需求的3/4。但是，各行业部门的需求都表现出增长潜力趋缓的态势。

三是居民需求收入分层明显。主要表现在高收入人群的收入增减变动对木材需求具有较高敏感性影响；居民预期收入的降低和预期支出的增加制约了木材消费需求；农村居民用材总量趋于稳定接近于“饱和”，占全国总需求的比重趋于下降。

2. 挑战分析

近年来，我国木材供需形势总体较好，为林业改革发展奠定了重要基础。但是必须清醒地看到，随着经济进入“新常态”、全球加强生态保护，我国木材安全形势出现了一些新情况和新问题。从中长期发展趋势看，受森林质量、林地保护、加工业调整、生态环保政策、国际贸易等因素影响，我国木材安全将面临严峻挑战。

(1)满足木材结构刚需的压力十分巨大。木材结构性刚需仍很庞大。作为国民经济基础的建筑和装饰、家具业和造纸业等三大产业的木材需求都将维持在亿立方米以上，尤其是造纸业木材需求甚至接近4亿立方米。预测数据表明，到2020年，建筑和装饰用材木材需求量将比2013年增加7713万立方米，达到23996.62万立方米；木质家具生产木材需求量10730万立方米；造纸业木材需求量38340万立方米。另一方面，未来一段时期，作为木材需求主要驱动因素的中国农村城镇化仍将深入推进，从两方面对木材需求提出挑战：一是13亿中国人有50%常住在城镇，但真正在城镇安家落户有资金住房的不到30%；二是中国城镇化的目标是让8亿农民的80%在城镇安家落户，庞大的农村劳动力转移，木材刚性需求不可阻挡。另外，电子商务蓬勃发展以及非洲市场的兴起，都对拉动木材需求发挥重要作用。

(2)经济增速放缓抑制木材需求亟需政策破解。前10多年，我国经济增速维持在10%左右，未来进入“经济新常态”，增长率或调减2~3个百分点，成为抑制加工业、家具业、造纸业木材需求的主因，导致全国木材需求进一步趋缓。新常态下，林产品种类繁多、绿色环保，符合个性化、生态化的消费趋势，具有巨大消费潜力。适应经济新常态，要遏制木材行业拼资源、拼消耗，遏制资源枯竭、生态恶化的颓势，有效控制木材对外依赖风险。要及时研究出台政策，引导木材消费和生产，尤其是实施木材战略储备基地工程，加强国际合作充分利用好国外市场，促进森林认证，通过合法采伐，加大从相关国家进口木材和木制品。

(3)木材加工业结构性矛盾加剧亟需战略扶持。长期以来，我国木材需求很大程度是以向全球提供半成品作为主要驱动力，木材加工业科技含量偏低、技术优势不明显，主要依靠劳动力成本优势占据全球市场份额。随着我国劳动力成本的快速上升，这一优势基本丧失。木材加工产业低端化、产品同质化、产能过剩化的问题比较突出，难以适应国内外林产品需求变化，亟需进行结构调整。这一调整将成为影响我国木材需求的重要因素。另一方面，欧盟、美国近期经济复苏乏力，市场需求疲软，对我木材加工业提振需求缺乏有力的贸易支持，也将影响到国内木材需求变动。

(4)全球木材资源获取偏紧亟待战略新应对。全球木材产量增长难以满足我国需求增长的需要，特别是在各国加强生态环保政策的背景下，依靠国际市场满足国内需求的难度不断加大。1990～2013年的23年间，全球工业原木的生产量从17.09亿立方米提高为17.37亿立方米，增长幅度不明显；同期，出口量从8339万立方米提高为1.28亿立方米，尤其是近十年来出口量增加也不明显(2003年为1.15亿立方米)。这表明，全球木材资源出口量只占生产量的较少部分，并比较稳定，不会有太大增长空间，只可能从局部地区获得有限增加。

五、政策建议

党的十八大报告提出，“要牢牢把握扩大内需这一战略基点，加快建立扩大消费需求长效机制，释放居民消费潜力，保持投资合理增长，扩大国内市场规模。”我国木材需求要合理改善需求结构、着力解决林业产业原料需求，更好地确保促进国家经济结构战略性调整。当前，建筑、造纸、家具三大产业木材需求受到宏观经济形势结构性变化和一些重大结构性因素的影响，增长趋势缓和；居民木材需求表现出收入分层化的显著特征，为此，亟需进一步调整优化林业产业结构、提高高品质木材产品供给，方能更好地确保木材供需平衡。基于上述分析，现提出以下建议：

一是积极树立和实施国家木材安全新战略。确立以确保木材加工业安全运行、就业不降低甚至不断增长为主要目标的木材安全新战略，将重心放在建筑、造纸和家具三大产业的木材需求，切实保障三大产业用材的国内供给能力。2013年，我国进口木浆1678万吨，比2010年的1130万吨增长48.5%，造纸业对进口原料的高度依赖，直接影响到其就业安全。为减少外部依赖，增强自身保障能力，确保国家经济持续健康发展，要着力解决三大产业木材需求问题，重点是改善三大产业原料结构，确保满足原料需求。一要树立对三大产业适度扶持的思路，鼓励各类社会主体投资建设原料林，租地或联营形式造林达到一定规模的，可从采伐限额、补贴和金融激励等方面给予优先支持。二要加强木材战略储备生产基地建设，扩大重点地区国家木材战略储备基地建设规模、放宽木材战略储备基地建设资金补助对象和范围、完善木材战略储备基地建设金融保险政策；三要继续扩大实施政策性森林保险覆盖地区，加快出台相关配套政策措施。四要鼓励建立造纸竹林基地；鼓励国内企业到境外进行林木资源开发或投资建设原料林基地；针对造纸业木材需求增长较快趋势，加大废纸回收和利用力度、科学合理利用非木纤维。

二是优化调整木材加工业结构，确保加工业有效需求，确保对国民经济发展的基础支撑。加强规划和优化布局，促进木材加工业健康发展，更好地形成合理的有效需求。当前，要以加快转变发展方式为主攻方向，着力从五方面调整结构：①优化产业规划、调整加工业布局。基于资源优势和区位优势，推动三大产业重心由北向南转移，在局部重点节点地区，建设规模大、水平高、辐射带动功能强的木材加工企业园区，将物流中心、信息交流中心、加工贸易中心、产品展示和交易中心聚集起来，提高规模、降低运输成本、提高就业吸纳、减少无序竞争。②优化企业结构，培育强优企业。着力培育一批骨干企业；引导中小造纸企业向专、精、特、新方向发展，调整企业规模结构；鼓励企业走林浆纸一体化、林板家具一体化、林产化工一体化经营模式。③淘汰落后产能，提高准入门槛。加强对资源简单利用类企业的监管和指导，淘汰部分落后产能和落后工艺，改变部分地区产品同质化严重、原料竞争激烈的现状，优化整个加工业资源配置；严格限制对资源消耗高、产品质量不达标、环境污染严重的林产品加工企业进入市场，提高准入门槛，改变加工业粗放经营现状。④改善需求结构，加快高端产品发展。丰富产品种类，提升产品档次，大力开发高附加值人造板(材)新产品；引导木材制品向绿色安全健康方向发展，加快产品向功能化、专业化、精细化转变；大力推进木制工艺品产业化。积极拓展人造板应用领域，增加市场对人造板的需求。在交通便利、基础良好的地区布局建设精深加工项目，重点支持高端产品。大力发展以第三方物流为标志的产业服务社会化行业，扩展销售渠道，促使国内消费的潜在需求转变为“有效需求”，通过繁荣市场来消化产能。⑤加强产业投资引导，增强产业竞争力。强化政策引导，制定林业产业结构调整指导目录，加强林业产业发展的信息发布。挖掘民间投资潜力，释放民间资本活力，最大限度地为企业发展创造良好的政策环境。

三是拓宽融资渠道，促进产业投资多元化。积极发展非公有制林业，鼓励各类社会化投资造林绿化，鼓励以股份制、股份合作制、个体承包等形式参与林产品加工业。进一步明确非公有制林业的法律地位，依法保护投资者权益。降低民间资本进入林业的门槛，在投融资、林木税费、林地使用、森林采伐利用等方面制定有利于社会资金进入林业的措施。大力发展林业产权要素市场，为多元投资主体提供创业舞台。安排财政专项补助资金，撬动社会、金融资本投资支持重点产业园区的规划编制、基础设施建设等。通过建立产业基金等政策，鼓励社会资本参与企业引进高端技术与设备，加快加工业生产线技术改造，提高技术水平。

四是加快转变林产品对外贸易发展方式，促进出口产品由初级产品、低附加值为主向精深加工转变，增强竞争力，巩固和扩大市场份额。加快推进多元化贸易战略，积极拓宽原料性木材资源进口途径。

调 研 单 位：国家林业局经济发展研究中心
调研组成员：赵金成　曾以禹　贺祥瑞　张　多

德国森林经营及财政支持政策研究报告

【摘　要】本文主要研究了有关德国林业的两部分内容，一是根据德国林业管理体制与森林经营模式的特点，将德国林业发展大体分为4个阶段，分析了每个阶段的社会经济背景、主流林业经营方式和森林经营管理体制；二是梳理了德国林业财政支持政策体系。最后，总结了德国林业发展的经验和启示。

一、森林资源概况

迄今为止，德国总共进行过三次森林资源调查，第一次森林资源清查于1986～1989年在西德地区进行，调查结果于1992年公布；第二次森林资源清查于2001～2002年进行，调查结果2004年公布；第三次调查已经完成，但是资料较少。

表1　德国各州森林面积及森林覆盖率情况

序号	州	森林面积(公顷)	森林覆盖率(%)
1	巴登－符堡腾州	1,362,299	38.1
2	巴伐利亚州	2,558,461	36.3
3	柏林	16,000	18
4	勃兰登堡州	1,055,733	35.2
5	不来梅州	0	0
6	汉堡州	3,000	4
7	黑森州	880,251	41.7
8	梅克伦堡－前波莫瑞州	534,962	23.1
9	下萨克森州	1,159,522	23.5
10	北莱茵－威斯特法伦州	887,550	26
11	莱茵兰－普法尔茨州	835,558	42.1
12	萨尔州	98,458	38.3
13	萨克森州	511,578	27.8
14	萨克森－安哈尔特州	492,128	24.1
15	石勒苏益格－荷尔斯泰因州	162,466	10.3
16	图林根州	517,903	32
17	总　计	11,075,799	31

数据来源：联邦德国第二次森林资源调查，2004；Study on Forestry in Germany，Federal Research Centre for Forestry and Forest Products Hamburg，2004。

根据第二次清查数据①，德国森林覆盖率 31%，森林面积 1107.6 万公顷。不同的州森林覆盖率差别很大，黑森州森林覆盖率 41.7%，而石勒苏益格荷尔斯泰因州森林覆盖率只有 10.3%（表 1）。

2000 年，全国活立木蓄积量 33.81 亿立方米，比 1990 年增加了 20.11%。全部森林都按照森林可持续经营方式进行经营，但是有经营规划的森林面积为 752.8 万公顷，占森林总面积的 67.97%。能够自然更新的林地约为总面积的 80%。全国森林面积中，用于生物多样性保护的林地 289.7 万公顷，占 26.16%；多功能用途林 817.9 万公顷，占 73.84%。从优势树种看，云杉占的面积份额最大，占 28%，松树占 23%，山毛榉占 15%，橡树占 10%。德国北部以松树为主，丘陵地带及海边以阔叶林为主，德国南部云杉为主。

在德国，个人、社会团体以及国家都可以拥有、经营林地。全国 47% 面积的林地为个人占有，20% 的林地属于社会团体，30% 的林地属于州政府，3% 的林地属于联邦政府。联邦政府占有的林地主要用于军事用途。私有林中，1 个人占有的林地面积一般在 5 公顷左右，且经常并不是一整块林地；社会团体占有的林地面积稍大，面积在 20 公顷左右；国有林单块面积比较大，一般在 8000 ~ 15000 公顷之间。

德国的森林受自然灾害和环境污染等新灾害影响比较严重，1991 年因灾害而砍伐林木 1944.9 万立方米，占当年采伐量的 66.4%，2000 年因灾害砍伐林木 2917.1 万立方米，占当年采伐量的 54.3%，到了 2007 年大雪灾时，因灾砍伐林木 3489 万立方米，占年总砍伐量的 45.5%。不过，因环境污染等新灾害的影响而砍伐的林木量，从 1990 年占年总砍伐量的 1.6% 减少到 2007 年的 0.2%，影响不断减轻。

据德国适应自然协会主席赫尔曼对第一次森林资源调查的数据分析，德国森林资源存在很多问题，例如：树种分布发生很大变化，针叶林占森林面积的三分之二；纯林化仍在继续发展，三分之二的针叶林为纯林等。第二次森林资源调查时的森林结构得到比较大的改善，但是抗灾害能力比较弱，林业结构改造依然是林业工作的重点。

二、森林经营方式和管理体制

森林经营模式与管理体制形式紧密联系，不同的森林经营模式体现着不同的林业发展战略，要求相应管理体制相对应。林业管理体制的形式决定于国家赋予它的职能和任务，林业管理体制变革的动力来自于经济社会发展对林业产出需求的改变，或者政治体制改革、社会制度更替引起的强制性变革需求。根据德国林业管理体制与森林经营模式

① 数据来源：Study on Forestry in Germany，Federal Research Centre for Forestry and Forest Products Hamburg，2004；German forests —Nature and economic factor，Federal Ministry of Food，Agriculture and Consumer Protection 等。

的特点，后续分析中将德国林业发展大体为4个阶段，选择时间节点分别是世界第一次大战、二战结束、两德统一等3个时间节点。

(一)第一次大战前，森林经营和管理体制建设围绕木材生产展开

1. 社会经济背景

一是初步完成工业化，期间经济发展对木材需求急剧扩大。德国18世纪末到19世纪初基本完成工业化。德国的工业大体上分为三个阶段，从18世纪末到1835年，封建的社会经济关系被打破，为国家工业化完成了准备；1835~1873年，中小企业取代了大部分手工业，资本和新技术运用增多，重工业得到初步发展；1873年到第一次世界大战前，钢铁、煤炭强劲增长，机械制造业大发展，电气、化学工业世界领先，工业化全面发展。德国工业化的一个重要特点在政府主导、以重工业发展带动其他产业发展的工业化。

重工业的发展带了对木材大量需求，1820年，德国的冶炼业厂址选择在林区，便于利用木炭作燃料。到1842年，普鲁士80%的生铁生产是采用木炭冶炼；到1850年，普鲁士也只有25%的高炉用焦煤代替了木炭冶炼[①]。另外，建筑、铁路的发展对木材的需求也在不断增加。

二是农奴制度变革，产生大量的小林主。工业化过程中，原先的农奴制度废除，农奴获得解放。先是普鲁士首相斯太因时期废除了农奴的人身依附关系，其他各邦也进行了类似改革。原有的依附地主、贵族的农奴通过赎身、赎买等形式获得了自由，有些农奴转化成林农，有些投向其他行业。

三是森林经营产出与社会公众需求之间存在对立。木材短缺的背景下，森林所有者谋求通过提高经营水平提高产量，提出未经允许，非森林所有者禁止进入林地；另一方面，普通民众认为城市环境因发展工业变得糟，要求空闲时间能够进入森林游憩。这两种诉求产生的矛盾随着工业化的发展愈发尖锐。1871年普鲁士曾经立法保护林地所有者的权力，禁止民众进入林地，但是并有得到很好的实施。

四是鸟类保护讨论持久展开。19世纪中后期，德国社会出现了鸟类保护的大讨论。初期鸟类保护的理由集中在有利于人类“利用”的角度，例如有些益鸟因为捉害虫，保护农作物应受到保护，后来讨论逐渐深入，部分生物学家认为所有鸟都是生态系统的组成部分，都应到得到爱护。鸟类保护大讨论对森林经营注重生物多样性保护产生了影响。

2. 主流林业经营方式的发展

19世纪德国森林经营的发展可以表述为两个过程。

一是19世纪的森林经营经历了从培育小径材林到主伐乔木林作业的过程。19世纪由于煤炭与单宁价格低廉，小径材林逐步失去经营优势。在小径材林逐步退出的过程中，

① 邢来顺．德国工业化经济—社会史[M]．武汉：湖北人民出版社．2003：153.

产生了同一片森林培育大、小径材并存的现象，能同时满足建筑、烧柴等需求。随着森林放牧的禁止、烧柴需求减少、大径材需求增加，从19世纪中期开始，大径级材成为森林培育的主要目标①。

二是为获取最大经济收益，持续不断、尽可能多地生产木材的过程。19世纪初开始，德国的森林经营就在林务官的指导下进行，选择宜林荒地，种上成本低廉的云杉等速生树种，按照等轮伐期经营计划经营，保证连续、可预测的生产木材。新造人工林的特点是对称、整齐划一、单一树种。总体看，围绕保障木材生产的经营方式贯穿整个19世纪。

19世纪中后期，传统造林方式的“生态后果”开始显现，针阔叶林比例从19世纪初期的1∶2转化成2∶1，木材供给品种单一，森林防虫害、防风、防灾害能力差。因此，德国林业工作者提出了异龄林、针阔混交的永续林经营方式。19世纪末，德国林业兴起了传统森林经营方式与适应自然的森林经营方式优劣对比的争论，森林经营的内涵不断扩展。

3. 林业管理体制情况

19世纪早期，德意志地区封建势力割据，存在着多个邦国，每个邦国都有独立的主权。19世纪70年代，德意志实现统一，但是政治体制的变化对林业管理体制影响较小。林业管理仍是原各“邦”政府管辖的事务。早期基本上是各邦设立一个林业管理机构，配林务官，负责管理、监督区域内的森林经营。到了20世纪初期，国家行政事务中涉及林业的内容也仅限于森林租税、木材关税、木材运输等。地方政府内部又分置财政、工商、内政、司法、农林、保安、教育等部门，地方政府首领掌管有关国有林事务，除政府首脑外，地方政府还设有专职管理国有林事务的官员。

（二）一战开始到二战结束，森林经营配合战争需求，林业实行集权式管理

1. 社会经济背景

从“一战”开始到“二战”结束，德国的社会经济条件发生剧烈变动，严重影响了林业的发展。一是在第一次世界大战中失败，签订了凡尔纳条约，德国面临失地和巨额赔款，经济形势不断恶化；二是国家内部政治动荡，各党派之间的斗争激烈；三是1933年纳粹上台，采取独裁统治，德国政府管理实行中央集权化；四是希特勒发动了第二次世界大战，包括森林在内的各种自然资源需求急剧扩大，消耗严重。

2. 主流森林经营方式的发展

德国政治、经济形势剧烈变动，主流森林经营方式经历了从以木材生产为中心到永续林经营的转化。

---

① 赫尔曼·格拉夫·哈茨费尔德（Hermann Graf Hatzfeldt）. 生态林业理论与实践[M]. 沈照仁，等，译. 北京：中国林业出版社，1997：9.

理论上，植物学教授穆勒在综合考虑不同森林经营模式主张的基础上，于1920年提出了永续林经营的思想。永续林经营的基本理念是将森林作为一个系统来管理，在森林经营过程中采取多树种混交、异龄、择伐，追求森林的自然更新，林地始终保持被森林覆盖。简而言之，多样化的森林结构在生态方面更稳定，经济上能产生更多的价值。穆勒在1922年撰写了《永续林思想，其意义与重要性》，指出森林应该按照永续林经营管理，不承认其他经营方式。永续林业提出受到了林业工作者的欢迎。但是，由于“一战”失败后德国面临巨额赔款，国内通货膨胀加剧，经济形势恶化，林主有着强烈的皆伐林木的冲动，永续林经营模式无法推行。

纳粹上台后选择宣传、推行永续林经营模式，其主要原因有两点：一是纳粹政府二号人物赫尔曼·格林(Hermann Goring)喜欢打猎和户外活动，1931年参观原普鲁士林业部长科伊德尔(Walter von Keudell)的私有林时，接触到了永续林经营；1934年赫尔曼·格林全面掌管德国林业后，通过立法，要求全国的林地所有者都必须按照永续林经营的原则和要求经营森林。二是通过推行永续林森林经营方式笼络人心。纳粹统治者将德国社会也比做森林，永续林经营将森林作为一个整体来经营，社会也应该作为一个整体来管理，在全国采取集权化管理，个人是微不足道的，应当为集体做出贡献。

纳粹时期虽然表面上推行永续林经营，但是战争准备以及发动战争过程中对森林资源的需求是巨大的，在实际利用过程中，森林资源遭到了过度采伐。1935年，赫尔曼·格林将公有林采伐额提高到了正常采伐量的150%；1936年，德国的私有林采伐强度也达到了正常采伐量的150%，超过正常量的采伐一直维持到战争结束。

3. 林业管理体制情况

纳粹上台政治集权化的改革，影响到林业管理体制。在赫尔曼·格林的领导下，纳粹政府首先成立了一个中央林业特别管理部门，掌管了全国的木材砍伐和加工业，凌驾于其他林业管理部门之上。下达林木采伐计划前，特别管理部门让各地申报下一年的木材采伐量，此时得到的林木采伐量是基于永续林经营条件下的正常采伐量。林业特别管理部门会根据经济、战争的需要调整第二年林木采伐量，然后重新下发到基层。纳粹还建立了多个木材加工业贸易协会，例如坑木贸易协会、锯木贸易协会等。这些协会受纳粹中央政府的完全管理，根据下达的砍伐指标，参与到安排林业工作者组织砍伐林木的过程中去。

(三)国家分裂，森林经营方式得到沿承，东、西德林业管理体制差别巨大

1. 社会经济背景

一是国家分裂，政治体制剧烈变革。1949年德意志帝国分裂为联邦德国和民主德国两个国家。联邦德国新制定的宪法中，无论联邦政府还是州政府都由选举产生。总统的权力被严重削弱，只是象征性的国家首脑。州政府的权力很大，尤其是在文化、教育领域具有绝对话语权。联邦德国宪法1949年生效后，历经多次修改，涉及重整军备、各州之间权利平衡等，但是基本制度没有变。民主德国的政治体制像一个金字塔，国务委员会是人民议院的执行机关，在塔尖；部长会议受人民议院委托负责统一执行国家政策；再往下就是地方政府，对同级议会和上级政府负责，并向他们报告工作。两个国家的政治制度改革对林业体制产生重要的影响。

二是联邦德国经济发展明显快于民主德国。战后联邦德国的经济经历了快速增长，1988 年国民生产总值比1950 年增长了5. 33 倍，国民生活水平快速提高①。战后初期，联邦德国经济粗放式增长，1966 年遇到生产过剩危机，联邦德国政府开始实施经济结构调整。1973 年 1 月，政府在议院发表政策声明，将及时地进行结构改革作为"稳定政策的先决条件"。民主德国战后照搬苏联模式，集中化管理，政策措施效果差强人意；1963 年实行经济改革，基本是指令性计划分配与市场经济调节并行的双重体制；19 世纪 70 年代中期后，重新加强了经济管理集权化，国家经济形势产生恶化，到 1989 年民主德国人均国民生产总值仅为联邦德国的三分之一。

2. 主流森林经营方式的发展

联邦德国的森林经营继承了永续林经营的理念和方式。这主要源于两方面原因，一是原有林业法律的精神被接纳并继续发挥作用。有些法律内容被 1975 年发布《联邦德国森林法》替代，但是永续林经营的理念和主要原则没有改变。二是林业工作者队伍保持了稳定，将早已深入人心的永续林经营的理念以及方式带入日常林业管理中。永续林经营方式在联邦德国有了进一步发展，在规划、作业方式等方面进一步细化。但是森林资源结构调整成效不大，联邦德国坚持集约经营，即使天然林也不例外，到 1990 年时，全国森林面积的 90% 都是人工集约经营，针叶林面积仍占森林总面积的三分之二，纯林化依旧十分严重。

民主德国森林经营的目标要实现木材生产、水土保持和游憩等多种功能。森林实行高度集约化经营，有些经营方式符合永续林经营的原则，有些则破坏了那些原则，或者至少一段时间破坏了。民主德国将森林分为三类，一类林是防止侵蚀林、海滨防护林和完全保留林，占 1%；二类是用于科学研究、防火、良种培育等目的特用林，占 15%；三类是用材林，占 84%②。绝大部分森林可以进行采伐，甚至皆伐，建国初期林木采伐量曾经超过生长量。森林经营的轮伐期延长，基本达到 100 年左右。

3. 林业管理体制情况

联邦德国林业管理体制改革是政治制度改革的一部分，林业主要管理权限重归各州。林业管理总体分为联邦政府农林粮食部—州林业管理部门—林业局 3 级。联邦农林粮食部负责林业总体规划、纲领性法律文件制定及实施，协调不同州之间林业事务。各州林

① 林进成．联邦德国经济的 40 年[J]．西欧研究，1990(4)．

② 民主德国战后四十年森林蓄积量节节上升[J]．内蒙古林业，1989(4)．

业机构制定和实施州层面的法律、文件，协调与联邦政府、其他州之间行政事务等。林业管理局执行本州的林业法律规定，监督管理基层林业局的工作。基层林业局直接经营管理国有林并为私有林和社团林提供咨询与服务。

民主德国是指令性林业管理模式，在国家层面设立农林部，内设林业总局，领导全国的国有林场。国有林场不但经营国有林，而且还负责管理私有林。根据1989年数据，全国86%的林地由全国78家国有林场管理。国有林场可以分配造林、采伐、林道建设等任务，对完不成任务者可采取惩罚措施。

(四)东西德合并，全国推行近自然经营方式，东德林业体制仿效西德进行改革

1. 社会经济背景

一是两德统一，东德改革任务艰巨。1990年两德统一，原民主德国各州以新州加入的方式成为联邦德国的一部分。原联邦德国的林业法律在全德生效。此时的德国面临的最大问题是经济发展不平衡以及新加入各州的体制、机制改革。根据东西部签署的条约，东部各州面临着繁重的私有化任务。

二是东西德森林资源状况差距较大。东部的森林资源覆盖率28%，西部是31%；东部森林的平均蓄积量是200立方米/公顷，西部是300立方米/公顷；东部地区针叶林占到全部森林面积的51%，西部是21%。西部的森林经营水平明显高于东部。

2. 主流森林经营方式的发展

由于20世纪80年代受德国“新灾害”的影响，德国提出并强化了近自然林经营。一是西部各州全面接受近自然林的经营方式。虽然联邦德国1975年的森林法中规定了森林经营应当按照规章实施永续经营，但部分州在实际的森林经营方式与要求兼顾生态、环境与经济效益的要求差距较大。森林遇灾害后，林木易倒等生态问题的出现，迫使各州陆续全面接受近自然林的经营方式。二是东部各州按照联邦的林业法律要求变革以往的森林经营措施，禁止原有与近自然林不相符的作业方式。三是近自然林森林经营方式的内涵和外延不断扩展，细化。近自然林经营方式的特点是适地适树、保持地力、针阔混交、复层异龄经营和单株抚育和择伐利用等，在经营过程中追求自然更新。在实际操作中，经营内容不断丰富，例如在森林法修订中将自然保护从森林的防护效益中分离出来，列为第一顺序。与此相配合，提出了森林群落生境值等与自然保护相关的重要指标，开展相关调查并据此调整相关经营措施。

3. 林业管理体制情况

统一后，西德沿承了原有的林业管理体制，东部各州以西部州林业管理体制为榜样进行了改革，建立了联邦政府农林粮食部—州林业局—基层林业局3级管理机构，林业管理机构的职能与西部各州类似。

2003年后，为改变国有林企业一直亏损的状况，德国政府改革了国有林管理体制。改革后，林业行政机构不直接经营国有林，而是通过成立林业企业经营，由企业经营国有林，实行政企分离，企业独立经济核算，但实施行收支两条线，盈亏都有政府承担。

三、林业财政支持政策

（一）德国财政支持体系

根据财政部《税收制度国际比较》课题组研究，德国的财政分为联邦、州和地方政府三级，各级财政保持相对的独立性和自主性。德国三级财政的支出比例分别为45%、35%和20%，财政收入的比例分别为50%、37%和13%，收支之间的不平衡通过转移支付来消除。

德国的财政转移支付包括纵向平衡和横向平衡两个层次的体系。纵向平衡是指联邦政府对州政府和地方政府的转移支付，包括专项拨款和一般拨款两种方式。专项拨款通常与一定项目相联系，一般拨款是联邦政府为了使下级政府完成一般的任务而拨付的款项。横向财政是指将比较富裕州的部分财政收入转移到比较穷的州和地方。

联邦对州的转移支付主要有三方面内容：一是增值税共享；二是联邦补充拨款；三是共同任务拨款。林业财政补贴一般通过共同任务拨款实现。补贴的依据是《德意志联邦共和国基本法》规定的共同任务。一般情况下，联邦政府负担一半支出，在农业结构领域负担60%，在海岸保护领域负担70%。共同任务拨款最终取决于州政府之间的协商，一般每年协商，从预算里面安排。

税收减免和优惠从财政“收”方面来支持国家扶持发展的领域，与财政补贴形成完整的财政调节体系。

（二）林业财政支持政策

德国林业财政支持政策是联邦财政支持政策体系的一部分，包括两类内容，一是财政补贴，即为了稳定森林经营经济条件，实行林业可持续发展而对林业经营的多个环节进行补贴。二是税收减免和优惠。德国国有林经营采取收支两条线，国家负担企业盈亏。林业财政补贴政策针对私有林和公有林。税收对国有林、私有林和公有林都有减免和优惠。本节讲的林业支持政策主要是针对私有林和公有林的财政支持政策。

1. 林业财政支持政策实施背景

20 世纪 60 年代后半期开始，德国开始实施林业补助政策。1969 年制定了关于“农业结构改造和沿岸保护”的共同任务法案，随后制定了“农业结构改造和沿岸保护”框架计划。这是德国最重要的林业补助计划。后经过不断发展完善，形成了以联邦、州面对共同任务实施“农业结构改造和沿岸保护”相关补助项目与州单独实施的补贴项目相互补充，财政补贴、税收减免多种手段相结合的、立体的林业财政支持体系。

德国在 20 世纪 60 年代对林业实施财政支持的背景有 3 个方面。

一是林业经济收入急剧减少，森林经营不可持续。20 世纪 50 年代后期，由于联邦德国的木材市场对外开放，大量进口木材进入，冲击了德国本地木材供给。木材价格一路走低，每立方米木材价格下降了20%；同时，1958～1962年，德国工人的工资增长了大约60%，其他森林经营成本也在不断上涨，林业经济发展前景黯淡①。

二是国家推行多功能林业发展。根据前述森林经营方式发展的过程，联邦德国部分林业法律继承了1949年两德分裂前林业法律精神。林业工作者十分清楚传统森林经营方式带来的生态问题，能够接受兼顾生态、经济、游憩等多个功能森林经方式。国家具备了全面推行多功能林业的基本条件，而且逐步推动实施。

三是联邦德国经济高速发展，有了实施林业补贴的条件。第二次世界大战后，联邦德国经济高速发展，20世纪50年代年均增长率达到8%，1950～1970年户均可支配收入增长了40%。国民财富迅速增长成为实施林业财政支持政策的基础。

2. 财政补贴主要内容

德国的林业补助主要是各州的职责。德国各州高度自治，制定的林业规定内容类似，德国全国州层次上的林业补贴资料比较少，本节涉及州的内容以巴登—符腾堡州1990～1999年的情况进行说明。其中部分项目统计、内容资料来源于欧盟报告《Evaluating Financing of Forestry in Europe》。

林业财政补贴政策有两个层次的内容，一是基础性的法律框架内容；二是落实法律框架的项目、规定。

1）财政补贴法律框架

①在联邦政府层面有以下法律规定：

（A）《联邦宪法》。条款91a规定，联邦政府在某些领域支持州的行动，如果联邦政府的支持成为完成这些行动的必要因素，而且这些行动能够改善整体的生活条件时。

（B）《联邦森林法》。第41条规定，由于林业发挥了生产、生态保护和游憩功能，应当得到公共财政支持。林业财政支持应当保证在促进森林保护、可持续经营方面资金的使用效率。

（C）“农业结构改造和沿岸保护”的共同任务法案。“法案”的共同任务：根据《联邦宪法》91a条款内容安排了农业结构改造和沿岸保护任务。

通过以下措施提高农业和林业的生产工作条件：实现合理的农业、林业企业构成、土地合理利用的措施；改善不利的自然条件、有利于整个农业、林业发展的措施；重新调整农村资产及区域，包括采取措施保护可持续、有效的生态系统的措施；改善农业、林业和渔业的市场结构的措施等。

②州层面有以下法律规定（以巴登－符腾堡州为例）：

① Forestry in the Federal Republic of Germany, p43, Richard Plochmann, School of Forestry, Oregon State University, 1968.

(A)《巴登－符腾堡州州森林法》。根据国内共同任务的法律、人文相关的法律以及欧盟的指导方针，对林业进行支持，确保森林功能的发挥。州政府根据可利用的预算，支持林业的下述行动：确保森林多功能实现的活动；促进森林和自然公园的游憩功能发挥的活动，基础设施建设及其日常维护的活动；确保林业应对以外的自然灾害及免受意外伤害的行动等。

(B)《巴登－符腾堡州农业和人文法律》。通过直接的措施，使林业作为国内经济的一部分，履行其社会、政治职能，满足大众的福利需求。农业和林业通过下述方式服务公众：合理配置及维护具有人文意义和休憩功能的风景地；保证并改良土壤、水、空气等自然资源的质量等。支持的基本原则：财政支持应当在不影响受益者决定自由和责任的情况下激活他们的主动性；财政支持应当尊重环境保护的任务和目标。支持的项目和计划应当服务于森林经济效益，与森林的功能实现。所有的项目都必须尊重生态、生物和环境保护方面的先决条件。

(C)《支持指导方针》。财政可以资助与自然保护相关的营林、森林生态功能的维持与保护、营林的额外奖励；由于自然灾害带来的林业生产破坏后的重建、林业合作组织、自然保护区、森林经营所需的延伸服务和支持，以及公有林的经营等。

2)林业补贴相关项目

政府对林业的支持通过项目来落实。联邦层面对林业的补贴主要是依托“农业结构改造与沿岸保护”项目(GAK)以及“雪灾损害特别”项目(SPCSD)来实施。各州有本州建立并实施的项目。项目实施一般有期限规定，后面以 1990～1999 年德国实施的林业补贴项目进行说明。

①联邦政府层面的项目：

(A)营林补贴(来源：德国联邦议会 出版物 14/9009 14 期　1990～1999 年有效)。

支持事项：在过去非林业用途地上造林。

支持的形式、数量、程度：对经过核实符合条件的营林活动，符合适地适树原则营造针叶林的可获得至多成本 50% 的补贴；营造混交林，阔叶林面积占比不少于 30% 的可获得至多造林成本 70% 的补贴；营造混交林，针叶林面积占比不超过 20% 的可获得至多造林成本 85% 的补贴；天然更新造林可获得至多造林成本 90% 的补贴。

其他支持约定：只有造林活动符合适地适树原则的树种才能获得补贴；只有在周围环境条件不适合阔叶林生长的条件下，针叶纯林造林才能获得补贴。

(B)造林额外费用补贴(来源：德国联邦议会 出版物 14/9009 14 期　1990～1999 年有效)。

支持事项：补偿因为更新或者造林引起的收入损失。短轮伐期或圣诞树经营不在补贴范围内。

补贴前提：造林区域继续用于林业用途。

支持的数量、程度：补贴程度取决于收益者本身的情况。

如果申请者在过去两年中自己经营森林，全年25%的工作时间用于农业事项，而且每公顷造林“土点”达到35个，财政可以按照至多每公顷300欧元补贴造林活动；在草地上造林，每公顷至多可以获得300欧元补贴。其他情况下，财政至多给予每公顷175欧元的补贴。

(C)森林近自然方向改造补贴(来源：德国联邦议会 出版物14/9009 14期 1990～1999年有效)。

支持事项：森林近自然方向改造采取的措施，同时也包括改造因遭破坏、火灾受损森林而采取的措施；将纯林改造成适地适树的混交林而采取的措施等。

(D)防护林以及灌木林种植补贴(来源：德国联邦议会 出版物13/8435 13期 1990～1996年有效)。

支持事项：防护林(宽度至少三排)以及灌木林。

支持的形式、数量、程度：至多补贴成本的85%。

(E)林分结构改造措施补贴(来源：德国联邦议会 出版物14/9009 14期 1990～1999年有效)。

其他补贴约定：补贴仅限于森林资产达到5万欧元的林业企业改造幼林结构采取的营林措施。

(F)抚育修枝营林措施补贴(来源：德国联邦议会 出版物12/2459 12期 1990～1992年有效)。

支持的形式、数量、程度：至多补贴成本的50%。

(G)进一步林业活动补贴(来源：德国联邦议会 出版物13/8435 13期 1990～1996年有效)。

支持事项：为了长期保存木材或者合理化销售木材，特别是为了应对意外事件引起的林木砍伐，稳定企业经营形势，而进行的林业基础设施建设。

(H)早期更新林分及林下种植补贴(来源：德国联邦议会 出版物14/9009 14期 1990～1999年有效)。

支持事项：为达到土壤保护及增进地力的目的而采取的土壤结构改善、土壤营养均衡的措施，以此提高林分的抵抗力…….

支持的形式、数量、程度：至多可以补偿成本的90%……

(I)道路维护、建设补贴(来源：德国联邦议会 出版物14/9009 14期 1990～1999年有效)。

支持事项：新建林间道路，以及其他必要的基础设施……

补贴数量：至多可以补贴成本的70%；在特殊情况下可以有例外，这种情况是基础设施差、林主经济条件不好，出于保护以及维持森林游憩功能的目的，可以至多补贴成本的90%。

(J)森林雪灾恢复特别项目补贴(SPCSD)(来源：政策通讯 BMELF，30.05.1990，Az. 014－0805 1990～1995年有效)。

对以下措施进行补贴：快速除害伐、基本保护措施、木材市场救济以及受灾地区再造林。目标是再造生态功能比较稳定的森林，减轻次生灾害，救济林农等。

②州独立实施的补贴项目(巴登－符腾堡州为例)：

巴登－符腾堡州从1991年开始建立并实施了林地平衡补助金制度。2007年后改名为“森林环境补助金”，但直接补助的框架未变。

建立补助政策的目的：“补助那些因自然条件差(严峻的地形、恶劣的气候和土壤)而导致林业收益低和经营困难地区的林业经营措施”以及“保障为维持和保护自然环境及农村景观所必不可少的农林业经营的持续性”。

补助条件：在划定范围内、条件较差地区的森林；在农林复合经营情况下，条件不利于农业的区域内至少有3公顷以上的森林(1997年起改为5公顷以上)等。

③来自欧盟的资金补贴：

德国是欧盟的成员国之一，无论是森林经营者还是政府的林业补贴项目都能从欧盟获得资助。

欧盟资助成员国发展林业的依据是欧盟共同农业政策(CAP)。欧盟共同农业政策(CAP)是在欧共体共同农业政策的基础上形成的，由一系列规则和机制所组成。最初的欧共体共同农业政策主要内容有两方面，一是统一欧共体内部农产品市场和价格，建立农业基金，对农产品实施补贴；二是实施产品保护政策。后来经过一系列改革，不断有政策调整。1992年后，改革涉及农村产业结构调整、环境保护等方面。在1992年改革的配套计划中提出了农地造林计划，对新的农地造林补贴，给农民更多补偿和援助。2008年后的改革更加注重通过补贴推动绿色农业发展、生物多样性保护和环境保护。

林业经营者可以通过林业服务机构协助向欧盟共同农业政策(CAP)框架下欧洲农业担保基金(EAGF)项目或者欧洲农业农村发展基金(EAFRD)项目申请补贴。

德国林业管理机构的补贴项目也可以根据情况申请欧盟的资金资助。例如巴登—符腾堡州的林地平衡补助金制度，2000年以前资金来源是州财政；2000年后经过州林业局努力，获得了欧盟部分补贴资金。

3)保　险

林业相关保险的目标是为林业经营者提供社会保障。同时，联邦政府也通过保险补贴的形式推动农林业结构调整。保险补贴主要包含以下几部分。

养老保险补贴：联邦政府为了降低林业相关人员保险缴费而承担了一部分投保资费。

补助医疗保险公司：通过承担不在承保范围内的服务费用，对农林领域的医疗保险公司进行补贴，减轻农林及林主的保险费。

补助意外险保险公司：通过补助农林领域意外险保险公司，减少农林业公司的意外险缴费，减轻他们的负担。

3. 税收减免和优惠

政府对林业进行税收减免的目标可以总结为三点，一是支持林业结构改革，提高林业机械化程度和布局的合理性；二是减轻林业经营者的税负；三是提高林业的竞争力，改善林业产业面临的市场条件。

政府用多种税收减免和优惠方式来实现上述目标，分别是税收补贴、税收免除、税收减少、退税、税收优惠、税收简化、价格优惠以及关税优惠等。

德国的林业税种主要包括所得税、土地税、财产税和遗产税。国家免征国有林的固定资产税和所得税。德国对私有林公有林固定资产税、遗产税、土地税，在计算税收额的资产价值评估环节给予优惠。农林业收入按照平均利润率法计算税收额。遇到风灾、雪灾、火灾、病虫害时，将森林受破坏程度分为5个等级，林业部门进行实地勘查后，根据受灾程度减免税收①。

4. 补助对象

通过“农业结构改造和沿岸保护”(GAK)框架计划的资助对象是私有林主、农民、林业合作组织及农村团体。

灾害特别项目的资助对象是那些在西部联邦州受雪灾影响的私有林主，社团林所有者只能通过采取在长期措施中获得补助。

保险补贴对象主要是保险公司。保险公司获得政府补贴，减少向林主收取保费，并为林主提供保险服务。人员意外险是强制性保险，所有林业人员都要参加投保；养老金及医疗保险补贴，受益人仅限于有50公顷以上林地的林业公司的法人。

税收减免和优惠对象主要是林地所有者、林业公司等。不同税种减免或者优惠计算方式不同，优惠比例也就不同。有些税收减免和优惠适用于农业和林业，有些仅仅针对林业领域，例如自然灾害税收减免仅仅限于林业私有林主。

5. 资金投入

根据欧盟报告，1990～1999年，联邦政府执行了14个林业补助项目，投入资金11.39亿欧元。其中，通过“雪灾损害特别”项目(SPCSD)补贴资金3.81亿欧元，占全部补贴资金的33.45%；通过造林项目补贴资金1.84亿欧元，“土壤保护与肥力改善”项目补贴资金1.11亿欧元，分别占补贴资金总额的16.11%和9.71%。

根据巴登—符腾堡州农业部门的信息，1990～1999年，州政府执行了18个林业补贴项目，共投入补贴资金2.42亿欧元。其中，通过风雪灾害项目补贴资金0.77亿欧元，通过森林补偿支付项目补贴资金0.63亿欧元，分别占补贴资金总额的32.15%

① 刘璨．林业税收及其影响分析研究[J]．世界林业研究，1997(1)．

和26.21%。

在保险补贴方面，联邦政府在1990～1999年向农林业投入养老金补贴190亿欧元，医疗保险补贴100亿欧元。林业获得补贴份额约占总额的10%，即获得29亿欧元补贴；投向农林业意外险补贴30亿欧元，林业占总份额的5%，约1.5亿欧元。

四、经验与启示

1. 森林经营中重视并发挥森林生态保护功能是发展趋势

纵观德国森林经营发展历史，从"一战"前以木材生产为中心的经营方式，经历过永续林经营方式的纠结，到20世纪90年代后国家大力推行近自然林经营，这个过程是森林生态功能不断被政府重视并不断地实现过程。从小径材林培育到主伐乔木林经营，再到近自然经营中追求自然更新下的单株培育和择伐，从另一个方面反映了这个过程。考虑到森林在应对工业化带来环境问题上所能发挥的独特作用，将生态保护功能放到森林经营过程中更加重要的位置，将是未来发展的历史潮流。

2. 森林可持续经营必须纳入国家的长期发展战略才能实现

德国19世纪的森林经营面临的最大困扰就是森林所有者为实现多产木材而希望林地像其他物品一样完全私有化，与社会公众要求进入林区游憩之间的对立。"一战"结束后德国面临艰难的经济形势，当时许多私有林主都有皆伐林木的冲动。森林经营者追求的目标从来都是经济利润最大化，与社会公众对森林生态保护功能、游憩功能的需求在一定情况下形成对立。在没有国家的介入并纳入国家重大方针战略的前提下，单纯依靠宣传、教育等无法实现森林可持续经营。

3. 林业财政支持政策体系是林业结构调整的保障

兼顾生态保护、游憩功能以及经济利益的森林经营方式与单纯追求经济效益最大化的生产方式不同，会在一定程度上影响私有林主的收入。如何让森林经营者坚持兼顾生态保护与经济效益的可持续发展的森林经营方式？行政命令式的强制措施对于轮伐期短则几十年，长则上百年的森林经营来说不是好的手段，采取林业补贴以及税收优惠和减免等政策就成为必然的选择。《巴登－符腾堡州农业和人文法律》曾经明确指出，财政补贴应当在不影响受益者决定自由和应承担责任的情况下激活他们的主动性。财政支持政策体系具有灵活、直接的特点，调整也比较容易，更容易被林主接受。完善的林业财政支持政策通过引导森林经营者改变经营方式将林业结构调节到我们希望达到的目标。

4. 林业财政补贴按项目、阶段性实施效果明显

德国的财政补贴大多按照项目实施，在政府财政中安排。补贴的目标、金额十分明确，操作简便。为德国几十年来的森林资源的稳定、结构的调整做出了巨大贡献。我国部分林业补贴内容上比较笼统，有些虽然按照项目实施，但是包含的内容过宽，影响了补贴的效果，达不到项目设计初衷。德国的林业补贴为我们提供了比较好的借鉴范式。

调 研 单 位：国家林业局经济发展研究中心
执 笔 人：李 杰